Anton A. Bucher
Psychologie des Glücks

Anton A. Bucher

Psychologie des Glücks

| Handbuch

BELTZPVU

Anschrift des Autors:

Prof. Dr. Anton A. Bucher
Universität Salzburg
Fachbereich Praktische Theologie
Religionspädagogik
Universitätsplatz 1
A-5020 Salzburg

1. Auflage 2009

© Beltz Verlag, Weinheim, Basel 2009
Programm PVU, Psychologie Verlags Union
http://www.beltz.de

Lektorat: Barbara Buchter, Monika Radecki
Herstellung: Grit Möller
Umschlaggestaltung: Federico Luci, Odenthal
Umschlagbild: Mauritius Images, Mittenwald
Satz und Bindung: Druckhaus „Thomas Müntzer" GmbH, Bad Langensalza
Druck: Druck Partner Rübelmann, Hemsbach

Printed in Germany

ISBN 978-3-621-27653-5

Inhalt

Teil II Was macht glücklich?

3 Glücksfaktoren 1: Biologische, genetische und persönlichkeitspsychologische Aspekte   49

4 Glücksfaktoren 2: Soziodemografische Variablen   62

Teil IV Lässt sich Glück erhöhen?

8 Glücksteigerungsstrategien im Alltag

9 Glücksteigerung in Therapie und Beratung

Einführung

Vor uns liegt ein neugeborenes Mädchen. Aus drei Wünschen können wir einen auswählen, der sich erfüllen wird:

(1) dass es so intelligent wird wie Madame Curie,

(2) so attraktiv und begehrt wie Marilyn Monroe,

(3) oder schlicht und einfach: glücklich!

Wer entschiede sich nicht für den dritten? Denn Glück, für den griechischen Philosophen Aristoteles (1952) das „höchste Gut", ist eine „Sehnsucht, die nicht altert" (Marcuse, 1996, 11). Alle Menschen wollen glücklich sein und suchen dieses auf unterschiedlichsten Wegen: Die einen, indem sie Karriere anstreben, andere, indem sie am Bunjee-Jumping-Seil die Europabrücke herunterspringen (160 Meter Tiefe), wieder andere, indem sie ein Kind zeugen, und weitere, indem sie gelassen sind und Glück gar nicht anstreben – gerade Letztere sind für nachhaltiges Glück gut disponiert. Diener und Oishi (2004) fragten Studierende in verschiedenen Ländern, was ihnen im Leben am wichtigsten sei. Auf einer Skala von 1 (völlig unwichtig) bis 9 (sehr wichtig) erreichte Glück (happiness) einen Mittelwert von 8, der sogar über Gesundheit und Liebe (M = 7.9) liegt, und erst recht über Reichtum (M = 6.8).

Obschon kein geringerer als William James (1979, 87; 1902), einer der Gründerväter der wissenschaftlichen Psychologie, „die Hauptsache im menschlichen Leben" darin bestimmte, glücklich zu sein, wofür der Mensch alles tue und alles erleide, vernachlässigte die Psychologie bis vor wenigen Jahren diese positive Emotion wie übrigens die anderen (Freude, Wohlbefinden etc.) auch (Cloninger, 2006; Maddux, 2005). Myers (2000) unterzog sich der Mühe, die „Psychological Abstracts" unter der Fragestellung zu sichten, zu welchen Emotionen seit dem Jahr 1887 wie oft publiziert wurde:

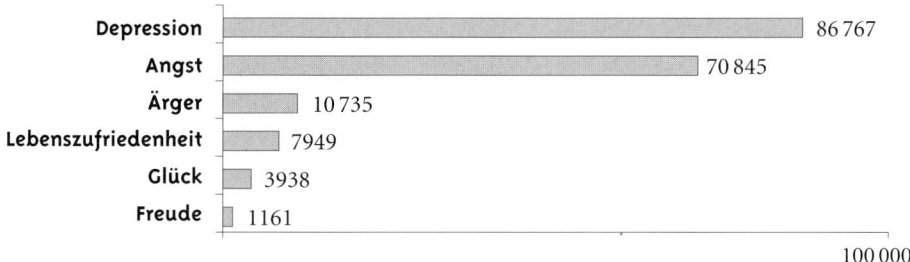

Abbildung 1. Anzahl Artikel zu verschiedenen Emotionen, gemäß „Psychologcial Abstracts", Zeitraum 1887–1999

Dass zu Glück mehr als zwanzig Mal seltener geforscht und publiziert wurde als zu Depression, ist umso seltsamer, als dieses ein faszinierendes Phänomen ist, das Psychologen herausfordern muss:

► Als sehr glücklich verstanden sich die Zwillinge Lori und Reba Schappel, die sich charakterlich unterschieden: Reba schüchtern, aber begeisterte Country-Musikerin, Lori hingegen ausgesprochen kontaktfreudig. Aber: Die beiden waren seit ihrer Geburt an ihren Stirnseiten miteinander verwachsen und sahen sich stets von Angesicht zu Angesicht. Ob sie sich trennen lassen wollen? Nein! (Segal, 1999). Menschen können glücklich sein, wo andere dies nicht für möglich halten. Warum?

► Als viel versprechender Glückspsychologe galt Philipp Brickman, der das Glücksempfinden von Paraplegikern (doppelseitig Gelähmten) und Lottomillionären verglich. Er war jung, seine Vorlesungen waren überlaufen und seine Forschungen weltweit bekannt. Am 13. Mai 1982 stieg er auf das höchste Gebäude in Ann Arbor und sprang herunter. Menschen können zutiefst unglücklich sein, wenn sie in der Sicht anderer mit Glück überhäuft sind. Warum?

► Wen würde eine Olympiamedaille nicht beglücken? Und eine silberne wohl stärker als eine in Bronze? Aber warum sind Bronzegewinner glücklicher als jene, die Silber erlangen? (Medvec, Madey & Gilovich, 1995)

Es gibt mehrere Gründe, weshalb sich die Psychologie intensiver mit der dunklen Seite der menschlichen Natur als mit den Sonnenseiten des Lebens befasst hat.

Die Krankheitsideologie. Die Klinische Psychologie ging aus der Psychopathologie hervor, die sich mit seelischem Verhalten und Erleben befasst, das beeinträchtigt ist. Noch und noch sprechen Klinische Psychologen von „Symptom, Störung, Pathologie, Krankheit, Diagnose, Behandlung, Doktor, Patient, Klinik" (Maddux, 2005), dies besonders redundant in ihrem „heiligen Text", dem Diagnostischen und Statistischen Manual psychischer Störungen (DSM IV, 2001). Wie die American Psychological Association das DSM im Jahre 1952 erstmals herausgab, umfasste es 86 Seiten und beschrieb 106 psychische Erkrankungen. Im Jahre 1994 hingegen war es, in der vierten Auflage, auf 900 Seiten angewachsen (deutsche Ausgabe 967 Seiten). Aus den 106 psychischen Störungen wurden 297, fast das Dreifache, obschon sich in so kurzer Zeit die Physiologie des Menschen nicht änderte – seit dem Auftreten des Cro-Magnon-Menschen vor gut 30.000 Jahren blieb diese gleich. Als „gestört" gilt nahezu alles: „Verminderte sexuelle Appetenz" ebenso wie überquellende Aktivität von Kindern, wenn diese durch die Türe rasen, „bevor sie die Jacke anhaben" (DSM IV, 2001, 116f.). Auch im deutschsprachigen Lehrbuch für Klinische Psychologie (Baumann & Perrez, 1998) kommt im Index „Glück" nicht vor (auf S. 25 wird „Glücklichkeit" nur kurz genannt), vielmehr werden, über hunderte von Seiten, „Störungen" abgehandelt.

Glück als Norm? Psychologinnen und Psychologen werden konsultiert, wenn Probleme auftreten, beispielhaft depressive Verstimmungen, in denen der Gaumen stets trocken ist, oder wenn eine liebevolle Beziehung in ständigen Streit entartet ist, oder wenn ein Kind in der Schule nicht mehr eifrig aufzeigt, sondern aufs Pult steigt und auf dieses mit den Füßen stampft. Wenn sich Menschen glücklich fühlen, haben sie keinen Anlass, einen Psychologen aufzusuchen. Der Glücksforscher Veenhoven (1991, 14) bezeichnete, nach der Durchsicht tausender Studien, Glück als „normale Bedingung". Ins Grübeln gerät der Mensch, wenn er bedrückt oder verängstigt ist. Schwarz und Clore (1993) befragten an sonnigen und verregneten Tagen Personen per Telefon, wie glücklich sie seien. Erwartungsgemäß fühlten sich die Befragten an den sonnigen Tagen glücklicher. Aber: Wer trotz des Regens glücklich war, nannte dafür keinen Grund. Die weniger Glücklichen begründeten ihre Verstimmung signifikant häufiger mit dem miesen Wetter. Schwarz und Clore (1983, 521) zogen den Schluss, Menschen seien eher motiviert, „Erklärungen für negative Stimmungen und nicht für positive zu suchen, und wir nehmen an, dies sei primär dadurch bedingt, dass die meisten Personen negative Verstimmungen als Abweichungen von ihren üblicherweise positiven Gefühlen erfahren". Walden (2003, 153) befragte Personen, was sie tun, wenn sie unglücklich sind. Die häufigste Antwort war: „Ich denke darüber nach", was die Stimmung zumeist noch trister macht (Lyubomirsky, Sousa & Dickerhoof, 2006).

Anfänge der Glückspsychologie. Einer der Ersten, die die psychologische Aufmerksamkeit stärker auf positive Emotionen richteten, war Wilson (1967), der den typischen glücklichen Menschen so charakterisierte: jung, gebildet, finanziell gut situiert, liiert und gesellig (was die Forschung mittlerweile differenzierter sieht). Sodann Bradburn (1969), der eine bis heute gebräuchliche Glücksskala entwickelte (Affect Balance Scale) und nachwies, dass ein Rückgang negativer Emotionen nicht automatisch das Glück eines Menschen erhöht (vgl. Kap. 2.2.1). Paul Meehl (1975) insistierte auf die Fähigkeit des Menschen, zu genießen. Gleichzeitig führten Andrews und Withey (1976) sowie Campbell et al. (1976) ihre groß angelegten Befragungen darüber durch, wie zufrieden die Amerikaner sind, mit ihrem Leben als Ganzem, ihrer Arbeit, ihren Freunden, der Familie, der Regierung etc.

Mittlerweile ist „Glück" es wert, nicht nur philosophisch reflektiert, sondern auch wissenschaftlich untersucht zu werden (Norrish & Vella-Brodrick, 2007). In den letzten Jahren etablierte sich eine „Science of happiness", wie es am 17. Januar 2005 vom Cover des renommierten Magazins „Time" prangte (Wallis, 2005). Psychologische Institute in den USA bieten Lehrveranstaltungen wie „The Science of Happiness" an, in denen die neuropsychologischen Korrelate von Glück ebenso thematisiert werden wie seine Effekte auf das Denken, die Moralität etc. (Wadlinger, 2007).

Das Interesse an Glück stieg auch bei Ökonomen (Dolan, Peasgood & White, 2007; Frey & Stutzer, 2002; Layard, 2005; Rätzel, 2007), die ausdrücklich an die Glückspsychologie anschließen (Frey & Stutzer, 2005). Desgleichen bei Politikern, die das Glück so vieler wie möglich zu erhöhen suchen (Reader, 2006).

Selbst Juristen forderten, gute Gesetze seien weniger an der Gerechtigkeit als vielmehr daran zu orientieren, ob sie das Glück der Bürger erhöhen: „Goodbye justice, hello happiness" (Bagaric & McConvill, 2005). Seit dem Jahr 2000 ediert der Glücksforscher Veenhoven (1997) das „Journal of Happiness Studies", nachdem er bereits 1993 eine Bibliographie mit 2.742 Glücksstudien herausgegeben hatte (Veenhoven, 1993). Eingebettet ist psychologische Glücksforschung in die Positive Psychologie, die seit ihrer Proklamierung durch Seligman und Csikszentmihalyi (2000) im „American Psychologist" expandiert (Snyder & Lopez, 2005); Glück ist eines ihrer zentralen Anliegen (Otake et al 2006, 361).

Positive Psychologie gewinnt auch im deutschen Sprachraum an Renommee (Auhagen, 2004; Frank, 2007) und damit auch die Glücksforschung (Bellebaum, 2002). Hornung (2005 a, b) gründete in München ein Institut für Glücksforschung. Hutterer (2006) eröffnete in Österreich ein „Portal zum Glück". Das viel gelesene P.M. Magazin brachte im März 2007 den Aufsatz „Psychologie: Die neue Wissenschaft vom Glück" (Oertl, 2007). Die Medienforschungsstelle des ZDF gab eine Studie in Auftrag, die dem Glück von Kindern nachspürt und weniger ihren Ängsten, Sorgen und Traurigkeiten, worauf die Kindheitsforschung lange fokussiert war (Smith, 1998). Warum dieses enorm gestiegene Interesse am Glück?

Mehr Depressionen. Die Zunahme von Depressionen sei besorgniserregend (Diener & Seligman, 2004, 16f.). Obschon sich die materiellen Lebensbedingungen in den letzten 50 Jahren verbesserten und in den meisten Nationen das Bruttoinlandsprodukt anstieg, beginnen zehnmal mehr Menschen selbstquälerisch vor sich hin zu grübeln als noch 1960 (Seligman, 2005, 197), und dies in immer jüngeren Lebensjahren, in Nordamerika und Europa ebenso wie in Asien (Cross-National Collaborative Group, 1992). In Europa leiden jedes Jahr mehr als 33 Millionen Menschen an einer schweren Form dieser Erkrankung (Meck, 2003, 159). Dieser Anstieg kann nicht biologisch bedingt sein, weil sich die Gene und Hormone im Zeitraum einer Generation nicht verändern, aber auch nicht durch materielle Entbehrungen. Die Wahrscheinlichkeit, dass Ahmische, ohne Elektrizität, Fernseher und Kreditkarte lebend, depressiv werden, ist fünfmal geringer als in der amerikanischen Durchschnittsbevölkerung (Egeland & Hostetter, 1983). Einer der wirksamsten Schutzfaktoren gegen Depression: häufiges Glückserleben (vgl. Kap. 9.3).

Mehr Wohlfahrt, aber nicht mehr Glück, wird als weiterer Grund diskutiert. Obschon sich die materiellen Lebensbedingungen in den letzten sechs Jahrzehnten in einer einmaligen Weise verbesserten, wurden die Menschen nicht glücklicher. Die Annahme vieler Personen, sie wären glücklicher, wenn sie mehr Geld hätten, erfüllt sich nicht (Baucells & Sarin, 2007; Kahneman et al., 2006; Stutz & Mintzer, 2006). Bereits 1974 beschrieb Easterlin (1974) das nach ihm benannte „Easterlin-Paradox": Sobald die materiellen Grundbedürfnisse abgedeckt sind, hebt ein höheres Einkommen das Wohlbefinden nicht mehr (Layard, 2005).

Wir leben in der sog. „ersten Welt" in einer historisch einmalig privilegierten Zeit, in der nahezu niemand hungert, kaum jemand Opfer von kriegerischer Gewalt wird, die Lebenserwartung höher ist als je zuvor, die Kindersterblichkeit so niedrig wie noch nie, die medizinische Versorgung besser und spezialisierter denn je – und doch fühlen sich – in den USA – „nur" gleich viele Personen sehr glücklich (ca. 30 %) wie während des Zweiten Weltkrieges, als Feldgeistliche Tag für Tag Todesnachrichten zu überbringen hatten. Noch nie gab es so viele Bücher, Unterhaltungsmöglichkeiten, Musik, Freizeit, Bildung, Kommunikation (world wide web) – und doch sind die Menschen nicht glücklicher. Aber warum? Antworten werden von der „new science of happiness" (Wallis, 2005) erwartet.

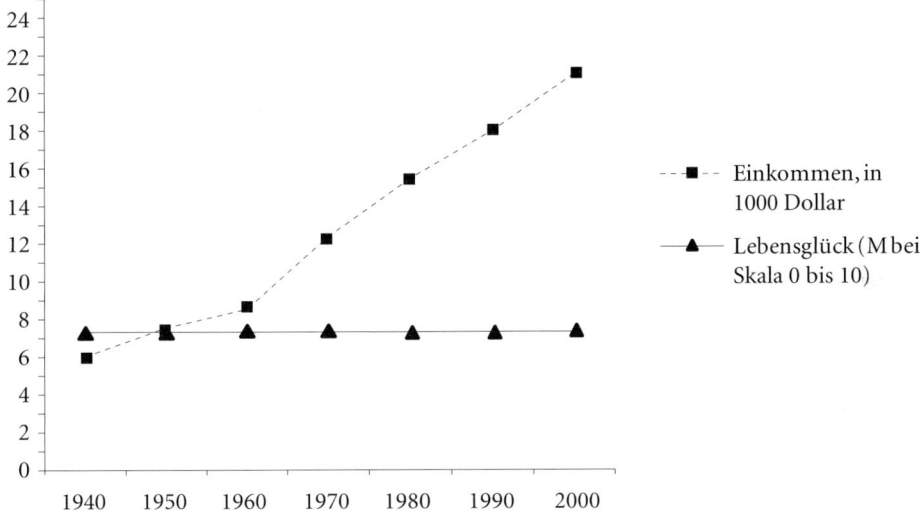

Abbildung 2. Einkommen und Lebensglück

Glück tut gut. Diese Erkenntnis ist der gewichtigste Grund für mehr psychologische Glücksforschung (Lyubomirsky, King & Diener, 2005). Daraus ergäben sich zahlreiche positive Beiprodukte: Stabilere soziale Beziehungen und häufigere Sozialkontakte (Myers, 1999), bessere Copingstrategien (Aspinwall, 1998), ein stärkeres Immunsystem (Stone et al., 1994), eine längere Lebensdauer (Røysamb et al., 2003). Glückliche Menschen verursachen seltener Verkehrsunfälle (Kirkcaldy & Furnham, 2000), arbeiten effizienter und sind im Beruf erfolgreicher (Staw, Sutton & Pelled, 1995). Sie sind aktiver (Burger & Caldwell, 2000), hilfsbereiter und altruistischer (Csikszentmihalyi & Patton, 1997), kooperativer (Lu & Argyle, 1991) und werden von ihren Angehörigen und Freunden als Menschen voller Energie wahrgenommen (Schimnack et al., 2004), die sie – zumal in Flow-Tätigkeit (vgl. Kap. 5.3.2) – auch häufiger erleben (Csikszentmihalyi, 1996).

Aufgrund dieser wünschenswerten Effekte ist Glück nicht nur individualpsychologisch relevant, sondern auch sozialpolitisch (Veenhoven, 2004). Der französische Präsident Nikolas Sarkozy hat im Januar 2008 vorgeschlagen, das Glück der Franzosen in die statistischen Eckdaten der nationalen Entwicklung einzubeziehen. Eine von der britischen Regierung eingesetzte Strategiegruppe bestimmte ein Ziel der Politik darin, mittels glückspsychologischer Erkenntnisse das Glück der Bürger zu erhöhen (Strategy Unit, 2003). Dies steht in bester angelsächsischer Tradition, konkretisierte doch Jeremy Bentham (1996; 1789) das moralische und politische Fundamentalprinzip darin, das größtmögliche Glück für die größtmögliche Anzahl Bürger zu schaffen.

Warum eine neue Gesamtdarstellung? Die letzte deutschsprachige „Psychologie des Glücks", verfasst von Mayring (1991), erschien vor mehr als 15 Jahren. Seit dieser umfassenden Darstellung ist viel Forschung geleistet worden, im angelsächsischen Raum mehr als in der Bundesrepublik, wo das Glück aufgrund der weltgeschichtlichen Katastrophen keine große Tradition habe (Bulmahn, 2000).

Der Versuch einer neuen Überblicksdarstellung ist somit gerechtfertigt. Sie legt ihren Schwerpunkt auf empirische Ergebnisse. Glück ist ein hochgradig subjektives Phänomen. Die Gefahr, persönliche Sichtweisen zu verallgemeinern, ist stets gegeben. Simone de Beauvoir bedauert jene Frauen als unglücklich, die Männer so lieben, dass sie sie heiraten (Schneider, 1978, 34). Dem gegenüber belegen Dutzende Studien: Frauen und Männer in festen Beziehungen sind glücklicher als Singles, Verwitwete oder Geschiedene (Zimmermann & Easterlin, 2006) und dies in 42 Nationen (Diener et al., 2000; vgl. Kap. 5.1.2). Eindringlich insistiert der britische Glückspsychologe Argyle (2001, 5f.) darauf, sich nicht nur an individuellen Inspirationen zum Glück zu orientieren, wie sie in den unüberschaubaren Glücksratgebern ausgebreitet werden (beispielsweise Pieper & Pieper, 2003; Tschechne, 2003), sondern an wissenschaftlichen Fakten. Sonja Lyubomirsky (2008, 15), eine der originellsten Glücksforscherinnen, versteht sich als „Naturwissenschaftlerin".

Gliederung des Buches

Glück, psychologisch betrachtet, wirft mindestens vier Fragen auf, denen dieses Buch nachgeht:

(1) Was ist Glück bzw. welches menschliche Verhalten und Erleben – das zu beschreiben und zu erklären Aufgabe der Psychologie ist – wird als „glücklich" identifiziert?
(2) Was macht Menschen glücklich?
(3) Wie wirkt sich Glück auf uns Menschen aus?
(4) Kann Glück erhöht werden? Wenn ja, wie, wodurch und wie nachhaltig?

Erster Teil: Was ist Glück?

Eine zentrale Aufgabe einer Psychologie des Glücks ist es, dieses zu konzeptualisieren. Leicht ist dies nicht. Ein Sprichwort vergleicht Glück mit einem „Vöglein. Man meint, man hätt's schon, und wie man's will fangen, da fliegt es davon" (Sprichwörter o. J.). So ergeht es einem bei definitorischen Zugriffen, die aber unumgänglich sind, sofern über Glück kommuniziert werden soll.

Kapitel ı. Der erste Teil besteht aus zwei Kapiteln. Kapitel 1 referiert qualitative Studien, die zu rekonstruieren versuchen, wie Menschen hier und heute Glück erleben, was sie darunter verstehen und wie man in jene Befindlichkeit kommt, in der die Augenbrauen gehoben sind und sich neben den leuchtenden Augen die Krähenfüßchen bilden, das Duchenne-Lächeln, echt und nicht vorgetäuscht (Lelord & André, 2005, 114). Viele Aussagen stimmen heiter: „Musik und Tanzen, das ist auch ein schönes Feld für mich, Glück zu erleben. Alles andere ist dann auch egal … Nur die Musik und die Bewegung ist wichtig und eben welche Gefühle auftauchen und sich entwickeln … Im Vordergrund steht dann bei mir die Beschwingtheit und Leichtigkeit im Körper." (Wulf, 2005, 444)

Auch wird Glück in Beziehung zu nahe stehenden Konzepten gestellt, speziell zu „Lebenszufriedenheit" – wozu es oft synonym verwendet wird (Veenhoven, 1997; Peterson, Park & Seligman, 2005) –, „Wohlbefinden" (Abele & Becker, 1994), „subjective well-being", wie es in der angelsächsischen Psychologie intensiv bearbeitet wurde und wird (Kahneman, Diener & Schwarz, 1999), „Freude" (Meadows, 1975) und „positive Affekte" (Watson, 2005).

Kapitel 2 referiert, wie Psychologen Glück messen, was so präzise wie möglich erfolgen sollte, um Glücksforschung als wissenschaftlich zu qualifizieren (Diener, Sandvik & Pavot, 1991, 119). Präsentiert werden die am häufigsten eingesetzten Skalen, die Glück unterschiedlich konzeptualisieren:

▶ Bradburn (1969), besonders einflussreich: Balance zwischen positiven und negativen Affekten;
▶ Diener, Sandvik und Pavot (1991): Häufigkeit positiver Emotionen;
▶ Lyubomirsky und Lepper (1999): subjektiv eingeschätztes allgemeines Lebensglück;
▶ Diener et al., 1985: Lebenszufriedenheit (auch bei anderen Autoren);
▶ Ryff (1989): eudaimonistisches Wohlbefinden, aus gelingender Selbstverwirklichung resultierend.

Üblicherweise werden Männer und Frauen gefragt, wie glücklich sie über einen bestimmten Zeitraum oder bei ihren Tätigkeiten waren. Retrospektive Einschätzungen sind fehleranfällig und fallen im Wartezimmer eines Zahnarztes anders aus als an einem sonnigen Strand.

Exakter lässt sich Glück messen, wenn Versuchspersonen ein Taschencomputer ausgehändigt wird, in den sie, zu festgelegten Zeiten oder auf einen zufallsgenerierten Piepston hin, ihre aktuelle Befindlichkeit eintippen. Dafür hat sich im deutschen Sprachraum die Abkürzung „ESM" (Experience-Sampling Methode) eingebürgert (Hurlburt & Heavy, 2006). Mittlerweile liegen zahlreiche ESM-Studien vor, die zwar Schwächen, aber mehr noch Stärken aufweisen (Scollon, Kim-Prieto & Diener, 2003).

In die Darstellung der Messinstrumente werden wesentliche der mit ihnen erzielten Ergebnisse eingefügt, insbesondere, wie viele Menschen glücklich sind: Mehrheitlich sind sie es! Schon eine der ersten „Psychologien des Glücks" konstatierte, es gäbe mehr davon, „als man ahnt; denn der Schmerz schreit auf allen Straßen, das hohe Glück ist stumm oder verbirgt sich" (Hellmann, 1930, 13). Aber: Sind Menschen wirklich so glücklich, wie sie von sich sagen?

Zweiter Teil: Was macht Menschen glücklich?

Kaum eine Menschheitsfrage wurde so unterschiedlich beantwortet. Mit nachhaltiger Wirkung dachte darüber Aristoteles (1952) in seiner „Nikomachischen Ethik" nach, „der große Häuptling des Glücks" (Winterswyl, 1995, 89). Glück erfordere auch hinlängliche „äußere Güter". Dem hielt der römische Philosoph Seneca (1909, 40) entgegen, der sei am glücklichsten, dem nichts geraubt werden könne, allen voran Diogenes, der in einer Tonne lebte.

Kapitel 3. Was macht Menschen glücklich? Gehirnforscher sagen: Das Selbstbelohnungssystem des Gehirns. Wie jedes menschliche Verhalten und Erleben haben auch Glücksgefühle neuropsychologische Korrelate, die sich in der Evolution heranbildeten, worauf Kapitel 3 eingeht. Erörtert werden auch genetische Faktoren, ist doch gut die Hälfte des Glückslevels genetisch festgelegt (Lykken, 1999). Stärker angeboren als vielen Erziehenden recht ist, sind Persönlichkeitseigenschaften, von denen etliche, speziell Extraversion, Glück begünstigen, andere hingegen, allen voran Neurotizismus, es erschweren.

Kapitel 4 erörtert, wie gängige soziodemographische Variablen Glück beeinflussen: Geschlecht, Alter, Wohnumgebung, Nationalität, Bildung, Einkommen. Diese erklären jedoch nur wenig Varianz (Diener et al., 1999, 279), gemäß großen US-Surveys wie dem von Andrews und Withey (1976) (N = 1'433) acht Prozent. Das Kapitel räumt mit diversen Glücksmythen auf, etwa dem, ein Lottogewinn oder das Wohnen im sonnigen Kalifornien oder eine besonders hübsche körperliche Erscheinung mache glücklich.

Kapitel 5. Ob ein Leben glückt, hängt stärker vom sozialen Nahbereich ab – Liebe, Ehe, Familie, Freundeskreis – worauf Kapitel 5 eingeht. Ebenso von Aktivität: sei es im Beruf, der bestenfalls als *flow* erlebt wird, als Fließen und Schweben, eine sprudelnde Quelle von Glück (Csikszentmihalyi, 1998, 1999); sei es in mannigfaltigen Freizeitaktivitäten; nur wenig beglückt mehr, als sich ehrenamtlich zu engagieren, sei es für einen Kaninchenzüchterverein oder in der Seniorenbetreuung.

Kapitel 6. Ist glücklicher, wer von der ersten edlen Wahrheit des Buddhismus überzeugt ist, dass Leben Leiden ist? Trotzdem gilt der Dalai-Lama (2004) als einer der glücklichsten Menschen und glaubwürdigsten Experten für diese menschliche Ursehnsucht. Kapitel 6 fragt nach der Glücksrelevanz von Religionen und Spiritualität, wie sie von zunehmend mehr Menschen außerhalb von Kirchenmauern gelebt wird (Bucher, 2007), sowie von Verhaltensweisen, die religiös-spirituell konnotiert sind: Verzeihen, Dankbarkeit, tugendhaftes Leben.

Dritter Teil: Was bewirkt Glück?

Psychologisch kann „Glück" auch als unabhängige Variable bzw. Prädiktor gesehen werden. Stärkt häufiges Glückserleben die Gesundheit, beflügelt es unser Denken, steigert es die Leistungsfähigkeit (Veenhoven, 1987; Lyubomirsky, King & Diener, 2005)? Allerdings ist die Differenzierung zwischen Abhängiger und Unabhängiger Variable simplifizierend, weil faktisch Interdependenz besteht und gegenseitige Stärkung erfolgt. Glück begünstigt eine zutiefst dankbare Haltung auch für die kleinen Dinge des täglichen Lebens, die ihrerseits Glück erhöht (Watkins et al., 2003).

Kapitel 7 belegt überzeugend: Glück verlängert das Leben, senkt den Blutdruck, reduziert das Stresshormon Kortisol, bewahrt davor, in melancholisch-depressive Verstimmung abzusinken (Khramtsova et al., 2007) und puffert wirksam gegen Stress (Ruini et al., 2006). Menschen, die häufiger in guter Stimmung sind, pflegen mehr Kontakte und gehen häufiger aus, was das Glück steigert (Berry & Hansen, 1996). Glückliche denken flexibler – eher im Sinne von „Es ist, wie es ist" –, handeln altruistischer, spenden bereitwilliger Blut (O'Malley & Andrews, 1983), sind optimistischer (Seligman, 2005) und dankbarer (Emmons & McCullough, 2003).

Vierter Teil: Lässt sich Glück erhöhen?

Tag für Tag werden Ratgeber verkauft, welche versprechen, Glück lasse sich steigern. Dagegen spricht die Adaptionstheorie des Glücks, nach welcher Menschen nach intensiven Ereignissen wieder zu ihrem Glücksrichtwert zurückfinden (Frederick & Loewenstein, 1999), Lotteriegewinner ebenso wie Unfallopfer, die fortan an den Rollstuhl gefesselt sind (Brickman et al., 1978). Einen Menschen glücklicher machen zu wollen, sei ebenso aussichtslos, wie von ihm zu erwarten, zehn Zentimeter zu wachsen.

Kapitel 8. Doch die Adaptionstheorie des Glücks geriet in Kritik. Kapitel 8 präsentiert psychologische Experimente, in denen es – in nichtklinischen Settings – gelang, das Wohlbefinden nachhaltig zu heben (Argyle, 2001, 200ff.), weniger durch Änderungen äußerer Lebensumstände als vielmehr durch Modifikationen der Aktivitäten und des Denkens (Sheldon & Lyubomirsky, 2006). Wir können Glück nicht erzwingen, aber an ihm arbeiten, vielleicht am effizientesten, indem es gerade nicht angestrebt wird, weil – so Kierkegaard (Frankl, 1975, 9) – die Tür zu ihm nach außen aufgeht; wer sie einzurennen versucht, dem verschließt sie sich nur.

Kapitel 9 erörtert therapeutische Strategien, deren erklärtes Ziel es ist, nicht nur von Symptomen zu entlasten, sondern Glücksfähigkeit wieder herzustellen und zu optimieren (Dick, 2003). Eines der ersten therapeutischen Programme entwickelte Fordyce (1983). Seither sind innerhalb der „Psychoszene" (Köthke, Rückert & Sinram, 1999), aber auch in der Positiven Psychotherapie (Peseschkian, 1985) zahlreiche Glückstherapien entwickelt worden (Frank, 2007), wobei deren empirische Validierung noch wenig zufrieden stellt.

Das Schlusskapitel fasst zusammen, und ein Personen- und Sachregister rundet das Buch ab.

Der Autor hat vielen zu danken, was ja enorm beglückt: Anna Steup, die hunderte von Fernleihen besorgte, Dr. Elisabeth Stöttinger für kritisches Korrekturlesen, und insbesondere Dipl. psych. Jensy Meindl für die Erstellung der Register, Korrekturlesen, zahlreiche inhaltliche Anregungen und kräftige Motivationsschübe.

Teil I   Was ist Glück?

Qualitative Annäherungen an das Glück

„Auch wenn das Glück also in Ländern wie Deutschland und den USA auf unterschiedliche Weise definiert, angestrebt und ausgedrückt wird, ist die Sehnsucht nach einem erfüllten, glücklichen Leben genauso universal wie viele der Zutaten, die das Glück ermöglichen."
Sonja Lyubomirsky (2007, 14)

Zufall oder Befindlichkeit. „Glück" ist ein Wort, das niemand so richtig definieren kann, aber dessen Bedeutung jeder zu kennen glaubt (Freedman, 1978). Es ist ein Wort der Umgangssprache, das schon im Kindesalter verwendet wird: „Ich habe Glück gehabt, das Glas ist nicht kaputt." Und noch im Greisenalter: „Meine neunzig Jahre sind eigentlich sehr glücklich gewesen." Die Beispiele verweisen auf die übliche Differenzierung von „Glück" als „Zufall", „Widerfahrnis", und Glück als – länger anhaltende – Befindlichkeit, wofür die Engländer die Worte „luck" und „happiness" verwenden können, die Franzosen „fortune" und „bonheur", die Italiener „fortune" und „felicitá".

Menschen können darlegen, was sie glücklich macht, und sich erinnern, wann sie es waren. Eine Psychologie des Glücks sollte mit subjektiven Theorien des Glücks beginnen, und weniger mit Glücksmessungen. Im Rahmen der World Values Survey wurde wiederholt und weltweit gemessen, wie glücklich Menschen seien (Diener & Suh, 2000; vgl. Kap. 4.5). Viele Ergebnisse sind aufschlussreich, etwa dass sich Brasilianer und Argentinier, obschon ärmer, als glücklicher einschätzen als die hochindustrialisierten Japaner. Solche Messungen kranken an einem Problem: Was ist Glück für einen Argentinier? Was für eine Japanerin?

> Glückspsychologie hat vorrangig zu rekonstruieren, was Menschen unter „Glück" verstehen.

Als Einstimmung werden literarische Glücksschilderungen ausgebreitet (vgl. Kap. 2.1). Denn Literatur – einschließlich des großen Schatzes der Sprichwörter – ist eine reichlich sprudelnde Quelle psychologischer Erkenntnisse, die selten genutzt wird (eine Ausnahme bildet Mayring, 1991, 28 f.). Wer sich beispielsweise mit der psychologischen Dynamik von Schuld befassen will, lese Dostojewskijs „Schuld und Sühne".

Sodann werden Studien präsentiert, die nach den subjektiven Vorstellungen von „Glück" fragten (vgl. Kap. 2.2). Etliche Verfasser qualitativer Glücksstudien, für die Glück weniger ein längerfristiger Zustand als vielmehr eine Intensiverfahrung ist, ließen sich von ihren Gesprächspartnern ihre glücklichsten Lebensereignisse erzählen (vgl. Kap. 2.3). In diesen zeigte sich: Menschen empfinden vor allem dann Freude und Lust, wenn sie in ihrer persönlichen Entwicklung weiterkommen und ihre sozialen Bande stärken.

1.1 Literarische Schilderungen von Glück

Nicht nur die ältesten, sondern auch die intensivsten und sinnlichsten Schilderungen des Glücks stammen von Dichtern (Anthologien: Fetzer, 1985; Rossbacher & Tanzer, 2002; Moser et al., 2006; Wetz, 2002). Es ist unmöglich, alle literarischen Glücksfacetten auszubreiten; wir beschränken uns auf zehn Aspekte, die in diesem Buch bedeutsam werden.

Glück ist subjektiv. Manche Menschen können in Situationen glücklich sein, wo andere dies nicht für möglich erachten, selbst vor und in epileptischen Anfällen. Der russische Dichter Fjodor Dostojewskij schrieb in seinem Roman „Der Idiot": „Die Luft war von einem gewaltigen Lärm erfüllt, und ich dachte, ich würde regelrecht verschlungen. Ich hatte wirklich Gott berührt. Er war in mich gekommen, in mich selbst, ja, Gott ist, und ich schrie, und konnte nichts anderes mehr denken. Alle Gesunden können sich niemals das Glück vorstellen, welches uns Epileptiker in der Sekunde vor unserem Anfall ausfüllt."

Literarisch gestaltetes Glück ist ebenso mannigfaltig wie jenes, welches (qualitative) psychologische Studien zu Tage bringen (vgl. Kap. 1.2 und 1.3).

Glückliche Naturelle, die in widerwärtigen Situationen ihren Frohsinn behalten, tauchen auch in der Weltliteratur auf. Glückspsychologisch ist erwiesen, dass einige Menschen genetisch zu höheren Glückslevels disponiert sind (vgl. Kap. 3.1). Zu diesen gehört Hans im Glück: „‚So glücklich wie ich‘, rief er aus, ‚gibt es keinen Menschen unter der Sonne!‘", nachdem er Gold, für das er sieben Jahre gearbeitet hatte, gegen ein Pferd eingetauscht hatte, dieses gegen eine Kuh, diese gegen ein Schwein, dieses gegen eine Gans und diese gegen Wetzsteine, welche in einen tiefen Brunnen fielen, sodass er überhaupt nichts mehr hatte – außer seinem Glück! Kein Wort des Bedauerns, beim Tausch jeweils den Schlechteren gezogen zu haben, sondern vielmehr den Blick aufs Positive gerichtet, beispielsweise darauf, dass eine Kuh Milch geben kann, ein Pferd nicht – so denken glückliche Menschen (vgl. Kap. 7.5).

Glück ist sinnlich, schärft die Sinneswahrnehmung und kann körperlich sehr intensiv erlebt werden, etwa in der Erotik über alle Hautzellen hinweg, aber auch in kreativer Tätigkeit, speziell in der Erfahrung der Inspiration, wie sie von Friedrich Nietzsche meisterhaft beschrieben worden ist (vgl. Kap. 1.3): „Eine Entzückung, deren ungeheure Spannung sich mitunter in einen Tränenstrom auslöst, bei der der Schritt unwillkürlich bald stürmt, bald langsam wird; ein unvollkommnes Außer-sich-sein mit dem distinktesten Bewusstsein einer Unzahl feiner Schauder und Überrieselungen bis in die Fußzehen; eine Glückstiefe, in der das Schmerzlichste und Düsterste nicht als Gegensatz wirkt, sondern als bedingt, als herausgefordert, als eine notwendige Farbe innerhalb eines solchen Lichtüberflusses; ein Instinkt rhythmischer Verhältnisse, der weite Räume von Fernen überspannt…" (Nietzsche, 1955 II, 1131f.).

Glückserleben in der Natur schilderte meisterhaft Hermann Hesse (1970, 488f.), als er sich an eine Episode aus seiner Kindheit erinnerte: „Eines Morgens erwachte ich, ein lebhafter Knabe von vielleicht zehn Jahren, mit einem ganz ungewöhnlich holden und tiefen Gefühl von Freude und Wohlsein, das mich wie eine innere Sonne durchstrahlte. … Es war Morgen, durchs hohe Fenster sah ich über dem langen Dachrücken des Nachbarhauses den Himmel heiter in reinem Hellblau stehen, auch er schien voll Glück, als habe er Besonderes vor und habe dazu sein hübschestes Kleid angezogen … Der Zustand des still lachenden Eins-Seins mit der Welt, der absoluten Freiheit von Zeit … der völligen Gegenwärtigkeit kann nicht lange gewährt haben, vielleicht Minuten."

Besitz(gier) mindert Glück, schildert das Märchen „Vom Fischer und seiner Frau": Die Frau schickt ihren Mann an den Strand, damit er rufe: „Manntje, manntje, Timpe Te. Buttje, Buttje in der See, Mine Fru, die Ilsebil, will nich so, as ik wol will", damit der Butt ihre immer größer werdenden Begehrlichkeiten erfülle: Landhaus, Häuschen, Palast, Königsschloss, Papst und Gott, worauf sie wieder in die armselige Hütte zurückversetzt wird. Materielle Faktoren sind wenig glücksrelevant, Gier sogar Gift (vgl. Kap. 4.6).

Glück in der Liebe wurde weltliterarisch am intensivsten gestaltet: Von William Shakespeare in Romeo und Julia, von Bettina von Arnim: „Liebe ist Überströmen in die Seligkeit" oder von Leo Tolstoj: „Die Liebe ist das Leben. Alles, alles, was ich verstehe, verstehe ich nur dadurch, dass ich liebe". „Lieben, welch ein Glück", das erkannte auch die Glückspsychologie (vgl. Kap. 5.1).

> Goethe (1977, 50), der sich noch mit 80 Jahren verliebte, schrieb über das Glück:
>
> „Doch ach, schon mit der Morgensonne
> Verengt der Abschied mir das Herz:
> In deinen Küssen welche Wonne!
> In deinem Auge welcher Schmerz!
> Ich ging, du standst und sahst zu Erden,
> und sahst mir nach mit nassem Blick:
> Und doch, welch Glück, geliebt zu werden!
> Und lieben, Götter, welch ein Glück!"

Glück durch Arbeit – freilich nicht jede – schildert der französische Essayist Alain (1980, 122; 1928): „Ein Mensch ist glücklich, solange er mit seinen Augen die Spuren seiner Arbeit verfolgen kann und es keinen anderen Herrn gibt als die Sache … Kein Vergnügen, welches das überträfe, mit seinem Karren über ein Pflaster zu fahren, das man selber gelegt hat."

Glück finden, indem es nicht gesucht wird: Dass sich Glück verflüchtigt, wenn ihm nachgeeifert wird, ist glückspsychologisch gut erhärtet (Kapitel 8). Schon Hermann Hesse (2007, 186) wusste in seinem Gedicht „Glück": „Solang du nach dem Glücke jagst, bist du nicht reif zum Glücklichsein."

Glück durch Tugend war die Überzeugung der griechischen Antike, aber auch die von Heinrich Kleist, der nicht nur ein begnadeter Dramatiker, sondern auch Briefeschreiber war. Am 18.1.1799 schrieb er an Christian Ernst Martini: „So übe ich mich unaufhörlich darin, das wahre Glück von allen äußeren Umständen zu trennen und es nur als Belohnung und Ermunterung an die Tugend zu knüpfen. Da erscheint es in schönerer Gestalt und auf sicherem Boden. ... Aber mein Herz sagt mir, dass auch die Erwartung und Hoffnung auf ein sinnliches Glück und die Aussicht auf tugendhafte, wenngleich nicht mehr so reine Freuden nicht strafbar und verbrecherisch sei. Wenn Eigennutz dabei zugrunde liegt, ist es der edelste, der sich denken lässt, der Eigennutz der Tugend selbst."

Auch die Glückspsychologie wies nach: Hedonistisches (sinnliches) Glück und jenes, das aus einem moralisch guten Leben erwächst, schließen sich nicht aus, im Gegenteil (vgl. Exkurs 1 sowie Kap. 2.3.6 und 7.3).

Glück in mystischer Einheit erlebten Meister Eckhart, Teresa von Avila, Johannes vom Kreuz und andere mehr, die von der klassischen Schulpsychiatrie pathologisiert wurden, Thérèse von Lisieux als von inzestuöser Begierde getrieben (Bucher, 2005). Zunehmend öffnet sich die Psychologie mystischen Erfahrungen, insbesondere transpersonale Psychologen (Wilber, 2001; Grof, 2002). Mystische Erfahrungen können enorm beglücken (vgl. Kap. 6.3.5), sind aber, weil „unaussprechbar" (James, 1979, 359), schwer zu beschreiben. Meister Eckhart (1963, 158) greift in Predigt 1, in der er schildert, wie Gott bzw. Jesus sich in den leer gewordenen Menschen einbilden und ihn ausfüllen kann, zu starken Bildern: „Wenn Jesus sich mit dieser Fülle und mit dieser Süßigkeit offenbart und mit der Seele vereinigt, so fließt die Seele mit dieser Fülle und mit dieser Süßigkeit in sich selbst und aus sich selbst und über sich selbst und über alle Dinge hinaus gnadenweise mit Macht ohne Mittel zurück in ihren ersten Ursprung."

Im Folgenden schildern Personen ihre Glückskonzepte und -erfahrungen, die keine Literaten waren, aber mitunter Texte von literarischem Rang schufen.

1.2 Subjektive Glückskonzepte

1.2.1 Qualitative Glücksstudien aus Deutschland

Bühler (1961) berichtet von einer der ersten Studien, in der Menschen gefragt wurden, was sie glücklich mache. Die Lebenslaufpsychologin ordnete die vielfältigen Antworten vier Typen zu:

(1) Glück aufgrund der Erfüllung von Bedürfnissen und Wünschen, was einer teleologischen Theorie des Glücks entspricht (Diener, 1984, 562), wie sie

auch von Freud (1974, 208) vertreten wurde, gemäß dem „Glück … der eher plötzlichen Befriedigung hoch aufgestauter Bedürfnisse (entspringt)", sodass es „nur als episodisches Phänomen möglich" sei.

(2) Glück aufgrund sozialer Integration und Anerkennung.

(3) Glück durch persönliches Schaffen und Wirken, was einer aktivitätstheoretischen Theorie des Glücks entspricht, wie sie bereits von Aristoteles (1952) vertreten und in den letzten Jahren zumal durch die Bücher von Csikszentmihalyi (1996; 1998) popularisiert wurde.

(4) Glück als innere Harmonie und Ordnung.

Zu differenzierteren Vorstellungen von Glück gelangte Hoffmann (1981). Sie bat Studierende und Bedienstete der Universität München, sich in eine Situation zu versetzen, in der sie besonders glücklich waren, um danach detailliert zu beschreiben, wie sie sich damals gefühlt hatten. Sie erhielt mannigfaltige Antworten: „Ich war erfüllt von überströmender Liebe" – „Mein Zeitgefühl war aufgehoben" – „Ich hatte das Gefühl, dass es einen Gott gibt." Die in einem ersten Schritt gebildeten 109 Kategorien wurden auf 12 reduziert.

---

12 Kategorien, wie Glück erlebt werden kann:

1. in qualitativ guten Beziehungen: „Ich fühlte mich anderen nahe";
2. als schöpferische Kraft: „Ich spürte einen großen Tatendrang";
3. Öffnung der Sinne: „Ich hatte das Gefühl, mit der Landschaft eins zu sein";
4. in der Erotik: „Ich hatte ein Gefühl von Wärme in der Bauchgegend";
5. als Ruhe und Entspannung: „Ich atmete ganz ruhig";
6. spontaner Ausdruck überfließender Energie: „Ich spürte den Drang, zu lachen, zu singen, zu tanzen";
7. Ekstase: „Ich wollte zerfließen, mich auflösen";
8. in der Beziehung zu Transzendenz: „Ich hatte Vertrauen zu Gott";
9. als Trance: „Ich war in einem Zustand der Selbstvergessenheit";
10. als Enthobenheit aus der Zeit: „Mein Zeitgefühl war aufgehoben";
11. als Bejahung von Leben: „Das Leben erschien mir sinnvoll";
12. als positiver Selbstwert: „Ich war meiner selbst sehr sicher."

Einige Kategorien überlappen sich, so „Ekstase" und „Trance". Dennoch wird deutlich, wie verschiedene Formen des Glücks erlebt werden, erregte und ruhige, allein oder gemeinsam, aber auch, dass Glück sinnlich ist, Sinneswahrnehmung schärft und körperlich empfunden wird. Glück verändert das Erleben der Zeit, die vergessen werden kann; es steigert Energie, erhöht Interesse, vertieft Bindungen – Effekte, die in der Evolution förderlich waren (Buss, 2000; Grinde, 2002).

Wlodarek-Küppers (1989) fragte in einfühlsamen Gesprächen 25 Frauen und 25 Männer, was sie in ihrem Leben beglückte und was sie als „Glück" empfinden. 24 Prozent nannten spontan Gründe, die sie am Glück hindern. Eine 32-jährige

Ärztin: „Alles, was mit dem Körper zu tun hatte, war dreckig. Das hat ziemlich Platz in mir gegriffen. Damit kann ich einfach nicht leben und glücklich sein … Ich habe das Gefühl, keinen Körper zu haben." (Wlodarek-Küppers, 1989, 103).

Ex negativo zeigt sich, dass Glück eine körperliche Komponente hat. Als beglückend schilderten etliche Gesprächspartner, aus den „Schatten der Vergangenheit" herausgetreten zu sein. Eine 26-jährige Psychologiestudentin: „Jahrelang habe ich mich klein, schwach und hässlich gefunden. Ich war depressiv und hatte das Gefühl, ich schaffe alles nicht. Seit den letzten zwei Jahren kann ich sagen: ,Es geht aufwärts' … Es ist für mich ein Glücksgefühl, immer mehr zu wagen." (Wlodarek-Küppers, 1989, 104).

Knapp jeder dritte Gesprächspartner kontrastierte Glück mit Unglück: „Wenn jeder Tag schön ist, ist es für mich kein Glück mehr". Eine 29-jährige Künstlerin: „Glück und Unglück hängen für mich zusammen. Das ist für mich ein Paar wie Liebe und Hass. Im Prinzip ist es das gleiche, nur das eine hebt mich hoch, und das andere zieht mich herunter." (Wlodarek-Küppers, 1989, 112).

Drei Viertel seien häufiger glücklich als unglücklich. Erfüllende Arbeit bewirkt für mehr als die Hälfte Glück (52 Prozent), so für eine 46-jährige Psychologiestudentin: „Meine Diplomarbeit … versetzte mich in einen regelrechten Rauschzustand. Ich hätte alle Leute umarmen können … Ich kann Glück äußern, mein Glück wird von anderen wahrgenommen. Das vergrößert das Glück. Bei der Arbeit gingen mir ja immer neue Zusammenhänge auf, bei denen ich dachte: ,Ist ja wahnsinnig'." (Wlodarek-Küppers, 1989, 152).

Jede zweite führte Glück auf Begegnungen zurück: „Oft sind es nur minimale Momente, in denen ich ein Wärme- oder Glücksgefühl habe … Manchmal passiert mir das auf der Straße oder in einem Geschäft, wenn ich zufällig mit einem Menschen ein paar freundliche Worte gewechselt habe." (Wlodarek-Küppers, 1989, 143). Nahezu ebenso viele auf feste Partnerschaften: „Ich kenne das Glück mit meinem Mann zusammen. Wir haben das Gefühl einer starken Zusammengehörigkeit." (Wlodarek-Küppers, 1989, 135).

Ein Drittel nannte materielle Glücksfaktoren, die in der Erinnerung älterer Gesprächspartner ganz bescheiden sein konnten: „Glück war für mich der erste Bohnenkaffee nach dem Krieg." (Wlodarek-Küppers, 1989, 158).

Ebenso viele erinnern sich an Glück, das aus der Kindheit herüber leuchtet: „Seit etwa zwei Jahren habe ich das Gefühl, dass ich da anschließe, wo ich vier oder fünf Jahre alt war. Ich bekomme heute Glücksgefühle, bei denen ich mich fast kindisch fühle. Ich freue mich, wenn morgens die Sonne scheint. Dann denke ich: ,Toller Tag, heute kannst du etwas machen'. Und ich weiß noch nicht einmal, was. Ich bin einfach froh und glücklich." (Wlodarek-Küppers, 1989, 191f.).

Seltenere Glücksfaktoren sind: Selbstakzeptanz, eigene Leistung und Anerkennung, Glaube an einen höheren Sinn oder an ein Göttliches, Freiheit.

Zusammenfassend hält Wlodarek-Küppers (1989, 252) fest, die von ihren Gesprächspartnern artikulierten Glücksvorstellungen entsprächen weitgehend den gängigen philosophischen und psychologischen Glückstheorien sowie literarischen Schilderungen, speziell von (Kindheits-)Glück (Franken, 1992). Sie hätten den Status anthropologischer (Glücks-)Konstanten (Wlodarek-Küppers, 1989, 262).

Auch Wulf (2005) führte zu „Glück" einfühlsame biografische Gespräche mit Frauen und fand vielfältige Glücksschilderungen, von „euphorisch, rauschhaft" bis „still, dahinplätschernd" (Wulf, 2005, 383). An zusätzlichen subjektiven Sichtweisen ist festzuhalten, dass „Glück" für einige dann eintritt, wenn der Mensch es gerade nicht sucht, sondern vom Ego absieht, sich ganz einer Tätigkeit hingibt oder einem Menschen zuwendet: „Überhaupt tritt Glück immer dann ein, wenn man von sich selbst wegkommt. Wenn man mit sich oder mit irgendetwas eins wird. Das ist wie beim Orgasmus. Wenn man mit sich eins wird und sich gar nicht mehr empfindet." (Wulf, 2005, 386).

Aber auch, dass Glück „warm" ist: „Also was auf alle Fälle ist, dass Glück nie mit Kälte zu tun hat, also das hab' ich schon, das Gefühl, dass Glück immer in irgendeiner Form als Wärme erscheint, gell, also wenn ich friere, bin ich nicht glücklich." (Wulf, 2005, 387).

Glück in unterschiedlichen Lebensphasen

Wulf fragte auch nach dem Glückserleben in verschiedenen Lebensabschnitten. „Denn jedes Jahrzehnt des Menschen hat sein eigenes Glück", sagt Goethe in den „Wahlverwandtschaften".

Als Kindheitsglück schilderten die Gesprächspartner von Wulf (2005) u. a. das Spielen, aber auch, etwas allein geschafft zu haben: „Also, ich hab da bestimmt vier, fünf Stunden nichts anderes getan, als Fahrrad fahren geübt und dann blieb ich oben sitzen … ich war tierisch stolz über meine Leistung, das allein geschafft zu haben, glücklich. Das hat mir Selbstvertrauen gebracht, dass ich das ohne Hilfe geschafft habe." (Wulf, 2005, 393).

Geschildert werden auch intensive Naturerlebnisse, Feste in der Familie, Glück beim Lesen: „Und dann hab' ich da gesessen und hab' gelesen und bin in diese Welt eingestiegen … Es gab dann auch nichts anderes mehr." (Wulf, 2005, 393; zum Leseglück: Bellebaum & Muth, 1996).

Glück in der Jugend konkretisiert sich als Verbundenheit mit Freunden und als Freiräume, etwa nach dem Mopedführerschein: „Das hatte was mit Bewältigung, frei zu sein. Es war ein tierisches Gefühl." (Wulf, 2005, 396). Häufiger als bei der Kindheit wurde von Glücksbeeinträchtigung erzählt z. B. aufgrund von Selbstzweifeln: „Also, so als Jugendliche war das eher schwierig, so das Gefühl auf der Suche zu sein: ‚Wer bin ich?'" (Wulf, 2005, 397), Konflikten mit den Eltern, mit dem körperlichen Erscheinungsbild: „Als Jugendliche war ich eher unglücklich … da hatte ich Übergewicht." (Wulf, 2005, 398). Auch quantitative Studien zeigen: Jugendliche sind weniger glücklich als Kinder und Erwachsene (vgl. Kap. 4.2.3).

Glück im Erwachsenenalter ergibt sich aus sozialen (Nah-)Beziehungen, erfüllender Tätigkeit und persönlichem Wachstum. Verliebtsein ist für eine Gesprächspartnerin „das intensivste Gefühl von Glück. Es ist wirklich etwas Rauschhaftes, wie eine Droge. Da bist du glücklich und unangreifbar." (Wulf, 2005, 404). Auch längere Partnerschaften beglücken, allerdings nicht mehr so intensiv: „Da ist mehr Gemeinsamkeit entstanden und das macht mich manchmal auch glücklich." (Wulf, 2005, 406), wohingegen Geburten als emotional besonders stark erinnert werden: „Ich war so ergriffen, dass ich geweint habe … diesen kleinen Wurm im Arm und kannst es gar nicht fassen, dass das von dir kommt." (Wulf, 2005, 410). Obschon oft als Unglück beklagt, kann auch Arbeit beglücken: „Immer, wenn ich was geschaffen hatte, war ich glücklich." (Wulf, 2005, 440). Glück wird vielfältig und individuell erlebt.

Die Glücksstudie des Demoskopischen Instituts Allensbach

Eine aufwändige Glücksstudie, die zunächst qualitativ, dann quantitativ vorging, führte das Demoskopische Institut Allensbach (2003) mit mehr als 1200 Bundesdeutschen durch. „Einmal ganz allgemein gefragt: Was verstehen Sie unter Glück?" Die Antworten waren vielfältig: „Bei Glücklichsein fällt mir zum Beispiel ein, dass ich in den Bergen wandere, auf dem Gipfel ankomme, den Aufstieg hinter mir habe und dann die Aussicht genieße. Oder wenn ich einen Tag im Garten gearbeitet habe, wenn man etwas gut erledigt hat und das dann genießt." (22) „Zu einem glücklichen Leben gehören auch düstere Phasen. Schicksalsschläge, die gemeistert wurden, geben im Nachhinein ein Glücksgefühl." (Demoskopisches Institut Allensbach, 2003, 23).

Die Glücksvorstellungen zeigen eine enorme Spannbreite. Um die Komplexität zu reduzieren, wurden sie kategorisiert: Am häufigsten (50 Prozent) ist „Gesundheit", die eigene und die der Nahestehenden: „Auf alle Fälle ist Gesundheit wichtiger als Geld, weil ich mir mit Geld keine Gesundheit kaufen kann." (Demoskopisches Institut Allensbach, 2003, 20). Sodann Zufriedenheit (34 Prozent), intakte Familie und harmonisches Familienleben (33 Prozent), dies vor finanzieller Absicherung und gutem Einkommen (19 Prozent), sicherem Arbeitsplatz (14 Prozent), unerwarteten positiven Ereignissen (10 Prozent), wohlwollenden Menschen und Freunden (10 Prozent), „Liebe" (4 Prozent). Die letzten Glücksfaktoren hätten höhere Werte verbucht, wenn explizit nach ihnen gefragt worden wäre.

Das Demoskopischen Institut Allensbach (2003) analysierte auch, wie die Befragten das Verhältnis von „Glück" und „Zufriedenheit" bestimmen.

1.2.2 Glück – Zufriedenheit – Wohlbefinden?

60 Prozent halten Glück und Zufriedenheit für „praktisch das gleiche" (Demoskopisches Institut Allensbach, 2003, 26ff.): „Glück und Zufriedenheit gehören für mich zusammen. Ohne Glück keine Zufriedenheit und ohne Zufriedenheit kein Glück."

Andere differenzieren: Einerseits dahingehend, Glück – eine Kontrasterfahrung – sei kürzer, Lebenszufriedenheit halte länger an: „Glück darf überhaupt nicht dauerhaft sein, sonst empfinde ich es ja gar nicht mehr als Glück; das andere ist Zufriedenheit." Andererseits so, dass Glück Zufriedenheit punktuell übersteigt, hinauf in den Jubel, bis zu Glückstränen, die unmöglich über lange Zeit fließen können, weil der Mensch ausbrennen würde: „Die Zufriedenheit gehört zum Glücklichsein oder ist eine Voraussetzung. Zufriedenheit kann auch ein längerer dauernder Zustand sein, Glück ist das nicht. Glück ist eine andere Ebene, Glück ist ein Gipfel einer Landschaft der Zufriedenheit. Vor Zufriedenheit weint man nicht oder kann man nicht jubeln, das kann man nur vor Glück."

Gegen die Gleichsetzung von „Zufriedenheit" mit „Glück" spreche, dass die Menschen *häufiger* „sehr zufrieden" (60 Prozent) als „sehr glücklich" sind (34 Prozent).

Auch Glückspsychologen bestimmen das Verhältnis „Glück – Zufriedenheit" kontrovers. Veenhoven (1997, 31; 2003, 258), Begründer der „World Data of Happiness", Rehdanz und Maddison (2005, 112), Grimm (2006, 7) u. a. sehen sie als Synonyme, ebenso Michalos (2005) im Aufsatz mit dem bezeichnenden Titel „Satisfaction and Happiness" oder Dick (2008, 45), der an Ovid erinnert, gemäß dem ein Mensch erst nach dem Tode glücklich gepriesen werden könne, wenn sein Leben bis ans Ende gut verlaufen sei. Andere hingegen – Becker (1991), Glatzer und Zapf (1984), Mayerl (2001), Morill (2005) – akzentuieren, „Zufriedenheit" sei das Ergebnis eines kognitiven Bewertungsprozesses des Lebens, Glück hingegen intensive Emotionalität (Diener, Sandvik & Pavot, 1991). Menschen können zufrieden sein, etwa wenn sie auf ihre Karriere zurückblicken oder durch ihr Eigenheim wandeln, ohne dass ihr Körper von Glücksgefühlen durchrieselt wird.

Die angelsächsische Psychologie löste das Problem der Relation von „Glück" und „Zufriedenheit" mit dem Konstrukt des „subjektiven Wohlbefindens", das sich aus drei Komponenten zusammensetzt (Diener, Suh & Oishi, 1997):

▶ globale bzw. zumindest länger anhaltende Lebenszufriedenheit,
▶ häufige positive Affekte: Freude, Begeisterung, Überschwang,
▶ seltene negative Affekte: depressive Verstimmungen, Ärger, Stress.

Dieses Konstrukt genießt breite Zustimmung (Andrews & Withey, 1976; Argyle, 2001, 14; Diener, 1984, 547; Diener et al. 1999, 277) und gilt als das bisher „am meisten anerkannte" (Lyubomirsky, Tkach & Dimatteo, 2005, 365). Es ermöglicht, „Glück" und „Zufriedenheit" auseinanderzuhalten und zugleich aufeinander zu beziehen. Dies tat auch Becker (1991) mit dem Konzept des Wohlbefindens, indem er dieses in „habituell" und „aktuell" unterteilte. Ersteres, länger anhaltend, entspricht der Lebenszufriedenheit, Letzteres dem Glückserleben.

Dieses Buch verzichtet diesbezüglich auf eine endgültige Positionierung; vielmehr ist zu referieren, wie die Autoren das Verhältnis von „Glück", „Zufriedenheit", „Wohlbefinden" und weiteren nahe stehenden Konstrukten konzeptualisierten. Jedenfalls korrelieren entsprechende Messinstrumente hochsignifikant (Andrews & Withey, 1976, 88f.). In einer Analyse von Shaver et al. (1987, 1067) fielen „Freude, Glück, Zufriedenheit, Erregung, Vergnügen" ins gleiche Cluster, sodass es angemessen ist, eher von Synonymen als von Gegensätzen zu sprechen.

1.2.3 Qualitative Glücksstudien aus anderen Kulturen

Die erörterten qualitativen Glücksstudien wurden in Kulturen durchgeführt, in denen Individualität einen hohen Stellenwert hat. Wie aber konzeptualisieren Menschen „Glück", wenn sie in einer kollektivistischen Kultur leben, in der das Wohlergehen von Familie und Sippe über individuelle Vorlieben und Freiheiten gestellt wird? (Kitayama & Markus, 2000). Auch wie ein amerikanischer Student? „Für mich ist Glück, das zu tun und so zu sein, wie ich will, ohne von gesellschaftlichen Zwängen behindert zu werden." (Lu & Gilmour, 2004, 269).

Glück in der chinesischen Tradition

In China ist eine solche Glücksphilosophie wenig wahrscheinlich. Hier predigte, 500 Jahre vor Christus, Konfuzius die Lehre von LI, gemäß der durch gemeinsame Rituale der soziale Zusammenhang gestärkt und das Trachten des Menschen auf die Familie (einschließlich die Ahnen), die Gemeinschaft und soziale Tugenden ausgerichtet werden soll.

Lu (2001) ließ 140 chinesische Studierende einen Aufsatz zu „Was ist Glück?" schreiben und analysierte, wie die jungen Männer und Frauen Glück definierten, aber auch, wie dieses zu erreichen sei. Am häufigsten setzten sie Glück mit Zufriedenheit gleich, speziell damit, dass notwendige Bedürfnisse gestillt werden können, sodann mit einem positiven Gefühl, wie es der Liebe entströmt: „Glück ist, wenn ich fröhlich bin und die Menschen um mich herum es auch sind, wenn ich Herzenswärme spüre und davon anderen etwas geben kann." (Lu, 2001, 416).

Glück als Gleichgewicht. Möglicherweise beeinflusst durch die Yin-Yang-Philosophie konzeptualisierten etliche Glück als harmonisches Gleichgewicht zwischen Gegensätzen sowie zwischen Ego und Mitwelt. Zudem sei Glück hoffnungsvolles, optimistisches Blicken in die Zukunft, was auch viele Amerikaner mit Glück verbinden (Seligman, 2003). Kulturspezifischer sehen die Chinesen die Voraussetzungen zum Glück. Am wichtigsten sind interpersonale Ziele (Harmonie), Verzicht auf Begehrlichkeit, tiefe Dankbarkeit für die kleinen Dinge des Lebens (Lu, 2001, 420). Wie in der eudaimonistischen Glückskonzeption des Abendlandes auch (Waterman, 1993; Exkurs 1) wird als Glücksquelle tugendhaftes Handeln gewürdigt, darüber hinaus Geist und Spiritualität: „Nur wenn der Geist reich ist, dann ist er auch friedvoll und beständig, und dann ist Glück möglich. Glück ist ein inneres Empfinden und nicht von äußeren Umständen abhängig." (Lu, 2001, 422).

Spiritualität durchdringt die chinesische Tradition. Werte sind glücksrelevanter, wenn tief in einer Kultur verankert (Mallard, Lance & Michalos, 1997).

Zusammenfassend hält Lu (2001) fest, die Glückskonzeptionen der Studenten spiegelten die Konfuzianische Tradition wider, obschon in den letzten Jahren ein enormer Modernisierungsschub über das frühere Reich der Mitte hinwegging. Letzterer erkläre die Akzeptanz westlicher (individueller) Werte, was aber die traditionellen Glückswerte nicht außer Kraft setze. Die individuelle *und* kollektive Komponente von „Glück" zeigt sich im Gedicht eines Studenten: „Glück kommt aus deinem Herzen und erfüllt dein Herz mit Liebe. Wenn du liebend auf andere Menschen schaust und die Begegnungen mit ihnen voller Liebe erfährst, dann wirst du dich glücklich fühlen." (Lu, 2001, 430).

Interkulturelle Studie

Eine interkulturelle Studie führten Galati, Manzano und Sotgiu (2006) durch. Sie baten 133 Italiener und 132 Kubaner, spontan fünf Dinge aufzuschreiben, die sie glücklich machen. Die mannigfaltigen Antworten – „Harmonie unter den Familienmitgliedern", „mit meinem Hund spielen", „ein perfekter Tänzer werden" – wurden 23 Kategorien zugeordnet.

Die sechs häufigsten Glückskomponenten, die in der Studie von Galati, Manzano und Sotgiu (2006) genannt wurden:

Glückskomponenten	Häufigkeit in %		Erreicht (Mittelwert bei 1 [nicht] bis 10 [voll und ganz])	
	Italien	*Kuba*	*Italien*	*Kuba*
Gesundheit	58.6	57.6	8.1	8.3
Familie	58.6	68.2	7.5	8.1
Geld	56.4	43.2	2.7	5.0
Freundschaft	42.9	32.6	7.9	7.8
Liebe	39.8	33.3	6.7	8.1
Arbeit	39.8	23.5	4.0	6.1

Sowohl Kubaner als auch Italiener führen „Glück" am häufigsten auf Gesundheit und Familie zurück, sodann Geld, Kubaner allerdings seltener. Italiener haben hinsichtlich ihrer finanziellen Situation häufiger das Gefühl, noch zu wenig erreicht zu haben; die ärmeren Kubaner hingegen sind mit Geld, Arbeitssituation und Liebe zufriedener und schätzten ihr generelles Lebensglück auf einer zehnpunktigen Skala höher ein (7.4) als die Italiener (6.0).

Qualitative Studien belegen, dass Glückskonzepte zum einen kulturspezifische Komponenten beinhalten: In kollektivistischen Kulturen ist die Glücksrelevanz von Familie und Sippe höher, in westlichen Ländern sind es eher individuelle Faktoren. Zum anderen gibt es kulturübergreifende Komponenten, insbesondere, dass Glück ein enorm erstrebenswertes Gut ist und weniger durch materielle Güter als vielmehr zwischenmenschliche Beziehungen hervorgerufen wird.

1.3 Glücklichste Episoden

Was hat Sie bisher am meisten glücklich gemacht? Erstmals über eine Marathon-ziellinie gelaufen sein, verschwitzt, von tiefsten Glücksgefühlen durchströmt? Das erste Mal mit Ihrer großen Liebe eine Nacht verbracht zu haben? Gefragt, ob Sie damals „zufrieden" waren, würden einige differenzieren: „Viel mehr, ich war glücklich!" Infolgedessen ist es angemessen, wenn qualitativ auch jenes episo-dische Glück untersucht wird, „das keine Steigerungsmöglichkeit in sich trägt, da es das absolute Höchstmaß an Sinn und Sinnlichkeit, an Wohlsein, an Erfüllung, an Harmonie ist" (Meck, 2003, 161).

1.3.1 Glücklichste Episoden bei Erwachsenen

Im Rahmen einer vom Verfasser durchgeführten Pilotstudie beschrieben 228 Er-wachsene, mehrheitlich in erzieherischen Berufen tätig und infolgedessen mehr Frauen (91 Prozent), „die glücklichsten Episoden" ihres Lebens. Das Spektrum ist breit: „Eine sehr viel jüngere Frau erklärt mir mit dem Text: ‚Es ist was es ist' von Erich Fried, dass sie sich in mich verliebt hat." – „Auf dem Gipfel eines Berges, auf den ich teils mit dem Rad und teils zu Fuß gekommen bin, allein! Beim Blick hinunter, in die Weite." – „Mit 14 gründete ich eine Jungschargruppe. Vor zwei Wochen trafen wir „Jungschärlerinnen" uns wieder. Wir sind alle um die 50. Als Führerin war ich sehr, sehr glücklich, für alle wichtig gewesen zu sein."

Gebildet wurden 14 Kategorien, wobei – aufgrund des hohen Frauenanteils verständlich – Geburt am häufigsten vorkam (45 Prozent): „Die Geburt meiner drei Kinder, besonders die meiner ersten Tochter. Kurzer, aber intensiver Körper-kontakt nach der Geburt. Freude und Glück ist unbeschreiblich, nach den Stra-pazen einer noch ganz natürlichen Geburt."

Sodann Liebesbeziehungen: „Durch eine lange Meditationsphase aufgelöst: umfassendes Erleben der Verbundenheit mit allem Sein – Erfahrung, die seither unaufhörlich in mir ist, dass alles aus Liebe geworden ist, alles in seiner Grund-substanz Liebe ist. Wiederbegegnung mit einem Mann, den ich liebte und der mir unerwartet auch seine Liebe erklärte."

Familie: „Nach einem halben Jahr in Australien kam ich zurück. Der Empfang von meiner Familie, das Wiedersehen und Umarmen und Spüren – hier werde ich geliebt und bin ich zu Hause – war ein sehr glücklicher Moment."

Jede vierte erinnerte Erfolg als sehr beglückend, etwa den Studienabschluss: „Die Sponsion, wo die ganze Familie sich für mich interessiert hat, sich mit mir gefreut hat, wo ich im Mittelpunkt gestanden bin. Die Feier und die Gratula-tionen der Professoren. Die Freude meines Vaters, seine Anerkennung."

Jede fünfte schilderte glücklichste Episoden in der Kindheit oder im Urlaub, wohingegen materielle Faktoren nur von drei Prozent genannt wurden. Den meisten Episoden ist gemeinsam, dass sie mehr sind als hedonistische Vergnügen; vielmehr brachten sie Entwicklung voran und stärkten soziale Bindungen.

1.3.2 Glücklichste Episoden bei Jugendlichen

Magen (1998) bat in den USA und Israel mehr als tausend Jugendliche, jenes Lebensereignis zu schildern, das ein intensives Wohlgefühl ausgelöst und bewirkt habe, dass das Leben als wunderbar erfahren wurde. Glück konzeptualisierte er weniger als länger anhaltenden Zustand, sondern als überwältigende Intensiverfahrung, in der der Mensch – ähnlich wie in den Gipfelerfahrungen nach Maslow (1990) – den Alltag übersteigt. Entsprechende Berichte ermöglichten Aufschlüsse über die Persönlichkeit und ihre Glücksfähigkeit (Magen, 1989, 13f.). Eine amerikanische Jugendliche erzählte von ihrer Freundin: „Ich fühlte, wie zwischen uns ein Band wuchs, das niemand trennen konnte. Wir saßen zwei Stunden oder mehr einander gegenüber, diskutierten über die Meinungen der Jugendlichen und fanden, dass unsere Ansichten in vielem zusammenpassten. Ich war näher bei mir selbst, meinen Freunden und der Welt als ich es je gewesen war. Ich war extrem glücklich." (Magen, 1989, 72).

Die Erlebnisberichte sind individuell, einzigartig und schwer zu vergleichen. Magen (1998) kategorisierte sie:
▶ Beglückende Erfahrungen mit dem eigenen Selbst,
▶ mit der äußeren Welt,
▶ mit anderen.
Am häufigsten ereigneten sich die intensiven Glücksepisoden in interpersonalen Settings, bei den in Israel wohnenden Arabern noch häufiger (57 Prozent) als bei den amerikanischen Jugendlichen (42 Prozent).

Vier Intensivitätsstufen. Magen (1989, 21f.) ordnete die Glücksepisoden vier Intensivitätsstufen zu. Wer antwortete: „Ich mag gerne fernsehen", wurde der ersten Ebene zugewiesen, der „gerade noch positiven Erfahrungen mit schwacher Emotion". „Befriedigende und vergnügliche Erfahrungen" kamen auf die zweite Ebene, beispielsweise: „Als mein Bruder aus den Staaten zurück kam, war ich sehr glücklich", auf die dritte Ebene jene „sinnvollen und freudigen Erfahrungen, ... die die Person ansatzweise verändern", beispielsweise: „Letzten Sommer besuchte ich meine Verwandten auf dem Lande und verbrachte zwei Wochen mit ihnen. Dieser Besuch hinterließ einen tiefen Eindruck und überzeugte mich, dass das Leben wunderschön ist."

Beglückende Erlebnisse, „die die Wahrnehmung des Selbst, der Anderen, ja der ganzen Welt transformieren", entsprechen der Stufe vier, so: „Ich denke, das Beste, was mir je zuteil wurde und meine Weltsicht ganz und gar veränderte, war, als ich meine Freundin küsste, die ich sehr liebe. Es war eine überwältigende

Erfahrung … Ich fühlte mich wie im Paradies. Meine Sorgen waren plötzlich unwichtig, die Welt ist glücklich." (Magen, 1998, 22).

Hedonistisch versus eudaimonistisch. Was ist gemäß dieser aufwändigen Studie Glück? Zum einen eine positive emotionale Intensiverfahrung. Zum anderen abstrahierte Magen (1998) zwei Glückskonzepte, die als universell behauptet werden und eine lange Tradition aufweisen (Waterman, 1993; Peterson, Park & Seligman, 2005): Glück als hedonistisches Vergnügen, was bei zwei Dritteln der Jugendlichen der Fall sei. Diese suchen ihr Glück im Sinnesgenuss und in der Lust, wozu schon der griechische Philosoph Aristipp, der Begründer des Hedonismus, geraten hatte. Der Verfasser favorisiert jedoch die Tradition des Aristoteles: „Glück nicht begrenzt auf hedonistisches Vergnügen, sondern unter Einschluss der größten Erfüllung der dem Menschen gegebenen Potenziale und erfüllt von Lebenssinn" (Magen, 1989, 162). Dieses Glück sei „eudaimonistisch" (Exkurs 1). Es resultiert aus Erfahrungen des Lernens und Gelingens sowie tugendhaftem Handeln, speziell Altruismus. Ein arabischer Junge erzählte: „Meine Familie lebt vom Fischfang … Im letzten Sommer trennten sich meine Brüder von der Familie und helfen nicht mehr beim Fang auf der See. Mein Vater ist ein alter Mann und kann das Fischerboot nicht allein bedienen. So habe ich ihm geholfen, und während der zwei Monate Sommerferien ging ich mit ihm vor Sonnenaufgang hinaus und half ihm bei der Arbeit. … Ich spürte, dass mein Leben Sinn hat … und fühlte Stolz, wirkliche Freude und dass das Leben wunderschön und glücklich ist." (Magen, 1998, 75).

Hedonistische und eudaimonistische Glückskonzepte schließen sich nicht aus; vielmehr zeigten auch die von Erwachsenen berichteten Glücksepisoden, dass sie dann Lust und Freude erlebten, wenn sie in ihrer Entwicklung weiterkamen oder Mitmenschen diesbezüglich weiterbrachten. Die Differenzierung Hedonismus – Eudaimonismus ist in der Glücksforschung fest etabliert, ihr widmete das „Journal of Happiness Studies" eine eigene Nummer (1/2008), ein Exkurs ist angemessen.

Exkurs 1: Ist Glück Lust oder Tugend – oder beides?

Wirkliches Glück sei mehr als Lust und Vergnügen. Dieser oft moralisierende Einwand zieht sich spätestens seit der Kritik an den griechischen Hedonisten – allen voran Aristipp von Kyrene (435–355 v. Chr.), der die Maximierung von Lust zum höchsten Gut erklärte (Winterswyl, 1995, 113f.) – durch die Philosophiegeschichte. Mit dem Hedonismus wurde (und wird) der Eudaimonismus kontrastiert (Keyes, Shmotkin & Ryff, 2002; Ryff & Singer, 2008). Sofern das Leben glücken soll, müsse der Mensch sein wahres Selbst (Daimonion) zur (expressiven) Entfaltung bringen (Waterman, 1993) und seine tugendhaften Stärken realisieren (Aspinwall & Staudinger, 2002). Dies deckt sich mit bewährten psychologischen Ansätzen:

▶ die voll funktionierende Persönlichkeit nach Rogers (2006),
▶ Individuation nach C. G. Jung (1976),
▶ Gipfelerlebnisse nach Maslow (2002),

- ► gelingende Identitätsentwicklung nach Erikson (1973),
- ► persönliche Reifung nach Allport (1970).

Eudaimonistisches Glück sei mehr als subjektives Vergnügen (Haybron, 2003; 2008); vielmehr gäbe es objektive Kriterien für ein wirklich glückendes Leben. Ryff (1989) hat sechs Glückskompetenzen beschrieben, u. a. Autonomie, persönliches Wachstum, erfüllende Sozialbeziehungen (vgl. Kap. 2.3.6). Ebenso plädiert Waterman (1993) dafür, authentisches Lebensglück sei weniger ein (befristeter) emotionaler Zustand als vielmehr ein Prozess, in dem Menschen ihre Potenziale realisieren und authentisch zum Ausdruck bringen. Waterman (1993) entwickelte den Fragebogen „Persönliche Ausdrucksaktivitäten" mit Items wie: „Diese Aktivität vermittelt mir das stärkste Gefühl, dass ich in ihr wirklich ich selber bin" (Waterman, Schwartz & Conti, 2008, 51). Auch die Theorie der Selbstbestimmung von Ryan und Deci (2001) akzentuiert, Menschen würden nachhaltig glücklich, wenn sie aus freien Stücken die von ihnen präferierten Tätigkeiten ausübten. Auf gleicher Linie argumentiert Haybron (2003; 2008), Glück sei nicht nur ein subjektives Wohlgefühl – dieses erleben auch die Soma-Esser in Huxleys „Brave new world" –, sondern stelle sich ein, wenn Menschen ihr wirkliches Wesen entfalteten. Entscheidend sei weniger das Glücks*gefühl*, das auch eine Drogensüchtige, obdachlos und sich mit verstochenen Armen prostituierend, durchrieseln kann, nachdem sie sich die Spritze gesetzt hat, als vielmehr jenes Glücklich*sein*, das der Philosoph Sumner (1996) als „authentisches Glück" bezeichnete.

Obschon viele Philosophen den Hedonismus – sogar als „schweinisch" – kritisierten: Gemäß zahlreichen Studien schließen sich eudaimonistisches Glück und Lust nicht aus. Waterman, Schwartz und Conti (2008) befragten 600 Studierende und fanden, dass Glücksempfindungen – gemessen mit Items wie: „Diese Tätigkeit bereitet mir größtes Vergnügen" – und eudaimonistisches Wohlbefinden, speziell authentische Selbstexpressivität, hoch korrelieren ($r = .80$; weitere einschlägige Studien: vgl. Kap. 2.3.6). Es kann enorme Lust bereiten, sich moralisch zu verhalten (Dehner, 1998; vgl. Kap. 6.3).

Zusammenfassend kann gesagt werden:
- ► Die Befragten artikulieren Glückskonzepte, die keineswegs weniger substanziell sind als die von Philosophen oder Fachleuten; für „Glück" ist jeder ein berufener Experte.
- ► Glück ist ein enorm vielfältiges Phänomen, bald rauschhaft-euphorisch, bald still und zufrieden lächelnd, bald stürmisch bewegt, bald ruhig und gelassen.
- ► Auch in qualitativen Studien geben mehr Menschen an, häufiger glücklich als unglücklich zu sein.
- ► Am häufigsten wird Glück mit Gesundheit und dem sozialen Nahbereich in Verbindung gebracht, speziell Partner und Familie, deutlich seltener mit materiellen Werten.

►

- ► Männer und Frauen identifizieren für die verschiedenen Lebensphasen unterschiedliche Glücksfaktoren; in der Tat: „Jedes Jahrzehnt des Menschen hat sein eigenes Glück."
- ► Bezüglich des Verhältnisses von „Glück" und „Zufriedenheit" votieren Befragte uneinheitlich – Glücksexperten übrigens auch. Einige für Gleichsetzung, andere für Differenz: Zufriedenheit dauere länger, Glück sei episodischer, aber emotional intensiver.
- ► Interkulturelle Studien zeigen Differenzen – kollektivistische Kulturen gewichten soziale und harmonische Glücksfaktoren stärker – aber auch Gemeinsamkeiten: Liebe ist eine universale Glücksquelle.
- ► Als glücklichste Episoden werden überwiegend solche geschildert, die der persönlichen Entwicklung nützten (beispielsweise Erfolgserlebnisse), aber auch der Evolution förderlich waren (Weitergabe des Lebens etc.).

Glück – ein vielfältiges Phänomen. Lässt es sich messen? Psychologen meinen: Ja.

Lesehinweis

Im folgenden Kapitel werden die verschiedenen, oft in der Glücksforschung angewandten Messinstrumente vorgestellt. Wenn Sie sich nicht so sehr für Zahlen interessieren, können Sie auch zunächst in Kapitel 3 weiterlesen.

In den Teilen II, III und IV dieses Buches werden zahlreiche Studien innerhalb der Glücksforschung vorgestellt, bei denen auch immer die jeweils verwendeten Messinstrumente und Skalen genannt werden. An dieser Stelle kann es dann sinnvoll sein, diese in Kapitel 2 nachzulesen.

Allerdings ist es auch faszinierend, dass ein so komplexes Konstrukt wie „Glück" durchaus messbar ist – und womit. Der Ausflug in die Welt der Fragebögen und Statistiken ist daher durchaus einen Versuch wert.

2 Lässt sich Glück messen?

„Die Erfassung von Glück muss multidimensional sein. Ein einzelnes Item oder ein paar simple Fragen können nur an der Oberfläche bleiben." Philipp Mayring (1991, 117)

„Messen" – ein Tischler hat es leicht, er greift zum Meterstab. Aber wo legt man bei „Glück" einen Maßstab an? Bei den Mundwinkeln, wie weit sie angehoben sind? Und welche Parameter soll man messen? Die Menge des Stresshormons Kortisol im Blut? Und *wann* soll man das Glück eines Menschen messen? Wenn er mit einem eitrigen Zahn im Wartezimmer des Dentisten sitzt? Oder wenn er neben einem geliebten Menschen aufwacht?

Die Probleme der Glücksmessung sind so enorm, dass entsprechende Versuche als töricht kritisiert wurden (Rowland, 2006). Die Ergebnisse seien allenfalls scheingenau (Augner, 2005; Wilkinson, 2007). Aber: Sofern Glücksforschung wissenschaftliches Renommee gewinnen will, kommt sie um Messungen, wie immer sie auch vorgenommen werden, nicht herum. Es würde den Rahmen des Buches sprengen, alle Messinstrumente zu erörtern, die beanspruchen, Glück (und nahe stehende Konstrukte) zu messen (einen Überblick bieten: Andrews & Robinson, 1991; Bekhet, Zauszniewski & Nakhla, 2008; Hornung, 2005a, 179ff.; Larsen & Friedrickson, 1999; Mayring, 1994). Nur eine kleine Auswahl kann gewürdigt werden, wobei jene Instrumente hervorzuheben sind, die oft eingesetzt wurden und gute psychometrische Qualitäten aufweisen. *Das* Standardmessinstrument gibt es (noch) nicht (Springer & Hauser, 2006, 1081).

Auswahl an Messinstrumenten. Nach grundsätzlichen Überlegungen, ob bei der Messung von Glück die subjektive Selbsteinschätzung oder die „objektive" Fremdbeurteilung vorzuziehen ist (Beobachtung der Mimik etc.) (vgl. Kap. 2.1), werden Kurzverfahren (1 bis 3 Items) erörtert, wie sie in der Glücksforschung der 60er und 70er Jahre des 20. Jahrhunderts vorherrschten und nach wie vor üblich sind (vgl. Kap. 2.2). Sodann werden umfangreichere Messinstrumente zu Glück präsentiert (vgl. Kap. 2.3). Daran schließen sich kritische Einwände gegen die *retrospektive* Glücksmessung an (vgl. Kap. 2.4). Emotionen werden in Abhängigkeit vom aktuellen Gefühlszustand erinnert (Levine, 1997). Selbst die Bearbeitung eines Glücksfragebogens kann dazu führen, dass das generelle Lebensglück am Schluss höher eingeschätzt wird als zu Beginn des Ankreuzens (Mayring, 1991, 142). Eine – aufwändige – Alternative ist die „experience sampling methode" (ESM), wofür sich im Deutschen die Bezeichnung „Erlebensstichproben Methode" eingebürgert hat (Rheinberg, 2004; vgl. Kap. 2.5), sodann die Tagesrekonstruktionsmethode von Kahneman (2004; vgl. Kap. 2.6). Aber wie immer Glück gemessen wird, mit kurzen oder langen Skalen, mit Fragebögen oder Handcomputern: Stets stellen sich mehr Menschen als glücklich denn als traurig oder deprimiert heraus. Aber: Sind sie wirklich so glücklich (vgl. Kap. 2.7)?

2.1 Glück: Selbsteinschätzung oder Fremdbeurteilung

In welcher Umgebung stellen Sie sich eine Person vor, die Folgendes schrieb: „Wie ist es schön, wie bin ich glücklich, man spürt schon beinahe die Johannis- stimmung – die volle, üppige Reife des Sommers und den Lebensrausch." (Bloth- ner, 1993, 54)?

Man imaginiert einen freien Menschen, in einem Garten sitzend, in den lich- ten Himmel schauend. Faktisch aber wurden die Zeilen in einem muffigen Ker- ker geschrieben, von Rosa Luxemburg, die mit dem Schlimmsten rechnen muss- te. Menschen können glücklich sein, wo andere dies nicht für möglich halten.

Messen durch Selbsteinschätzung. Dies ist eines der stärksten Argumente, Glück über subjektive Selbsteinschätzung zu messen. Allerdings ist niemals auszuschlie- ßen, dass sich Menschen in Interviews oder beim Ausfüllen von Fragebögen als sehr glücklich deklarieren, obschon ihnen zum Heulen zu Mute ist. Aus diesem Grunde forderte die Demoskopin Noelle-Neumann (1997), Glück sei zu messen, indem geschulte Interviewer die Personen beobachten. Ziehen sie die Brauen nach oben, steigen ihre Mundwinkel seitlich an, leuchten die Augen? Oder hän- gen die Lider schräg in die Pupillen und ist der Kopf gesenkt? Hält der Ge- sprächspartner die Ellbogen eng am Körper oder bewegt er sie frei? (Demosko- pisches Institut Allensbach, 2003a, 80). Gewiss zeigen sich Emotionen auch körperlich und werden sie am präzisesten im Gesichtsausdruck erkannt (Ekman, 1988), schon von Kindern (Izard, 1994, 274); gleichwohl ist nicht auszuschließen, dass Menschen Mimik vortäuschen.

In der Glückspsychologie ist es üblich, Glück durch Selbsteinschätzung zu erheben (Bradburn, 1969, 35ff.; Diener & Lucas, 2000; Gilbert, 2006, 66; Glatzer, 2000, 502; Veenhoven, 2004). Denn die Menschen sind „die besten Richter ihrer eigenen Erfahrungen" (Myers, 1993, 27), auch der glücklichen, zu deren Wesen gehört, dass das Subjekt sie selber machen muss, und zwar bewusst (Berridge, 1999, 526). Die Subjektivität von Glück unterstrich der Philosoph Locke (1981, 322f.; 1690), der den Streit darüber, was Menschen beglücke, mit der Querele verglich, „ob Äpfel, Pflaumen oder Nüsse am besten schmecken. ... Die Menschen mögen verschiedene Dinge wählen und doch alle die richtige Wahl treffen."

Das weltanschauliche Korrelat dieser (empiristischen) Sicht ist der liberale In- dividualismus, wie er seit der Aufklärung der westlichen Kultur in Fleisch und Blut übergegangen ist (Christopher, 1999). Gilbert (2006, 129) fasste seine kri- tischen Einwände zur Messbarkeit von Glück so zusammen: „Der ehrliche Echt- zeit-Bericht (einer Person, A.B.) ist eine ungefähre Annäherung an ihre subjek- tive Erfahrung, aber eine andere Möglichkeit gibt es nicht."

Vergleich mit Fremdeinschätzung. Subjektive Glücksurteile lassen sich mit der Einschätzung durch Dritte vergleichen. Eine solche Studie führte Hartmann um 1930 durch (Bradburn, 1969, 37). Er fand eine signifikante Korrelation, die mit r = .69 beachtlich ist. In anderen Studien – etwa McCullough, Emmons und Tsang (2002) – war die Übereinstimmung mit r = .30 niedriger. Jüngst ließen Nave, Sherman und Funder (2007) 196 Studierende einen umfangreichen Fragebogen ausfüllen, der auch die Skala „Subjektives Glück" von Lyubomirsky und Lepper (1999) (vgl. Kap. 2.3.3) sowie „Eudaimonistisches Wohlbefinden" von Ryff (1989) (vgl. Kap. 2.3.6) enthielt. Zusätzlich holten sie über ihre Probanden Auskünfte ein, von ihren Bekannten ebenso wie von Psychologen. Junge Männer und Frauen, die sich selber als sehr glücklich einschätzten, wurden als liebenswürdig, durchsetzungsfähig und zufrieden wahrgenommen. Diejenigen mit niedrigeren Glückswerten litten gemäß ihren Kommilitonen darunter, in ihrem Leben wenig Sinn zu haben, niedergeschlagen zu sein, sich nur schwer entscheiden zu können und sich zu bemitleiden. In der experimentellen Situation, in der ihr Verhalten beobachtet wurde, fielen die Glücklichen durch soziale Fertigkeiten auf, Gesprächigkeit, lebendige Gestik und kräftige Stimme, während sich die Unglücklichen ungeschickt verhielten und sich reserviert zeigten. Selbsteinschätzung und Fremdbeurteilung führen mehrheitlich zu übereinstimmenden Ergebnissen (Sandvik, Diener & Seidlitz, 1993).

Erbringt das Ausfüllen eines Fragebogens validere Daten als ein Face-to-face-Interview? Ersteres ist hier vorzuziehen. In Interviews ist es wahrscheinlicher, dass ein Fragesteller, glücklich lächelnd oder verdrießlich, die Befindlichkeit des Befragten beeinflusst. Aber auch, dass sich die Befragten aufgrund sozialer Erwünschtheit positiver präsentieren und Eindrucksmanagement betreiben (Mummendey & Bolten, 1985). Pruchno und Hayden (2000) wiesen nach, dass ältere Frauen, wenn sie anonym einen Fragebogen ausfüllten, mehr gesundheitliche und psychische Beeinträchtigungen angaben als in Interviews. Moum (1998) fand, dass mündlich Befragte seltener einräumen, ängstlich oder depressiv verstimmt zu sein. Das sind starke Argumente, bei Glücksmessungen das anonyme Ausfüllen von Fragebögen Interviews vorzuziehen, auch telefonischen (Springer & Hauser, 2006, 1099).

2.2 Kurzverfahren der Glücks- und Zufriedenheitsmessung

2.2.1 Verfahren mit einem Item

„Alles zusammengenommen, wie würden Sie sagen, steht es in Ihrem Leben dieser Tage? Würden Sie sagen, Sie sind sehr glücklich, etwas glücklich oder nicht so glücklich?" Diese Fragen formulierten in ihrer klassischen Untersuchung über die psychische Gesundheit in den USA Gurin, Veroff und Feld (1960). Die Forscher fanden, dass sich 35 Prozent für sehr glücklich hielten, 54 Prozent für glücklich und 11 Prozent für nicht so glücklich. Dieses dreipunktige Glücksitem wurde, um Vergleichbarkeit sicherzustellen bzw. Trends zu überprüfen, wiederholt eingesetzt und gilt als das am häufigsten verwendete Einzelitem der Glücksmessung (Kroh, 2006, 2). Seit 1972 wird es regelmäßig im „General Social Survey" in den USA verwendet. Ein US-Survey (N = 16.000) identifizierte im Jahre 2000 30 Prozent als sehr glücklich, 58 Prozent als glücklich und 12 Prozent als nicht so glücklich (Blanchflower & Oswald, 2004).

Bei diesem Item wurde kritisiert, dass es zu wenig präzise sei. In ihren klassischen Untersuchungen über die Lebenszufriedenheit der Amerikaner verwendeten Andrews und Withey (1976, 269) ein siebenpunktiges Item: „Wie glücklich (happy) sind Sie?"

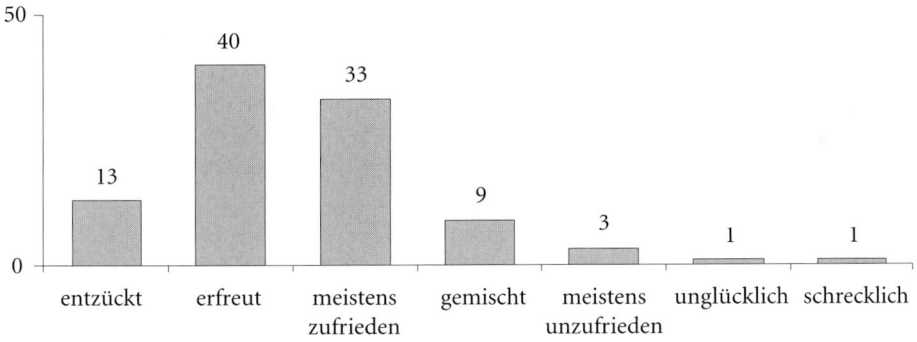

Abbildung 2.1. Lebenszufriedenheit der Amerikaner, nach Andrews und Withey, 1976

Auch weitere mehrpunktige Einzelitems weisen die meisten Menschen als glücklich aus, so die Glücksleiter, die Andrews und Withey (1976, 313) einsetzten.

Unterhalb der mittleren Sprosse (5) platzierten sich 13 Prozent. In einer jüngeren Studie, durchgeführt mit 1478 niederländischen Ehepaaren, waren es nur knapp 10 Prozent, die hinsichtlich ihres Lebensglücks nicht über die Stufe 4 hinausgelangten (Groot & Van den Brink, 2002).

Noch positivere Ergebnisse erbrachte die Thermometer-Glücksskala, bei der die Befragten ihre Befindlichkeit Celsiusgraden zuordnen konnten: 17 Prozent wählten fast siedend heiß (90–100 Grad), 41 Prozent 80–89 Grad, und bloß 3 Prozent unter 50 Grad. Glück ist warm, ja geradezu glühend.

Einzelitems, obschon nicht sonderlich valide (Headey, 2006, 6), wurden auch in der deutschsprachigen Glücksforschung eingesetzt, so im Deutschen Sozioökonomischen Panel (GSOEP), mit dem 1984 begonnen wurde. Weil längsschnittlich angelegt, ist er für die Glücksforschung besonders wertvoll. Die Befragten, mittlerweile mehr als 170.000, konnten ihre Lebenszufriedenheit zwischen 0 („ganz und gar unzufrieden") und 10 („ganz und gar zufrieden") eintragen. Elfpunktige

Skalen erbringen Kroh (2006, 12) zufolge die höchste Datenqualität. Nur 9 Prozent der Befragten lagen unter dem theoretischen Mittelwert von 5; der Mittelwert beträgt 6.9, der Modalwert 8 (29.5 Prozent) (Rätzel, 2007, 341). Auch in der Bundesrepublik stufen sich mehr Menschen als glücklich denn als unglücklich ein.

Kritik an Einzelitems. Einzelitems wurden aus folgenden Gründen kritisiert (Argyle, 2001, 9f.):

▶ Meistens sind sie zu offensichtlich formuliert und begünstigen Antwortneigungen (response biases). Psychologen würde es nicht einfallen, rassistische Einstellungen mit nur einem Item wie „Mögen Sie Schwarze?" zu erfassen; sie würden subtiler vorgehen. In den USA ist „I'am happy" eine Partyfloskel.

▶ Psychometrische Analysen (speziell Reliabilität: α) können mit einem Item nicht durchgeführt werden (Lyubomirsky & Lepper, 1999, 139).

▶ Die Test-Retest-Reliabilität ist deutlich niedriger als bei Instrumenten mit mehreren Items, Kammann und Flett (1983) zufolge ca. r = .50, dies selbst dann, wenn die Messungen am gleichen Tag wiederholt werden.

Dennoch bestehen empirische Indizien, dass die Messung von Glück mit nur einem Item (einigermaßen) brauchbare Ergebnisse liefert. Abdel-Khalek (2006) bat 1412 Personen, auf einer zehnpunktigen Skala anzugeben, wie glücklich sie sich im Allgemeinen fühlen. Auch bearbeiteten sie zahlreiche der in Kapitel 2.3 beschriebenen Glücksskalen (mit teils mehreren dutzend Items), unter anderem das Oxford-Glücksinventar (vgl. Kap. 2.3.2). Das Einzelitem korrelierte mit diesen psychometrisch verlässlichen Instrumenten hochsignifikant (r = .63).

2.2.2 Gesichterskalen

Der Emotionspsychologe Izard (1994) führte folgendes Experiment durch. Er zeigte zwei Gruppen von Säuglingen, die erste vier Monate alt, die zweite ein halbes Jahr, jeweils drei Gesichter, eines mit einem fröhlich geschwungenen Mund, eines mit einem neutralen, und das dritte mit traurig gesenkten Lippen. Schon die vier Monate alten Kinder schauten länger auf das glückliche Gesicht. Izard deutete dies als Indiz dafür, dass sich der Mensch ursprünglich stärker für positive Emotionen interessiert und diese im Gesichtsausdruck früher erkennt als von der klassischen Entwicklungspsychologie angenommen, die den Säugling generell unterschätze (Oerter & Montada, 2008).

Der Psychologie des emotionalen Gesichtsausdrucks verpflichtet sind Gesichterskalen, die aus der Glücksmessung nicht wegzudenken sind, speziell bei Studien mit Kindern (Bucher, 2001). Die klassischen Studien zum emotionalen Gesichtsausdruck führte Ekman (1988) durch, der ursprünglich die These von Darwin (1872) widerlegen wollte, wonach sich Basisemotionen wie Glück, Zorn, Ekel, Angst, Ärger (Izard, 1994), weil angeboren, in den Gesichtern aller Menschen in gleicher Weise zeigen würden. Ekman, ursprünglich Antidarwinist, hielt dies für sozialisations- und kulturbedingt, fand dann aber zu seiner Überraschung, dass Studenten, egal ob in den USA, Japan oder Brasilien, die von Gesichtsporträts gezeigten Emotionen gleich identifizierten, ebenso schriftlose Eingeborene in Neuguinea, die mit der westlichen Kultur noch nicht in Kontakt gekommen waren. In glücklichen Gesichtern sind die Augenbrauen gehoben, was Interesse ausdrückt, neben den Augen bilden sich die Krähenfüße (Duchenne), die Lippen sind seitwärts angehoben und lächeln, was bei unseren Vorfahren signalisiert habe, dass von so Entgegenschreitenden keine Gefahr droht (Wassmann, 2002, 32).

Es empfiehlt sich, fünfpunktige Gesichterskalen zu verwenden, die leicht überschaubar sind und zugleich zwischen glücklich und sehr glücklich differenzieren.

Abbildung 2.2. Fünfpunktige Gesichterskalen von sehr unglücklich bis sehr glücklich

2.2.3 Verfahren mit zwei Items

Ein ökonomisches Messinstrument für Glück entwickelte der in Neuseeland tätige Glücksforscher Fordyce (1988). Es besteht aus zwei Items und beansprucht, sowohl die Intensität als auch die Häufigkeit von Glück zu erheben. Ersteres, indem die Frage: „Wie glücklich oder unglücklich fühlen Sie sich üblicherweise?" auf einer elfpunktigen Skala zu beantworten ist, die von „0: Extrem unglücklich (völlig deprimiert, ganz unten)" über „5: neutral (weder besonders glücklich noch unglücklich)" zu „9: sehr glücklich (begeistert)" und schließlich zu „10: extrem glücklich (ekstatisch, freudig, fantastisch)" führt. Die Häufigkeit des Glückserlebens ist in Prozenten einzuschätzen:

▶ Ich fühle mich glücklich: _____ % meiner Zeit,
▶ ich fühle mich unglücklich: _____ % meiner Zeit,
▶ ich fühle mich neutral: _____ % meiner Zeit.

Personen, die auf diese Items zu verschiedenen Zeitpunkten antworteten, taten dies in ähnlicher Weise (Test-Retest-Reliabilität über zwei Wochen: r = .88). Zudem berichtet Fordyce (1988) von hohen positiven Korrelationen mit anderen Glücksskalen bzw. negativen Zusammenhängen mit der Depressions-Adjektiv-Checkliste von Fordyce (1987). Personen, die gemäß diesem Instrument besonders intensiv *und* häufig glücklich sind, haben weniger Angst und feindselige Gefühle, pflegen erfülltere soziale Beziehungen und entfalten ein abwechslungsreicheres Aktivitätsspektrum.

Aufgrund der umfangreichen Samples kann Fordyce (1987, 391) Normwerte präsentieren. Die Glücksintensität beträgt im Schnitt 6,9, in 54 Prozent ihrer Lebenszeit seien die Menschen glücklich, in 20 Prozent unglücklich, in 26 Prozent neutral.

2.3 Glücksskalen

2.3.1 Die Affekt-Balance-Skala von Bradburn

Bradburn (1969) nahm an, Glück sei jene Summe, die sich ergibt, wenn von der Menge der vergnüglichen Empfindungen die kummervollen subtrahiert werden. Er bat seine Probanden, sich an die vergangenen Wochen zu erinnern und zehn Fragen mit ja oder nein zu beantworten (Bradburn, 1969, 56).

Fragen zur Affekt-Balance-Skala nach Bradburn (1969)

Während den letzten Wochen, haben Sie da jemals folgendes gefühlt:	% ja USA	% ja BRD
1. besonders aufgeregt oder interessiert an etwas	74	61
2. stolz, weil Ihnen jemand Komplimente für etwas machte, was Sie geleistet haben	77	77
3. froh, weil Sie etwas vollendet haben	87	90
4. wie im siebten Himmel	42	52
5. dass die Dinge ganz in Ihrem Sinne liefen	74	53
6. so unruhig, dass Sie nicht lange still sitzen konnten	48	44
7. sehr einsam und sehr fern von anderen Menschen	24	34
8. schrecklich gelangweilt	30	25
9. sehr niedergeschlagen und unglücklich	30	45
10. bestürzt, weil jemand Sie kritisiert hat	22	20

Die Items 1 bis 5 beziehen sich auf positive Affekte, die folgenden auf negative. Wie aus den Spalten zu ersehen ist, erleben sowohl Amerikaner als auch deutsche Befragte (Demoskopisches Institut Allensbach 2003, 58) deutlich häufiger positive Gefühle. Die Affekt-Balance wird errechnet, indem die Anzahl negativer Affekte von den (in der Regel häufigeren) positiven Affekten subtrahiert wird.

Das überraschendste Ergebnis von Bradburn war, dass positive und negative Affekte nicht – wie erwartet – negativ korrelieren, sondern zwischen ihnen kein Zusammenhang besteht (Diener & Emmons, 1985). Es ist nicht der Fall, dass Personen, je häufiger sie positive Gefühle erleben, umso seltener unruhig, einsam oder deprimiert sind. Daraus ergibt sich die – therapierelevante – Konsequenz, dass Menschen nicht umso glücklicher werden, je stärker ihre negativen Affekte abgebaut werden. Diener, Sandvik und Larsen (1985) wiesen nach, dass Menschen, die Glück intensiv auskosten, auch Trauer und Unglück besonders stark durchleben.

Die Affekt-Balance-Skala ist eines der wenigen Glücksmessinstrumente, das auch im deutschsprachigen Raum eingesetzt wurde, erstmals von Becker (1982), sodann von Badura et al. (1987) bei Personen, die einen Herzinfarkt überlebt hatten, sowie von Sölva, Baumann und Lettner (1995). Letztere fanden zwischen den positiven und negativen Affekten eine Korrelation von r = −.29, was niedrig sei und nicht gegen die relative Unabhängigkeit der beiden Subskalen spreche.

Kritisch wurde angemerkt, dass die Skala zwar die Häufigkeit der Affekte messe, nicht aber deren Intensität (Schumacher, Klaiberg & Brähler, 2003, 27). Wie eine überzeugende Studie von Schimnack (2003, vgl. Kap. 2.5.2) nachwies, ermöglicht gerade die Intensität des Glückserlebens gute Prognosen auf die allgemeine Lebenszufriedenheit.

2.3.2 Das Oxford-Glücksinventar

Argyle, Martin und Crossland (1989) entwickelten das mittlerweile oft und weltweit eingesetzte Oxford-Glücks-Inventar (Oxford Happiness Inventory). Sie gingen von der theoretischen Annahme aus, Glück setze sich aus denjenigen drei Komponenten zusammen, die auch „subjektives Wohlbefinden" nach Diener (1984), Argyle (2001) u. a. m. ausmachen:

▶ Häufigkeit und Intensität positiver Affekte, speziell Freude;
▶ durchschnittliche Lebenszufriedenheit über einen bestimmten Zeitraum hinweg;
▶ Abwesenheit negativer Emotionen, speziell Angst und Depression (Argyle & Crossland, 1987).

Das Inventar besteht aus 29 Items, die auf einer vierpunktigen Skala beurteilt werden können, unter anderem Items wie „Ich bin sehr an anderen Menschen interessiert.", „Ich wache selten ausgeruht auf (−).", „Ich bin sehr glücklich.".

Francis, Ziebertz und Lewis (2003) paraphrasieren die mit diesem Inventar durchgeführten Studien, die regelmäßig folgende Ergebnisse erbrachten: Die Reliabilität ist hoch (α ~ .90); Glück korreliert hochsignifikant mit Selbstwert und Extraversion und wurde von Francis (1999) mit dieser Persönlichkeitseigenschaft sogar gleichgesetzt, negativ hingegen mit Neurotizismus (vgl. Kap. 3.2).

Das Chinesische Glücksinventar. Das Oxford Glücksinventar bildet die Basis für das von Lu und Shih (1997) entwickelte Chinesische Glücksinventar, das aus 20 zusätzlichen Items besteht, die die Bereiche Harmonie in den persönlichen Beziehungen, Seelenfrieden, Leistung und Arbeit sowie die lobende Wertschätzung der Mitmenschen erfragen. Deren Berücksichtigung sei notwendig, weil die chinesische Kultur, weniger individualistisch als vielmehr kollektivistisch, Harmonie mit anderen höher gewichtet als der Westen (Lu & Gilmour, 2004). Eine interkulturelle Studie von Lu et al. (2001) in Taiwan und in Großbritannien zeigte, dass die Chinesen Harmonie mit anderen für wichtiger hielten und das Selbst stärker von anderen abhängig sahen.

Der Oxford-Glücksfragebogen. Hills und Argyle (2002) modifizierten das Oxford-Glücksinventar zum „Oxford-Glücksfragebogen", indem sie die Skalierung änderten: Es gibt sechs Antwortmöglichkeiten von „überhaupt nicht einverstanden" bis „sehr einverstanden". Auf diese Weise sei es möglich, die Items nach dem Zufallsprinzip in andere likertmäßig skalierte Fragebögen einzustreuen. Auch entwickelten sie eine aus acht Items bestehende Kurzform, die mit 90-prozentiger Sicherheit das gleiche Ergebnis erbringt wie die Langform.

Kurzform des Oxford-Glücksfragebogens nach Hills und Argyle (2002).
Folgende acht Items sind zu beantworten (Übersetzung d. Verf.):
1. „Ich fühle mich nicht besonders wohl auf dem Weg, auf dem ich bin (–).
2. Ich habe das Gefühl, dass das Leben lohnenswert ist.
3. Ich bin mit allen Dingen in meinem Leben sehr zufrieden.
4. Ich sehe nicht attraktiv aus (–).
5. Ich entdecke Schönes in jedem Ding.
6. Ich bin leistungsfähig in allem, was ich will.
7. Ich fühle mich geistig wach.
8. Ich habe nicht so glückliche Erinnerungen an meine Vergangenheit" (–).
(„–" = Item wird umgepolt)

An einer Stichprobe von 172 Studierenden überprüften Hills und Argyle (2002) die Konvergenzvalidität. Je glücklicher die Befragten, desto höher ihr Selbstwert ($r = .81$) gemäß Rosenberg (1989), desto extravertierter und geselliger sind sie ($r = .61$) (Eysenck, Eysenck & Barrett, 1985) , desto seltener haben sie depressive Verstimmungen gemäß der Depression-Glücksskala von Joseph und Lewis (1998). Die Kurzform ist ein ökonomisches und reliables Instrument mit hinreichender Test-Retest-Reliabilität: Bei irischen Studierenden wurde zunächst ein Mittelwert von 34.5 festgestellt, zwei Wochen später 34.6. ($r = .70$) (Cruise, Lewis & McGuckin, 2006).

2.3.3 Die Skala „Subjektives Glück"

Ein bis 2007 mehr als 40-mal eingesetztes Messinstrument erarbeiteten Lyubomirsky und Lepper (1999): die Skala „Subjektives Glück". In der Glücksforschung würden zum einen Verfahren mit *einem* Item dominieren, was psychometrische Analysen (α) verunmöglicht. Zum anderen hingegen solche, die die Häufigkeit positiver Emotionen über bestimmte Zeiträume hinweg sowie die allgemeine Lebenszufriedenheit erheben. Es fehle „ein Messinstrument des allgemeinen subjektiven Glücks – d. h. eine globale Einschätzung, ob jemand ein glücklicher oder unglücklicher Mensch ist" (Lyubomirsky & Lepper, 1999, 139). Ein solches sei erforderlich, weil sich Menschen für glücklich halten können, auch wenn ihre „objektiven" Lebensumstände ungünstig sind, etwa im Falle siamesischer Zwillinge. Umgekehrt können sich Menschen unglücklich fühlen, auch wenn sie, von außen betrachtet, auf der Sonnenseite des Lebens stehen.

Fragebogen zur Skala „Subjektives Glück" nach Lyubomirsky und Lepper (1999)

Im Allgemeinen betrachte ich mich selbst als:

kein glücklicher Mensch   ☐ ☐ ☐ ☐ ☐ ☐ ☐   sehr glücklicher Mensch
                                    1   2   3   4   5   6   7

Im Vergleich zu meinen Bekannten betrachte ich mich als:

weniger glücklich   ☐ ☐ ☐ ☐ ☐ ☐ ☐   glücklicher
                            1   2   3   4   5   6   7

Manche Leute sind im Allgemeinen sehr glücklich. Sie freuen sich am Leben, unabhängig davon, wie dieses verläuft, und sie machen aus allem das Beste. Wie sehr trifft diese Charakterisierung auf Sie zu?

überhaupt nicht   ☐ ☐ ☐ ☐ ☐ ☐ ☐   zu einem sehr großen Teil
                          1   2   3   4   5   6   7

Manche Leute sind nicht so glücklich. Obschon sie nicht depressiv sind, schauen sie nicht so glücklich aus, wie sie sein könnten. Wie sehr trifft diese Charakterisierung zu?

zu einem sehr großen Teil   ☐ ☐ ☐ ☐ ☐ ☐ ☐   überhaupt nicht
                                    1   2   3   4   5   6   7

Erprobt wurde dieses ökonomische Instrument an 2.732 Personen, überwiegend Studenten, in den USA ebenso wie in Russland, Japan (Otake et al., 2006) und Korea (Lee & Im, 2007). Auch wenn sie nur aus vier Items besteht, weist die Skala eine hohe Reliabilität auf (α zwischen 0.79 und 0.94), desgleichen eine zufrieden stellende Test-Retest-Reliabilität: Ein Monat: $r = .90$, ein Jahr: $r = .55$. Subjektiv eingeschätztes allgemeines Glück ist ein stabiles Merkmal.

Die Forscher überprüften auch die Konvergenzvalidität. Die Skala korreliert positiv mit der Affekt-Balance Skala von Bradburn (1969) ($r = .59$) und Lebenszufriedenheit nach Diener et al. (1985) (r = .61). Das generelle subjektive Glück weist mit der Häufigkeit positiver Affekte sowie der Lebenszufriedenheit zwar Überschneidungen auf, sei aber gleichwohl eine distinkte Variable. Nachweisen ließen sich auch signifikante Zusammenhänge mit Selbstwert (r = .53), Extraversion (r = .36), Depressivität (r = −.49), gemessen nach Beck (2001).

2.3.4 Die Depressions-Glück-Skala von McGreal und Joseph

Als Gegenteil von Glück wird bald „Unglück" bestimmt, bald „Traurigkeit", aber auch „Depression" (Cheng & Furnham, 2003), so von Fromm (1989, IV, 143), der Letztere als „Unfähigkeit" charakterisierte, „froh zu sein, genau so wie man unfähig ist, traurig zu sein". Die Bipolarität von Glück – Depression versuchten McGreal und Joseph (1993) zu erfassen, indem sie 200 Studierenden 20 „positive Items" (z. B. „Ich fühle mich geistig wach … ich fühle mich gesund … ich fühle mich heiter") sowie 20 „negative Items" („Ich bin enttäuscht von mir selber … ich fühle mich zu müde, um etwas zu tun … mir ist zum Heulen zumute") vorlegten, die von 0 („niemals") bis 3 („oftmals") beurteilt werden konnten. Nach einer Faktorenanalyse wurden jene Items, die weniger als r = .50 luden, ausgeschieden. 25 blieben übrig, 12 positive und 13 negative, wobei Letztere umgepolt werden, sodass die Skala eine Punktwertspanne von 0 (am deprimiertesten) bis 75 (am glücklichsten) aufweist. Die Reliabilität ist ausgezeichnet (α = .93). Die Mittelwerte in diversen Stichproben bewegen sich um M = 48 (Lewis, McCollam & Joseph, 2001). Regelmäßig liegen drei Viertel der Befragten über dem theoretischen Mittelwert von 37.5, d. h. sie sind häufiger glücklich als melancholisch oder gar depressiv.

Bipolare Messung. Lewis und Joseph (1998) bestehen darauf, das Instrument von McGreal und Joseph (1993) sei bipolar (Lester & Kaplan, 1994) und messe sowohl die Höhe von Glück als auch die Tiefe von Depression. Sie begründen dies damit, dass die Skala sowohl mit Depressionsskalen signifikant korreliert, speziell der von Beck (2001) (r = −.75), als auch mit dem Oxford-Glücksinventar (r = .59) sowie mit global eingeschätzter Lebenszufriedenheit (r = .47). Für ihren Einsatz spricht, dass das Gegenteil von Glück weniger Traurigkeit als vielmehr Depression ist.

Verwendet wurde die Skala im Rahmen der bereits erwähnten Pilotbefragung von 223 Teilnehmern der Internationalen Pädagogischen Werktagung in Salzburg. Anders als bei McGreal und Joseph (1993) wurden die Items faktoranalysiert und zwei Faktoren gezogen. Alle positiven Befindlichkeiten kamen auf denselben Faktor zu liegen (α = .83), am trennschärfsten: „Das Leben ist voller Freuden" sowie „Ich fühle mich glücklich"; ebenso alle negativen Stimmungen (α = .85), am trennschärfsten: „Ich fühle mich lethargisch" und „Mir ist zum Heulen zumute". Die Teilskalen interkorrelieren mit r = −.65 sehr hoch – eine weitere Bestätigung, dass Glück und Depressivität einander entgegengesetzt sind. Wie in den meisten glückspsychologischen Studien überwiegen die positiven

Stimmungen die bekümmerten bei weitem: 85 Prozent seien „sehr oft/häufig" glücklich, aber nur vier Prozent ebenso oft betrübt.

2.3.5 Die Skala Lebenszufriedenheit von Diener

Zahlreiche Autoren identifizieren Glück als „Lebenszufriedenheit" (Veenhoven, 1997; Ruckriegel, 2007, 3), auch wenn diese Gleichsetzung kritisiert wurde: Glück sei intensive Emotionalität, Lebenszufriedenheit kognitive Bilanz (Fliege, 1997, 131f.; Mayerl, 2001; Morill, 2005, 12). Andere Autoren (Argyle, 2001, 23; Diener & Lucas, 1999, 213f.) betrachten Lebenszufriedenheit als zwar distinkte, aber unverzichtbare Komponente von Glück, das zusätzlich häufige positiv erlebte (Hoch-)Stimmungen erfordert, ebenso die Absenz von mieser Stimmung – das klassische „subjektive Wohlbefinden" (Kahneman, Diener & Schwarz, 1999).

Auch zu Lebenszufriedenheit liegen viele Messinstrumente vor, wobei die Skala von Diener et al. (1985) eine der bekanntesten und handlichsten ist und bisher am häufigsten eingesetzt wurde (Argyle, 2001, 9; Pavot & Diener, 1993), auch in der Bundesrepublik (Morill, 2005). Sie umfasst fünf Items, die von Psychologen der Universität Salzburg ins Deutsche übersetzt wurden (Lettner et al., 1996), und bietet sieben Antwortmöglichkeiten.

Items und Beurteilungsmöglichkeiten der Skala Lebenszufriedenheit nach Diener (1985)

Items:
1. In den meisten Bereichen entspricht mein Leben meinen Idealvorstellungen.
2. Meine Lebensbedingungen sind ausgezeichnet.
3. Ich bin mit meinem Leben zufrieden.
4. Bisher habe ich die wesentlichen Dinge erreicht, die ich mir für mein Leben wünsche.
5. Wenn ich mein Leben noch einmal leben könnte, würde ich kaum etwas ändern.

Beurteilungsmöglichkeiten:

7	starke Zustimmung
6	Zustimmung
5	geringe Zustimmung
4	weder Zustimmung noch Ablehnung
3	geringe Ablehnung
2	Ablehnung
1	starke Ablehnung

▶

Die Skala, kurz und ökonomisch, weist eine Punktwertspanne von 5 bis 35 auf. Als Schlüssel wird angegeben:

Punktwert	Beurteilung
30–35	Extrem zufrieden
25–29	Sehr zufrieden, über dem Durchschnitt
20–24	Durchaus zufrieden, entspricht dem Durchschnitt
15–19	Leicht unzufrieden
10–14	Unzufrieden, deutlich unter dem Durchschnitt
5– 9	Extrem, ja besorgniserregend unzufrieden

Gemäß einer Faktorenanalyse bindet ein Faktor 66 Prozent der Varianz; entsprechend hoch sind interne Konsistenz ($\alpha \sim .90$) und Test-Retest-Reliabilität, über einen Zeitraum von vier Jahren ($r = .58$) (Schumacher, 2003, 2). Demnach ist Lebenszufriedenheit ein stabiles Merkmal, das mit Konstrukten wie Optimismus und Selbstwerterleben Überlappungen aufweist, aber nicht identisch sei (diskriminante Validität). Die Skala wurde in mehreren Ländern eingesetzt, auch in Russland, wo die Befragten – Studenten und Durchschnittsbevölkerung – niedrigere Werte erreichten als in den USA (Tucker et al., 2006; vgl. Kap. 4.5).

2.3.6 Die Skala Eudaimonistisches (oder psychologisches) Wohlbefinden von Ryff

Ryff (1989) entwickelte ein Messinstrument für jenes Glück, das als „eudaimonistisch", oft als „psychologisch" qualifiziert wird (vgl. Exkurs 1). Dieses wird in mehr als 400 Forschungspapieren zitiert und wiederholt überprüft, auch in sehr umfangreichen Stichproben ($N > 10.000$) (Springer & Hauser, 2006). Psychologisches Wohlbefinden (Überblick bei Ryff & Singer, 1996) ist gegeben, wenn Menschen optimal funktionieren und ihre Potenziale bestens entfalten, was zu operationalisieren ist, sofern es gemessen werden soll. Ryff (1989) differenziert dieses Wohlbefinden in sechs Dimensionen, zu denen sie je 20 Items formulierte.

Dimensionen und Items der Skala Eudaimonistisches Wohlbefinden nach Ryff (1989)

Dimension	Typisches Item
1. Autonomie	„Ich vertraue meinen eigenen Ansichten, auch wenn diese nicht den Meinungen der anderen Leute entsprechen."

▶

Dimension	Typisches Item
2. Bewältigung der äußeren Lebensumstände	„Es gelingt mir gut, die vielen Verantwortungen im täglichen Leben wahrzunehmen."
3. Persönliches Wachstum	„Ich finde es wichtig, neue Erfahrungen zu machen, die die bisherige Sicht von mir selbst und der Welt herausfordern."
4. Positive Sozialbeziehungen	„Andere würden mich so charakterisieren, dass ich eine freigebige Person bin, die gerne ihre Zeit mit anderen teilt."
5. Lebenssinn und -ziel	„Viele Leute wandern ziellos durch die Welt; aber zu diesen gehöre ich nicht."
6. Selbstakzeptanz	„Ich mag die meisten Seiten meiner Persönlichkeit."

Die Items atmen den Geist der Aufklärung, des Fortschritts und des liberalen Individualismus; auf Angehörige kollektivistischer Kulturen sind sie nur begrenzt anwendbar. Während es in den USA als Zeichen von autonomer Reife gilt, auf seinen Überzeugungen zu beharren, empfinden dies die Japaner als anstößig und schlechtes Omen (Christopher, 1999).

Ryff (1989) legte die 120 Items sowie weitere Messinstrumente – Selbstwert (Rosenberg, 1989), Lebenszufriedenheit (Diener et al., 1985), (Bradburn, 1969), Depressivität (Beck, 2001) u. a. m. – 321 Männern und Frauen vor. Für die sechs Subskalen fand sie zufrieden stellende psychometrische Werte, auch korrelieren sie untereinander durchgängig positiv (zwischen r = .32 und r = .76), sodass sie sich zwar überlappen, aber nicht decken. Alle Subskalen hängen positiv mit Selbstwert, Lebenszufriedenheit, Affekt-Balance und interner Kontrollüberzeugung zusammen, negativ mit Depressivität. Frauen sind dabei positive Sozialbeziehungen und persönliche Wachstumsschritte wichtiger.

Ryff (1989) ist zuversichtlich, mit diesen sechs Subskalen lasse sich das klassische eudaimonistische Glückskonzept erfassen, und auch mit einer Kurzfassung, in die aus allen sechs Dimensionen die drei trennschärfsten Items übernommen wurden, sodass sich ein handliches Instrument mit 18 Items ergab (Ryff & Keyes, 1995). Die mit dieser Skala gewonnenen Daten seien bezüglich des optimalen psychischen Funktionierens einer Person aufschlussreicher als die Erfassung des hedonistischen Wohlbefindens. Solches kann auch von Schlendrianen empfunden werden, die ihre Talente verkümmern lassen oder – um ein bekanntes Beispiel des Philosophen Nozick aufzugreifen – selbst von einem Menschen, der, an ein Bett gefesselt, mit Glücksdrogen vollgepumpt wird und ständig beteuert, glücklich zu sein, wofür ihn aber niemand hält (Steinfath, 1998, 292).

Kritik an der sechsfaktoriellen Lösung. Folgestudien untersuchten, ob sich die sechsfache Struktur des psychologischen Wohlbefindens aufrechterhalten lässt. In einer Studie mit fast 5.000 älteren Kanadiern konnten Clarke et al. (2001) die sechsfaktorielle Lösung replizieren. Die umfassendste Analyse führten Springer und Hauser (2006) mit drei umfangreichen Datensätzen durch (N > 1.000). Mehrheitlich gaben die Befragten an, autonom und lebenstüchtig zu sein, ihren Alltag zu meistern, persönlich zu wachsen, sich zu akzeptieren und erfüllende Beziehungen zu pflegen. Die sechsfaktorielle Lösung erbrachte jedoch ein unbefriedigendes Ergebnis. Auch waren die Interkorrelationen zu hoch (bis r = .95), sodass die Dimensionen kaum distinkt seien.

Auch Dierendonck (2005) fand in seiner Studie mit 650 Niederländern, dass eine Lösung mit sechs Faktoren unbefriedigend ist, weil die Reliabilitäten zu niedrig sind. Eine Faktorenanalyse, in die nebst den sechs Subskalen auch die Persönlichkeitseigenschaften (Big Five), das Oxford-Glücksinventar, Selbstwert etc. einbezogen wurden, brachte zu Tage, dass alle sechs Subskalen auf den gleichen Faktor zu liegen kamen. „Psychologisches Wohlbefinden" nach Ryff (1989) könnte demnach eindimensional sein.

Eudaimonistisches versus hedonistisches Glückserleben. Schließt das eine das andere aus? Immerhin hat es eine lange Tradition, „Hedonisten" als Schwelger zu kritisieren, die an Gaumen und Unterleib, weniger aber an Tugenden denken: „Epikureische Schweine", wie sie auch beschimpft wurden (Winterswyl, 1995, 114ff.). Anders als im angelsächsischen Raum, in dem sich der Utilitarismus entfaltete – das größtmögliche Glück für die größtmögliche Zahl der Bürger (Bentham, 1996, 1789) – betrachteten deutsche Philosophen, speziell Kant (1960, VII, 146), die Auswirkungen von Glück auf die Moral misstrauisch (dazu Schummer, 1998).

In einer Studie mit mehr als 3.000 Amerikanern überprüften Keyes, Shmotkin und Ryff (2002) die Relation von subjektivem und psychologischem Wohlbefinden. Sie fanden eine hochsignifikante Korrelation von r = .59, aber auch, dass in einer auf zwei Faktoren programmierten Faktorenanalyse drei Komponenten des eudaimonistischen Wohlbefindens sowohl auf „Hedonistisches Wohlgefühl" als auch auf „Psychologisches Wohlbefinden" zu liegen kamen. Das heißt: Die beiden Glückskonzepte schließen sich nicht aus. Vielmehr besteht die Tendenz, dass Personen, die sich als frei erfahren, persönlich wachsen, Sinn im Leben sehen und ihren Alltag meistern, auch häufiger lustvolle Glücksgefühle erleben.

Eine Detailanalyse zeigte jedoch: Paritätische Kombinationen der beiden Glückskonzepte (bei beiden hoch, mittelmäßig, niedrig) bestehen bei 56 Prozent der Befragten. 22 Prozent sind hinsichtlich ihrer Selbstverwirklichung und Autonomie überdurchschnittlich weit, fühlen sich aber nicht sonderlich glücklich. Bei ebenso vielen ist es genau umgekehrt; tendenziell sind diese jünger und weniger gebildet als die Ersteren. Zum gleichen Ergebnis gelangten, in einer Befragung von 845 Erwachsenen, Peterson, Park und Seligman (2005, 34).

Dass hedonistisches und eudaimonistisches Wohlbefinden sich nicht ausschließen, zeigten in einer Studie mit 196 Teilnehmern Nave, Sherman und Funder

(2007). Die beiden Glückskonzepte korrelieren zu r = .68. Dieses Ergebnis ist umso bemerkenswerter, als nicht nur mit subjektiven Selbsteinschätzungen gerechnet wurde, sondern auch mit den Urteilen von Freunden sowie psychologischen Experten. Beide nahmen jene Personen, die sich als glücklich ausgaben, als liebenswürdig, sozial und zufrieden wahr, aber auch als beflügelt von hohen Aspirationen, durchsetzungsfähig, zielstrebig. Kapitel 7.3 legt ausführlicher dar, dass ein moralisch gutes Leben und Glück, auch hedonistisches, sich nicht ausschließen.

Fazit. Eudaimonistisches Glück bzw. „psychologisches Wohlbefinden" nach Ryff (1989) ist ein bedeutsames, ambitiöses Konstrukt, das empirisch aber noch nicht zufrieden stellend operationalisiert ist. Bisher gibt es kaum Untersuchungen, die mit diesen Instrumenten im deutschsprachigen Raum durchgeführt wurden – auch bezüglich weiterer Instrumente sieht die hiesige Forschungslage dürftiger aus.

2.3.7 Deutschsprachige Instrumente

In der deutschsprachigen Psychologie hat Glücksforschung keine so lange und so reiche Tradition wie in der angelsächsischen. Dennoch wurden auch hierzulande Messinstrumente entwickelt (teils aus dem Englischen übernommen), die für eine Psychologie des Glücks relevant sind, speziell Skalen zu Lebensqualität, Befindlichkeit und Lebenszufriedenheit. Schumacher, Klaiberg und Brähler (2003) vermitteln einen kenntnisreichen Überblick über 71 Instrumente, unter denen sich aber keines findet, das explizit „Glück" zu messen beansprucht.

Lebensfreude ist eine Komponente des Wohlbefindens, wie es vom „Berner Fragebogen zum Wohlbefinden" gemessen wird (BFW). Daneben werden positive Lebenseinstellung, Probleme, körperliche Beschwerden, Selbstwert und depressive Verstimmung erhoben (Grob et al., 1991). Konkret ermitteln die Items, wie häufig sich die Befragten „in den letzten paar Wochen" freuten, dass ihnen etwas gelang und sie von anderen für gut befunden wurden, sich im siebten Himmel fühlten – die meisten übrigens oft. Die interne Konsistenz der Subskala ist mit $\alpha = .60$ nicht hoch; sie korreliert negativ mit Neurotizismus, positiv mit Selbstwert und Extraversion.

Gedrückte versus gehobene Stimmung ist eine Komponente, die der Befindlichkeitsfragebogen von Becker (1988) abfragt, zusätzlich zu „Aktiviertheit" und „Gereiztheit". Das Instrument besteht aus 28 Items in der Form von Adjektiven. Fraglich ist, ob das Spektrum an aktueller emotionaler Befindlichkeit nicht umfassender und breiter ist als diese drei Dimensionen.

Körperliches Wohlbefinden. Um dieses zu messen, entwickelte Frank (2007, 286f.) einen Fragebogen mit 58 Items, die sieben faktorenanalytisch ermittelten Komponenten zugeordnet wurden:

(1) Zufriedenheit mit dem aktuellen Körperzustand: „Ich bin körperlich belastbar".

(2) Ruhe/Muße: „Ich fühle mich behaglich".

(3) Vitalität/Lebensfreude: „Ich spüre nachwirkende freudige Erregung".

(4) nachlassende Anspannung: „Ich bin angenehm erschöpft".

(5) Genussfreude/Lustempfinden: „Ich bin genussfreudig".

(6) subjektive Konzentrations- und Reaktionsfähigkeit: „Ich kann mich gut konzentrieren".

(7) Gepflegtheit, Frische, angenehmes Körperempfinden: „Ich fühle mich sauber und frisch".

Anders als Instrumente, die Wohlbefinden als Absenz körperlicher Beschwerden operationalisieren, lag Frank (2007a, 133) daran, „ausschließlich positive Aspekte" zu berücksichtigen. Körperliches Wohlbefinden sei ein „subjektives Phänomen" und stimme nicht immer mit objektiven Gesundheitskriterien überein; gleichwohl ist es der Stressbewältigung förderlich und kann durch Sensibilisierung gezielt reguliert werden.

Habituelles subjektives Wohlbefinden erfassen die 13 Items der Skala von Dalbert (1992). Dieses sei zusammengesetzt aus kognitiv akzentuierter Lebenszufriedenheit sowie der Anwesenheit positiver Gefühle (ausdrücklich Glück) bzw. der Abwesenheit negativer Emotionen, sodass es sich um das gleiche Konstrukt handelt wie das in der angelsächsischen Psychologie etablierte „well-being" (Kahneman, Diener & Schwarz, 1999). Die Items können von „stimmt genau" (6) bis „stimmt überhaupt nicht" (1) beurteilt werden.

Items der Skala Habituelles subjektives Wohlbefinden nach Dalbert (1992)

1. Mein Leben könnte kaum glücklicher sein, als es ist.	Z
2. Ich fühle mich meist ziemlich fröhlich.	S +
3. Ich glaube, dass sich vieles erfüllen wird, was ich mir für mich erhoffe.	Z
4. Wenn ich an mein bisheriges Leben zurückdenke, so habe ich viel von dem erreicht, was ich erstrebe.	Z
5. Ich halte mich für eine glückliche Person.	S +
6. Ich bin mit meinem Leben zufrieden.	Z
7. Ich glaube, dass mir die Zeit noch einige interessante und erfreuliche Dinge bringen wird.	Z
8. Ich bin nicht so fröhlich wie die meisten Menschen.	S −
9. Ich bin mit meiner Lebenssituation zufrieden.	Z
10. Ich bin selten in wirklicher Hochstimmung.	S −
11. Ich sehe im Allgemeinen mehr die Sonnenseiten des Lebens.	S +

▶

12. Wenn ich so auf mein bisheriges Leben zurückblicke, bin ich   Z
zufrieden.

13. Ich fühle mich meistens so, als ob ich vor Freude übersprudeln   S +
würde.

(S = Dimension „Stimmungsniveau"; + = positiv formuliert; – = negativ
und zu konvertieren; Z = Lebenszufriedenheit).

Die psychometrische Qualität ist gut: „Stimmungsniveau": α = .83, „Allgemeine
Lebenszufriedenheit": α = .87. Auch die Test-Retest-Reliabilität stellt zufrieden:
r = .72 für ein Jahr. Dies ist notwendig, weil die Skala beansprucht, nicht momentanes Befinden zu messen (state), sondern eine länger anhaltende, habituelle
Grundbefindlichkeit (trait). Faktorenanalysen zeigten, dass zwischen Stimmungsniveau und Lebenszufriedenheit zu differenzieren ist; sie interkorrelieren zu
r = .67, sind also aufeinander bezogen, aber decken sich nicht. Für die Konstruktvalidität spricht die hochsignifikante positive Korrelation mit der oft eingesetzten Skala Lebenszufriedenheit aus dem Freiburger Persönlichkeitsinventar
(Fahrenberg, Hampel & Selg, 1984) bzw. der signifikant negative Zusammenhang
(r = –.51) mit der Allgemeinen Depressionsskala von Hautzinger und Bailer
(1993). Wiederum bestätigt sich: das Gegenteil von Glück ist Depressivität.
Die Aktuelle Stimmungsskala. Dalbert (1992) entwickelte auch ein ökonomisches
Instrument, um aktuelles Wohlbefinden (state) zu erheben, die „Aktuelle Stimmungsskala", die aus 19 Adjektiven besteht, u. a. „zornig", „abgeschlafft", „frohgemut". Eine Faktorenanalyse legte nahe, vier Gefühlslagen auseinanderzuhalten:
Trauer, Hoffnungslosigkeit, Müdigkeit und positive Stimmung; zu Letzterer gehören „angenehm, freudig, frohgemut, fröhlich, heiter und lustig". Dalbert (1992)
prüfte, wie sehr die Einschätzung des habituellen Wohlbefindens von der aktuellen Stimmung abhängt. Sie ist enorm, gut die Hälfte der Varianz erklärend!

Ob die aktuelle Stimmung generell die Einschätzungen des bisherigen Lebensglücks beeinflusst, sodass an deren Validität zu zweifeln ist, wird im Folgenden
erörtert.

2.4 Glücksmessfehler

Sind retrospektive Einschätzungen des Lebensglücks, wie mit den vorgestellten
Messinstrumenten vorgenommen, valide? Diese Frage ist nicht nur empirisch
relevant, sondern auch von praktischer, speziell therapeutischer Bedeutung.
Klienten werden oft gebeten, zu beurteilen, wie glücklich ihre Kindheit war, ihre
Ehe und andere Lebensbereiche mehr, woraufhin therapeutische Schritte gesetzt
werden (Rogler, Malgady & Tyron, 1992). Aber was, wenn solche Einschätzungen
daneben liegen?

Zu konsultieren ist die Forschung zum autobiografischen Gedächtnis (Levine, 1997; Levine & Saver, 2002, Schwarz & Sudman, 1994). Üblicherweise werden Personen gebeten, bei einem gegebenen Anlass (Geburt, Todesfall etc.) ihre Stimmung einzuschätzen; einige Zeit später erinnern sie sich, mitunter wiederholt, wie sie sich damals wohl gefühlt haben. Im Schnitt korrelieren die erinnerten Emotionen zu r = .50, wodurch 25 Prozent der Varianz erklärt werden, d. h. 75 Prozent sind auf andere Faktoren zurückzuführen (Levine & Saver, 2002, 170). Auch ist zu bedenken, dass einige Personen in ihrer Erinnerung die emotionale Intensität unterschätzen, andere hingegen überschätzen, sodass ähnliche Stichprobenmittelwerte Übereinstimmung nur vortäuschen. Erinnerungen an frühere Emotionen werden beeinflusst:

▶ Von der aktuellen Befindlichkeit: Gerade in glücklicher Stimmung produzieren Menschen mehr Erinnerungsfehler (Storbeck & Clore, 2005).

▶ Von relevanten Kognitionen: Studenten, die wussten, dass sie in einem Examen gut abgeschnitten hatten, unterschätzten rückblickend ihre unmittelbar vor der Prüfung gemessene Angst. Jene hingegen, denen man eine schlechte Note mitteilte, überschätzten die Examensangst, fassten sich aber den Vorsatz, auf das Abschlussexamen mehr zu lernen. Erinnerungsfehler – in diesem Falle als stärker erinnerte Ängste – können eine adaptive Funktion erfüllen (Saver, Levine & Drapalski, 2002).

▶ Von Persönlichkeitseigenschaften: Menschen, die zu Neurotizismus neigen, überschätzen retrospektiv negative Emotionen (Feldman-Barret, 1997).

Diese Faktoren sind auch in Rechnung zu stellen, wenn sich Menschen an Glück erinnern. Retrospektive Glücksbilanzen sind dermaßen gravierenden Fehlerquellen ausgesetzt, dass den Forschern die „Haare zu Berge" stehen müssten (Schneider, 2007, 24). Beim Rückblick auf positiv konnotierte Lebensereignisse neigen wir zu einer rosaroten Brille. Mitchell et al. (1997) ließen Männer und Frauen während ihres Urlaubs täglich einschätzen, wie glücklich sie sich fühlten. Als sie einige Zeit später gebeten wurden, das in den Ferien erlebte Glück zu beurteilen, fiel dieses höher aus. Wirtz et al. (2004) baten Studierende, einzuschätzen, wie sie sich in den kommenden Frühlingsferien wohl fühlen werden, erhoben sodann das Wohlbefinden an den freien Tagen selber und nachdem die Vorlesungen wieder begonnen hatten: Sowohl in der Prospektive als auch in der Rückschau: mehr Glück! Wenn Personen an länger zurückliegende bzw. zu prognostizierende Befindlichkeiten denken, werde weniger das episodische als vielmehr das semantische Gedächtnis aktiviert (Schwarz, Kahneman & Xu, 2007).

Schwarz et al. (1987) ließen Personen auf einer elfpunktigen Skala ihr Lebensglück bilanzieren, eine Gruppe in hellen, freundlichen Räumen, eine andere in einer dunklen Kammer: Erstere gaben ein signifikant glücklicheres Leben an (M = 9.4) als Letztere (M = 8.1).

Kleine Geschenke – glücklicheres Leben. Studierende wurden zu einer psychologischen Untersuchung gebeten. Auf dem Weg dorthin fanden die einen „zufällig" einige Dollar. Sie beurteilten ihr Leben positiver als jene Kommilitonen, denen man kein Geld hingelegt hatte (Schwarz & Strack, 1999). Dies zeigt zum einen, dass Zufall, wenn er positiv und unerwartet eintritt, Glück erhöhen kann. Wenn Sie also jemanden kurzfristig beglücken wollen: Überraschen Sie ihn oder sie mit einem Geschenk! Dann feuert das Mittelhirn Dopamine, wichtige Botenstoffe im Nervensystem, in den Nucleus accumbens, das Belohnungszentrum im Gehirn, sowie in den Stirnlappen (Spitzer, 2007, 102).

Aktuelle Stimmung. Glücksbilanzen des bisherigen Lebens hängen von der aktuellen Stimmung ab. Präsentismus nennt Gilbert (2006) die unentrinnbare Tendenz, aktuelle Gefühle sowohl in die Vergangenheit als auch in die Zukunft zu projizieren. 1992 machte in den USA der parteilose Ross Perot Furore, als er für das Präsidentenamt kandidierte und eine breite Anhängerschaft hinter sich scharte. Im Juli zog er sich überraschend aus dem Wahlkampf zurück, was seine Wähler schwer enttäuschte. Levine (1997) befragte unmittelbar darauf zahlreiche Amerikaner, was sie Ross Perot gegenüber empfänden. Im November – nachdem Perot überraschend wieder eingestiegen war, aber die Wahl verloren hatte – befragte der Forscher die gleichen Personen, was sie im Juli dem hoffnungsvollen Quereinsteiger gegenüber empfunden hätten. Jene, die ihm die Treue gehalten hatten, meinten, sie seien im Juli weniger traurig und wütend gewesen, als sie es tatsächlich gewesen waren.

Stimmungskongruenz bestätigen auch zahlreiche Experimente, in denen die Stimmung von Männern und Frauen gezielt beeinflusst wurde (Überblick: Argyle, 2001, 49ff., 200ff.; Schwarz & Strack, 1999), sei es mit einer fröhlichen Vivaldimelodie versus markerschütterndem Getöse, sei es mit Bildern eines glücklich lächelnden Säuglings versus solchen, die verstümmelte Menschen zeigen. Personen, die in positive Stimmung versetzt wurden, neigen zu positiveren Urteilen, auch über ihr Glück und ihr bisheriges Leben, nach der Induktion negativer Stimmung zu pessimistischeren Ansichten (Westermann et al., 1996).

Auch Erinnerungen an emotional unterschiedliche Lebensereignisse beeinflussen Glücksbilanzen beträchtlich. Strack, Martin und Schwarz (1988) legten einer Gruppe von Studierenden einen Fragebogen vor, in dem das Item zur allgemeinen Lebenszufriedenheit *vor* der Frage zu beantworten war, wie oft sie sich in letzter Zeit verabredet hatten. Eine andere Gruppe wurde zuerst nach den Datings und erst danach zur Lebenszufriedenheit befragt. In der ersten Gruppe korrelierte die Häufigkeit von Verabredungen und Lebenszufriedenheit zu r = –.12, in der zweiten, wo sich die Befragten zuerst an ihre Datings erinnert hatten, zu r = .66. Auch war die von ihnen angegebene Lebenszufriedenheit höher – nicht verwunderlich, da sie zuvor an die angenehmeren Dinge des Lebens erinnert wurden.

Strack, Schwarz und Gschneidinger (1985) baten Männer und Frauen, sich an drei *kürzer* zurückliegende Erlebnisse zu erinnern, eine Gruppe an Beglückendes, eine andere an Trauriges. Erstere erzielten auf einer Lebenszufriedenheitsskala von 1 bis 10 M = 8.8, Letztere 7.0 (p = .000). Anders hingegen, als sie aufgefordert wurden, sich an glückliche bzw. traurige Ereignisse zu erinnern, die *länger* zurücklagen. Jene, die Betrübliches aus fernen Tagen memorierten, erreichten mit M = 8.5 einen höheren Mittelwert als jene, die an Sonniges gedacht hatten (M = 7.4). Bei länger vergangenen Ereignissen wirkte also ein Kontrasteffekt, bei zeitlich nahen Erinnerungen ein Kongruenzeffekt. Die Glücksstrategie ist naheliegend: Sich nicht an den Hochzeitstag vor 25 Jahren erinnern, sondern an das nette Candle-light-Abendessen vom letzten Wochenende, wodurch die aktuelle Befindlichkeit eher verbessert wird.

Kulturelle Standards beeinflussen Glücksmessungen ebenfalls (Argyle, 2001, 189ff.; Christopher, 1999). Seit der von Jefferson verfassten Unabhängigkeitserklärung gehört es zum amerikanischen „way of life", happy zu sein (Diener & Diener, 1996). In China hingegen gilt zu viel Glück als gefährlich, weil sich dafür das Schicksal rächen könnte. Individualistische Kulturen schätzen den Wert des Glücks höher ein als kollektivistische (Diener & Diener, 1995).

Wiederholt wurde behauptet, Menschen in Japan seien weniger glücklich als in den USA und im Westen (Kitayama, Markus & Kurokawa, 2000; vgl. Kap. 4.5). Gemäß den Weltwertestudien erreichten die Vereinigten Staaten auf einer Glücksrangliste den neunten Rang, Japan Platz 27 (Diener & Suh, 1999, 436). Dies veranlasste Oishi (2002) zu raffinierten Experimenten, mit denen er klären wollte, ob Asiaten ein geringeres Wohlbefinden berichten, „weil sie weniger Glück erfahren oder weil sie weniger Glück erinnern". Amerikanische und japanische Studenten zeichneten eine Woche lang am Abend ihre *aktuelle* Befindlichkeit auf. Nachdem die Woche verstrichen war, wurden sie gebeten, sich an diese zu erinnern und die Zufriedenheit mit ihr zu bilanzieren. Das unmittelbar an den Abenden eingeschätzte Wohlbefinden unterschied sich in den Stichproben nicht. Aber die retrospektive Einschätzung fiel bei den Japanern weniger positiv aus. Oishi (2002, 1405) vermutet einen Effekt stillschweigend wirkender Lebensphilosophien: „Das Leben soll gut und glücklich sein" im Westen und „Im Leben geschehen gute und schlechte Dinge" im Osten.

Kritik retrospektiver Beurteilung. Verständlich, dass zahlreiche Autoren der Messung von Glück über retrospektive Selbstbeurteilung skeptisch gegenüberstehen. Schneider (1978; 2007, 26), seit Jahrzehnten dem Glück auf der Fährte, hält es für eine „objektive Wahrheit", dass wir nie erfahren können, wie glücklich Menschen sind, „jedenfalls nicht durch das, was sie darüber sagen. Vergessen wir also alle pauschalen Würdigungen, unsere eigenen eingeschlossen. Wenn sie sich gar zu einer Statistik verdichten, sind wir bei einem bloßen Gesellschaftsspiel angelangt."

Das wäre das Aus der gängigen Glückspsychologie. Und die meisten der bisherigen Ergebnisse wanderten in den Papierkorb. Doch so radikal müssen die Konsequenzen nicht sein! Es ist möglich, Glückserleben unmittelbarer zu messen: Mit der Experience-Sampling-Methode sowie der Tagesrekonstruktionsmethode von Kahneman et al. (2004). Deren Daten lassen sich mit erinnerten Glückseinschätzungen vergleichen und möglicherweise liegen Letztere doch nicht so daneben.

2.5 Die Erlebnisstichproben-Methode (ESM)

2.5.1 Die Vorzüge der ESM

Wie fühlten Sie sich, als Sie das erste Mal dieses Buch in Ihren Händen hielten? Glücklich wegen des Themas? Verärgert, weil Sie Ihren Vorsatz, nicht ständig neue Bücher zu kaufen, nicht einhielten? Ihr retrospektives Urteil wird davon beeinflusst, wie Ihnen die Lektüre gefallen hat, aber auch durch die in Kapitel 2.4 beschriebenen Erinnerungsverzerrungen. Anders hingegen, wenn Sie Teilnehmer einer ESM-Studie gewesen wären (Hektner, Schmidt & Csikszentmihalyi, 2006) und Ihr Handcomputer einen Piepston von sich gegeben hätte, als Sie in der Buchhandlung standen.

Eine der ersten Studien, in der die *aktuelle* – und nicht erinnerte – Befindlichkeit erhoben wurde, stammt von Flügel (1925). Er bat seine Probanden, über einen Zeitraum von 30 Tagen anzugeben, wie sie sich bei ihren Tätigkeiten fühlten – überwiegend glücklich! Die Fortschritte in der Computertechnologie erleichterten die ESM und bewirkten eine „Revolution" (Scollon, Kim-Prieto & Diener, 2003, 5). Csikszentmihalyi, Larson und Prescott (1977) setzten einen ersten Meilenstein, indem sie Jugendliche baten, auf einen zufallsgenerierten Piepston hin einzutippen, was sie gerade taten und wie sie sich dabei fühlten – am glücklichsten waren sie übrigens bei ihren Freunden. In anderen Studien beurteilten die Teilnehmenden ihre Befindlichkeit in bestimmten Intervallen, beispielsweise täglich, oder bei vorab festgelegten Tätigkeiten, etwa Essen, Fernsehen oder Arbeiten. Als Standard gilt, mit Zufallsimpulsen zu arbeiten.

Gegenüber der retrospektiven „Messung" von Glück (und anderer Emotionen) weist die ESM, die bereits bei Schulkindern angewandt werden kann (Beidel, Neal & Lederer, 1991), mindestens fünf Stärken auf:

(1) Die Methode verringert die in Kapitel 3.3 beschriebenen Erinnerungs- und Einschätzungsverzerrungen.

(2) Sie ermöglicht, die Präzision retrospektiver Messungen zu überprüfen, indem zunächst ESM-Daten erhoben und deren Informanten später gebeten werden, sich an die damalige Befindlichkeit zu erinnern. Die Ergebnisse sind widersprüchlich. Barrett (1997) registrierte eine hohe Übereinstimmung, ebenfalls Diener (1994): r = .66 und Veenhoven (1997, 263): r = .61. Ptacek et al. (1994) fanden eine Korrelation von r = .58, die 35 Prozent der Varianz erklärt. In anderen Bereichen sind retrospektive Einschätzungen präziser, beispielsweise bezüglich des Einkommens (r = .95) (Kahneman & Krueger, 2005, 7). Es ist viel schwieriger, sich an vergangene Gefühlszustände als an die Zahlen auf dem Lohnzettel zu erinnern.

(3) ESM-Daten sind ökologisch valider, weil sie in den konkreten Situationen erhoben werden, in der Studie von Aellig (2003) mit Bergsteigern, während diese in der Wand eine kurze Rast einlegten, und nicht nach der Rückkehr.

Während dem Klettern waren sie nicht sonderlich glücklich, sondern angespannt und konzentriert; erst auf dem Gipfel strömte ein tiefes Glücksgefühl in sie ein, das auch beim Abstieg anhielt und die Vorsicht dämpfte, was erklärt, warum Alpinisten mitunter geradezu banal verunglücken.

(4) ESM-Daten ermöglichen, Verlaufsmuster von Emotionen zu rekonstruieren, auch des Glückserlebens. Mehrheitlich registrieren Menschen im späteren Nachmittag und gegen Abend mehr Glück als am frühen Morgen; erwiesenermaßen sind auch die Wochenenden, an denen mehr soziale Freizeitaktivität möglich ist, beglückender (Egloff et al., 1995).

(5) Retrospektive Einschätzungen beziehen sich vielfach auf *eine* Emotion. Mit der ESM lässt sich erfragen, ob eine Person gleichzeitig glücklich und entspannt ist, gleichzeitig zufrieden und erregt etc. (Zelenski & Larsen, 2000).

2.5.2 Spannende Ergebnisse der ESM

Als mehrheitlich glücklich weisen retrospektive Glücksmessungen die meisten Menschen aus. ESM-Studien ebenfalls! Zelenski und Larsen (2000) werteten die Daten von 86 jüngeren Männern und Frauen aus, die einen Monat lang dreimal täglich angaben, wie sie sich fühlten. Vorgegeben waren 15 Emotionen: Erregt, glücklich, gelangweilt, ekelhaft etc. Mit Abstand am häufigsten waren die Teilnehmer glücklich (88 Prozent) und erholt (88 Prozent – Mehrfachnennungen waren möglich), am seltensten hingegen fühlten sie sich ängstlich (16 Prozent), angeekelt (17 Prozent), schuldig (19 Prozent). Gemessen wurde auch die Intensität der Emotionen. Am stärksten war diese bei glücklich, sodann bei erholt, sogar noch stärker als bei enthusiastisch.

Zelenski und Larsen (2000) untersuchten zusätzlich, ob Emotionen sich überschneiden. Wer häufig glücklich ist, ist häufiger erregt (r = .50), enthusiastisch (r = .55) und interessiert (r = .36), seltener frustriert (r = –.36), ruhig (r = –.29) und einsam (r = –.24). Negative Emotionen interkorrelieren ebenfalls, allerdings nicht so stark wie die positiven, die jeweils stärker durchmischt sind. Eine Person, die regelrecht wütend ist, *ist* ganz und gar in Rage; glückliche Personen hingegen sind oft zugleich interessiert, enthusiastisch, zufrieden. Angesichts der Vielfalt von Emotionen finden es Zelenski und Larsen (2000) reduktionistisch, wenn nur eine erhoben wird.

Eine ähnliche Studie mit 127 Studierenden, die acht Tage lang ihre aktuellen Befindlichkeiten in Handcomputer eingaben, führte Schimmack (2003) durch. Die jungen Männer und Frauen fühlten sich am häufigsten glücklich, sodann liebevoll und angeregt; am seltensten schuldig und schlecht. Auch stuften sie die Intensität der Gefühle ein: Diese ist bei „glücklich" am stärksten, gefolgt von „liebevoll" und „besorgt". Die positiven Emotionen interkorrelieren signifikant, am stärksten „glücklich" und „liebevoll" (r = .50), sodass sich einmal mehr Goethes Vers bestätigt: „Und lieben, Götter, welch ein Glück!" Wie in früheren ESM-Studien (Watson, 1988) und bereits bei Bradburn (1969) zeigten sich nur schwache Zusammenhänge zwischen glücklicher und mieser Stimmung.

Glücksintensität. Eines der spannendsten Ergebnisse von Schimnack (2003) ist, dass von den vier abgefragten positiven Emotionen „Glück" die zuverlässigste Prognose auf die allgemeine Lebenszufriedenheit ermöglicht und dass weniger dessen Häufigkeit als vielmehr die Intensität den Ausschlag gibt. Dies steht im Widerspruch zu Diener, Sandvik und Pavot (1991), die Glück als *Häufigkeit* positiver Emotionen definierten, welche sich präziser messen lasse (Intervalldaten) als Intensität. Wird aber die Frequenz früherer Gefühlszustände retrospektiv erhoben, ist mit Erinnerungsfehlern zu rechnen, die durch die ESM eliminiert werden. Die These von Diener, Sandvik und Pavot (1991), Menschen seien umso glücklicher, je *häufiger* sie positive Emotionen erleben, ist zu modifizieren: Auch selteneres, aber tief empfundenes Glück kann sich positiv auf die Lebenszufriedenheit auswirken.

Glückszeiten. Gehören Sie zu jenen Menschen, die spontan sagen würden, der Sonntag sei der glücklichste Wochentag? Dann empfinden Sie anders als 828 junge Amerikaner, die an einer der aufwändigsten ESM-Studien teilnahmen (Csikszentmihalyi & Hunter, 2003). Eine Woche lang tippten sie ihre aktuelle Befindlichkeit, ihre jeweilige Tätigkeit und ihr soziales Umfeld in einen Handcomputer. Am Montag waren sie am wenigsten glücklich, gegen das Wochenende hin wurden sie glücklicher. Doch nach dem Glückszenit am Samstag fiel die Glückskurve steil ab. Die Stunden des Glücks liegen im späten Nachmittag und frühen Abend, ausgenommen die Mittagspause.

Frauen und Männer sind nach dieser Studie gleich glücklich. Jedoch besteht ein signifikanter Alterseffekt: Am wenigsten glücklich sind, wie vielfach nachgewiesen (Shek, 1998; Marks, 2004; vgl. Kap. 4.2.3), die 16-jährigen; danach beginnt die Glückskurve zu steigen. Am glücklichsten waren die Teilnehmer, wenn sie sich mit Freunden unterhielten, sodann bei aktiven Freizeitaktivitäten, aus denen Sport herausragt, aber auch in passiv verbrachter Freizeit (Musikhören); am wenigsten glücklich, wenn sie allein waren und für ihr Studium arbeiten mussten, sowie in ihren Herkunftsfamilien. Csikszentmihalyi und Hunter (2003) setzten das von ihren Auskunftspersonen erlebte Glück in Beziehung zu anderen Emotionen. Am abträglichsten ist diesem Langeweile, Einsamkeit und Scham. Von daher überrascht es wenig, dass sich Flow (vgl. Kap. 5.3.2), für Csikszentmihalyi (1996) der Gegensatz von Langeweile, besonders glücksbegünstigend auswirkt.

Mehr Glück — weniger Stress. Steptoe, Wardle und Marmot (2005) baten 228 Personen, über einen normalen Arbeitstag hinweg alle 20 Minuten ihre Befindlichkeit einzutippen; auch wurde alle zwei Stunden die Stärke des Stresshormons Kortisol gemessen. Die Ergebnisse frappierten. Bei den 25 Prozent glücklichsten Männern und Frauen (Quartil) wurde 32 Prozent weniger Kortisol festgestellt als beim unglücklichsten Quartil. Geringer war auch die Menge des Blutproteins

Fibrinogen, das das Blut klebrig macht und, wenn es in großen Dosen auftritt, auf Herzprobleme vorausweist. Zu viel Kortisol erzeugt Bluthochdruck und Diabetes 2.

Wären Sie unglücklicher, wenn Sie sich jede Woche neun Stunden an die Dialyseschläuche hängen lassen müssten? Die meisten würden zugeben: „Ja". Riis et al. (2005) ließen Gesunde und Nierenpatienten eine Woche lang alle neunzig Minuten eintippen, wie glücklich sie sich fühlten. Auch wurden die Patienten gefragt, ob sie ohne die Dialysestrapazen glücklicher wären: Die meisten bejahten das. Gesunde hingegen, gefragt, wie es ihnen erginge, wenn sie sich das Blut reinigen lassen müssten, meinten, sie wären unglücklicher. Als die direkten Glücksmessungen der beiden Gruppen verglichen wurden, zeigte sich: Keine Differenz! Dialysepatienten schätzen sich als gleich glücklich ein wie Gesunde, auch wenn sie überzeugt sind, weniger glücklich zu sein. Retrospektive Daten hätten dieses Indiz für die Adaptionskräfte des Menschen auch an unangenehme Situationen nicht zu Tage gebracht.

2.5.3 Schwächen der ESM

Trotz ihrer Stärken und aufschlussreichen Ergebnisse sind die Fallstricke der ESM nicht zu verschweigen (Scollon, Kim-Prieto & Diener, 2003). Die Methode ist aufwändig und nur bei kleineren Stichproben realisierbar. Die Stichproben sind nicht immer repräsentativ. Werden Personen nach dem Zufallsprinzip angefragt, sind nicht alle bereit, einen „electronic pager" entgegen zu nehmen, sondern vor allem Glücklichere (Scollon, Kim-Prieto & Diener, 2003, 19). Zufallsgenerierte Piepstöne können zur Unzeit kommen, peinlicherweise in der Kirche oder während dem Vorspiel, sodass der Ärger gerade durch die Messung produziert wird. Werden die Angaben erst später eingegeben, ist mit ähnlichen Verzerrungen zu rechnen wie bei der Retrospektive. Csikszentmihalyi und Larson (1984) berichten jedoch, 87 Prozent der Antworten erfolgten bereits nach zehn Minuten. Gleichwohl: Glücksforschung ist ohne piepsende Handcomputer nicht denkbar.

2.6 Die Tagesrekonstruktionsmethode

Wann sind Frauen glücklicher? Wenn sie sich um ihre Kinder kümmern? Oder kochen? Oder essen? Am glücklichsten sind sie am Esstisch, sodann am Herd, und erst dann bei ihren Kindern. Dieses Ergebnis, unerwartet, weil die Beschäftigung mit Kindern als beglückend gilt, verdankt die Forschung einer weiteren Methode der Glücksmessung, die sich um mehr differenzierende Objektivität bemüht als Retrospektiven: Die Tagesrekonstruktionsmethode von Kahneman (Kahneman et al., 2004; Kahneman & Krueger, 2006).

Die Informanten werden gebeten, den vergangenen Tag in Episoden zu unterteilen – Essen, Arbeit, Ausgehen, Sex –, deren Dauer einzuschätzen und anzugeben, wie glücklich sie sich dabei fühlten, wie schlecht, kompetent, müde; Kahneman et al. (2004a) entwickelten dazu einen differenzierten Interviewleitfaden. Die Methode hat der ESM gegenüber den Vorteil, dass die Personen nicht durch den Piepston gestört werden, sowie den, die Befindlichkeit über den gesamten Tagesverlauf zu rekonstruieren, und nicht bloß für Segmente. Errechnen lässt sich auch, ob in den diversen Episoden die positiven Gefühle die negativen überwiegen, oder umgekehrt, oder ob sie sich die Waage halten – was bei der Kinderpflege übrigens der Fall ist.

Ergebnisse. Diese Methode, im deutschen Sprachraum kaum angewandt, erbrachte bemerkenswerte Ergebnisse. Kahneman et al. (2004) baten 909 Frauen, den vorausgegangenen Arbeitstag zu rekonstruieren. Im Schnitt nannten die Frauen 14 Episoden, wobei Arbeit am längsten dauerte (6,9 Stunden), gefolgt von „am Telefon" (vgl. Kap. 2.5), Sozialkontakten (vgl. Kap. 2.3), Essen, Fernsehen und Relaxen (je 2,2 Stunden). Mit Abstand am glücklichsten waren die Frauen beim Sex (0,2 Stunden, aber bloß von elf Prozent angegeben), überdurchschnittlich glücklich bei Freunden, beim Relaxen, in spiritueller Praxis, beim Essen und Sport. Weniger glücklich sind sie beim Pendeln zur Arbeit, das am massivsten mit Ungeduld verbunden ist, am Morgen noch mehr als am Abend, sodann im Job selber und beim Putzen und Aufräumen. Überrascht zeigten sich die Forscher, dass die Pflege von Kindern – von 36 Prozent der Befragten angegeben – weniger beglückend ist als Kochen und Einkaufen. Auch sei die den Kindern gewidmete Zeit (1,1 Stunden) ermüdender als Sport oder die Zeit am PC, wofür ohnehin mehr Zeit investiert wird (1,9 Stunden).

Zusätzlich rekonstruierten die Forscher Tagesverläufe: Negative Emotionen werden gegen Abend seltener, positive häufiger. Müdigkeit geht bis zum Mittag zurück, steigt aber nach dem Essen an; in den Abendstunden flacht die Kurve ab.

Die Tagesrekonstruktionsmethode ermöglicht eine differenziertere Messung von emotionaler Befindlichkeit als globale Einschätzungen. Die mit ihr gewonnenen Ergebnisse decken sich überraschend mit direkten Glücksmessungen (Kahneman & Krueger, 2006, 11). Die Bearbeitung des Fragebogens von Kahneman et al. (2004a) ist aber zeitlich aufwändig und erfordert zwischen 45 und 75 Minuten für die Befindlichkeit eines einzigen Tages.

Kritik der Tagesrekonstruktionsmethode. Kahnemans (1999) Anspruch, Glück objektiv zu messen, stieß auf Kritik. Alexandrova (2005) wandte ein, „objektives Glück" werde auf positive Affekte reduziert und decke weniger ab als subjektives Wohlbefinden, das sich aus genereller Lebenszufriedenheit, häufigen positiven Gefühlen und der Abwesenheit negativer Stimmungen zusammensetzt (Argyle, 2001, 14; Lucas, Diener & Suh, 1996), vom psychologisch-eudaimonistischen Wohlbefinden nach Ryff (1989) (vgl. Kap. 2.3.6) ganz zu schweigen. Dennoch wäre auch für die hiesige Forschung die Tagesrekonstruktionsmethode wünschenswert, weil sie präzise und prozessuale Einblicke in das (Glücks-)Erleben ermöglicht.

2.7 Sind Menschen wirklich so glücklich?

Wie immer „Glück" gemessen wird – schriftlich mit einem oder hundert Items – in Interviews (Face-to-face oder Telefon), mit Handcomputern oder der Tagesrekonstruktionsmethode – stets bewahrheitet sich der Titel eines Aufsatzes von Diener und Diener (1996): „Most people are happy".

Viele Philosophen und Denker würden widersprechen, so Freud (1974, 208), für den „die Absicht, dass der Mensch ‚glücklich' sei, ... im Plan der Schöpfung nicht enthalten (ist)", oder Schopenhauer (1919, 378), für den „im Trauerspiel des Lebens" ein „ächtes, bleibendes Glück nicht möglich" ist; oder der aus Rumänien gebürtige Philosoph Cioran (1979): Es sei ein „Nachteil, geboren zu sein", und das Leben nur erträglich, weil man sich jederzeit erschießen könne.

Anders hingegen die empirische Glücksforschung, so jüngst eine im Auftrag der Bertelsmann Stiftung durchgeführte Repräsentativbefragung in der Bundesrepublik, in der 1004 Personen ihr Leben auf einer zehnpunktigen Glücksskala beurteilten. 57 Prozent kreuzten bei den drei höchsten Werten an, bloß 5 Prozent bei den drei niedrigsten; 75 Prozent lagen über dem theoretischen Glücksmittelwert (Bertelsmann Stiftung, 2008, 7). Nahezu identisch fielen die Ergebnisse der Weltwertestudie im Jahre 2003 aus: 55 Prozent der Bundesdeutschen sind auf den drei höchsten Ausprägungen der zehnpunktigen Skala (Veenhoven, 2007). Und in einer von der Zeitschrift „Emotion" in Auftrag gegebenen Glücksstudie stuften sich 72 Prozent über dem theoretischen Mittelwert der Glücksskala ein (Emotion, 2007, 5).

Schätzen Sie sich selber als glücklicher ein als ein durchschnittlicher Mitteleuropäer? Wenn ja, sind Sie keineswegs eine Ausnahme, im Gegenteil. Lykken und Tellegen (1996) fragten 2310 Zwillinge, wie glücklich sie sich im Vergleich zu ihren Mitmenschen fühlen: Knapp 30 Prozent gaben an, so happy wie die fünf Prozent Glücklichsten zu sein, 86 Prozent platzierten ihr Glückslevel im obersten Drittel; hinsichtlich ihrer Intelligenz taten dies nur 42 Prozent. Auch die israelischen Psychologen Klar und Giladi (1999) fanden, dass 77 Prozent der von ihnen befragten Studenten angaben, zu den 25 Prozent glücklichsten Menschen zu gehören, was sie unter anderem damit erklären, dass sich Personen schwer tun, das Glück anderer empathisch nachzuvollziehen, speziell wenn sich diese in wenig günstig scheinenden Lebensumständen befinden. Aber: Sind die Menschen wirklich so glücklich? Und wie lässt sich dies erklären?

Soziale Erwünschtheit. Sind Menschen so glücklich, weil dies sozial erwünscht ist, in westlichen Gesellschaften stärker als in kollektivistischen? Wie die Studie von Oishi (2002) (vgl. Kap. 2.4) gezeigt hat, geringfügig ja, zumal bei retrospektiven Glücksmessungen. Etliche Studien kontrollierten soziale Erwünschtheit, so Diener et al. (1991) mit dem Ergebnis, dass diese die Antworten auf Glücksitems nicht verzerrt; vielmehr korreliert soziale Erwünschtheit positiv mit Wohlbefinden. Das heißt: Menschen, die sich sozial gut anpassen, sind auch glücklicher.

Eine weitere Erklärung diskutiert Staudinger (2000) unter der Überschrift „Paradox des Wohlbefindens". Dieses bestehe darin, dass sich die meisten Menschen für glücklich halten, auch wenn ihre Lebensbedingungen nicht gerade günstig sind (Querschnittgelähmte), bzw. darin, dass kontextuelle Faktoren nur eine verschwindend geringe Varianz des Wohlbefindens erklären (Diener et al., 1999, 278). Staudinger (2000) erklärt dies mit Adaptionsprozessen sowie mit Mechanismen der Selbstregulation, speziell dem, sich in einer schwierigen Situation nach abwärts zu vergleichen, was das Wohlbefinden stabilisiert, mitunter erhöht (Dube, 1998). Sie verweist auf eine Untersuchung, in der sich zeigen ließ, dass sich Frauen, denen eine Brust amputiert werden musste, besser fühlten als vor dem Eingriff, und dass sie überzeugt waren, es gehe ihnen besser als anderen Frauen in der gleichen Situation (Wood, Taylor & Lichtman, 1985). Als eigenständige Erklärung für das Wohlbefindensparadox schlägt sie das Modell der selektiven Optimierung mit Kompensation vor, gemäß dem Personen sich vor allem darauf fokussieren, was ihr Wohlbefinden optimiert (ältere Menschen halten Familie und Gesundheit für wichtiger als 20-Jährige). Wenn dies nicht mehr möglich ist, wird auf andere mögliche Glücksquellen umgeschwenkt (Kompensation).

Der Pollyanna-Effekt. Dass sich Menschen mehrheitlich als glücklich ausgeben, wird auch auf den Pollyanna-Effekt zurückgeführt (Myers, 1993, 27f.). Er besteht darin, dass Menschen dazu tendieren, eher solche Informationen wahrzunehmen und auch von sich preiszugeben, die für sie günstig sind (Matlin & Stang, 1978). Pollyannismus gehe einher mit einem Optimismus, der nicht gerade realistisch ist. So fand Weinstein (1980), dass die meisten Studierenden der Meinung waren, bei ihnen sei – im Vergleich zu den Kollegen – die Wahrscheinlichkeit größer, einen guten Job zu bekommen und sich ein Eigenheim aufzubauen, bzw. das Risiko geringer, Krebs zu bekommen, gefeuert zu werden oder sich scheiden zu lassen. Optimismus, auch wenn er nicht realistisch ist, ist eines der stärksten Korrelate von Glück (Argyle, 2001, 156).

Fazit. Offensichtlich verfügt die Psyche über Mechanismen, die es erleichtern, glücklich zu sein. Veenhoven (2000, 269) weltweit führender Glücksforscher, hält es für eine „Tatsache, dass sich die Mehrheit der Menschen als glücklich ausgibt. Dies impliziert nicht Übertreibung, sondern vielmehr, dass die meisten Menschen mit ihrem Leben wirklich zufrieden sind." (Veenhoven, 2000, 269). Glück sei „die Regel" (Veenhoven, 1991, 21) und – ähnlich wie Gesundheit – eine „normale Verfassung", weil: „Freude am Leben fördert Aktivitäten, stärkt soziale Bindungen und schützt die Gesundheit" (Veenhoven, 1991, 14).

Teil II   Was macht glücklich?

„Gelebte Selbst-Transzendenz! Denn wirklich glücklich werden wir eigentlich nur im selbstvergessenen Hingegebensein an einen Partner oder im selbstvergessenen Aufgehen in einer Sache." Viktor E. Frankl (1976)

Kaum eine existenzielle Menschheitsfrage wurde (und wird) kontroverser beantwortet. Glücklich macht Lust, sagte der Philosoph Aristipp, während Pseudo Symeon riet, sich in eine Zelle zurückzuziehen, auf Atem und Herzschlag zu achten, um so grenzenlos glücklich zu werden (Thomä, 1996, 187).

Was Menschen beglückt, lässt sich empirisch erfragen. Furnham und Cheng (2000) legten 230 Personen einen Fragebogen vor, der neben dem Oxford-Glücksinventar (vgl. Kap. 2.3.2) Items wie folgende enthielt: „Menschen neigen dazu, glücklich zu sein … – wenn sie mit ‚glücklichen Genen' geboren wurden; – wenn sie enge Freunde und Vertraute haben;" etc. Die 38 Items wurden einer Faktorenanalyse unterzogen, die sechs Glücksfaktoren zu Tage brachte: Persönlichkeitseigenschaften (gesellig sein), persönliche Vorzüge (intelligenter und attraktiver sein), Leistungsfähigkeit und Freiheit, soziale Unterstützung (von anderen geliebt werden), (finanzielle) Sicherheit sowie Optimismus und Zufriedenheit.

Die Laientheorien zu den Glücksfaktoren decken sich im Großen und Ganzen mit Ergebnissen der Glückspsychologie. Dem Glück besonders förderlich seien – so die Befragten – die Personen des sozialen Nahbereichs (für Frauen noch wichtiger), Arbeit, Leistung, Optimismus; weniger relevant hingegen Geld, Sicherheit und persönliche Vorteile, etwa gute Bildung oder attraktives Aussehen. Für wenig wichtig hielten sie die „glücklichen Gene", die aber das Ausmaß an Glück beträchtlich bestimmen (Lykken, 1999; vgl. Kap. 3.1). Diese Glücksfaktoren korrelieren nur schwach mit subjektiv eingeschätztem Glück ($r < .20$). Ob Menschen glücklich sind, hängt weniger von ihren Glückstheorien ab (auch einsame Unglückliche wissen, wie sehr ein Partner beglücken könnte), als vielmehr von Persönlichkeitseigenschaften, speziell Extraversion und Optimismus.

Ganze vier Kapitel widmen sich der Frage, was Menschen beglückt. Kapitel 3 erörtert biologische, speziell genetische Faktoren, aber auch die neuropsychologischen Korrelate des Glückserlebens. Was über den (geringen) Einfluss von soziodemografischen Variablen auf das Glück bekannt ist, wird das anschließende Kapitel 4 skizzieren, während das fünfte auf erklärungskräftigere Glücksfaktoren eingeht, speziell soziale Nahbeziehungen (Liebe, Ehe, Familie) und unsere Tätigkeiten in Beruf und Freizeit. Kapitel 6 erörtert, ob Religiosität/Spiritualität Menschen glücklich macht, und zwar hier auf Erden und nicht erst im Jenseits, auf dessen Glückseligkeit die Kirchen oft vertrösteten.

3 Glücksfaktoren 1: Biologische, genetische und persönlichkeitspsychologische Aspekte

„Die Natur hat dafür gesorgt, dass es, um glücklich zu sein, keines großen Aufwandes bedarf." Seneca

Die genetische Lotterie beim Verschmelzen der Keimzellen entscheidet vieles: Geschlecht, Haarfarbe, Anfälligkeit für Stoffwechselkrankheiten. Auch wie glücklich sich der Gezeugte fühlen wird? Zwillingsstudien wiesen nach: Zu 50 Prozent (vgl. Kap. 3.1). In einem vergleichbaren Ausmaß genetisch festgelegt sind auch die stabilen Persönlichkeitseigenschaften, von denen Extraversion Glück begünstigt, Neurotizismus hingegen schwächt (vgl. Kap. 3.2). Wie alles menschliche Verhalten und Erleben hat auch Glück neuropsychologische Korrelate, die in den letzten Jahren mit bildgebenden Verfahren der Gehirnaktivität intensiv untersucht wurden, selbst während der Ejakulation (vgl. Kap. 3.3). Viele Menschen sehen in der Gesundheit eine notwendige Voraussetzung für Glück – liegen sie richtig? (vgl. Kap. 3.4).

3.1 Ist Glück genetisch festgelegt?

Ein befreundetes Ehepaar hat zwei Kinder. Das Mädchen, zehn Jahre alt, macht meist einen nachdenklichen Eindruck, lacht zwar herzlich, aber selten, wirkt zurückgezogen, ruhig. Sie sei, so die Eltern, schon immer so gewesen. Anders hingegen der Sohn, sechs Jahre jünger, quirlig, strahlend, oft lachend und völlig unbekümmert auf andere zugehend. Schon als Säugling war er ein Sonnenschein.

Zwillingsforschung. Entscheidet sich das Ausmaß des Glückserlebens bei der genetischen Lotterie, wenn Samen und Eizelle verschmelzen? Empirisch ist dies am angemessensten an Zwillingen zu untersuchen, was Lykken (1999) und seine Mitarbeiter in den weltbekannten Minnesota-Zwillingsstudien geleistet haben. Lykken und Tellegen (1996) legten mono- und bizygotischen Zwillingen, teils gemeinsam, teils getrennt in unterschiedlichen Milieus aufgewachsen, die Wohlbefindenskala aus dem Multidimensionalen Persönlichkeitsfragebogen von Tellegen und Wallner (1994) vor. Faktoren wie Bildungsstand, Einkommen, Geschlecht und Zivilstand erklären fünf Prozent der Glücksvarianz. Anders hingegen die Gene: Bei eineiigen, gemeinsam aufgewachsenen Zwillingen erklären sie 44 Prozent, im Falle getrennter Kindheit 52 Prozent. Bei zweieiigen Zwillingen hingegen, die ihre Kinderjahre gemeinsam verbrachten, sind es acht Prozent, im

Falle früh erfolgter Trennung besteht keine Korrelation. Lykken und Tellegen (1996) wiederholten nach zehn Jahren an zwei kleineren Stichproben die Messung und fanden frappierende Zusammenhänge bei monozygotischen Zwillingen, unabhängig, ob sie gemeinsam oder getrennt aufgewachsen waren. Demnach ließe sich zu 50 Prozent genau voraussagen, wie glücklich sich eine Münchnerin fühlt, die Mitte dreißig ist, halbtags in einer Buchhandlung arbeitet, mit zwei Kindern und ihrem netten Mann in einer Eigentumswohnung lebt – wenn eine eineiige Zwillingsschwester, schon zehn Jahre zuvor, gefragt worden wäre, wie glücklich sie sich fühlt. Die stabile Komponente Wohlbefinden sei zu 80 Prozent genetisch fixiert, sodass das Streben eines Menschen, glücklicher zu werden, ebenso vergeblich sei, wie zehn Zentimeter wachsen zu wollen.

Das Glücksgen. Hamer (1996), ein amerikanischer Molekularbiologe, knüpfte an diese Zwillingsstudien an und fragte, ob die hohen Übereinstimmungen im Wohlbefinden eineiiger Zwillinge auf ein Glücksgen zurückzuführen sind. Als Kandidaten schlug er das Gen D 4 vor, einen Dopaminrezeptor. Dopaminmangel verursacht träge Müdigkeit, schlimmstenfalls Depression. Israelische Genforscher fanden signifikante Zusammenhänge zwischen D4 Polymorphismus, Extraversion und positiver Emotionalität, wie mit dem Item „Manchmal sprudle ich über vor Glück" gemessen (Benjamin et al., 1996). Hamer (1996) ist hinsichtlich der genetischen Determiniertheit des Glücks nicht so pessimistisch wie Lykken und Tellegen (1996); die Gene erklärten den *durchschnittlichen* Glücksrichtwert, der aber bei freudigen Vorkommnissen überschritten, bei traurigen Ereignissen unterschritten wird.

Lykken (1999) ist inzwischen von seiner ursprünglich streng deterministischen Position abgerückt. Auch wenn unser Glücksrichtwert beträchtlich genetisch festgelegt sei, bedeute das nicht, dass wir wie Marionetten an den Fäden unserer Gene hängen. Zum einen sei es möglich, dass Menschen unter ihren an sich möglichen Glückswert fallen, weil sie üble Gewohnheiten, für Lykken (1999, 60) „Glückskiller", nicht ablegen. Zum anderen können sie sich über diesen Richtwert hinaufschwingen, weniger durch Änderung der Lebensumstände (Sheldon & Lyubomirsky, 2006a), weil diese nur wenige Prozent der Glücksvarianz erklären (Myers & Diener, 1995), als vielmehr durch Veränderung im Verhalten, wofür Lykken (1999) praktische Ratschläge gibt, auch erzieherische: Nur wenig kann Babys so beglücken, wie oft geschaukelt oder in die Höhe geworfen und sicher abgefangen zu werden.

Das Glücksempfinden von Menschen. Dass es zu 50 Prozent genetisch fixiert ist, scheint sich als Konsens durchzusetzen (Lyubomirsky, Sheldon & Schkade, 2005). Lyubomirsky (2007, 31) legt dar, dass das Glücksempfinden von hundert Klonen nicht wie ihre Gene identisch wäre, sondern sich zu maximal 50 Prozent unterscheiden würde, sowohl inter- als auch intraindividuell. Der Glücksrichtwert ist – anders als von Vertretern einer radikalen Adaptionstheorie behauptet (Brickman, Coates & Janoff-Bulman, 1978) – veränderbar, wenngleich nicht beliebig.

Auch Persönlichkeitseigenschaften sind zu 50 Prozent genetisch festgelegt (Tellegen et al., 1988; Loehlin et al., 1998). Ihrem Effekt auf Glück geht das folgende Kapitel nach.

3.2 (Angeborene) Persönlichkeitseigenschaften und Glück

Wir alle waren schon auf Partys und sahen, dass einige Gäste im Abseits standen, andere sogleich Mittelpunkt wurden, lachten und Schwung brachten. Letztere, üblicherweise als extravertiert bezeichnet, werden spontan für glücklicher gehalten, was hundertfach bestätigt wurde (Argyle, 2001, 148ff.; DeNeve & Cooper, 1998; Diener & Lucas, 1999; Francis et al., 1997).

Von den Typen zu den Dimensionen. Seit der Antike wird versucht, Menschen zu typologisieren, unter anderem, um ihr Verhalten in bestimmten Situationen zu prognostizieren. Galen, der große Arzt der Antike, beschrieb, auf der Basis der klassischen Säftelehre, den Choleriker (schweres Blut), Phlegmatiker (zähflüssiges Blut), Sanguiniker (leichtes Blut) und den Melancholiker (schwarze Galle). Besonders populär wurde im 20. Jahrhundert die Typenlehre von Kretschmer (1977), wonach pyknische Menschen, um den Bauch und die Hüften herum breit, gemütlich seien, Leptosome hingegen, mit hagerem Gesicht und dünn, introvertiert und pedantisch, und Athletiker sportlich stark, aber kognitiv wenig flexibel. Solche Typen förderten Stereotype und werden in der Persönlichkeitspsychologie heute nicht mehr vertreten (Friedman u. a., 2004). Seit den wegweisenden Arbeiten von Eysenck, Catell und Guilford in den fünfziger Jahren des 20. Jahrhunderts dominiert die Untersuchung von Persönlichkeitsdimensionen, wobei sich die „Big Five" fest etabliert haben (Lang & Lüdtke, 2005).

Die „Big Five" der Persönlichkeitsmerkmale nach Goldberg (1990)
- ▶ **Verträglichkeit:** „Ich bin jemand, der rücksichtsvoll und freundlich mit anderen umgeht";
- ▶ **Extraversion:** „Ich bin jemand, der aus sich heraus geht, gesellig ist";
- ▶ **Gewissenhaftigkeit:** „Ich bin jemand, der bis zum Ende einer Aufgabe durchhält";
- ▶ **Neurotizismus:** „Ich bin jemand, der leicht nervös wird";
- ▶ **Offenheit für neue Erfahrungen:** „Ich bin jemand, der eine lebhafte Phantasie, Vorstellung hat".

Diese Persönlichkeitseigenschaften sind „traits" und im Lebenslauf außerordentlich stabil. Wie sie sich auf Wohlbefinden und Glück auswirken, wurde in hunderten Studien, an unterschiedlichsten Stichproben sowie im internationalen Vergleich untersucht. Dabei bestätigte sich in aller Regel die Definition von „Glück", wie sie Eysenck (1983, 87) formuliert hat: „Eine Sache, die als dauerhafte Extraversion bezeichnet wird. Der positive Affekt im Glückserleben scheint mit ungezwungener Geselligkeit verbunden zu sein, mit einer natürlichen, vergnüglichen Interaktion mit anderen Menschen."

3.2.1 Extravertierte sind glücklicher

Die erste, bis heute als klassisch zitierte Studie veröffentlichten Costa und McCrae (1980). Sie legten umfangreichen Stichproben (N > 700) Glücks- und Persönlichkeitsskalen vor und fanden: Extravertierte Personen, die häufiger mit Freunden zusammen und liebenswürdiger waren, waren glücklicher. Neurotische Persönlichkeiten hingegen, die oft verängstigt, gehemmt und anderen gegenüber misstrauisch waren, waren am wenigsten glücklich. Costa und McCrae (1980) werten ihre Daten als Bestätigung der Adaptionstheorie des Glücks (Frederick & Loewenstein, 1999), gemäß der dieses ein Persönlichkeitsmerkmal ist und im Lebenslauf konstant bleibt.

Extraversion versus Neurotizismus. Dass Extraversion mit Glück positiv korreliert, Neurotizismus dagegen negativ, wurde oft bestätigt. In ihrer Metaanalyse überprüften DeNeve und Cooper (1998) die Effekte von 137 Persönlichkeitseigenschaften auf das subjektive Wohlbefinden und stellten fest, dass dieses durch Extraversion am stärksten begünstigt wird, neurotische Charakterzüge ihm am abträglichsten sind. Francis (1999) ließ 461 Studierende einen Fragebogen ausfüllen, der das Oxford-Glücksinventar (vgl. Kap. 2.2.2) sowie die Kurzfassung des Revidierten Eysenck Persönlichkeits-Inventars enthielt (Eysenck, Eysenck & Barrett, 1985; zur Anwendung in Deutschland: Amelang & Bartussek, 2001, 364ff.). Glück korreliert erwartungsgemäß positiv mit Extraversion (r = .40), negativ mit Neurotizismus (r = −.44). Hayes und Joseph (2003) fanden zusätzlich einen Zusammenhang mit Gewissenhaftigkeit (r = .28): Wer gründlich arbeitet, organisiert ist und bis zum Ende durchhält, ist glücklicher als ein Schlendrian. Offenheit für neue Erfahrungen, u. a. operationalisiert als „originell sein", „neue Ideen einbringen", befördert Glück nicht, ebenfalls nicht Verträglichkeit. Andere Studien fanden jedoch, dass die Fähigkeit, zu verzeihen – Bestandteil von „Verträglichkeit" –, das Wohlbefinden hebt (Thoresen, Harris & Luskin, 2000; Lawler-Row & Piferi, 2006). Wiederholt wurden signifikante Korrelationen zwischen „Verträglichkeit" und Glück nachgewiesen, so Furnham und Cheng (1997) (r = .39); auch die Metaanalyse von DeNeve und Cooper (1998) stellte einen glücksfördernden Effekt eines angenehm freundlichen Wesens fest.

Francis et al. (1998) bestätigten die geschilderten Zusammenhänge in einer Vergleichsstudie in den USA, Kanada und Australien, Chico (2006) an 368 jüngeren Spaniern. Er fand zusätzlich, dass Extravertierte mit ihrem Leben zufriedener sind und häufiger positive Affekte gemäß Watson, Clark und Tellegen (1985) erleben; mit der Subskala „Negative Affekte" bestehen aber keine Zusammenhänge. D. h. Personen, die stark nach außen gerichtet sind, fühlen sich nicht seltener und auch nicht häufiger verärgert, ängstlich oder gestresst als stärker introvertierte Menschen.

In kollektivistischen Kulturen schätzen sich Menschen als weniger glücklich ein (vgl. Kap. 4.5). Wie hängen Persönlichkeitseigenschaften und Glück dort zusammen? Furnham und Cheng (1999) befragten je 100 Personen in China, Japan und England mit dem Oxford-Glücksinventar. Erwartungsgemäß verzeichneten die Engländer höhere Glückswerte (M = 149) als die Chinesen (M = 141) und Japaner (M = 138). Als geprüft wurde, wie sich Extraversion, Neurotizismus und Psychotizismus auf Glück und geistige Gesundheit, gemessen nach Langner (1962), auswirken, zeigten sich in allen drei Ländern vergleichbare Zusammenhänge: Extraversion erhöht Glück und geistige Gesundheit, Neurotizismus reduziert beides, Psychotizismus hingegen wirkt nur gering.

Glück im Garten. Aber: Muss man wirklich stets zu Menschen gehen, sich auf Partys vergnügen und viele neue Bekanntschaften schließen, um glücklich zu sein? In der philosophischen Tradition begegnet uns ein gemächlicheres Bild des Glücks: Die Abgeschiedenheit im Garten Epikurs, allein nachsinnend oder mit wenigen Freunden diskutierend, fern vom Trubel der Städte (Winterswyl, 1995, 114ff.). Ist weniger glücklich, wer oft allein im Zimmer liest, malt, ein Instrument spielt und selten ausgeht? Seit C. G. Jungs Klassiker „Psychologische Typen" (Jung, 1971; 1913) gelten solche Persönlichkeiten als „introvertiert".

Glückliche Introvertierte. Jüngere Studien haben den Effekt von Extraversion auf Glück relativiert. Hills und Argyle (2001) verglichen Glück und Freizeitaktivitäten bei Intro- und Extravertierten und fanden, dass Letztere auf dem Oxford-Glücksinventar zwar höhere Werte verzeichneten, aber auch, dass 34 Prozent der Introvertierten ebenso glücklich waren wie die glücklichen Extravertierten. Immerhin 35 Prozent der Extravertierten sind wenig glücklich. Entgegen dem Klischee, Extravertierte könnten kaum allein sein und würden selten ein Buch lesen, zeigte sich bei der Häufigkeit von Freizeitaktivitäten keine signifikante Differenz. Auch Introvertierte pflegen Sozialkontakte und finden diese beglückend (Pavot, Diener & Fujita, 1990), aber nicht mit so vielen Bekannten und zeitlich nicht so extensiv, was Vallereux (2006) in einer gründlichen Studie mit der Tagesrekonstruktionsmethode nachwies. Dass Introversion Glück nicht ausschließt, belegt ein für die Bundesrepublik repräsentativer Kindersurvey. Die (wenigen) Kinder, die stark introvertiert sind, sagten zu 35 Prozent, „total glücklich" zu sein, in der Gesamtstichprobe sind es fünf Prozent mehr (Bucher, 2008).

3.2.2 Macht emotionale Intelligenz glücklicher?

Wir alle kennen Menschen, die nicht spüren, wie wir uns fühlen, aber auch solche, die sensibel wahrnehmen, ob wir fröhlich oder traurig sind, und sich uns gegenüber entsprechend verhalten, mitlachen oder trösten. Letztere verfügen über eine höhere emotionale Intelligenz, die seit dem Bestseller von Goleman

(2001) populär wurde – den Begriff „emotionale Intelligenz" prägten jedoch Salovey und Mayer (1990) – und in Beziehung zu anderen psychologischen Konstrukten gestellt wurde, auch zu Glück (Salovey, Mayer & Caruso, 2005). Emotionale Intelligenz ist die Fähigkeit, Emotionen zu erkennen, angemessen zu erleben und auszudrücken. Um sie zu messen, wurden Instrumente entwickelt, die unterschiedlich viele Subskalen aufweisen. Die emotionale Intelligenzskala von Mayer, Salovey und Caruso (1998) enthält zwölf Komponenten, unter anderem: Emotionen verstehen und wahrnehmen sowie solche verwenden, um kognitive Tätigkeiten zu erleichtern. Der kürzere Fragebogen von Grille (2005) operationalisiert vier Kompetenzen: Emotionen kommunizieren, emotionaler Fluss („Gönnen Sie sich häufig Freude und Vergnügen"), Flexibilität-Balance, Selbstwert („Können Sie sich Ihre eigenen Fehler vergeben?"). Von einer konsensuellen Skala ist die Emotionspsychologie weit entfernt (Keele & Bell, 2007).

Der Einfluss emotionaler Intelligenz. Gemäß den vorliegenden Studien beeinflusst emotionale Intelligenz Glück stärker als die üblicherweise als Prädiktoren herangezogenen Persönlichkeitseigenschaften. Chamorro-Premuzic, Bennett und Furnham (2007) erhoben bei 112 Studentinnen und Studenten Glück (Oxford-Glücksinventar), die Big Five und emotionale Intelligenz: Letztere sagt Glück am verlässlichsten voraus ($\alpha = .54$), wohingegen Extraversion nur zu $r = .21$ korreliert und im Gesamt aller Variablen die Signifikanz verliert. Zum gleichen Ergebnis gelangte Furnham (2003): Emotionale Intelligenz – definiert als die Fähigkeit, authentisch in seinen Emotionen zu sein und sie in der Weise zu regulieren, dass das Wohlbefinden gefördert wird – erklärt 50 Prozent des subjektiv eingeschätzten Glücks; die Big Five hingegen, obschon für sich allein gerechnet signifikant, wirken sich gemäß der multiplen Regressionsanalyse nur zufällig aus.

Emotionale Stabilität ist ein Korrelat emotionaler Intelligenz und fördert Glück. In einer Untersuchung von Vitterso (2001) mit 264 norwegischen Studenten zeigte sich: Emotionale Stabilität, konkretisiert als „sorglos, genügsam, selbstsicher und vertrauensvoll sein", erklärt 34 Prozent des Wohlbefindens, Extraversion hingegen bloß ein Prozent. Auch Hills und Argyle (2001a) fanden in einem Sample von 250 Studenten, dass emotionale Stabilität die besseren Voraussagen auf Glück (Oxford-Glücksinventar) ermöglicht als Extraversion und Neurotizismus.

Kognitive Intelligenz erhöht Glück nicht, sondern einzig und allein emotionale Intelligenz, die auch deswegen glücksfördernd ist, weil Personen, je mehr sie sich diese angeeignet haben, in dichteren und stabileren sozialen Netzen leben (Austin, Saklofske & Egan, 2005). Emotionale Intelligenz geht mit mehr sozialen Fertigkeiten einher, was bei Extraversion nicht zwingend der Fall ist, weil diese auch als aufdringlich empfunden werden kann. Segrin und Taylor (2007) zeigten an einer Stichprobe von 703 Erwachsenen – ausnahmsweise nicht Studenten –, wie sehr soziale Fähigkeiten Glück und Wohlbefinden fördern.

Mit eigenen Fehlern mitfühlen, ist eine weitere Facette emotionaler Intelligenz. Menschen gehen mit ihren unvermeidlichen Schwächen unterschiedlich um. Die einen leugnen sie und versuchen sie zu verschleiern, andere geben sie freimütig zu. Letzteres bezeichnete Neff (2003) als Selbstmitgefühl (self-compassion), eine Persönlichkeitsstärke, die mit einer 26 Items umfassenden Skala gemessen werden könne: „Ich suche die mir unliebsamen Aspekte meiner Person zu verstehen und mit ihnen nachsichtig zu sein." Neff, Rude und Kirkpatrick (2007) legten diese und weitere Skalen, einschließlich Glück (Lyubomirsky & Lepper, 1999), 177 Studierenden vor und fanden: Wer mit seinen Schwächen besser mitfühlen kann, ist glücklicher (r = .57), optimistischer (r = .62), weiser (r = .61), weniger neurotisch (r = −.65) und erlebt häufiger positive Affekte (r = .34). Menschen, die mit eigenen Fehlern mitfühlen können, wofür diese zuerst zugegeben werden müssen, sind nicht dem Perfektionismus verfallen, der Gift für das Glück ist.

Glück und emotionale Intelligenz
Persönlichkeitseigenschaften, zu gut 50 Prozent angeboren, beeinflussen den Glücksrichtwert beträchtlich. Dies ist eines der robustesten Erkenntnisse der Glückspsychologie. Neuerdings ist aber auch festgestellt worden, dass emotionale Intelligenz – die ihrerseits stark von Persönlichkeitseigenschaften abhängt – noch zuverlässigere Prognosen auf Glück erlaubt.

3.3 Neuropsychologische Korrelate des Glückserlebens

3.3.1 Glückszentren im Gehirn

Das menschliche Gehirn ist die komplexeste Struktur, die die Evolution hervorgebracht hat, ca. 1,4 Kilogramm schwer, aus mehr als 100 Milliarden Neuronen, noch viel mehr Gliazellen und erst recht Synapsenverbindungen bestehend (ca. eine Billiarde), unerhört plastisch, und dies bis ins hohe Alter (Gassen, 2008). Schon Hippokrates nahm an, „dass von nirgendwo anders her als dem Gehirn Freude und Frohsinn, Lachen und Scherzen kommen" (Hinterhuber, 2001, 36). **Lieber Glück als Futter.** Dass dem so ist und es im Gehirn ein Glückszentrum gibt, belegte Mitte der 1950er Jahre Olds (1956) an Ratten (Überblick: Stark & Kagerer, 2007). Er setzte im lateralen Hypothalamus eine Elektrode ein. Die Ratten hielten sich fortan stets dort auf, wo sie gerade waren, wenn die Neurowissenschaftler die Stimulierung auslösten. Sehr schnell lernten sie einen Hebel zu betätigen, um diese angenehmen Gefühle zu erleben; Futter ließen sie stehen. In einem weiteren Experiment konnten ausgehungerte Ratten mit einer ‚Glückselektrode' im lateralen Hypothalamus zwischen drei Hebeln wählen: Der erste brachte Wasser, der zweite Futter, der dritte stimulierte ihr Glückszentrum. Trotz Hunger und Durst wählten sie den dritten (Gassen, 2008, 133). Als Olds (1956) in anderen Käfigen zwischen der Ratte und dem Glücksknopf ein Gitter legte, das schmerzhafte Stromstöße aussendete, waren die Ratten ohne Elektroden mit nichts zu verlocken, darüber zu laufen. Anders die bereits ‚Beglückten': Sie nahmen die Stromschläge in Kauf, um wieder auf den Glücksknopf drücken zu können – ähnlich wie Süchtige alles tun, um an Schnaps oder Heroin zu kommen, wobei fraglich ist, ob diese Lustgefühle wirklich „Glück" sind.

Nur vereinzelt wurde, weil ethisch fragwürdig, auch bei Menschen das mesolimbische System mit Elektroden stimuliert. Heath (1972) setzte bei einem jungen Mann, der an chronischer Depression und Suizidneigung litt, eine Elektrode ein, die er selber aktivieren konnte, was er zwanghaft tat, einmal 1500 mal hintereinander. Dabei fühlte er sich vergnügt, erregt und verspürte einen starken Zwang zum Masturbieren, das aber nicht befriedigte. Eine Frau, ähnlich behandelt, verspürte euphorische Gefühle, sexuelle Erregung – die nicht gestillt werden konnte – und Durst (Berridge, 2003, 117). Mitunter verliebten sich Versuchspersonen mit solchen Elektroden in den Experimentator (Gassen, 2008, 134).

Nucleus accumbens. Das lustvolle Belohnungssystem im Gehirn ist komplex (Berridge, 2003). Aufgrund der hochgradigen Vernetzung sind an Glücksgefühlen mehrere Areale beteiligt, die sich im medialen Vorderhirnbündel verdichten. Eine Schlüsselrolle spielt der Nucleus accumbens, ein Nervenknoten im unteren Bereich des Vorderhirns, zusammengesetzt aus einer Schale und einem Kern. Wird dieser durch Dopamin aus dem ventralen (bauchwärts gelegenen) Tegmentum (Vierhügelplatte), dem Ursprung des Glücksregelkreises, angeregt, schüttet er Dopamin aus. Menschen erleben dies als angenehme Vorfreude, etwa wenn einer finanziellen Belohnung entgegengesehen wird oder wenn ein Mann in den Wagen steigt, um zu seiner Freundin zu fahren, was er wie mit Scheuklappen tut. Daraus wird der evolutionäre Sinn dieser von Dopaminschüben ausgelösten Vorfreude ersichtlich (Berridge, 2008, 118): Sie fokussiert die Aufmerksamkeit auf das Erreichen des Ziels. Umarmt er die Frau, wird das linke Vorderhirn aktiver, das das aktuell Erlebte als positiv und lustvoll identifiziert. Dem Mann, die Wärme seiner Geliebten spürend, wird bewusst, dass die Vorfreude berechtigt war, was der Frontallappen an das Belohnungssystem bzw. den Nucleus accumbens zurückmeldet.

Subkortikale Regionen. Die Kombination aus ventralem Tegmentum und der Schale des Nucleus accumbens ist nicht die einzige Gehirnregion, die positive Gefühle auslösen kann. Berridge (2003, 121 f.) beschreibt einen Benzodiazepin-Kreislauf am Hirnstamm. Dass die Glücksauslöser in subkortikalen Regionen liegen, die unser Gehirn mit demjenigen anderer Säugetiere gemeinsam hat, akzentuieren Burgdorf und Panksepp (2006). Sie stimulierten bei Ratten diese Zonen und stellten starke emotionale Reaktionen fest, auch positive, erkennbar daran, dass sie neugierig näher kamen. Es sei nicht nur zulässig, sondern höchst aufschlussreich, das emotionale Erleben des Menschen mit den an Ratten gewonnenen neurobiologischen Erkenntnissen zu erklären. Subkortikale Regionen sind aktiver, wenn Menschen vergnüglich Schokolade verzehren, und weniger aktiv, wenn sie davon genug haben (Small et al., 2001). Stärkere Aktivität wurde bei

Männern nachgewiesen, wenn sie sexuelle Stimuli betrachten (Redoute et al., 2000), und bei Männern und Frauen, wenn ihre Lieblingsmusik sie entzückt (Blood & Zatorre, 2001).

Gewiss, Menschen können von ihrem Neocortex auf Emotionen einwirken, solche beispielsweise zu unterdrücken versuchen; auch ist uns jeweils bewusst, dass wir glücklich sind. Infolgedessen sind am Glückserleben auch jüngere, bewusstseinsfähige Gehirnareale beteiligt. Wir verfügen über ein emotionales Gedächtnis, das ermöglicht, emotionale Folgen unseres Verhaltens zu antizipieren. Dieses liegt im ventromedialen präfrontalen Kortex (LaBar & Cabeza, 2006). Ist dieser lädiert, können Menschen emotionale Konsequenzen kaum mehr voraussehen, obschon *unmittelbare* positive oder negative Anreize ihr aktuelles Verhalten beeinflussen.

Der präfrontale Kortex wird unterteilt in eine linke und eine rechte Hälfte, die bei verschiedenen Emotionen unterschiedlich stark aktiv sind. Empirisch gut gesichert ist das Modell anteriorer Asymmetrie und Emotion von Davidson (2004). Er unterscheidet zwei emotionale Basissysteme im präfrontalen Kortex. Zum einen ein Annäherungssystem, das Menschen motiviert, ein Ziel zu erreichen und mit positiven Emotionen wie Freude, Glück, Begeisterung einhergeht; dieses liege in der linken Hemisphäre. Zum anderen ein Rückzugssystem, das Menschen veranlasst, sich von unangenehmen Reizen, beispielsweise einem faulen Ei, zu entfernen, was von negativen Emotionen wie Ekel oder Angst begleitet ist; dieses System befinde sich in der rechten Hälfte (Davidson & Irwin, 1999). Erhöhte linksfrontale Aktivität geht mit positiven Emotionen einher, rechtsfrontale hingegen mit negativen Gefühlen, auch Depression, wobei diese auch dann erlebt wird, wenn die Tätigkeit im linken präfrontalen Kortex eingeschränkt ist (Davidson et al., 1999). Ohnehin: Depression, das Gegenteil von Glück, ist Gift für das Gehirn, werden doch nachweislich Neuronen abgebaut, wodurch dessen Leistungsfähigkeit weiter eingeschränkt wird, was eine verhängnisvolle Spiralbewegung in die Tiefe auslöst. Rajkowska (2000) fand in den Gehirnen obduzierter Menschen, die an schwerer Depression gelitten hatten, im Stirnhirn bis zu einem Drittel weniger Neuronen.

Orgasmus. Nur wenig beglückt Männer mehr, als ihr Sperma auszustoßen, sie denken in der Regel mehrmals täglich an Sex, wohingegen dies bei Frauen etwa ein Mal am Tag der Fall ist (Brizendine, 2007, 17). Während dem Ejakulieren stöhnen einige Männer leise, andere schreien – aber so oder so streben sie die schneller werdenden Atemzüge an, insgeheim am liebsten mit jüngeren Frauen, deren Taille 0,7 mal weniger umfangreich ist als die Hüften, und deren Gesichter symmetrisch sind, die Lippen füllig (Buss, 2004, 136ff.). Von hundert Studenten, denen fiktiv angeboten wurde, mit einer Studentin ins Bett zu gehen, hätten dies 75 sogleich getan; Studentinnen hingegen, denen das Angebot auch gemacht wurde, sagten zu 100 Prozent nein! (Clarke & Hatfield, 1989).

Was geschieht im Gehirn der Männer, wenn sie ihr Ziel erreicht haben und auf dem Gipfel ihres Glückes sind? Dies untersuchten an der Universität Groningen Holstege et al. (2003) mit elf Freiwilligen, die bereit waren, sich einer Positron-Emissions-Tomografie zu unterziehen, während sie von ihren Partnerinnen manuell stimuliert wurden. Dabei zeigte sich ein stärkerer regionaler Blutfluss im Mesodiencephalon, insbesondere im ventralen Tegmentum, wo Dopamine freigesetzt werden, die in den Nucleus accumbens, das Belohnungszentrum des Gehirns, weitergegeben werden, aber auch in den Neocortex. Intensivere Aktivität wurde auch im Cerebellum festgestellt, dem zellenmäßig dichteren Kleinhirn, das sich dem Hirnstamm auflagert und nicht nur für Motorik zuständig ist, sondern auch für emotionale Prozesse. Während der Ejakulation wird dieses ähnlich aktiviert wie im Heroinrausch (Sell et al., 1999). Holstege et al. (2003) registrierten zudem, dass bei der Amygdala eine bläuliche Färbung auftrat, Anzeichen für verringerte Tätigkeit, wie sie auch bei frisch Verliebten auftritt, wenn sie das Porträt des Geliebten betrachten (Bartels & Zeki, 2000) und bei den Frauen die Voraussetzung dafür ist, einen Orgasmus zu erleben (Brizendine, 2007, 132–137). Geringere Aktivität in der Amygdala senkt die Angst – etwa davor, schwanger zu werden.

3.3.2 Glücksbotenstoffe

Dopamin gilt im Volksmund als Glückshormon schlechthin: „Es ist der wichtigste lustfördernde Botenstoff", ohne ihn „sind wir freud- und lustlos, empfinden weder Vorfreude, Freude noch Glücksgefühle" (Hornung, 2000, 51). Dopamin entsteht aus der Aminosäure Tyrosin, gehört zu den Katecholaminen und findet sich im Zentralnervensystem, gehäuft im mesolimbischen System, speziell im Nucleus accumbens, Striatum und Tegmentum. Neuronen, die Dopamin enthalten, werden „dopaminerg" genannt und sind unverzichtbar für das Belohnungssystem (Heinz, 2000). Sie treten vermehrt auf, wenn Menschen Lust erleben oder sich glücklich fühlen, mehr noch dann, wenn sie Vorfreude empfinden. In Rattenexperimenten wurde nachgewiesen, dass die dopaminerge Tätigkeit stärker wird, wenn sie Futter sehen, und nicht erst dann, wenn sie es genießen. Dopamin bewirkt, dass aus dem Mögen („liking") ein Wollen („wanting") wird (Berridge & Robinson, 2008), und „agiert (generell) als eine Substanz, die in den verschiedenen verhaltensrelevanten Zentren des Gehirns Verhaltensweisen befördert, die in irgendeiner Weise eine Belohnung versprechen" (Roth, 2003, 361). Es motiviert dazu, eine neue Umgebung zu erkunden, einen möglichen Sexualpartner zum Tanz zu bitten, sich eine Konzertkarte für Beethovens Neunte zu kaufen oder die Joggingschuhe anzuziehen und loszulaufen (kaum etwas ist euphorisierender, als einen Marathon geschafft zu haben). Ist die Befriedigung erreicht, geht die dopaminerge Aktivität zurück, aber es werden mehr körpereigene Opioide ausgeschüttet, die Glücksgefühle auslösen (Panksepp, 1998, 184f.).

Erwiesenermaßen ist bei Menschen mit intensiverer dopaminerger Tätigkeit die Persönlichkeitseigenschaft Extraversion stärker ausgeprägt (Depue & Collins,

1999; vgl. Kap. 3.2.1). Dopaminerge Mechanismen sind auch das gehirnphysiologische Korrelat des Placeboeffekts, der dem Wohlbefinden enorm förderlich sein kann. Allein schon die Erwartung, der gesundheitliche Zustand werde sich verbessern, steigert die Dopaminausschüttung (Kirsch & Gruppe, 2007, 277). Auch ließen sich zahlreiche Tätigkeiten identifizieren, die das dopaminerge System stimulieren, etwa Meditation (Kjaer et al., 2002) oder das Sich-Durchschwingen lassen von Lieblingsmusik (Menon & Levitin, 2005).

Ist die dopaminerge Tätigkeit eingeschränkt, haben Menschen zu nichts mehr Lust, wird das Duschen zu einem Kraftakt und interessiert sie nichts mehr – Symptome von depressiver Verstimmung. Dopaminmangel ist auch ursächlich für die Parkinssonsche Krankheit (Roth, 2003, 468f.). Umgekehrt kann ein Zuviel an Dopamin zu psychotischen Syndromen führen (Kirsch & Gruppe, 2007, 276).

Serotonin. Schimpansen machen einen glücklichen Eindruck. Möglicherweise auch deswegen, weil sie oft – und genüsslich kauend und nicht hastig schluckend – Bananen essen. Diese enthalten die Aminosäure Tryptophan, welche der Bildung von Serotonin förderlich ist. Serotonin (5-Hydrox-Tryptamin), ein Neurotransmitter, der im Körper in einer Größenordnung von 10 Milligramm vorhanden ist, wirkt auf die Tätigkeit von Magen und Darm, ist an der Regulierung des Blutdrucks beteiligt und beeinflusst auch Erinnerungs- und Lernvermögen, Schlafverhalten – und das Glücksempfinden (Przuntek & Müller, 2005). Im Volksmund gilt Serotonin als Glückshormon. Die Serotoninhypothese – Depression sei auf einen Mangel dieses Neurotransmitters – zurückzuführen, wurde sehr populär. Allerdings ist nicht hinreichend gesichert, dass die medikamentöse Steigerung von Serotonin – durch Zuführung von Tryptophan – *die* Ursache für Linderung von Depression ist (Lacasse & Leo, 2005). Aber erwiesenermaßen geht ein normaler bis leicht erhöhter Spiegel von Serotonin, das synaptische Aktivität teils hemmt, teils anregt, mit mehr Zufriedenheit im Sinne von „Es ist, wie es ist" sowie mit Gelassenheit einher (Roth, 2003, 345). Serotoninmangel hingegen erhöht Ängstlichkeit sowie das diffuse Gefühl, bedroht zu sein, was bei Männern die Ursache dafür sei, sich aggressiver zu gebärden, bei Frauen hingegen, wahrscheinlicher in melancholische Verstimmung abzugleiten (Walderhaug et al., 2007). Versuche mit Rhesusaffen wiesen nach, dass diese weniger Serotonin bildeten, wenn sie unmittelbar nach der Geburt von ihren Müttern getrennt wurden. Dies lässt sich zumindest begrenzt auf uns Menschen übertragen: Wir sind unglücklich, wenn wir ausgeschlossen und sozial isoliert werden (Leary, 1990).

Oxytocin. Am Glückserleben sind auch Neuropeptide beteiligt, speziell Oxytocin, das in der Hypophyse produziert und von dieser ins Blut abgegeben wird. Bei Wöchnerinnen reguliert es den Milchfluss, bei hoch Schwangeren löst es die Wehen aus; es vertieft generell Bindung, allen voran zu Kindern, aber auch zwischen Partnern (Campbell, 2007), insbesondere wenn sich diese berühren, umarmen und massieren (Pederson, 2004; vgl. Kap. 5.1.1).

3.4 Macht Gesundheit glücklich?

„Gesundheit ist gewiss nicht alles, aber ohne Gesundheit ist alles nichts!" sagte ein Philosoph, der regelmäßig seinen Dackel Gassi führte, aber von Frauen nichts wissen wollte: Artur Schopenhauer. Entsprechend nannten Mitbürger, repräsentativ zu Glück befragt, am häufigsten spontan „Gesundheit" (Demoskopisches Institut Allensbach, 2003, 20). Aber muss man wirklich frei von Beschwerden und Schmerzen sein, um sich glücklich zu fühlen?

Wohlbefinden und Gesundheit. In ihrer Metaanalyse fanden Okun et al. (1984) moderate Zusammenhänge zwischen Wohlbefinden und Gesundheit (durchschnittlich: r = .32); sie waren höher, wenn die Befragten weiblich und älter waren, über viele gute Kontakte verfügten (House, Landis & Umberson, 1988) und ihren Gesundheitszustand selber einschätzen konnten. Mehnert et al. (1990) untersuchten das Wohlbefinden von Menschen (N = 675) mit körperlicher Behinderung, Taubheit, Erblindung, Diabetes etc. Litten Menschen an mehrfachen Gebrechen, war das Wohlbefinden geringer (57 Prozent zufrieden) als wenn nur eines vorlag (74 Prozent). Erblindete waren gar zu 86 Prozent grundsätzlich zufrieden, Personen mit schweren Gehbehinderungen zu 68 Prozent, solche, die ihren Haushalt nicht mehr meistern konnten, zu 56 Prozent. (Mehr) körperliche Beschwerden reduzieren das Wohlbefinden offensichtlich und erhöhen negative Affekte, speziell Angst und schwere Depression, woran mehr als die Hälfte der von Van Servellen et al. (1998) untersuchten Frauen mit ausgebrochenem HIV litten.

Aber mindern gesundheitliche Beeinträchtigungen Glück unvermeidlich? Viele der von Brickman et al. (1978) untersuchten Paraplegiker erlebten auch im Rollstuhl Glück und die von Riis et al. (2005) befragten Dialysepatienten stuften sich ebenso glücklich ein wie eine gesunde Kontrollgruppe (vgl. Kap. 2.5.2). In seiner Studie über die Glückseffekte ehrenamtlicher Tätigkeit fand Borgonovi (2008), dass jene älteren Amerikaner (N = 29.200), die ihre Gesundheit als angeschlagen beurteilten, sich gleichwohl zu 80 Prozent als glücklich einschätzten; von denjenigen mit ausgezeichneter Gesundheit sagten fünf Prozent, unglücklich zu sein. Auch die Weltwertestudie erfragte in 41 Ländern, wie glücklich und gesund sich Menschen fühlen. Von allen herangezogenen Variablen erklärte die subjektiv eingeschätzte Gesundheit Glück am stärksten (Haller & Hadler, 2007, 189).

Einfluss „objektiver" Gesundheit. Deutlich geringer werden die Zusammenhänge zwischen Glück und Gesundheit, wenn Letztere nicht von den Personen selber beurteilt, sondern von Ärzten überprüft wird (Watten et al., 1997). Auch Brief et al. (1993) fanden in einer Längsschnittstudie, dass „objektive" Gesundheit mit Lebenszufriedenheit und häufigen positiven Affekten kaum korreliert, hingegen sehr signifikant mit der subjektiven Deutung des Gesundheitszustandes, die aber beeinflusst werde von objektiven Gesundheitsfaktoren. Dass selbst eingeschätzte Gesundheit stärker mit Glück korreliert, lässt sich mit dem Pollyanna-Effekt erklären: Menschen tendieren dazu, jenen Ansichten und Aussagen über sie selber zuzustimmen, die für sie selber günstig sind (Matlin & Stang, 1978).

Als objektives Gesundheitsmaß gilt Blutdruck: Blanchflower und Oswald (2008) fanden in einer internationalen Vergleichsstudie (N = 15.474) negative Zusammenhänge zwischen Hypertonie und Lebenszufriedenheit. In jenen Ländern, die ins Quartil mit dem niedrigsten Blutdruck fielen (Irland, Dänemark), schätzten knapp 50 Prozent ihr Leben als „sehr zufriedenstellend" ein, im Quartil mit den höchsten Werten (Portugal, Ostdeutschland) hingegen waren nur 24 Prozent sehr zufrieden. Ein damit verbundenes Gesundheitsmaß ist Übergewicht, das mit Glück negativ korreliert und das Auftreten von Depressionen enorm begünstigt (Oswald & Powdthavee, 2007). Allerdings wirken diesbezüglich soziale Normen: vollschlanke schwarze Frauen in den USA sind gleich glücklich wie die weißen Schlanken und in Russland sind festere Personen, allerdings zumeist auch wohlhabender, glücklicher als die Durchschnittsbevölkerung (Graham, 2008).

Langzeitstudien. Der Effekt von Gesundheit auf Glück müsste an sich längsschnittlich untersucht werden. Veenhoven (2008) recherchierte vier Follow-up-Studien, in denen geprüft wurde, ob der zu einem Messzeitpunkt 1 erhobene Gesundheitszustand späteres Wohlbefinden prognostiziert. Hawkins und Booth (2005) untersuchten Ehepaare über einen Zeitraum von zwölf Jahren und fanden, dass die anfänglich eingeschätzte Gesundheit und späteres Wohlbefinden zu r = .13 korrelieren. Stärker war der Zusammenhang zwischen dem ursprünglich eingeschätzten Glück und der Gesundheit zwölf Jahre später: r = .37, was kausal gedeutet werden könne. Weniger „Gesundheit macht glücklich" als vielmehr „Glück fördert die Gesundheit und verlängert nachweislich die Lebenserwartung" (vgl. Kap. 7.1).

4 Glücksfaktoren 2: Soziodemografische Variablen

„*Wenn Du einen Menschen glücklich machen willst, dann füge nichts seinem Reichtum hinzu, sondern nimm ihm einige von seinen Wünschen.*" Epikur

Sind Männer und Frauen gleich glücklich (vgl. Kap. 4.1)? Und schrumpft das Glück, wenn im Alter die Zähne ausfallen (vgl. Kap. 4.2)? Ob Bildung beglückt, wie von Aristoteles (1952) bejaht, von Schopenhauer (1919, 365) verneint, wird in Kapitel 4.3 gefragt. Auch Umgebungsfaktoren (Land – Stadt, Klima) beeinflussen das Glückserleben (vgl. Kap. 4.4). Auf regelmäßiges Interesse stoßen Untersuchungen zu der Frage, in welchen Nationen die Menschen am glücklichsten sind (vgl. Kap. 4.5). Immens viel hat Glückspsychologie geforscht, ob Geld beglückt bzw. warum es dies nur wenig tut (vgl. Kap. 4.6). Viele Menschen möchten hübscher sein – aber wären sie auch glücklicher, wenn sie so schlank und schön wie Claudia Schiffer aussähen (vgl. Kap. 4.7)?

4.1 Sind Männer glücklicher?

Frauen haben eine höhere Lebenserwartung (81 versus 75 Jahre), gehen früher in Pension, sprechen pro Tag – so die Neurobiologin Brizendine (2007) – 20.000 Worte, wohingegen die Männer es nur auf 7.000 bringen. Kein Mann erlebt dermaßen Einschneidendes wie Schwangerschaft und Geburt. Sind Frauen aus diesen Gründen glücklicher (Nolen-Hoeksema & Rusting 1999; Lucas & Gohm, 2000)?

Widersprüchliche Ergebnisse. Haring, Stock und Okun (1984) analysierten 146 Studien und fanden: Männer sind geringfügig glücklicher und zufriedener. Das Geschlecht erklärt jedoch bloß ein Prozent der Varianz, dies auch in einer Befragung von 2.562 Norwegern (Røysamb et al., 2002, 217). Inglehart (1990) berichtet von einer internationalen Studie mit fast 170.000 Befragten: Männer waren zu 80 Prozent mit ihrem Leben zufrieden und zu 21 Prozent „sehr glücklich", Frauen hingegen gleich zufrieden, aber geringfügig häufiger „sehr glücklich" (25 Prozent). Auch in einer Untersuchung mit mehr als 5.000 jungen Australiern stellten sich die Frauen als signifikant glücklicher heraus (Marks & Fleming, 1999), ebenfalls in einer Studie mit 2.050 Niederländern (Hartog & Oosterbeek, 1998). Seidlitz und Diener (1998) ließen mehrere hundert Personen wichtige Ereignisse aus ihrem Leben berichten und fanden, dass Frauen intensivere positive Emotionen schildern.

Änderungen im Lebenslauf. Warum diese uneinheitlichen Ergebnisse, die freilich nicht überzubewerten sind? Marcelli und Easterlin (2005) vermuten, die Relation Männer- und Frauenglück verschiebe sich im Lebenslauf. Auf der Basis repräsentativer US-Daten (General Social Survey von 1973 bis 1994) fanden sie, dass Männer mit steigendem Alter glücklicher werden, Frauen weniger. 20-jährige Frauen sind zu neun Prozent glücklicher als Männer, im Alter von 89 Jahren hingegen die Männer zu 15 Prozent; der Schnittpunkt liegt kurz vor dem fünfzigsten Lebensjahr, wenn viele Männer angeblich in der Midlife-Krise stecken, für die Marcelli und Easterlin (2005) keine nennenswerten Indizien fanden. Das geringere Glück der Seniorinnen erklärt Easterlin (2003) damit, dass sie aufgrund der höheren Lebenserwartung zu 30 Prozent häufiger den Tod des Partners verkraften müssten.

Die gründliche Metaanalyse von Pinquart und Sorenson (2001) bestätigt die geschilderten Befunde. Sie berücksichtigten mehr als 300 Studien zu den gendertypischen Differenzen im höheren Alter, in denen Glück mehrheitlich mit der Affekt-Balance-Skala von Bradburn (1969; vgl. Kap. 2.2.1) gemessen wurde, Lebenszufriedenheit mit dem Index von Neugarten, Havighurst und Tobin (1961). Die Frauen stellten sich als geringfügig weniger zufrieden und glücklich heraus (1 Prozent erklärte Varianz), weil sie häufiger verwitwet und einsam sind. Gleichwohl sind mehr Frauen glücklich als unglücklich, obschon sie auch über weniger Geld verfügen und gesundheitlich oft angeschlagen sind. Verfügen sie, wie von den Autoren vermutet, über effizientere intrapsychische Copingmechanismen, um mit belastenden Lebensereignissen adaptiver umzugehen?

Mehr Emanzipation – weniger Glück? Im Herbst 2007 lösten die Ergebnisse einer in der New York Times besprochenen Studie von Stevenson und Wolfers (2007) heftige Diskussionen aus. Frauen seien in den letzten 30 Jahren unglücklicher geworden. Auf der Basis repräsentativer Daten sowohl aus den USA (General Social Survey) als auch Europa (Europabarometer) überprüften sie, ob und wie sich das Verhältnis zwischen dem Glück von Männern und Frauen zwischen 1972 und 2003 verändert hatte. Gemessen wurde Glück mit: „very, pretty, not to happy", die Zufriedenheit mit dem Leben als Ganzem, dem Beruf, der Ehe, den Finanzen mit einem vierpunktigen Item. Obschon sich die gesellschaftliche Situation der Frauen verbessert hatte – im Jahre 2005 erwarben viermal so viele Amerikanerinnen einen Bachelor als 1970 –, sank die Quote der sehr glücklichen weißen Frauen von 40 Prozent auf 30 Prozent. Anders bei den schwarzen Frauen: Sie wurden, bedingt durch weniger Rassenschranken und mehr Bürgerrechten, glücklicher. Die Männer hingegen blieben gleich glücklich, auch in Europa, wo in den drei letzten Dekaden das Glück der Frauen ebenfalls gesunken sei.

Die Forscher erklären diesen Rückgang mit der Schwächung der sozialen Kohäsion, die Frauen wichtiger sei; dafür spricht, dass vor allem ihre Ehezufriedenheit sank. Hinzu kommt erhöhte Stressbelastung, gemessen mit Items wie: „Fühlen Sie sich permanent unter Druck … unglücklich und deprimiert", und dies in Job *und* Haushalt. Bei den Männern hingegen minderte sich die Stressbelastung geringfügig. In einem Chatforum äußerte sich Victoria Randell: „Früher hatten wir Frauen daheim einen Vollzeitjob. Nun haben wir einen bezahlten Vollzeitjob, und wenn wir heimkommen, haben wir noch einmal einen Vollzeitjob. Und das nennt sich Fortschritt."

Mehr Depressionen. Das Gegenteil von Glück ist Depression. Frauen haben, ab der frühen Adoleszenz (Ge & Conger, 2003), ein dreifaches Risiko, in eine unipolare Depression abzusinken (Blehar & Keita, 2003; Kessler et al., 2003). Auch sind sie häufiger niedergeschlagen, melancholisch, traurig (Bradley, 2001); viermal häufiger fürchten sie sich vor Spinnen und Schlangen (Friedrikson et al., 1996).

Sind Hormone die Ursache? Über die Gründe für die höhere Depressionsrate bei Frauen wurde viel gemutmaßt. Nicht auszuschließen sind hormonelle Faktoren, speziell während der Schwangerschaft: Circa neun Prozent der werdenden Mütter durchlaufen eine depressive Phase. Eine Studie von Jayasvasti und Kanchanatawa (2005) mit 438 Schwangeren in Thailand aber zeigte, dass diese mehrheitlichst glücklich waren, dies umso mehr, wenn sie in stabilen Beziehungen und sicheren Verhältnissen lebten, keine Drogen konsumiert haben, extravertiert waren und sich keine Sorgen über ihre körperliche Erscheinung nach der Geburt machten.

Postpartale Depressionen (PPD) sind häufiger und massiver als der von den meisten Wöchnerinnen durchlebte Baby Blues; sie können sich über Monate hinziehen und werden oft erst erkannt, wenn die Mutter zu erschöpft ist, um den Kinderwagen auf die Straße zu schieben. Wimmer-Puchinger (2006) zufolge sind um die 14 Prozent der Mütter betroffen. Sie benötigen professionelle Hilfe.

Nach der Menopause wird die Konzentration von Östrogen im weiblichen Körper geringer, was zu vasomotorischer Instabilität (der Blutgefäße) führen kann, die die Wahrscheinlichkeit von Depression erhöht (Mulé, 2004). Dies erklärt aber nicht, warum bereits pubertierende Mädchen häufiger an Depression erkranken als Jungen, davon abgesehen, dass eine Studie mit 2.500 amerikanischen Frauen zeigte, dass diese während der Menopause weder mehr noch weniger depressiv verstimmt waren (McKinlay et al., 1987). Entscheidend ist die Einstellung gegenüber den Wechseljahren: Frauen vor der Menopause, die gefragt wurden, ob sie sich danach glücklicher fühlen würden, bejahten dies zu 25 Prozent; Frauen in den Fünfzigern hingegen, die keine Menstruation mehr hatten, zu zwei Dritteln (Myers, 1993, 70f.). Als weitere Ursache diskutiert wird der Menstruationszyklus, insbesondere die schmerzhafte Regelblutung (Dysmenorrhöe) sowie das prämenstruelle Syndrom (Zahradnik, Wetzka & Schuth, 2000). Bei Frauen, die von Letzterem betroffen sind – z.B. sind sie in den Tagen vor der Menstruation müde, gereizt, oft deprimiert –, wurde ein niedriger 5-HT-Blutwert festgestellt, was ein Indiz für zu wenig Serotonin ist.

Serotoninmangel. Gemäß einer aufsehenerregenden Studie bewirkt künstlich induziertes Absinken des Serotoninspiegels bei Frauen und Männern Unterschiedliches. Erstere geraten in Trübsal und werden übervorsichtig – Symptome von Depression –, Letztere hingegen bleiben in gleicher Stimmung, werden aber impulsiver und verlieren schneller die Kontrolle (Walderhaug et al., 2007). Die Studie, die in „Biological Psychiatry", einer renommierten Fachzeitschrift, erschien, erkläre, warum Frauen häufiger ängstlicher und depressiver sind, Männer hingegen öfter mit Alkoholproblemen und aggressiven Impulsen zu kämpfen haben.

Rollenzwänge. Genderforscher halten von biologischen Erklärungen der höheren Depressivitätsrate von Frauen wenig (Mulé, 2004). Selbst wenn die neurobiologische Ursache dafür Serotoninmangel sein sollte, stellt sich die Frage, wie es bei Frauen häufiger dazu kommt. Frauen würden durch gendertypische Stereotype beengt: Stets liebenswürdig, bekümmert um andere, verständnisvoll sein und heftige Regungen dämpfen! Darüber hinaus seien sie in viele Rollen eingezwängt: Frau, Arbeiterin, Mutter, Haushälterin. Daraus resultiere alltäglicher Stress, der die Neigung zu Depressivität verstärke (Denmark & Paludi, 1993). Depression wird enorm begünstigt, wenn Hausfrauen den Eindruck gewinnen, Dienerin und nicht Partnerin ihres wenig fürsorglichen Mannes zu sein (Wilhelm & Roy, 2002). Faktisch ist Depression bei Frauen – wie die meisten psychischen Syndrome – multifaktoriell bedingt, auch durch kritische Lebensereignisse, die die sozialen Beziehungen beeinträchtigen, sowie Gewalt- und Missbrauchserfahrungen, Verschlechterung der Wohnverhältnisse und Armut (Mazure, 2006).

Intensivere Emotionalität. Wie aber passt zusammen, dass Frauen zwei- bis dreimal häufiger an Depression erkranken, sich aber annähernd gleich glücklich einschätzen? Seidlitz und Diener (1998) zufolge erleben Frauen Emotionen intensiver und dies in unterschiedlichsten Kulturen (Lucas & Gohm, 2000). Die häufigeren depressiven Tiefs werden durch mehr emotionale Hochs ausgeglichen (Wood, Rhodes & Whelan, 1989). In leidigen Situationen reagieren Frauen mit stärkerer Verstimmung und tieferer Trauer, in guten Augenblicken erleben sie intensivere Freude. Fujita, Diener und Sandvik (1991) zeigten, dass das Geschlecht nur ein Prozent der Varianz der *Häufigkeit* positiver Emotionen erklärt, jedoch 13 Prozent ihrer *Intensität*. Und: Frauen lächeln häufiger und länger, vor allem wenn über Erfreuliches gesprochen wird (Halberstadt, Hayes & Pike, 1988).

Warum Frauen angeben, Emotionen nicht nur häufiger, sondern auch intensiver zu erleben, wollte Brebner (2002) wissen. Er fragte 2.199 australische Studenten, wie oft und intensiv sie acht Emotionen erleben, auch Freude/Glück und Trübsal, und verglich die Ergebnisse mit einer interkulturellen Stichprobe von Studenten (N = 6.868) aus 41 Nationen (Suh et al., 1998). In beiden Stichproben gaben die Frauen an, häufiger in die vier positiven und vier negativen Emotionen hineinzugeraten. In der Stichprobe aus Australien – ein Land, in dem die Gender-Stereotype weniger ausgeprägt sind als in traditionelleren Ländern – waren die Unterschiede aber deutlich geringer; auch zeigten sich keine nennenswerten Differenzen bezüglich der emotionalen Intensität. Anders in der internationalen Studie: Die Frauen signalisierten, nicht nur Glück intensiver zu erleben, sondern auch Traurigkeit, Angst und Ärger. Brebner (2002) vermutet, in traditionellen Kulturen sei emotionale Sozialisation stärker gendertypisch (Männer dämpfen Gefühle). Auch Robinson, Johnson und Shields (1998) fanden, dass Genderstereotype in die Selbsteinschätzung von Emotionen im Allgemeinen, des Glücks im Speziellen einwirken; faktisch aber würden Männer und Frauen diese gleich erleben.

Neuropsychologische Untersuchungen. Ob dies der Fall ist, kann am ehesten die Neuropsychologie beurteilen, die zahlreiche Untersuchungen zu der Frage vorgelegt hat, ob sich die Gehirnaktivität von Männern und Frauen unterscheidet, wenn sie besonders glücklich, niedergeschlagen oder verärgert sind. George et al. (1996) induzierten bei 20 Probanden, die Hälfte männlich, die andere weiblich, glückliche und traurige Stimmungen. Wenn Frauen intensive Emotionen erlebten, war der cerebrale Blutfluss im limbischen System und im Stammhirn stärker und schwächte sich die Aktivität im präfrontalen Kortex ab. Canli et al. (1999) wiesen mit funktioneller Magnetresonanztomografie nach, dass bei Frauen, die starke Emotionen empfanden, die linke Amygdala aktiver war, bei Männern die rechte. In ihrem aktuellen Übersichtsartikel gelangte Schienle (2007) jedoch zum Schluss, „dass die Ähnlichkeiten in der Gehirnaktivierung von Männern und Frauen bei der emotionalen Verarbeitung die Unterschiede deutlich übertreffen" (256). Dies verwundere nicht, weil evolutionsbiologisch die Fähigkeit zur korrekten Entschlüsselung primärer Emotionsauslöser und zu deren Erleben für beide Geschlechter relevant sei.

Frauen emotional intelligenter. Gut abgesichert ist jedoch, dass Frauen Emotionen, wie sie sich in Gesichtern zeigen oder in gesprochener Sprache mitschwingen, besser erkennen, was eine zentrale Fertigkeit der emotionalen Intelligenz ist (Goleman, 2002). Toivanen, Väyrynen und Seppänen (2005) spielten Männern und Frauen eine neutral, glücklich, traurig und verärgert klingende Sprechaufnahme vor und fragten nach der Stimmung des Sprechers. Die Frauen verzeichneten um zehn Prozent mehr richtige Antworten. Hall und Matsumoto (2004) präsentierten ihren Probanden Gesichter, die glücklich, traurig, verärgert, überrascht und furchtsam in die Welt blickten: Die Frauen erkannten die Emotionen treffsicherer und dies auch dann, wenn die Stimuli so kurz gezeigt wurden, dass sie kaum über der subliminalen Schwelle lagen. Hampson, van Anders und Mullin (2006) legten Frauen und Männern sechs Fotografien vor, auf denen ein gleicher Mann sechs Basisemotionen zeigt: Glücklich, neutral, furchtsam, traurig, angeekelt, verärgert. Beide Geschlechter erkannten die Emotionen mit hoher Treffsicherheit, doch die Frauen schneller. Warum? Weil ihre emotionale Intelligenz erzieherisch stärker gefördert wurde? Hampson, van Anders und Mullin (2006) meinen, nur bedingt. Vielmehr vermuten sie evolutionäre Gründe: Unsere weiblichen Vorfahren, die ihre noch nicht sprechenden Kinder pflegten, waren darauf angewiesen, deren Befindlichkeit auf Anhieb zutreffend einzuschätzen. Auch erkannten die Frauen negative Emotionen noch schneller – ein Indiz für die Fitness-Bedrohungshypothese, gemäß der Mütter noch wachsamer sind, wenn ihrem Nachwuchs Gefahr droht. Diese Annahme sei erklärungskräftiger als jene, die Fähigkeit, Emotionen zu erkennen, diene der Vertiefung der Bindung, worin eine zentrale Funktion von Glück besteht. Für ein entsprechendes evolutionäres Erbe spricht, dass auch jene Frauen die Emotionen schneller richtig identifizierten, die noch keine Kinder hatten.

Gendertypische Unterschiede bestehen bei den Glücksfaktoren. Männer beziehen aus mehr Einkommen mehr Zufriedenheit. Entsprechend ist auch die Wahrscheinlichkeit geringer, dass sie, wenn sie hinreichend verdienen, in eine Depression abgleiten (Adelmann, 1987). Diener und Fujita (1995) zeigten, dass für die Frauen soziale Ziele (und auch Ressourcen) wichtiger sind und diese eine zuverlässigere Prognose auf ihr subjektives Wohlbefinden ermöglichen. Entsprechend wichtiger ist ihnen für ihr Glück auch die Ehezufriedenheit (Klausberger et al., 2001).

4.2 Glückliche Jugend, verhärmtes Greisenalter?

4.2.1 Stereotype über Glück und Lebensphasen

Das Stereotyp ist weit verbreitet und hält sich hartnäckig: Je betagter die Menschen, desto weniger glücklich seien sie. Schon in der Bibel heißt es: „Die Arme zittern, die Beine werden schwach, die Zähne fallen dir aus, deine Augen werden trüb" (Koh 12,3). Die Anfälligkeit für Krankheiten steigt, die körperliche Leistungsfähigkeit nimmt ab, viele müssen den Verlust des Lebenspartners bewältigen, ihre vertraute Wohnung aufgeben, in ein Heim übersiedeln und sich dort an ein enges Zimmer gewöhnen, und der Tod, bisher stets an den anderen wahrgenommen, rückt näher und näher.

Kindheit sei dem gegenüber – so der romantische Blick – *die* glückliche Lebensphase (Bucher, 2001). Kinder könnten in spielerischer Zeitenthobenheit verweilen, spürten innige Nähe zur Natur und würden ihre Gefühle echt erleben. Erwachsenwerden bedeute, in die Enge des bürgerlichen Lebens abzusteigen, berechnende Falschheit zu erlernen und spontane Gefühle zu unterdrücken.

Auch die Jugend sowie das junge Erwachsenenalter werden oft als glücklich verklärt und in den Massenmedien entsprechend zelebriert. In ihrer Inhaltsanalyse von mehr als 200 Werbeplakaten, die Glück versprachen, fand Kioutsoukis (2003) fast ausnahmslos junge, lachende Menschen mit blendend weißen Zähnen, die sich zumeist Fun-Tätigkeiten hingaben oder sich verliebt in die Augen schauten.

Junge Erwachsene als glücklicher eingeschätzt. Dass Stereotype in die Einschätzung von Glück in verschiedenen Lebensphasen einwirken, zeigten in einer luciden Studie Lacey, Smith und Ubel (2006). Sie fragten eine Gruppe jüngerer Erwachsener (M = 30 Jahre) sowie ältere Personen (M = 68), wie glücklich sich eine durchschnittliche Person einschätze, die um die 30 ist bzw. eine, die den siebzigsten Geburtstag hinter sich hat. Sowohl die Jungen als auch die Älteren hielten den 30-jährigen für glücklicher. Überrascht waren die Forscher, als sie das durchschnittliche Lebensglück in den beiden Gruppen verglichen: Dieses war bei den Älteren höher, obschon sie meinten, jüngere Personen seien glücklicher.

4.2.2 Glück in der Kindheit

Glückliche Säuglinge? Ab wann können Kleinkinder glücklich sein? Ist ein Säugling, der seine Lippen, an denen Tropfen von Muttermilch kleben, zu einem Lächeln formt, glücklich? Die klassische Entwicklungspsychologie verneinte: Säuglinge seien „unbewusste, unempfängliche und lernunfähige Organismen" – so kein Geringerer als William James (aus Trotter, 1989, 7). In den ersten Lebensmonaten seien sie in einem Zustand halluzinatorischer Desorientiertheit und symbiotisch mit der Mutter verschmolzen. Der Emotionspsychologe Izard (1994, 271) hingegen vermutet, Babys seien glücklich, weil er, wie erstmals Darwin (2000, 1872), mit angeborenen Basisemotionen rechnet. Zu diesen zählen Interesse/Neugier, Überraschung, Zorn/Wut, Kummer, Ekel, Furcht, Geringschätzung, Scham und insbesondere Glück und Freude, deren evolutionäre Funktion darin bestand, soziale Gemeinschaft zu stiften und zu vertiefen, und die sich in der Regel nach Tätigkeiten einstellen, die der inklusiven Fitness förderlich sind. Die Theorie der inklusiven Fitness besagt, dass die Gene nicht nur bestrebt sind, ihr eigenes Erbgut weiterzugeben, sondern auch dasjenige der nächsten Verwandten bzw. genetisch Nahestehenden (Buss 2004, 14).

Stammbaum der Emotionen. Eine klassische Studie der emotionalen Entwicklung im Kleinkindalter führte Bridges (1932) durch, indem sie in einem britischen Krankenhaus mehrere Monate lang 62 Neugeborene beobachtete, um zu rekonstruieren, wie sich die Emotionen verästeln. Nach dem emotional diffusen ersten Monat erfolge im zweiten die Ausdifferenzierung von Unbehagen und Wohlbehagen, im dritten komme Wut dazu, im fünften Ekel, wenn Babys, einen Löffel voller Brei vor sich, den Mund sauer verziehen. Sechsmonatige Kinder begännen damit, Angst zu zeigen, speziell vor Fremden. Positive Emotionen würden sich erst danach ausdifferenzieren, speziell freudige Erregung, wenn es ihnen gelingt, etwas zu ergreifen, worauf sie lächeln, tiefer atmen und mitunter „grunzende" Laute von sich geben. Izard (1994, 273f.) behauptet demgegenüber, Freude/Glück werde viel früher „verstanden". Vier Monate alten Säuglingen wurden Dias von Gesichtern gezeigt, glückliche, verärgerte, neutrale; Erstere wurden am längsten betrachtet, Zweitere am wenigsten lang. Das Erkennen von Freude könne „verstärkende und angenehme Erlebnisse für den Säugling mit sich bringen und die Mutter-Kind-Beziehung stärken".

„Glück" wird sehr früh verstanden. Untersucht wurde mehrfach, ab wann Kinder emotionale Begriffe verstehen, wofür vorausgesetzt ist, dass diese Emotionen erlebt werden. Zweijährige Kinder sahen Gesichter, die Freude, Wut, Traurigkeit etc. zeigten (Michalson & Lewis, 1985). Anschließend wurden sie gebeten, sich dazu zu äußern. Nur ein Einziges sagte „traurig" und „glücklich". Anders hingegen, als der Versuchsleiter „glücklich" gesagt hatte: 80 Prozent zeigten auf das lachende Gesicht, und bei „traurig" ebenso viele auf das mit den seitwärts gesenkten Lippen und den zusammen gekniffenen Augen. Bei „wütend" und „überrascht" waren es nicht einmal die Hälfte. „Glück" ist eine Emotion, die als eine der Ersten erlebt und verstanden wird. Das belegt auch eine Studie, in der Eltern befragt wurden, welche emotionalen Begriffe ihre Kinder spontan verwenden. 18 Monate alte Kinder würden zu 80 Prozent „happy" verstehen, zu 50 Prozent „sad" (aus Schmidt-Atzert, 1996, 235), aber noch kein Einziges „neidisch".

Impulsive Phase. Kinder können wütend auf den Boden stampfen und schreien, fünf Minuten später lachen sie und sind an Liebenswürdigkeit nicht zu überbieten. Kegan (1986) beschreibt, als typisch für die Vorschulkindheit, eine „impulsive Phase", in der Kinder jeweils ganz ihre Emotionen *sind* und zu ihnen nur schwerlich in Distanz treten können. Erklären lässt sich dies auch damit, dass Nervenfasern im Kortex bzw. Willenszentrum noch nicht myelinisiert, d. h. mit einer isolierenden Schicht überzogen sind, wodurch sich die Informationsübertragung enorm, bis zu hundertfach beschleunigt (Roth, 2003, bes. 389).

Grundschulkinder können Glück beeindruckend beschreiben. Dimbath (2007) befragte Mädchen und Jungen in dritten und vierten Schulklassen: Wenn sie glücklich sind, würden sie „herumhüpfen wie ein Eichkätzchen", „lachen", „ein leichtes Kribbeln spüren" – Glückserleben ist für sie eminent körperlich und stellt sich am häufigsten bei außergewöhnlichen Anlässen ein, etwa am Geburtstag, aber auch bei körperlichen Tätigkeiten, gemeinsam mit Freunden und nach Erfolgserlebnissen. Die meisten Kinder gaben an, andere glücklich gemacht zu haben, am häufigsten durch Freundschaftsdienste, Geschenke und sodann durch gute Noten, die bildungsbeflissene Eltern offensichtlich besonders erfreuen, aber einer extrinsischen Schulmotivation Vorschub leisten.

Einen systematischen Kindheitsglückssurvey führte Bucher (2001) mit 1.319 Schulkindern im Bundesland Salzburg durch. Die Jungen und Mädchen, durchschnittlich 11 Jahre alt, bilanzierten ihr bisheriges Leben mehrheitlich positiv: 54 Prozent als total glücklich, 39 Prozent glücklich. Besonders glücklich sind sie in den Ferien, draußen im Freien, bei Tieren und ihren Freunden sowie in ihren Familien, weniger glücklich hingegen in der Kirche und in der Schule; auf einer fünfpunktigen Skala beträgt die Differenz zwischen dem Befinden in der Schule und auf dem Zahnarztsessel gerade einmal 0,6 Punkte.

Ziel der Studie war es, voraussagekräftige Prädiktoren zu eruieren. Gängige soziodemografische Variablen (Geschlecht, Wohnumgebung etc.) leisten dies kaum (sechs Prozent erklärte Varianz), hingegen sehr wohl Tätigkeitsvariablen: 45 Prozent erklärte Varianz, was für glückpsychologische Studien viel ist. Besonders glücklich sind Kinder, die in ihrer Freizeit aktiv und in Bewegung sind, mit Freunden und ihrer Familie viel unternehmen, dafür auch gelobt werden und

Anerkennung erfahren. Einzelkinder sind ebenso glücklich wie Geschwisterkinder, solche mit keinem Taschengeld ebenso wie jene mit 10 Euro pro Woche. In unvollständigen Familien sind Kinder zwar weniger glücklich, gleichwohl schätzten sich 85 Prozent von ihnen als grundsätzlich glücklich ein.

Im Sommer 2007 wurde, im Auftrag des ZDF, die Studie in der Bundesrepublik mit 1.239 repräsentativ ausgewählten Kindern zwischen 6 und 13 Jahren wiederholt (Bucher, 2008). Die Ergebnisse entsprechen sich frappant. 85 Prozent halten sich für glücklich, 40 Prozent sogar total, und dies umso eher, je mehr sie in ihren Familien und mit ihren Freunden unternehmen, je aktiver sie sich in der Schule verhalten können und insbesondere, je extravertierter sie sind. Dass Persönlichkeitseigenschaften mehr Varianz des Glücks erklären als soziodemografische Variablen, fanden auch Holder und Coleman (2008) bei mehr als 400 Kindern, zwischen neun und zwölf Jahre alt, die ihr bisheriges Leben zu 90 Prozent einem glücklichen Gesicht zuordneten: Besonders die temperamentvollen Kinder waren sehr glücklich und zugleich beliebter; das körperliche Ausschauen hingegen erwies sich als weniger voraussagekräftig. In der ZDF-Studie stellte sich als glücksmindernd heraus, wenn das Haushaltseinkommen unter 1.500 Euro liegt – in den höher werdenden Einkommensgruppen blieb die Quote der sehr Glücklichen konstant (vgl. Kap. 4.6) –, aber auch, wenn Kinder nicht bei beiden Eltern leben; allerdings sind auch die Alleinerzogenen mehrheitlich glücklich (69 Prozent). Wiederum schnitt die Schule nicht sonderlich gut ab: Kinder, die lange an den Hausaufgaben sitzen müssen (52 Prozent „mehrmals pro Woche") und Angst vor Tests und Klassenarbeiten haben (50 Prozent „stimmt eher"), bilanzieren ihr bisheriges Leben als weniger glücklich.

Zufriedenheit in der Schule. Heutige Kindheit ist Schulkindheit. Wie sich Kinder im Klassenzimmer fühlen, werde von der Forschung im Vergleich zu ihren Leistungen vernachlässigt (Suldo, Riley & Shaffer, 2006). Dies sei nicht nur bedenklich, weil Heranwachsende viel Zeit hinter dem Pult verbringen, sondern auch, weil sie (von sich aus) mehr leisten und lernen, wenn sie glücklich sind (Spitzer, 2002). In den meisten angelsächsischen Studien wurde die Schülerzufriedenheitsskala von Huebner (1991) eingesetzt, ein Instrument mit sieben Items. Jungen und Mädchen, die in der Schule glücklich sind, bilanzieren – wie in mitteleuropäischen Studien auch – ihr gesamtes Leben als positiver (r = .34). Schulzufriedenheit steigt, wenn sich die Kinder von ihren Lehrern gerecht behandelt fühlen (r = .53) und diese als unterstützend und weniger als reglementierend erleben (r = .41). Mehr Intelligenz erhöht das Wohlbefinden in der Schule kaum, so Owuchi und Yoshino (1975) in ihrer Pionierstudie mit 1.060 japanischen Schülern, im Gegenteil: Kinder mit mentalen Beeinträchtigungen fühlen sich in sonderpädagogischen Schulen überdurchschnittlich wohl (Suldo, Riley & Shaffer, 2006, 573).

Positiv auf das Befinden in der Schule wirken sich die faktischen Leistungen aus. Kirkcaldy, Furnham und Siefen (2004) fanden auf der Basis von PISA-Daten aus 30 Ländern beeindruckende Korrelationen zwischen Glück und intellektuellen Kompetenzen, speziell Lesen (r = .63); andere Studien, die Variablen wie sozioökonomische Herkunft und Bildungsstand der Eltern kontrollierten, fanden diese Zusammenhänge nicht. Gut gesichert ist, dass die Erfahrung von Selbstwirksamkeit und aufmunternde Unterstützung durch die Lehrer Wohlbefinden in der Schule begünstigen (Hascher, 2004), aber auch, dass die Schulfreude mit steigendem Alter geringer wird – einer der Gründe, warum das Glück in der Adoleszenz abnimmt.

4.2.3 Weniger Glück in der Adoleszenz

Viele Eltern haben es erfahren und überstanden: Kinder, deren Augen an den Geburtstagen glücklich leuchteten, kommen in der oft dramatisierten Pubertät mürrisch nach Hause, schließen sich ins Zimmer ein, sind nicht mehr für eine Almwanderung zu begeistern, stehen lange vor dem Spiegel und zeigen „überschießende emotionale Reaktionen und unkontrolliertes Verhalten" bei Kleinigkeiten (Brizendine, 2007, 91). Auch wenn Jugendliche ihre Entwicklungsaufgaben – hormonelle Wechselbäder, Wachstumsschub, Ablösung – souveräner meistern (Flammer & Alsaker, 2002) als die Katastrophensemantik suggeriert – das subjektiv eingeschätzte Glück geht deutlich zurück. Im ZDF-Survey zum Kindheitsglück zeigte sich ein massiver Rückgang der total glücklichen Jungen und Mädchen im dreizehnten Lebensjahr: 25 Prozent versus 37 Prozent bei den 12-Jährigen, 57 Prozent bei den 6-Jährigen. Einen massiven Einbruch dokumentiert eine repräsentative Befragung britischer Jugendlicher: Der Anteil der Zufriedenen sinkt zwischen dem dreizehnten und fünfzehnten Lebensjahr von 62 Prozent auf 41 Prozent (Marks, 2004). Sweeting und West (2003) befragten 8.000 schottische Jugendliche und fanden, dass sich die 11-Jährigen zu gut 30 Prozent als wenig glücklich einschätzten, die 15-Jährigen zu 45 Prozent; bei den Mädchen war der Anstieg signifikant stärker.

Ursachen für abnehmendes Glück. Welches sind die Gründe dafür? Sweeting und West (2003) eruierten signifikante Zusammenhänge mit körperlichen Beschwerden, die in der Adoleszenz häufiger werden: Kopfschmerzen, Verdauungs- und Hautprobleme, Akne und Pickel, bei den Mädchen auch Menstruation. Ebenfalls Kirkcaldy, Siefen und Furnham (2003), die 988 Jugendliche zwischen 14 und 18 Jahren untersuchten: Larvierte Depression (bei Mädchen dreimal so häufig) wird vor allem durch körperliche Erschöpfung hervorgerufen, geringen Selbstwert und mangelnde Akzeptanz durch die Eltern bzw. Konflikte mit ihnen. In einer finnischen Studie mit 2.516 Teenagern zeigte sich ein signifikanter Zusammenhang zwischen schulischen Schwierigkeiten und depressiver Verstimmung – dem Gegenteil von Glück –, bei Mädchen ausgeprägter als bei Jungen (Fröid et al., 2008). Auch der Gesundheitssurvey der WHO zeigte signifikante Zusammenhänge zwischen Schulqualität und dem psychischen wie auch physischen Wohlbefinden im Jugendalter (Opp, 2007).

Glück durch Entwicklung. Glücksgefühle treten auf, wenn Menschen in ihrer Entwicklung vorankommen. Seiffge-Krenke und Gelhaar (2008) überprüften longitudinal, wie heutige Jugendliche (N = 146) die von Havighurst (1948) beschriebenen Entwicklungsaufgaben meistern:

▶ Verändertes Körperselbst akzeptieren,
▶ feste Freundschaften aufbauen,
▶ sich ablösen,
▶ zu ihrer Identität finden.

Der Mehrheit der 14- bis 17-Jährigen gelingt dies, was ihr Selbstwertgefühl erhöht bzw. Depressivität vorbeugt, was die Autoren als Glück interpretieren. Anders als erwartet sagten die im Jugendalter erfolgreich absolvierten Entwicklungsaufgaben nicht voraus, ob auch diejenigen des jungen Erwachsenenalters (feste Beziehung, Heirat, Familie) angegangen werden. Die Autoren vermuten, weil Letztere eher postmodern variabel sind, die des Jugendalters jedoch stärker biologisch und hormonell bedingt. Das subjektiv eingeschätzte Glück ging auch in dieser Stichprobe bis zum 16. Lebensjahr deutlich zurück, um dann wieder sachte anzusteigen.

Bucher (2001, 2007) ließ zwei größere Gruppen von Erziehern (N = 275 bzw. 228) Glückskurven ihres bisherigen Lebens zeichnen, in der Befragung von 2001 bis zum 35. Lebensjahr, in der von 2007 zehn Jahre länger:

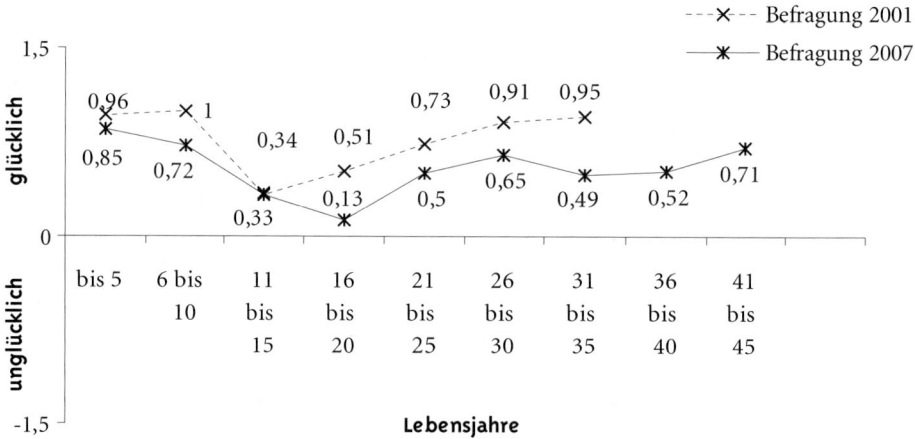

Abbildung 4.1. Glückskurven von Erziehern in den beiden Glücksstudien von Bucher (2001; 2007)

Beide Samples erinnerten sich an eine glückliche Kindheit, an einen deutlichen Einbruch des Glücks in der Jugend und an eine Zunahme desselben im jungen Erwachsenenalter. Wie noch zu zeigen ist (vgl. Kap. 5.1.3), beschreiben die Zufriedenheitskurven von Eltern einen weitgehend parallelen Verlauf in Abhängigkeit vom Alter ihrer Kinder.

4.2.4 Glück im Erwachsenenalter

Ob Glück im Erwachsenenalter steigt, konstant bleibt oder sinkt, ist kontrovers. Myers (2000, 58) hält wenig vom Klischee, es gäbe unterschiedlich glückliche Lebensabschnitte: goldene Jugend, dunkle Midlife-Krise, betrübtes Greisenalter; Glück bleibe im Lebenslauf konstant, was auch die Verfechter der radikalen Adaptionstheorie des Glücks behaupten (Lykken & Tellegen, 1996; kritisch: Headey, 2006). In Auseinandersetzung mit dieser Theorie zeigten Lucas und Donnellan (2007) auf der Basis des längsschnittlichen Deutschen Sozioökonomischen Panels (N = 8.632): Zu 37 Prozent blieb das subjektiv eingeschätzte Glück konstant. Infolgedessen ist zu zwei Dritteln mit altersmäßigen Veränderungen zu rechnen, die in den zahlreichen Studien unterschiedlich konkretisiert werden. Hornung (2005a, 155) bilanziert seinen Forschungsüberblick: „Je älter du wirst, desto *glücklicher* wirst du!" Tatsächlich fanden Hansson, Hilleräs und Forsell (2005), die bei mehr als 10.000 Schweden im Alter zwischen 20 und 64 Jahren das subjektive Wohlbefinden mit dem Index der WHO erfragten (Bech, Gudex & Johanson, 1996), dass sich die Männer und Frauen mit steigendem Alter glücklicher fühlten. Mrocek und Kolarz (1998) untersuchten die Häufigkeit angenehmer und unangenehmer Gefühle im Lebenslauf: Je älter die Befragten, desto seltener fühlten sie sich nervös, traurig oder hoffnungslos, aber umso häufiger zufrieden, gutgelaunt oder glücklich, ebenso Helson und Holen (1998). Anders die Analyse der Weltwertestudie: Die unter 30-Jährigen waren glücklicher und zufriedener. Haller und Hadler (2006, 185) vermuten, das junge Erwachsenenalter beschere zahlreiche neue Erfahrungen und stelle vor Herausforderungen, deren Bewältigung beglückt, wohingegen das weitere Leben monotoner werde und die Aspirationen sinken.

Ursachen für widersprüchliche Befunde. Aufschlussreich ist eine Analyse von Blanchflower und Oswald (2008a), in die Angaben von mehr als 500.000 Personen aus 72 Ländern eingingen. Glück wurde mit „sehr glücklich, glücklich, nicht so glücklich" (vgl. Kap. 2.2.1) gemessen, Lebenszufriedenheit mit einem vierpunktigen Item; erwartungsgemäß korrelieren sie hoch. Nach der Kontrolle möglicher Kohorteneffekte fanden die Soziologen einen U-förmigen Verlauf der Glückskurve, die bis zum 47. Lebensjahr sinkt und danach moderat zu steigen beginnt. In den einzelnen Ländern variierte der Wendepunkt deutlich: Früh ist er bei den Irländern (38 Jahre), spät bei den Italienern (64 Jahre) und Portugiesen (66 Jahre), wofür keine Erklärung angeboten wird. Auch Lelkes (2008) zeigte auf der Basis von 29.900 Europäern aus 21 Ländern, dass die zwischen 40- und 50-Jährigen weniger glücklich sind als junge Erwachsene und Pensionisten und dies auch dann, wenn das Einkommen kontrolliert wurde, bei Verheirateten ebenso wie bei Singles und Geschiedenen, bei Letzteren deutlich tiefer. U-förmig ist die Glückskurve auch in einem repräsentativen australischen Sample (N = 6.792) (Dockery, 2004), ebenfalls bei 87.806 Respondenten aus 46 Nationen (Helliwell, 2003, 341).

Warum ein U-förmiger Glücksverlauf? Blanchflower und Oswald (2008) vermuten zum einen, in der Mitte des Lebens lerne der Mensch seine Stärken und Schwächen besser kennen, befreie sich von unerreichbaren Aspirationen und adaptiere sich an die Lebensumstände, wodurch Zufriedenheit steige (Frey & Stutzer, 2002, 54). Zum anderen werde er, wenn er sehe, wie Schulfreunde schwer krank sind oder sterben, mit seinem Leben zufriedener (soziale Abwärtsvergleiche). Nicht auszuschließen sei ein Selektionseffekt: Glückliche Menschen bleiben gesünder (vgl. Kap. 7.1), sodass die höhere Quote glücklicher Pensionisten darauf zurückzuführen ist, dass weniger Glückliche bereits verstorben sind. Frijters, Haisken-DeNew und Shields (2005) errechneten, dass die Sterbenswahrscheinlichkeit geringer ist, wenn die Menschen mit ihrem Leben zufrieden sind. In einer internationalen Studie (37 Nationen) belegten Kirkcaldy und Furnham (2000), dass in Ländern mit besonders glücklichen Einwohnern (Schweden, Kanada, USA) weniger Menschen bei Verkehrsunfällen umkommen ($r = -.56$) und seltener solche geschehen ($r = -.43$) als in weniger glücklichen Ländern (Italien, Spanien, Russland).

Veränderte Glücksfaktoren. Im Erwachsenenalter verlagern sich die Glücksfaktoren. Herzog, Rodgers und Woodworth (1982) fragten Männer und Frauen zwischen 20 und 80 Jahren, was sie als besonders glücksrelevant einschätzen. Gesundheit wird mit steigendem Alter wichtiger, in der dritten Lebensdekade zu 3 Prozent am wichtigsten, über dem achtzigsten Lebensjahr 29 Prozent. Arbeit wird mit steigendem Alter seltener genannt, ebenso, ab dem siebzigsten Lebensjahr, der Partner, wohingegen die Glückrelevanz von Freunden, Kindern und Einkommen übers Alter hinweg weitgehend konstant bleibt. Auch Lelkes (2008), in ihrer Analyse von 20.900 Europäern, fand, dass die Familie von allen Altersgruppen (20 bis 70 Jahre und mehr) als enorm glücksrelevant eingestuft wird, ebenso die Freunde. Mit steigendem Alter wichtiger wird jedoch Religiosität/ Spiritualität, geringer hingegen die Glücksrelevanz von Freizeit und Arbeit. Dies spricht für das Modell der selektiven Optimierung von Staudinger (2000), gemäß dem Menschen sich vor allem auf jene Glücksquellen fokussieren, auf die sie Zugriff haben.

4.2.5 Mehr Glück im höheren Alter

Menschen, die nach den größten Errungenschaften des 20. Jahrhunderts gefragt werden, nennen Mondlandung oder Internet, nicht aber, dass in diesem Säkulum die durchschnittliche Lebensdauer um 30 Jahre länger geworden ist, so dass ein neuer Lebensabschnitt entstanden ist: das höhere Alter (Carstensen & Charles, 2004). Nach wie vor hält sich das Stereotyp, betagte Menschen, die in ihren Aktivitäten beeinträchtigt sind und schlechter hören und sehen, seien weniger zufrieden. Doch die meisten Studien in der Gerontologie, die in der Glücksforschung eine Vorreiterrolle spielte (Havighurst, 1963), weisen sie als überraschend glücklich aus.

Menec (2003) befragte längsschnittlich in einem Abstand von sechs Jahren 2.000 Kanadier, durchschnittlich 75 Jahre alt. Bei der ersten Glücksmessung (1: überhaupt nicht glücklich, 5: sehr glücklich) ergab sich ein Mittelwert von 4.6. Inspiriert von der Theorie des erfolgreichen Alterns (Rowe & Kahn, 1997) – es bestehe in aktivem Engagement, Abwesenheit von Krankheit und in guter physischer und geistiger Leistungsfähigkeit – sowie der Aktivitätstheorie des Glücks (Burgess, 1954) erfragte Menec (2003) auch das Spektrum der täglichen Aktivitäten. Es ist breit gefächert:

▶ 90 Prozent lesen regelmäßig,
▶ mehr als 80 Prozent besuchen Angehörige und Freunde,
▶ 60 Prozent arbeiten in Haus und Garten,
▶ knapp die Hälfte geht handwerklichen Hobbys nach,
▶ ein Drittel künstlerischen.

Die sechs Jahre später durchgeführte Befragung brachte zu Tage: Wer damals mehr Aktivitäten angegeben hatte, soziale oder individuelle, schätzte sich glücklicher ein, hatte ein geringeres Mortalitätsrisiko, war körperlich und geistig leistungsfähiger. Auch Betagte sind enorm adaptionsfähig: Wer aufgrund körperlicher Gebrechen nicht mehr den Garten pflegen kann, widmet sich fortan anderen Hobbys. Obschon die Studie längsschnittlich ist, bleibt die Frage der Kausalität offen: Aktivitäten können Glück auslösen, frohe Stimmung kann aber auch zu mehr Tätigkeit motivieren.

Ebenfalls eine Längsschnittstudie führten, mit mehr als 1.500 älteren Amerikanern (durchschnittlich 69 Jahre alt), Griffin, Mroczek und Spiro (2006) durch. Sie interessierten sich dafür, wie sich im Alter die Häufigkeit positiver und negativer Emotionen verändern und wovon dies abhängt. Erwartungsgemäß überwogen die glücklichen Gefühle die traurigen bei weitem. Bis zum ca. siebzigsten Lebensjahr wurden sowohl die positiven als auch negativen Affekte seltener; Letztere stiegen danach geringfügig an, bei Männern mit höherem Neurotizismus stärker, wohingegen Extraversion negative Affekte abpuffert. Die Autoren erklären die überraschend positive Befindlichkeit zum einen damit, dass es älteren Menschen besser gelingt, ihre Emotionen zu regulieren (Labouvie-Vief & Medler, 2002) und zugleich glücklich wie in leiser Trauer zu sein, was auch Carstensen et al. (2000) in einer Studie mit der Erlebnisstichprobenmethode nachwiesen. Zum anderen mit der sozioemotionalen Selektionstheorie, gemäß der Männer und Frauen, wenn die Lebensspanne kürzer und kürzer wird, ihre Prioritäten in solchen Aktivitäten setzen, die ihre Befindlichkeit verbessern, speziell beglückende soziale Beziehungen pflegen (Lansford, Sherman & Antonucci, 1998) und jenen Hobbys nachgehen, die sie erfreuen (Carstensen, Isaacowitz & Turk-Charles, 1999).

Auch gemäß der längsschnittlichen Berliner Altersstudie fühlen sich die meisten Senioren glücklich, weniger jedoch die Frauen (häufiger verwitwet) sowie die über 85-jährigen (Smith et al., 1999). Erklärt wird die überwiegend positive

Befindlichkeit mit Selbstregulierungsprozessen, in denen die Erwartungen und Aspirationen gesenkt werden, was aber bei massiven Verlusterfahrungen, mit höherem Alter häufiger werdend, an seine Grenzen stößt. Auch die longitudinale Genfer Altersstudie wies die meisten Befragten als glücklich und zufrieden aus (Lalive d'Epinay et al., 2000). Mit Ausnahme der Gesundheit stuften die 65- bis 79-Jährigen die Zufriedenheit mit diversen Lebensbereichen höher ein als die 50- bis 64-Jährigen und dies umso eher, je tragfähiger ihre sozialen Netze waren, je besser sie die Lebensumstände kontrollieren konnten und je gelassener sie waren. 46 Prozent hielten dafür, die Pensionierung habe ihr Wohlbefinden verbessert, 17 Prozent erlebten keine Veränderung, 37 Prozent eine Verschlechterung, Letzteres häufiger, wenn die Pensionisten extravertiert und gewohnt waren, dominant nach außen zu agieren.

Als mehrheitlich glücklich wies auch eine repräsentative Studie von Schumacher, Gunzelmann und Brähler (1996) 766 Personen im Alter zwischen 61 und 92 Jahren aus. Am zufriedensten waren sie mit ihrer Wohnsituation, sodann mit sich selber, ihrer Freizeit und ihren Hobbys und geringfügig weniger mit ihrer Gesundheit, mit steigendem Alter signifikant geringer werdend, desgleichen bei der Sexualität. Mit Ehe/Partnerschaft sind die Frauen signifikant weniger zufrieden, bedingt durch die um 30 Prozent höhere Quote von Verwitweten (Easterlin, 2003).

Zusammenfassend
Auch im höheren Alter bleiben Menschen mehrheitlich glücklich, was sich mit den zwei prominentesten gerontologischen Theorien erklären lässt, der Aktivitätstheorie und der Disengagement-Theorie des Alters. Vielfältige Aktivitäten und Sozialkontakte können das Wohlbefinden heben (Adelmann, 1994), aber ebenso, sich aus bestimmten Bereichen zurückzuziehen und sich den wirklich erfüllenden Tätigkeiten zuzuwenden.

4.3 Beglückt Bildung?

Aristoteles (1952) zufolge erfordert Glück hinreichend Bildung. Anders hingegen Schopenhauer (1919, 365): „Qui auget scientiam, auget dolorem": Je gebildeter der Mensch, desto mehr (seelisch-geistigen) Schmerz erleide er. Kann die empirische Glücksforschung diese philosophische Querele klären? Nur zum Teil! Die Effekte von Bildung auf Glück wurden unterschiedlich bestimmt – und sind schwach sowie mit anderen Variablen konfundiert, speziell Einkommen, Beruf und Gesundheit (Argyle, 2001, 146f.).
Negative Ergebnisse. In der 2. Hälfte des 20. Jahrhunderts sank in den USA die Glücksrelevanz von Bildung: 1957 sagten Uni-Absolventen zu 44 Prozent von sich, sehr glücklich zu sein, 1978 waren es mit 33 Prozent deutlich weniger (Campbell, 1981). Gemäß einer mit mehr als 2.000 Niederländern durchge-

führten Studie ist die Relation Bildung – Glück parabolisch: Weniger glücklich sind die Schulabbrecher und jene mit niedrigem Bildungsabschluss, aber auch jene mit einem Universitätsdiplom (Hartog & Oosterbeek, 1998). Erklärt wird dies damit, schlechter Gebildete seien häufiger arbeitslos, hoch Qualifizierte hingegen fänden nicht immer einen entsprechend anspruchsvollen Beruf (wenig ist frustrierender, als mit einem Doktorat in Germanistik Taxi zu fahren). Clark und Oswald (1996) fanden in einer Studie mit 5.000 britischen Arbeitnehmern einen kontinuierlich negativen Zusammenhang zwischen Bildungsabschluss und Berufszufriedenheit, die sich enorm auf die generelle Lebenszufriedenheit auswirkt (vgl. Kap. 5.3). Die Autoren erklären dieses unerwartete Ergebnis damit, dass höhere Qualifikationen auch die Aspirationen steigern, etwa hinsichtlich der Besoldung. Wenn dann konstatiert wird, trotz Diplom gleich viel oder weniger zu verdienen als andere, frustriere dies (Clark & Oswald, 1996, 374).

Positive Ergebnisse. Andere Studien erbrachten gegenteilige Ergebnisse, so eine schwedische (N = 5.000): Je höher der Bildungsabschluss, desto zufriedener die Männer und Frauen (Gerdtham & Johannesson, 2001). Michalos (2008) präsentiert Daten aus Kanada, gemäß denen Gebildete häufiger einen guten Job haben, gesundheitsbewusster leben und seltener übergewichtig sind (22 Prozent im Vergleich zu 36 Prozent). Auch eine Studie der Weltbank, in 81 Ländern mit 118.000 Respondenten durchgeführt, wies einen glücksbegünstigenden Effekt von Bildung nach (Castriota, 2006). Dieser ist in den ärmeren Ländern stärker – beispielsweise in Taiwan (Tsou & Liu, 2001) – als in den Industrienationen, erklärbar damit, dass in der Dritten Welt Bildung nicht nur das soziale Ansehen hebt, sondern auch Zugang zu mehr Ressourcen, anspruchvollerer Arbeit und gesellschaftlichem Einfluss verschafft. Auch in den ehemaligen Ostblockstaaten ist Bildung der Lebenszufriedenheit förderlicher als im Westen (Hayo, 2007). Zahlreiche Autoren unterscheiden hedonistisches und eudaimonistisches Glück, das in der Realisierung der angeborenen Potenziale besteht (vgl. Exkurs 1, Kap. 2.3.6). Obschon beide Konstrukte stark interkorrelieren – positive Beziehungen pflegen, mit der Umwelt zurecht kommen, frei sein: das bereitet auch Lust – ist eudaimonistisches Glück wahrscheinlicher, wenn Personen über höhere Bildung verfügen (Keyes, Shmotkin & Ryff, 2002).

Warum so uneinheitliche Ergebnisse? Zunächst: Auch wenn die Zusammenhänge jeweils Signifikanz erreichen, sind sie, mit nur wenigen Prozenten erklärter Varianz, realistisch zu sehen (Argyle, 1999, 355). Hinzu kommt die Konfundierung mit anderen Variablen, speziell Einkommen, Beruf, Gesundheit. Formale Bildungsabschlüsse sind ein wenig konkretes Maß für die Qualität von Bildungsprozessen. Die bis zur mittleren Reife erlebte Bildung und Erziehung kann die Persönlichkeit stärker und positiver prägen als das Studium an einer anonymen Massenuniversität. Und nicht zuletzt kann abwechslungsreiche handwerkliche Tätigkeit, nach der jeweils ein fertiges Produkt zu sehen ist, ein maßgeschneidertes Gewand, ein selbst gezimmerter Tisch, enorm befriedigen. Nichts ist beglückender, als über ein Pflaster zu laufen, das man selber gelegt hat (Alain, 1980, 123).

4.4. Glück und sein Raum

4.4.1 Überall gleich glücklich?

Wären Sie woanders glücklicher, z. B. wenn Sie an der Côte d'Azur wohnen würden, Blick aufs Meer und viel mehr Sonnentage als im oft verregneten Salzburg? Viele bejahen diese Frage, auch in den USA, wo Kalifornien die Sehnsucht vieler Sonnenhungriger ist. Schkade und Kahneman (1998) befragten 1.000 Studierende in Kalifornien und ebenso viele in Ohio, wie glücklich sie selber seien, aber auch, ob jemand anderes in Kalifornien *oder* Ohio zufriedener wäre. In beiden Regionen wurde die Ansicht favorisiert, Menschen in Kalifornien seien glücklicher, wegen des milden Winters und des kräftigeren Sonnenscheins. Aber faktisch schätzten sich sowohl die Kalifornier als auch die mittleren Westler als gleich glücklich ein. Schkade und Kahneman (1998) bezeichnen dies als „fokussierende Illusion": Die Konzentration auf das günstigere Klima erzeuge den Eindruck, das Leben als ganzes müsse glücklicher sein, was aber empirisch nicht zutrifft; vielmehr adaptieren sich Menschen schnell daran, dass die Temperatur fünf oder zehn Grad wärmer ist.

Auch im Salzburger Survey zum Kindheitsglück zeigte sich: Kinder, die auf Bauernhöfen leben (10 Prozent), fühlen sich ebenso glücklich wie die in Dörfern oder in der Stadt (Bucher, 2001, 153). Jungen und Mädchen, die in ländlicher Gegend aufwachsen, assoziieren die Stadt zu 30 Prozent mit einem glücklichen Gesicht, jene in der Stadt zu 70 Prozent (Bucher, 2001, 149). Als glücksstiftend wird vor allem jene Wohnumgebung beurteilt, in der Menschen faktisch leben – ein Argument für die Adaptionstheorie (Helson, 1964, Frederick & Loewenstein, 1999). Auch in der repräsentativen Befragung von bundesdeutschen Kindern (N = 1.239) schätzten Jungen und Mädchen in den Millionenstädten ihr bisheriges Leben als gleich glücklich ein wie die auf dem Land. Ebenfalls 229 Erzieherinnen und Erzieher: Jene, die in ländlicher Gegend wohnen, kreuzten auf einer siebenpunktigen Skala zum Lebensglück zu 83 Prozent bei den drei höchsten Ausprägungen an, jene in urbanisiertem Milieu zu 82 Prozent.

4.4.2 Glücksmindernde Umgebungsfaktoren

Die referierten Studien rechtfertigen nicht den Schluss, die Wohnumgebung wirke sich gar nicht auf das Wohlbefinden aus. Variablen wie Land oder Stadt sind wenig konkret. Wohnen in der Großstadt kann bedeuten: Die Fenster nicht öffnen können, weil der Verkehrslärm unerträglich ist. Aber auch: Vom lauschigen Balkon in den Park mit alten Kastanienbäumen schauen. Zum romantischen Bild des Glückes gehört, dass dieses vor allem in der Natur erlebt wird, auf Hügeln, an Bächen und Flüssen, in jener Umgebung, in der, über tausende Generationen, unsere Vorfahren als Jäger und Sammler lebten.

Eine Frau schilderte ihr Glück so: „Früher Morgen, die Welt ist noch in sanften Nebel gehüllt, es ist ganz still. Ich gehe spazieren. Ich sehe den Tau, bizarr gesponnene Spinnennetze, Wildgänse fliegen über den Fluss, die Vögel fangen an zu zwitschern, die ersten Sonnenstrahlen flimmern über das Wasser. Ich empfinde tiefen Frieden und fühle mich als Teil des großen Ganzen, als Teil der Natur. Ich bin glücklich."

Zahlreiche Studien bestätigen, dass die Wohn- und Arbeitsumgebung das Wohlbefinden stärker als bisher angenommen beeinflusst (Breterton, Clinch & Ferreira, 2008). Angestellte, die aus ihren Büros in offene Landschaften und auf Bäume sehen können, stellten sich als gesünder und glücklicher heraus als jene, die nur auf gegenüberliegende Mauern blickten (Ferrer-i-Carbonell & Gowdy, 2007, 510). Klinikpatienten, die durch die Fenster auf Bäume und in Parks schauen können, genesen schneller (Ulrich, 1984).

Lärm vertreibt Glück. Reduziert wird das Wohlbefinden durch beständigen Lärm, speziell Verkehr oder Flugzeuge. Um die 20 Prozent der europäischen Bevölkerung leben in Gegenden mit mehr als 65 Dezibel Lärm (Gidlöf-Gunnarsson & Öhrström, 2007, 115). Akustischer Stress erhöht die Wahrscheinlichkeit von Hypertension und Infarkt (Babisch et al., 2005). Die Mehrheit der Betroffenen kann sich daran nicht adaptieren (Haidt, 2007, 131). Gemäß dem repräsentativen Britischen Haushalts Panel sind die Einwohner der Londoner City oder von Liverpool weniger glücklich als die im ländlichen Wales oder in Schottland (Ferrer-i-Carbonell & Gowdy, 2007, 514). Gidlöf-Gunnarsson und Öhrström (2007) zeigten in einer Befragung von 500 Stockholmern, die an stark befahrenen Straßen lebten, dass diese dann weniger unter dem Lärm litten und glücklicher waren, wenn sie in der unmittelbaren Wohnumgebung ruhige Nischen aufsuchen konnten, speziell Parks, in denen man promenieren und abschalten kann. Der fröhliche Lärm von Kindern auf ruhig gelegenen Spielplätzen puffert Stress ebenfalls ab und erhöht das Wohlbefinden (Wells & Evans, 2003).

Luftverschmutzung trübt das Wohlbefinden. Welsch (2002) wies eine negative Korrelation zwischen subjektiv eingeschätztem Glück und der Menge von Stickstoffdioxid nach, das die Gesundheit schädigt. Allein schon die Sorge um die Luftverschmutzung, speziell das Ozonloch, mindert die Lebenszufriedenheit, wiesen Ferrer-i-Carbonell und Gowdy (2007) bei mehr als 10.000 Briten nach. Die Forscher fanden zudem: Jene Befragten, die sich um das Aussterben der Artenvielfalt sorgten, waren glücklicher. Erklärt wird dies mit der Biophilie-These von Kellert und Wilson (1993), gemäß der eine tiefe Liebe zum Leben – in all seiner Vielfalt – grundsätzlich glücklich stimmt.

Dass räumliche Faktoren einen beträchtlichen Einfluss auf das Wohlbefinden haben, behaupten Brereton, Clinch und Ferreira (2008) in einer repräsentativen Studie in Irland. Auch nach Kontrolle von Variablen wie Lebensform, Kinder, Einkommen zeigte sich: Personen, die in ruhigeren Gegenden leben, in denen es nur mäßig kalt wird und nicht zu oft der Wind pfeift, schätzen sich als glücklicher ein, ebenfalls jene, die nicht weit zur Küste haben. Glücksmindernd hingegen ist städtisches Milieu, die Nähe von Flughäfen (Lärm), Müllhalden, Verbrennungsanlagen und Fabriken. Unsere genetische Ausstattung scheint noch immer auf ein Leben in der Savanne, auf Wiesen und in Wäldern zugeschnitten – nicht umsonst suchen wir solche Räume auf, um uns zu erholen.

4.4.3 Glück und Klimazonen

Wie sich das Klima auf das Glück auswirkt, untersuchten Rehdanz und Maddison (2005) anhand von Daten aus 67 Ländern. Menschen, die in Ländern leben, in denen im kältesten Monat die Durchschnittstemperatur relativ hoch ist, sind glücklicher. Befragte in Venezuela, wo es im kältesten Monat um die 22 Grad warm ist, erreichten auf einer vierpunktigen Glücksskala einen Mittelwert von 3.5; die Russen hingegen, die klirrende Winter zu überstehen haben, von 2.5. „Warme" und glückliche Länder sind auch Lateinamerika, die Philippinen und Ghana; „kühle" und nicht sonderlich glückliche Staaten liegen in Osteuropa, wobei die Autoren zu Recht auf einen möglichen glücksmindernden Effekt des früheren Kommunismus verweisen, denn Glück wird durch freiheitliche Regierungsformen begünstigt (Inglehart & Klingemann, 2000, 174). Kühlere Länder könnten von der kaum mehr aufzuhaltenden Klimaerwärmung profitieren; in jenen Staaten hingegen, wo die Sommer jetzt schon heiß sind, dürfte in den nächsten Jahren das Wohlbefinden aufgrund von Dürren und Hitzewellen Schaden nehmen.

4.5 Glück in verschiedenen Nationen

Sind Schweizer, die jederzeit köstliche Schokolade verzehren können und an der Urne darüber abstimmen dürfen, ob beim Autofahren Gurtpflicht besteht oder nicht, glücklicher als die Argentinier, die sich an eine Militärdiktatur erinnern und sich am Abend im Gasthaus kein Bier leisten können, auch wenn sie der Mittelschicht angehören? Geringfügig ja! Jedoch sind die Argentinier signifikant glücklicher als die Italiener, die bekannt sind für ihre schicke Mode, über den Mittag Siesta machen und sich am Abend Pizza oder Pasta schmecken lassen.

Wie glücklich Menschen in verschiedenen Ländern sind, wurde und wird mit recht stabilen Ergebnissen rege untersucht (Diener & Suh, 2000). Solche Vergleiche sind nicht ohne Probleme, allein schon aufgrund der Notwendigkeit, die Messinstrumente zu übersetzen. Diener et al. (1995) überprüften mögliche methodologische Artefakte, die durch die Übersetzung von Schlüsselbegriffen wie „happy" oder „satisfied" bedingt sind. Mit solchen ist zwar zu rechnen, aber sie sind niemals so stark wie die faktischen nationalen Differenzen der Zufriedenheit. Die von Veenhoven (2008) erhobenen Daten können Validität beanspruchen.

Tabelle 4.1. Länder, die sich in einer großen Studie zu Beginn des dritten Jahrtausends (Veenhoven, 2008) als besonders glücklich herausstellten

Mittelwerte auf Skala 1 bis 10	Länder
8,2	Dänemark
8,1	Kolumbien, Schweiz
7,8	Guatemala, Island, Österreich
7,7	Australien, Finnland, Mexiko, Schweden
7,6	Irland, Kanada, Luxemburg, Norwegen
7,5	Niederlande, Malta
7,4	Neuseeland, USA
7,3	Belgien
7,2	Deutschland, El Salvador, Honduras
7,1	Großbritannien

Tabelle 4.2. Länder, die sich in der Studie von Veenhoven, (2008) als besonders unglücklich herausstellten

Mittelwerte auf Skala 1 bis 10	Länder
3,2	Tansania
3,3	Zimbabe
3,5	Moldawien
3,6	Ukraine
3,7	Armenien
4,0	Belarus (Weißrussland)
4,1	Georgien
4,2	Bulgarien
4,3	Angola, Pakistan, Russland
4,6	Albanien, Litauen
4,7	Ghana
4,8	Ägypten, Mali
4,9	Mazedonien
4,9	Aserbaidschan

Was ist diesen Ländern gemeinsam? Auf Anhieb wenig. In Kolumbien leben zehn Millionen Menschen in Slums und herrscht Gewalt (Drogenmafia), gleichwohl erfreuen sich die Kolumbianer gleich stark am Leben wie die Schweizer, die Guatemalteken ebenso sehr wie die Österreicher.

Am wenigsten glücklich sind die Menschen in den besonders armen Ländern Afrikas, in denen teils langwierige Bürgerkriege wüteten, aber auch in den östlichen Staaten, die teils aus dem Zusammenbruch der ehemaligen UdSSR hervorgingen, wo sich die Menschen als besonders unglücklich ausgeben und wohl auch sind (Veenhoven, 2001). Hayo (2007) fand in einer Stichprobe von N = 5.500 in den Ostblockstaaten: Tschechen sind zu 57 Prozent mit ihrem Leben sehr zufrieden, Slowaken zu 47 Prozent, Slowenen zu 40 Prozent, Ungarn und Polen zu 25 Prozent, Rumänen zu 18 Prozent und Bulgaren zu 13 Prozent, mehr als fünfmal seltener als in Felix Austria (73 Prozent). Warum? Zwar registrierte Hayo (2007), dass auch in diesen Ländern die gleichen Faktoren Glück begünstigen (Ehe, Kirchgang, Bildung) bzw. es reduzieren (Scheidung, Arbeitslosigkeit). Aber dies erklärt die geringere Quote an glücklichen Menschen nicht ausreichend, sind doch in den Ostblockstaaten im Schnitt bloß 4 Prozent der Befragten geschieden, weit weniger als in Österreich.

Auch materieller Wohlstand erklärt die enormen Unterschiede der Glücksquoten in den verschiedenen Ländern nicht hinreichend (Diener & Oishi, 2000). In der Ukraine verdient ein Einwohner im Schnitt geringfügig mehr als in Indien oder in Ghana; aber in der Umgebung von Kiew sind nur 34 Prozent glücklich und zufrieden, südlich des Himalaja mehr als doppelt so viele (72 Prozent), und in Ghana gar 80 Prozent. Tendenziell sind die reichen Industrieländer glücklicher als die Schwellen- und Entwicklungsländer, in denen der Zusammenhang zwischen Geld und Glück stärker ist (vgl. Kap. 4.6); gleichwohl sind die Franzosen, Japaner und Italiener weniger glücklich und zufrieden als die Kolumbianer und Mexikaner, obschon sie das Mehrfache verdienen.

Kollektivismus versus Individualität. Betrachtet man die Liste der überdurchschnittlich glücklichen Länder (vgl. das Scattergramm bei Inglehart & Klingemann, 2000, 174), fällt auf, dass in deren Geschichte der Protestantismus stark gewirkt hat, speziell in den skandinavischen Ländern. Ohne Reformation kein neuzeitlicher Individualismus, keine Ethik des Protestantismus und keine individualistischen Kulturen, in denen das persönliche Streben nach Glück einen höheren Stellenwert hat als in den kollektivistischen Kulturen, etwa Hongkong (Triandis, 2000). Dies wird gelegentlich als Grund dafür genannt, dass die Japaner, obschon so oft freundlich lächelnd, weniger glücklich seien (Hornung, 2005a, 148). In individualistischen Kulturen ist mehr Selbstbestimmung möglich, die ihrerseits zu einem höheren Selbstwert führen kann, eines der stärksten Korrelate von Glück, Lyubomirsky, Tkach und Dimatteo (2006) zufolge um r = .58 (vgl. Baumeister et al., 2003). Nachdem die amerikanische Fußballmannschaft in der WM ein entscheidendes Spiel gegen den Iran verloren hatte, sagte der Trainer: „Ich bin voller Zuversicht und stolz auf alles, was wir getan haben" (Suh,

2000, 72). Solche optimistischen Selbsteinschätzungen – auch nach einem Debakel – erklären für Suh (2000), warum die Nordamerikaner glücklicher sind als die Ostasiaten. Diese sind im Anspruch auf Glück zurückhaltender und bezüglich ihrer Fähigkeiten bescheidener, räumen aber der Verbundenheit mit der Gemeinschaft einen höheren Stellenwert ein und achten stärker darauf, wie sie in den Augen der anderen erscheinen (Kitayama & Markus, 2000).

Soziales Kapital. In einigen Ländern braucht es Schmiergeld, um bei den Beamten zu seinem Recht zu kommen, in anderen Nationen kämen die Bürger unmöglich auf eine solche Idee. Wenig Korruption ist für Bjørnskov (2003) eine Komponente von sozialem Kapital, zu dem er auch die allgemeine Vertrauenswürdigkeit rechnet – „Können Sie den meisten Personen vertrauen?" –, ebenso die Möglichkeit zu politischer Partizipation. Die drei Komponenten laden auf dem gleichen Faktor hoch, und dieser korreliert zu r = .75 mit Glück in verschiedenen Nationen. Am höchsten ist das soziale Kapital in der Schweiz und in den skandinavischen Ländern, gering ist es in Bulgarien, Russland, Litauen, wo nicht einmal die Hälfte der Einwohner angeben, mit ihrem Leben zufrieden zu sein.

Einen Zusammenhang zwischen Glück in verschiedenen Ländern und Vertrauen in öffentliche Institutionen belegt Hudson (2006) mit Daten des Euro-Barometers. Am stärksten ist das Vertrauen in Justiz, Polizei, Regierung, den Rundfunk etc. in Dänemark, Luxemburg, den Niederlanden, Irland, und in genau diesen Ländern stufen sich die Menschen als überdurchschnittlich glücklich ein. Geringer ist das Vertrauen in öffentliche Institutionen in Belgien, speziell die Polizei (möglicherweise aufgrund der Affäre Dutroux), sodann in Italien, speziell in die politischen Parteien, sowie in Griechenland und Portugal – Länder, in denen die allgemeine Lebenszufriedenheit geringer ist.

Politische Freiheit. Es gibt Nationen, in denen die Bürger ihr Leben frei gestalten können und unbehelligt bleiben, wenn sie die Regierung kritisieren, und es gibt Länder, in denen die Anzahl Kinder festgelegt ist und die Handschellen klicken, wenn über das Regime ein zweideutiges Wort gesagt wird. Veenhoven (2000) erstellte einen Freiheitsindex – mit Komponenten wie freier Handel und Zahlungsverkehr, Reise- und Niederlassungsfreiheit, Lebensgestaltung (bspw. homosexuelle Lebensformen), Demokratie – und stellte diesen in Beziehung zu den aus den verschiedenen Ländern berichteten Glücksquoten. In glücklichen Ländern wird auch mehr Toleranz und Freiheit gewährt, speziell in den Niederlanden, Island, der Schweiz sowie in Skandinavien. In Ländern mit wenig Freiheitsrechten sind weniger Menschen mit ihrem Leben zufrieden, speziell in den postkommunistischen Staaten.

Allerdings gibt es Ausnahmen: In einer so reglementierten Volksrepublik wie China sind fast doppelt so viele Menschen glücklich wie in Russland, fast gleich viele wie in Österreich oder Deutschland (Inglehart & Klingemann, 2000, 178), obschon diese viel mehr Freiheiten beanspruchen können. Und die postkommunistischen Staaten zeigen, dass demokratische Mitbestimmung, bis zum Fall des Eisernen Vorhangs nicht möglich, die Glücksquoten nicht steigert, im Gegenteil:

Diese sind seit der Wende und den ersten frei gewählten Parlamenten drastisch gesunken (Veenhoven, 2001), bedingt auch durch wirtschaftliche Schwierigkeiten, innenpolitische Spannungen und die vielen Wende-Verlierer. Veenhoven (2000) kontrollierte sodann, ob der Freiheitsindex mit dem Wohlstand in den verschiedenen Nationen konfundiert ist. Sobald diese Variable kontrolliert wurde, sank die Stärke der Korrelationen: Freiheitsrechte in den Nationen hängen demnach stark mit den jeweiligen materiellen Ressourcen zusammen.

Zusammenfassend
Das subjektiv eingeschätzte Glück variiert in den verschiedenen Ländern beträchtlich. Die Gründe dafür sind mannigfaltig, keineswegs nur die materielle Prosperität, sondern auch Faktoren wie Freiheit, soziales Kapital sowie der Stellenwert von Glück bzw. Anspruch darauf, der in individualistischen Kulturen stärker gestellt wird. Und nicht zuletzt spielt auch eine Rolle, ob in einzelnen Ländern die Persönlichkeitseigenschaft Neurotizismus stärker ausgeprägt ist (Lynn & Steel, 2006). Dass in etlichen armen Ländern – etwa Lateinamerika, wo aber viel Salsa und Tango getanzt wird – überraschend viele Menschen glücklich sind, leitet zur generellen Frage nach dem Glückseffekt von Geld weiter.

4.6 Macht Geld glücklich?

Ob Geld glücklich macht, ist eine der in der Glücksforschung am intensivsten untersuchten Fragen, in der ökonomisch akzentuierten (Easterlin, 2001; Frey & Stutzer, 2002) ebenso wie in der psychologischen (Argyle, 2001, 131 ff.; Furnham & Argyle, 1998). Denn Geld ist über die ganze Welt hinweg ein „grundlegender Aspekt des menschlichen Lebens" (Diener & Biswas-Diener, 2002, 120). Die meisten Menschen verbringen die meiste Zeit damit, Geld zu verdienen, es zu vermehren – und wieder auszugeben, was schneller und leichter geschieht.

4.6.1 Von Schwerreichen und von Lotteriegewinnern

Massais ebenso glücklich wie Millionäre. Wären Sie glücklicher, wenn Sie im Jahr mehr als 10 Millionen Dollar verdienen würden? Die meisten bejahen dies (Baucells & Sarin, 2007). Ob dem wirklich so wäre, untersuchten 1980, als 10 Millionen Dollar mehr wert waren, Diener, Horwitz und Emmons (1985). Dollarmillionäre gaben an, sie seien zu 77 Prozent ihrer Zeit glücklich, in einer zufälligen Vergleichsstichprobe waren es 62 Prozent – eine unerwartet geringe Differenz. In einer späteren Studie fanden Biswas-Diener, Vittersø und Diener (2005): Massais in Kenia – oft in Bewegung und tanzend – und Ahmische in

Pennsylvania – ohne Handys und Kreditkarten lebend – sind ebenso glücklich wie die 400 reichsten Amerikaner.

Lottogewinn oder Rollstuhl. Wären Sie glücklicher, wenn Sie den Lotto-Jackpot geknackt hätten und sich einen Porsche und einen Bungalow auf Mauritius leisten könnten? Ehrlicherweise: „Ja". Und wären Sie unglücklicher, wenn Sie bei einem Sturz einen Rückenwirbel gebrochen hätten, kein Gefühl mehr im Unterleib und in den Beinen hätten, lebenslang auf einen Rollstuhl angewiesen wären, ohne Salsa und Sex? In der bekanntesten glückspsychologischen Studie, hunderte Male zitiert, verglichen Brickman, Coates und Janoff-Bulman (1978), wie Lotteriegewinner, Paraplegiker und eine neutrale Kontrollgruppe ihr Glück zu unterschiedlichen Zeitpunkten einschätzten. Die Gewinner schwärmten von den sechs Richtigen als einem enorm positiven Lebensereignis, die Unfallopfer beklagten ihr Schicksal als das Schlimmste, das ihnen zustoßen konnte. Gleichwohl schätzten sie ihr aktuelles Glück nur geringfügig niedriger ein als die Gewinner und die Kontrollgruppe, die sich diesbezüglich nicht unterschieden. Die Männer und Frauen wurden auch gefragt, wie glücklich sie vor einem halben Jahr waren. Gewinner und Kontrollgruppe erhielten einen geringeren Mittelwert, die Unfallopfer hingegen einen deutlich höheren, d. h sie beschönigten, aus verständlichen Gründen, die Vergangenheit, in der sie sich noch frei bewegen konnten. Anders hingegen, als die drei Gruppen einschätzten, wie glücklich sie sich wohl in einigen Jahren fühlen werden: Am positivsten urteilten die im Rollstuhl. Dass die Lotteriegewinner nicht so glücklich waren, ist auch dadurch bedingt, dass sie alltägliche Aktivitäten wie mit einem Freund reden, frühstücken, einen Witz hören für weniger beglückend einschätzten als die Unfallopfer, welche aus „Kleinigkeiten" Glück schöpfen und wieder (annähernd) zu ihrem früheren Glückswert zurückkehren können. Christopher Reeve, der als Schauspieler „Superman" spielte, aber seit einem Reitunfall vom Hals an gelähmt ist, bekannte: „Ich habe andere Menschen noch nie so wertgeschätzt wie jetzt." (Gilbert, 2006, 250) Brickman, Coates und Janoff-Bulman favorisieren aufgrund ihrer Daten die Adaptionstheorie des Glücks, ebenso Schulz und Decker (1985), die Querschnittgelähmte länger begleiteten und fanden, dass subjektiv wahrgenommene Kontrollmöglichkeiten ihrem Wohlbefinden förderlich sind.

Unglückliche Gewinner. Weniger bekannt, aber instruktiv ist eine Studie von Smith und Razzel (1975). Sie prüften, wie 191 britische Fußball-Toto-Gewinner mit ihrem „Glück" umgingen. Die meisten beteuerten, glücklicher zu sein als zuvor. 70 Prozent gaben ihren Job auf, aber viele verstrickten sich in Probleme, die durch die radikale Änderung ihres bisherigen Lebens ausgelöst wurden. Neue Nachbarn erwiesen sich als unfreundlich, die früheren Arbeitskollegen fehlten, mit der Herkunftsfamilie kam es zu Querelen, oft um Geld. Eine 24-jährige Gewinnerin kaufte sich einen teuren Wagen, konnte ihn aber nicht lenken; sie besuchte ein Nobelrestaurant und bemerkte erst dort, dass sie am liebsten einen Kebab gegessen hätte. Etliche Studien zeigen, dass ein jäher Einkommensanstieg zu mehr Stress führen kann (Thoits & Hannan, 1979), desgleichen zu mehr Schei-

dungen, eines der stressreichsten kritischen Lebensereignisse. Gardner und Oswald (2007) begleiteten längsschnittlich 137 britische Lotteriegewinner (mehr als
1.000 Pfund): Unmittelbar nach dem Gewinn verzeichneten sie, gemäß des Allgemeinen Gesundheitsfragebogens von Goldberg (1972), mehr Stressbelastungen
als ein Jahr zuvor; zwei Jahre nach der Auszahlung hingegen weniger: In einer
Punktwertspanne von 1 bis 36 ein Punkt niedriger, was faktisch minimal ist.

4.6.2 Viel Geld macht nicht glücklicher, aber keines macht unglücklich

Mehr Wohlstand – konstantes Glück. In der Ersten Welt stieg in den letzten
Jahrzehnten die Kaufkraft enorm. Seit 1974 hat sich die Anzahl der Pkws verdrei-
facht (Diener & Biswas-Diener, 2002, 120); wesentlich weniger lange muss gearbeitet werden, um sich einen Fernseher zu leisten, im Jahre 1975 in den USA drei
Wochen, 20 Jahre später drei Tage (Diener & Biswas-Diener, 2002, 120). Aber
trotzdem blieb die Quote der sehr Glücklichen konstant (Easterlin, 2003; Myers,
2001). Einkommen und Glück korrelieren gemäß unzähligen Studien zwar signifikant positiv (tabellarische Übersicht: Diener & Biswas-Diener, 2002, 123). Aber
die Koeffizienten liegen in aller Regel um r = .15, und dies unabhängig davon,
ob „Glück", „Lebenszufriedenheit" oder „positive Affektbalance" erhoben wurde.
Erklärt werden damit an die zwei Prozent der Varianz, d. h. wie glücklich sich
Menschen fühlen, hängt zu 98 Prozent von anderen Faktoren als vom Geld ab.
Noch geringer wird der Zusammenhang, wenn Variablen wie Arbeitslosigkeit
und Bildungsstand – je höher, desto mehr Einkommen – kontrolliert werden
(Oswald, 1997).

Wirklich Arme weniger glücklich. Unglücklich macht, wenn viel zu wenig Geld
oder gar keines vorhanden ist. In ärmeren Ländern korrelieren Einkommen und
Wohlbefinden stärker, so zu r = .45 in Kalkutta (Biswas-Diener & Diener, 2000),
weniger jedoch in Bangladesch (Camfield, Choudhury & Devine, 2006, 23). Auch
in den reichen Nationen ist der Effekt des Einkommens auf das Wohlbefinden
stärker, wenn die Menschen jeden Cent umdrehen müssen. Amerikaner, die weniger als 10.000 Dollar verdienen, sind zu 23 Prozent „nicht so glücklich", jene
mit jährlichen Einkünften über 75.000 Dollar zu 6 Prozent. Ebenso in der Bundesrepublik: Gemäß der Welt-Wertestudie von 1994 überwogen hierzulande in
der niedrigsten Einkommensschicht bei 39 Prozent der Befragten die negativen
Affekte nach Bradburn (1969) (bspw. „Ich bin deprimiert und unglücklich"), in
der höchsten Einkommensgruppe waren es vier Prozent (Diener & Biswas-Diener, 2002, 126). Dies ist eine eindrückliche Bestätigung von Bradburn (1969),
demzufolge es siebenmal wahrscheinlicher ist, unglücklicher zu sein, wenn bitte-
re Armut herrscht. In ärmeren Bevölkerungsschichten steigt die Glückskurve mit
zunehmendem Einkommen steil an. Sobald die Grundbedürfnisse abgedeckt

sind, beginnt sie sich umso mehr abzuflachen, je mehr verdient wird (Diener et al., 1993).

Erklärt wird dies zum einen mit der Natur des Menschen bzw. seinen Bedürfnissen (Diener & Biswas-Diener, 2002, 145), speziell der Bedürfnispyramide von Maslow (2002). Wenn ein Mensch stets genug auf dem Konto und ein festes Dach über dem Kopf hat, genug Heizöl im Tank, eine Lebensversicherung, verknüpfe er sein Glück mit weniger materiellen Werten, etwa persönlichem Wachstum und Selbstverwirklichung. Aber diese Hypothese erklärt nicht, warum in den Nationen, in denen sich in den letzten Jahrzehnten viele aus der Armut herausarbeiteten, nicht mehr Personen glücklicher wurden, was sie aufgrund der von ihnen selber abgedeckten Grundbedürfnisse sein müssten.

4.6.3 Geld: Wer mehr hat, will noch mehr

Höhere Erwartungen. Bezüglich des geringen Effekts von (steigendem) Einkommen auf das Glück wird die „Hypothese der relativen Standards" diskutiert (Diener & Biswas-Diener, 2002, 147f.). In dem Maße, in dem sich in den letzten Jahrzehnten die finanziellen Ressourcen vermehrten, stiegen die materiellen Erwartungen – für die Zufriedenheit ein Nullsummenspiel. In den Krisen- und Nachkriegsjahren waren Kinder überglücklich, wenn sie in einen saftigen Apfel beißen konnten oder an Weihnachten ein paar Socken erhielten; heute würde dies am Heiligen Abend zu Tränen der Enttäuschung führen.

Dass mit höherem Einkommen in der Regel materielle Ansprüche steigen, belegen Analysen des Glücks im Lebenslauf (Easterlin, 2001). Viele Arbeitnehmer verdien(t)en mit steigendem Alter mehr. Easterlin (2001) präsentiert, wie viel die zwischen 1941 und 1950 geborenen Amerikaner in ihrem Lebenslauf verdienten: Mit 25 Jahren im Schnitt 13.000 Dollar, mit 50 Jahren das Doppelte; aber die Glückskurve blieb dazwischen konstant hoch: M = 2.5 bei Punktwertspanne von 1 (nicht so glücklich) bis 3 (sehr glücklich).

Um das zwanzigste Lebensjahr unterschieden sich die materiellen Erwartungen, die junge Amerikaner an ein glückliches Leben hatten, nicht (Bachmann, Johnston & O'Malley, 1980). Drei Viertel stuften für ein erfülltes Leben als wichtig ein, einen Wagen zu besitzen, 50 Prozent ein Eigenheim, ebenso viele einen Geschirrspüler, aber bloß 12 Prozent ein Ferienhaus. Im Lebenslauf stiegen die materiellen Ansprüche umso mehr, je höher das Einkommen war (Easterlin, 2001, 477f.). Schor (1998) belegt mit Surveydaten, dass im Jahre 1987 die Amerikaner im Schnitt 50.000 Dollar für erforderlich hielten, um ihre Träume zu erfüllen, 1994 102.000 Dollar. Jene, die 1995 mehr als 100.000 Dollars verdienten, sagten zu 27 Prozent, sie könnten sich nicht alles leisten, was sie nötig hätten. Hungernde in der Dritten Welt können dies nicht anders als Materialismus bezeichnen, der – wie im Folgenden dargelegt – Gift für das Glück ist.

4.6.4 Materialismus reduziert Glück

Menschen, die (verbissen) materialistische Lebensziele verfolgen, sind weniger glücklich (Wright & Larsen, 1993). Solberg, Diener und Robinson (2003) wollten mit insgesamt 13 Studien die Ursachen dafür klären. Sie fanden positive Zusammenhänge zwischen materialistischen Einstellungen und der Neigung zu Neurotizismus, der negativ mit Extraversion und Sozialkontakten korreliert, die erwiesenermaßen Glück begünstigen (vgl. Kap. 3.2). „Materialisten" sind seltener mit Freunden zusammen, ihre Sozialkontakte sind gemäß der Einschätzung durch Bekannte und Verwandte „von geringerer Qualität" (Solberg, Diener & Robinson, 2003, 43). In einer Studie gaben 13.500 Studierende aus 13 Ländern an, wie zufrieden sie in verschiedenen Lebensbereichen mit ihrer aktuellen Situation sind, aber auch, wie diese beschaffen sein sollte. Bei Freunde, Familie, Datings, Freiheit registrierten sie kaum Diskrepanzen zwischen Ideal und Wirklichkeit. Nicht aber bei den Finanzen, bei denen nach immer mehr getrachtet werden kann, was bei einem Lebenspartner nicht der Fall ist. Im Märchen von des Fischers Frau, die in ihrer armseligen Fischerhütte zuerst eine behagliche Wohnung begehrte, dann einen Palast, und schließlich, Gott zu sein – worauf sie wieder in ihre Hütte zurückgeworfen wurde –, steckt tiefe Weisheit. Materialisten sind auch deshalb weniger glücklich, weil sie weniger Zeit für ein geselliges Leben haben und der Job oft viel Stress bereitet (Solberg, Diener & Robinson, 2003, 45).

Unterschiedliche Verdienstmotive. Reduziert das Streben nach Geld Glück unvermeidlich? Kann hoher Verdienst nicht auch beglücken, weil man geliebte Personen unterstützen und befriedigenden Hobbys nachgehen kann? Dies untersuchten Srivastava, Locke und Bartol (2001), die den wiederholt nachgewiesenen glücksmindernden Effekt von Geldverdienen in Frage stellten, weil die Motive nicht in Rechnung gestellt worden seien. Sie entwickelten ein Messinstrument zu den Verdienstmotiven und fanden „positive" wie Sicherheit, Erhalt der Familie, wohltätige Zwecke, aber auch „negative", wie soziale Vergleiche, Überwinden von Selbstzweifeln, Anstreben eines höheren Status, sowie solche, die dem Faktor „Handlungsfreiheit" zugeordnet wurden (Lieblingshobbys etc.). Mehrere hundert Studierende und Unternehmer stimmten den positiven Motiven am stärksten zu, den negativen am wenigsten; wer Letztere präferierte, war weniger glücklich. Besonders unglücklich macht materielles Streben, wenn sich Personen etwas beweisen müssen und ihren Status im Vergleich zu anderen anheben wollen.

Positive Verdienstmotive hingegen korrelieren nicht mit Wohlbefinden, ebenfalls nicht mit der subjektiv eingeschätzten Wichtigkeit des Geldes. Diese setzt umso höher an, wer von negativen Verdienstmotiven getrieben ist, die extrinsisch sind. Kasser und Ryan (1993) halten es für „die dunkle Seite des amerikanischen Traums" – möglichst viel Geld verdienen –, dass das dem Menschen zutiefst eigentümliche Bedürfnis nach erfüllender intrinsischer Betätigung und beglückenden Sozialkontakten zu kurz kommt. Nickerson et al. (2003) befragten

10.659 Amerikaner, wie wichtig für sie finanzieller Erfolg ist, wie zufrieden sie mit dem Leben, dem Job und ihren Freunden sind. Eine materialistische Einstellung reduziert Lebenszufriedenheit, dies umso mehr, je geringer das Haushaltseinkommen ist und je weniger man sich im Vergleich zu anderen leisten kann.

Reduziert Geldstreben die Lebenszufriedenheit vor allem in materialistischen Ländern? Diener und Oishi (2001) werteten Daten von mehr als 7.000 Personen (41 Nationen) aus. Ob in Asien, Afrika, Amerika: Je wichtiger das Geldverdienen, desto geringer die Lebenszufriedenheit. Anders hingegen bei Liebe: Je höher ihr Stellenwert, desto glücklicher sind, auf allen Kontinenten, Männer und Frauen. Eindrücklich ist eine Studie von Camfield, Choudhury und Devine (2006) in Bangladesch, einem Armenhaus der Welt. 79 Prozent gaben sich als glücklich aus, insbesondere aufgrund ihrer Familie und der Gemeinschaft, wohingegen Geld und Einkommen kaum Varianz erklären.

Warum vergiftet Materialismus die Lebenszufriedenheit? Eine Erklärung könnte die Shopping-Therapie sein: Wenn Menschen, weil sie wenig Freunde haben und sich ungeliebt fühlen, sich dafür trösten wollen, indem sie shoppen und dann über den nicht benötigten Schuhen und Kleidern heulen. Materialismus reduziert Zufriedenheit stärker, wenn Frauen und Männer über wenig finanzielle Mittel verfügen. Die naheliegende Erklärung sind Aufwärtsvergleiche (upward comparisons) (Lyubomirsky & Ross, 1997), die schonungslos zeigen, wie viel weniger man sich im Vergleich zu anderen leisten kann.

Mehr als andere. Viele Zeitgenossen sind bestrebt, mehr zu verdienen als andere, um Abwärtsvergleiche vorzunehmen, die eher beglücken (Diener & Lucas, 2000; Tesser, Millar & Moore, 1988). Solnick und Memenway (1998) berichten, wie Personen in folgendem Gedankenexperiment reagierten: „Welchen Job hätten Sie lieber? Einen mit zwei Wochen Ferien für Sie und vier für Ihre Kollegen? Oder einen mit vier Wochen für Sie und acht für die anderen?" 85 Prozent bevorzugten Letzteres. Anders bei der Frage: „Welchen Job hätten Sie lieber? Einen, der Ihnen 90.000 Dollar im Jahr bringt, Ihren Kollegen 70.000 Dollar? Oder einen mit 100.000 Dollar für Sie, aber 150.000 Dollar für Ihre Kollegen?" Die Hälfte wählte den ersten. Mehr als die Kollegen zu verdienen, ist ihnen 10.000 Dollar wert. Aufschlussreich wäre zu prüfen, ob sie auch glücklicher sind als jene, die lieber 100.000 Dollar hätten. Vermutlich nicht, weil glückliche Menschen anderen eher Besitz oder Erfolg gönnen (Lyubomirsky & Ross, 1997).

4.7 Sind Attraktive glücklicher?

Wären Sie glücklicher, wenn Sie noch attraktiver wären? Als Frau blond, mit sinnlich breiten Lippen und in der Taille ebenso schlank und in den Hüften so rund wie Heidi Klum? Als Mann ebenso rank in den Hüften, breit in den Schultern und mit einem symmetrischen Gesicht wie Leonardo di Caprio? Wie eine Metaanalyse über Effekte von Attraktivität in der Arbeitswelt zeigte (Hosoda,

Stone-Romero & Coats, 2003), würden Sie in den unterschiedlichsten Berufen wahrscheinlicher befördert, besser bezahlt und Ihre Leistungen positiver beurteilt. Am Strand würden Sie häufiger und länger angeschaut. Aber wären Sie auch glücklicher? Mit großer Wahrscheinlichkeit nicht, obschon Menschen dazu neigen, attraktive Personen für glücklicher zu halten. 186 Studentinnen betrachteten Fotos von Frauen, die einen schlank, andere übergewichtig, einige besonders hübsch, andere mit schiefem Gesicht, und schätzten ein, wie glücklich sich diese wohl fühlen. Übergewichtige und „hässliche" Frauen seien weniger glücklich, obschon sich das von den Fotografierten selber eingeschätzte Glück nur im Zufallsbereich unterschied; besonders Frauen mit Essstörungen neigten dazu, Übergewichtige für wenig glücklich zu halten (Viken et al., 2004).

Traurige Schönheiten? Viele Mädchen träumen davon, als begehrtes Model, nicht 50 Kilogramm schwer, im Blitzlichtgewitter über den Laufsteg zu schreiten und auf den Covers auflagenstarker Schönheitsmagazine ihre weißen Zähne zu sehen. Eine aktuelle Studie brachte zu Tage: Models sind weniger glücklich als „normale" Frauen (Meyer et al., 2007). Theoretisch erklärten sie dies mit der Selbstbestimmungstheorie von Deci und Ryan (2002), gemäß der Menschen glücklich werden, wenn sie 1. ihre Kompetenzen entfalten, 2. erfüllende Beziehungen pflegen und 3. frei bestimmen können. Hin und her tänzeln und in die Kameras lächeln fordert nicht sonderlich heraus (wenig Kompetenz). Primär wegen der körperlichen Erscheinung, die genetisch festgelegt ist, anerkannt zu werden, beglückt weniger als tiefe Beziehungen. Auch haben Models in ihrem Job wenig Freiraum, sondern sind von ihren Managern abhängig. In Freiheit Kontrolle auszuüben, macht Menschen glücklich, sie zu verlieren unglücklich, was Stutzer (2007) bei Personen mit Essproblemen eindrücklich nachwies. In der Modelstudie von Meyer et al. (2007) erklärten die drei Basisbedürfnisse der Selbstbestimmungstheorie bei normalen Frauen fast doppelt so viel Varianz des Wohlbefindens wie bei den Laufstegschönheiten, von denen eine schrieb: „Ich bin Model, und wenn ich auch viel verdiene, fühle ich mich als Mensch unterbewertet, und ich spüre auch, dass ich meine Lebensziele noch nicht erreicht habe. Aber ich bin glücklich, weil viele liebenswürdige Leute um mich herum sind." (Mayer et al., 2007, 14).

Glück durch Schönheitsoperationen? Mehr und mehr Frauen lassen sich an Oberschenkeln oder Bauch Fett absaugen, Implantate in die Brüste einlegen, die Lippen praller machen, Falten glätten. In Großbritannien stieg die Anzahl der Schönheitsoperationen im Jahre 2005 um 35 Prozent, in der Bundesrepublik würde sich ein Fünftel der unter 30-Jährigen unters Messer legen, um schöner auszusehen (Lyubomirsky, 2007, 57). Nach einer solchen Operation geben die Frauen und zunehmend auch Männer an, mit ihrem neuen Aussehen zufrieden zu sein (Young, Nemecek & Nemecek, 1994), was konsistenztheoretisch verständlich ist: Das investierte Geld und die erlittenen Schmerzen müssen sich auszahlen. Dennoch hält der Glückseffekt nicht lange an und setzen Gewöhnungseffekte ein. McLaughlin, Wise und Lipworth (2004) fanden sogar, dass das suizidale Risiko bei Frauen, die sich ihre Brüste vergrößern ließen, größer war als in der Durchschnittsbevölkerung. Und wie ist es, wenn sich Frauen eine Brust amputieren lassen müssen? Wood, Taylor und Lichtman (1985) zeigten, dass ihr subjektives Wohlbefinden nach der Narkose höher war als zuvor und sie mehrheitlich annahmen, es gehe ihnen besser als Frauen in einer gleichen Situation.

Körperliche Attraktivität beglückt nicht zwingend; unglücklich aber macht, wenn sich Menschen mit Schönheiten vergleichen. Nachdem Frauen, eine Gruppe übergewichtig, die andere durchschnittlich, die Fotos schlanker Blondinen betrachtet hatten, waren *beide* mit ihrem Aussehen weniger zufrieden (Gurari, Hetts & Dtrube, 2006). Ähnlich bei Männern, nachdem sie in Magazinen spärlich gekleidete oder nackte 18-jährige Frauen betrachtet haben – danach sind sie mit dem Aussehen ihrer Partnerinnen weniger zufrieden (Kenrick, Gutierres & Goldberg, 1989).

Körperliche Attraktivität an sich macht nicht glücklicher (Diener, Wolsic & Fujita (1995). Anders hingegen, wenn Menschen ihre körperliche Erscheinung als attraktiv einschätzen, auch wenn andere darüber anderer Meinung sind – sie sind glücklicher (Feingold, 1995). Umgekehrt macht nur wenig so unzufrieden, wie sich noch und noch um die zu dicken Oberschenkel oder Falten zu sorgen.

Die erörterten soziodemografischen Variablen erklären Glück nur spärlich, Lykken (1999, 18) zufolge zwei Prozent der Varianz, nach Andrews und Withey (1976) acht (Haidt, 2007, 125) – jedenfalls enttäuschend wenig. Ermöglichen Variablen wie Lebensform, soziale Nahbeziehungen und unsere tägliche Arbeit zuverlässigere Prognosen auf das subjektiv eingeschätzte Lebensglück?

5 Glücksfaktoren 3: Soziale Nahbeziehungen und Tätigkeit

„Unser Glück ist unmöglich ohne das Glück der anderen." Nikolai Gawrilowitsch

Am stärksten wird unser Leben durch unsere Nächsten geprägt, gefolgt von Arbeit und Freizeit. Kapitel 5.1 fragt nach der Glücksrelevanz der engsten Sozialbeziehungen. Dargelegt wird u. a., wie viele Tage Alleinstehende häufiger in Krankenhäusern verbringen als Verliebte und Verheiratete (soviel sei schon verraten: ein Mehrfaches!). Wenig Glück ohne Freunde und ohne Freizeit, wird sich in Kapitel 5.2 zeigen, ebenfalls, dass ein ehrenamtlicher Chauffeur bei Essen auf Rädern mit hoher Wahrscheinlichkeit überdurchschnittlich glücklich ist. Kapitel 5.3 befasst sich mit etwas, das viele als das Gegenteil von Spaß auffassen: Arbeit, die aber enorm beglücken kann, wenn sie als Flow erlebt wird, was bedeutet, dass wir mit unseren Tätigkeiten oder Werkzeugen verschmelzen.

5.1 Beglücken Liebe, Ehe und Familie?

5.1.1 Das rauschhafte Glück der Verliebten

Kaum etwas beglückt Menschen mehr, als wenn ihnen das Geschenk des Verliebtseins zufällt, das nicht erzwungen werden kann, aber in den Körpern der Beschenkten ähnlich heftige Reaktionen auslöst wie Ekstasy oder Heroin (Brizendine, 2007, 112). Eine Frau erinnert sich: „Eine Liebe, die unerwartet erwidert wurde, ein unglaubliches Glücksgefühl mit jemandem, den man sehr schätzt, viel und vor allem intensiver Zeit zu verbringen und zu erkennen, dass es dem Gegenüber genauso geht."

Die Augen leuchten und die Lider sind gehoben, wenn Verliebte, stets das Antlitz des Geliebten vor sich, weniger durch die Welt schreiten als vielmehr schweben. Anders als gelegentlich behauptet, ist romantische Liebe eine anthropologische Universalie, die in 147 von 166 diesbezüglich untersuchten Kulturen nachgewiesen wurde (Fisher, Aron & Brown, 2006, 2174). Wenn Menschen bis über beide Ohren verliebt sind, verfügen sie über mehr Energie, ihre Aufmerksamkeit ist auf die Geliebte bzw. den Geliebten fokussiert, alle Fehler und Unzulänglichkeiten des Anderen (beispielsweise eine Warze über den Augenbrauen) werden übersehen, alles Sinnen und Trachten richtet sich darauf, bei ihr/ihm zu sein und ihre/seine Zuneigung zu gewinnen, sei es in der Form eines wohlwollenden Blicks oder dass sie/er bei körperlichen Berührungen den Arm nicht zurückzieht, sondern ihn leicht vorstreckt.

Wirkung wie Kokain. Fisher, Aron und Brown (2006) legten 17 jungen Männern und Frauen, die frisch, aber heftig verliebt waren, ein Porträt des Geliebten vor und untersuchten mit der funktionalen Magnetresonanztomografie, was sich in ihren Gehirnen abspielt. Sie registrierten eine erhöhte Tätigkeit im ventralen Tegmentum, einem Areal im Mittelhirn, unmittelbar neben der schwarzen Substanz und dem roten Nukleus gelegen, das ein Teil des Belohnungssystems ist und aus Dopaminen, GABA (ein wichtiger Neurotransmitter im Zentralnervensystem) und Glutamatneuronen besteht. Intensiviert sich seine Aktivität, erleben Menschen intensivstes Glück, gesteigerte Aufmerksamkeit und Erregung – dies ebenso massiv wie nach dem Konsum von Psychostimulanzen, speziell Kokain. Bei Verliebten werden fast die gleichen Gehirnschaltungen aktiviert wie bei Drogensüchtigen, die verzweifelt der nächsten Spritze entgegenfiebern, sodass gefragt wurde, ob Verliebtsein eine Suchtstörung sei (Insel, 2003); auch der Volksmund spricht von „liebeskrank". Zudem werden weitere Neurotransmitter freigesetzt, unter anderem Norepinephrine, die den Appetit dämpfen und das Einschlafen erschweren, aber auch den Herzschlag erhöhen, das Schwitzen erleichtern und die körpereigene Energie steigern.

Mehr als Sex. Verliebtsein, mit dem dopaminergischen Belohnungssystem des Gehirns assoziiert, ist mit dem Sexualtrieb nicht völlig identisch (Fisher, 2004). Dieser verdankt sich primär dem Testosteron, von dem Frauen mehr in ihrem Organismus haben, wenn der Eisprung erfolgt (Van Goozen et al., 1997). Auch sind im sexuellen Begehren andere Gehirnregionen aktiver, bei Männern limbische und paralimbische Strukturen, speziell rechte Amygdala und Hypothalamus, bei den Frauen hingegen der Hypothalamus, wobei zu bedenken ist, dass Frauen durch die in den jeweiligen Experimenten gezeigten erotischen, erst recht pornografischen Filmausschnitte weniger sexuell erregt werden (Karama et al., 2002).

Diese neuropsychologischen Differenzen zwischen romantischer Liebe und Sexualtrieb zeigen sich auch im Erleben. Sexualtrieb kann sich auf viele mögliche Partner erstrecken, Verliebte denken nur an die eine oder den einen. Ist der Sexualtrieb befriedigt, fallen Personen oft in eine Leere („Post coitum Gallus non cantat"); Verliebte hingegen bleiben auf ihren Glückswolken, oft über Monate und Jahre. Viele haben mit Partnerinnen bzw. Partnern geschlafen, ohne sie zu lieben, und viele waren und sind verliebt, ohne sexuell verkehrt zu haben.

Haut als Glücksorgan. Verliebte sind besonders glücklich, wenn sie sich umarmen, berühren und streicheln. Dauert eine Umarmung länger als 20 Sekunden, wird Oxytocin ausgeschüttet, senkt sich der Blutdruck (Light et al., 2005) und wird die Bindung besiegelt, indem im Gehirn die Vertrauensmechanismen in Gang gesetzt werden (Brizendine, 2007, 115). Die Haut ist ein Organ des Glücks. Im Schnitt hat ein erwachsener Mensch um die 1,7 m² Haut, sie enthält gigantisch viele Nerven, pro cm² über fünf Millionen Nervenenden sowie 3.000 Hautsinneszellen (Baur & Schmid-Bode 2004). Gestreichelt zu werden, aber auch das Streicheln selber bewirkt nicht nur, dass Oxytocin ausgeschüttet wird, sondern auch körpereigene Endorphine – wenn wir mit den Fingerkuppen über einen 500-Euro-Schein tasten, geschieht dies nicht.

Herzschmerz. Die Quelle intensivsten Glücks kann aber auch in tiefstes Unglück hinunterreißen: Wenn ein Partner verlassen wird. Männer reagieren mit höherer Wahrscheinlichkeit aggressiv, oft gegen sich selbst; Frauen hingegen mögen nicht essen, können nicht schlafen, weinen häufig und ziehen sich zurück, denken oft an Selbstmord, den sie aber seltener begehen (Brizendine, 2007, 125). „Liebesschmerz" und „gebrochenes Herz" galten üblicherweise als poetische Metaphern für die Nachtseite des Verliebtseins; aber neuere Untersuchungen mit bildgebenden Verfahren zeigten, dass im Liebeskummer die gleichen Gehirnschaltkreise aktiviert werden, die auch Schmerzempfindungen auslösen (Eisenberger & Lieberman, 2004). Von einem geliebten Partner verlassen zu werden, ist für das Gehirn ebenso alarmierend wie Schmerzen in den Herzkranzgefäßen. Verständlich, dass die meisten Kulturen Lebensformen entwickelten, um Intimität auf Dauer zu stellen, speziell die Ehe.

5.1.2 Glück in der Ehe bzw. in fester Partnerschaft

„Besser gut gehängt als schlecht verheiratet", stellte Sören Kierkegaard als Motto seinen „Philosophischen Bissen" voran. Es ist ein ganz anderes Leben, ob jemand am morgen am liebsten allein aufwachen würde oder als Erstes den danebenliegenden Menschen umarmt und wach küsst. Die Qualität von Ehe/Partnerschaft entscheidet maßgeblichst über unser Lebensglück (Ruvolo, 1998).

Verheiratete sind glücklicher. Dies belegen konsistent Studien aus allen Kontinenten (Argyle 2001, 77ff.; Hornung, 2005a, 117ff.; Myers, 1999; Waite, 1995). Gemäß einer der größten dazu befragten Stichprobe (N = 163.000) sind Eheleute zu 80 Prozent mit ihrem Leben zufrieden, Singles zu 74 Prozent, Verwitwete zu 71 Prozent, Geschiedene zu 65 Prozent (Inglehart, 1990). Veroff, Douvan & Kulka (1993) berichten, dass sich amerikanische verheiratete Frauen zu 42 Prozent als „sehr glücklich" einschätzen, Singles zu 26 Prozent, Geschiedene zu 16 Prozent; bei den Männern sind es 35 Prozent und je 19 Prozent (Singles, Geschiedene). Auch in der Bundesrepublik kam man zu ähnlichen Ergebnissen: Am glücklichsten bilanzierten ihr Leben die Ehepaare und die im Konkubinat Lebenden, weit vor den Ledigen, Verwitweten und Geschiedenen (Weick, 2004, 543). Stack & Eshleman (1998) analysierten Daten der Welt-Wertestudie aus 17 Nationen und fanden, dass in 16 Ländern Verheiratete signifikant glücklicher waren, dies umso mehr, wenn sie mit ihrer finanziellen Lage und ihrer Gesundheit zufrieden waren, was durch die eheliche Lebensform begünstigt wird (Diener et al., 2000).

Verheiratete sind gesünder. Wenn Sie (gut) verheiratet sind, verbringen Sie – im statistischen Schnitt – fünfmal weniger Zeit in einer Klinik. Pro 100.000 Einwohner lagen verheiratete Briten 260 Tage in einer Klinik, Singles knapp dreimal mehr (770), Verwitwete 980, Geschiedene 1437 (Hornung, 2005a, 117). Die bessere Gesundheit von Eheleuten erklärt auch, warum sie eine niedrigere Mortalitätsrate haben als Menschen in losen sozialen Netzen. Berkman & Smyne (1979) fanden in einer bekannten Längsschnittstudie (9 Jahre) mit 7.000 Amerikanern: Bei Männern zwischen 60 und 70 Jahren betrug die Sterblichkeitsrate 22 Prozent, wenn sie in einer Ehe lebten, aber 39 Prozent, wenn die sozialen Netzwerke locker waren; bei den Frauen waren es 10 Prozent versus 29 Prozent. Manzoli et al. (2007) präsentieren die bisher aufwändigste Metaanalyse, in die Angaben von mehr als 250.000 älteren Personen eingingen: Verheiratete hatten mit 0.88 ein geringeres Mortalitätsrisiko als Verwitwete (1.11), Geschiedene/Getrennte (1.16) sowie Unverheiratete (1.11). Wer verheiratet ist, gleitet auch seltener in depressive Verstimmung ab. Myers (1999, 379) berichtet von repräsentativen Daten aus den USA: Die jährliche Depressionsrate von Verheirateten beträgt 1,5 Prozent, bei Ledigen 2,2 Prozent, einmal Geschiedenen 4 Prozent und nach zweimaliger Scheidung 6 Prozent.

Warum aber hält Ehe – eine Lebensform, in der häufiger körperlich geschlagen wird als am Arbeitsplatz – gesund, und warum macht sie glücklich? Eine mögliche Erklärung ist ein gesünderer Lebensstil: Wenn der Partner gebeten wird, regelmäßig zur Vorsorgeuntersuchung zu gehen, das Rauchen aufzugeben, mit Nordic-Walking zu beginnen, nicht immer fette Schweinsstelzen zu essen etc. (Stack & Eshleman, 1998, 528). Hinzu kommt, dass Verheiratete in der Regel über mehr finanzielle Ressourcen verfügen als Geschiedene, die aufgrund des Zerbrechens der Ehe oft in finanzielle Not geraten (Bundesministerium für Familie, 1999, 78f.). Regelmäßiger, bestenfalls zärtlicher Körperkontakt begünstigt die Ausschüttung von Oxytocin und reduziert das Stresshormon Kortisol. Und nicht zuletzt spenden sich gut verheiratete Paare auch Halt und emotionale Sicherheit.

Glücklichere heiraten wahrscheinlicher. Sind Verheirate glücklicher aufgrund der Heirat, oder sind sie in den Hafen der Ehe eingelaufen, weil sie zuvor schon glücklicher – und risikofreudiger – waren? (Stutzer & Frey, 2005) Gesellige Menschen, die einen möglichen attraktiven Partner ungeniert ansprechen, ihn anlächeln, dabei die Augenbrauen hebend, haben bessere Chancen auf dem Heiratsmarkt als Schüchterne, die auf die Schuhspitzen schauen (Veenhoven, 1989). Mastekaasa (1992) befragte mehr als 9.000 junge Norweger und fand, dass diejenigen, die in jungen Jahren glücklicher waren, wahrscheinlicher zum Standesamt schritten – ein Indiz für die Selektionstheorie. Auch Stutzer & Frey (2005) fragten, ob Heirat glücklich macht oder ob glückliche Menschen eher heiraten. Die Daten des längsschnittlichen Deutschen Sozioökonomischen Panels (N = 15.268) sprechen für Letzteres: Im Alter von 20 Jahren waren jene, die sich in den folgenden Jahren verehelichten, deutlich glücklicher als jene, die Singles blieben.

Erhöht der Hochzeitstag, obschon ihn die meisten Paare zu den glücklichsten Tagen ihres Lebens zählen, Glück also doch nicht nachhaltig? Empirisch gut gesichert ist der Honeymoon, der im Schnitt schon ein Jahr vor der Trauung beginnt – bei Paaren im Konkubinat weniger stark – und ein Jahr danach abzuflachen beginnt (Shields, 2004; Zimmermann & Easterlin, 2006), allerdings nicht mehr ganz zurück zum ursprünglichen Glücksrichtwert. Doch die längerfristige Steigerung der Lebenszufriedenheit nach der Hochzeit ist bescheiden: 0.12 Punkte auf einer Skala von 0 bis 10, was ein Prozent der Varianz erklärt (Lucas et al., 2003, 532) und Lucas & Clark (2006) zur Schlussfolgerung veranlasste, Heirat verbessere die Befindlichkeit nicht nennenswert. Beträchtlich ist jedoch die Standardabweichung: Heiraten wirkt sich auf Zufriedenheit unterschiedlich aus. Männer und Frauen, die als Ledige weniger glücklich waren, profitieren mehr von ehelicher Zweisamkeit als die zuvor besonders Glücklichen, deren Glückslevel sich nicht mehr so leicht erhöhen lässt. Auch fanden Lucas und Clark (2006) in einer Reanalyse des repräsentativen Deutschen Sozioökonomischen Panels, dass bei Männern und Frauen, wenn sie nach dem dreißigsten Lebensjahr heiraten, die Lebenszufriedenheit deutlich länger höher bleibt. Was aber ist dem Eheglück besonders förderlich und warum zerbricht es bei gut einem Drittel der Paare (Bundesinstitut für Bevölkerungsforschung, 2007)?

Zufriedenheit mit der Sexualität ist für das Eheglück ganz entscheidend. Schumacher, Laubach & Brähler (1995) befragten 3.047 Bundesdeutsche nach ihrer Zufriedenheit im allgemeinen und mit neun Lebensbereichen im speziellen und fanden, dass Ehe und Sexualität am zweitstärksten korrelieren. Ein Paar, das sich regelmäßig liebt, und zwar nicht immer unter der gleichen Decke, sondern im Urlaub auch einmal am Strand, im Rauschen der Wogen atmend, ist glücklicher als eines, bei dem die Sexualität ruht. Ein Paar, das sich nicht mehr küsst, bleibt in der Regel nicht zusammen. Was aber erhöht sexuelle Zufriedenheit? Dies untersuchten, an einer Stichprobe von 2.250 Finnen, Haavio-Mannila & Kontula (1997). Diese gaben zu 27 Prozent an, mit ihrem Sexualleben „sehr zufrieden" zu sein, 55 Prozent „zufrieden" (die Männer deutlich mehr) und bloß 4 Prozent der Männer und 6 Prozent der Frauen ausdrücklich „unzufrieden" – wobei die Autoren zu Recht anmerken, nur weniges werde schamhafter verschwiegen, als im Bett frustriert zu sein. In der bundesdeutschen Studie von Schumacher, Laubach & Brähler (1995) zeigte sich eine relativ geringe Zufriedenheit mit dem Sex: Innerhalb der neun abgefragten Lebensbereiche war diese am zweitniedrigsten. Sexuelle Zufriedenheit wird nach Haavio-Mannila und Kontula (1997) begünstigt durch eine freizügige Einstellung gegenüber der Geschlechtlichkeit im Elternhaus, damit korrelierend durch weniger Kirchlichkeit, höhere Bildung, tiefe gegenseitige Liebe, häufigen und variantenreichen Verkehr. Mit seinem Sexualleben ist auch glücklicher, wer mit dem Partner offen über Vorlieben und Abneigungen sprechen kann (Ojanlatva, 2003).

Eine repräsentative US-Studie (N = 16.000) führten Blanchflower und Oswald (2004) durch: „Je mehr Sex, desto glücklicher der Mensch", bei den Männern ausgeprägter als bei den Frauen. Wenn Paare wöchentlich mehrmals Verkehr haben, beglückt dies mehr, als ein eigenes Haus zu besitzen, mehr als ein höheres Einkommen, mehr als gute Bildung. Der Median der Koitushäufigkeit ist zwei- bis dreimal im Monat, deutlich weniger als gemäß den Umfragen im Auftrag des Kondomherstellers Durex, wonach Amerikaner pro Jahr 113 Mal Sex hätten, im Monat also gut zehnmal (Global Sex Survey, 2005). Angaben zur Häufigkeit sexueller Handlungen sind kritisch zu betrachten. Die unter 40-Jährigen gaben sich als deutlich aktiver aus; 10 Prozent von ihnen hätten viermal Sex pro Woche, zumeist mit dem gleichen Partner. Mit dem Alter geht die Häufigkeit des Beischlafs zurück. Bei den über 40-jährigen Frauen ist der Median einmal im Monat, bei den Männern zwischen zwei- und dreimal – eine insofern verwunderliche Diskrepanz, als 97 Prozent der Frauen und 95 Prozent der Männer Monogamie beteuerten. Blanchflower und Oswald (2004, 400) vermuten bei Männern eine gendertypische Tendenz, zu übertreiben. Bezahlter Sex mit Prostituierten ist enorm glücksmindernd. Außereheliche Affären sind es ebenfalls, wenngleich nicht so stark. In Dänemark hingegen sind sie es nicht, vermutlich wegen einer liberaleren Einstellung (Solstad & Mucic, 1999).

Auch wenn die Angaben zum Sexualleben nicht immer valide sind – fest steht: Sexualität, eine der stärksten Triebkräfte im Leben, ist zu kultivieren und eine mögliche Quelle überwältigenden Glücks, in dem der Mensch sich überschreiten und Transzendenz erfahren kann: „Während wir uns liebten, spürte ich das unglaubliche spirituelle Erwachen. Ich spürte, dass ich eine höhere Ebene erreicht hatte, und fühlte mich eins mit dem ganzen Universum – und tief glücklich." (Wade, 2004, 89).

Positive Illusionen über den Partner sind einer Ehe bzw. engen Beziehung besonders förderlich. Murray, Holmes und Griffin (1996) befragten 82 Paare über ihr eigenes Selbstbild, ihren faktischen sowie den idealen Partner; auch ließen sie den jeweiligen Partner von Freunden im Hinblick auf Persönlichkeitsmerkmale wie Liebenswürdigkeit einschätzen. Wenn Männer und Frauen dem Partner mehr positive Seiten zuschrieben als die Freunde, waren die Paare am glücklichsten. Auch neigten sie dazu, Fehlern und Schwächen Positives abzugewinnen. Beispiel: Ein schnell eifersüchtiger Mann wird gesehen als „einer, der seine Frau besonders liebt"; ein anderer, der oft hartnäckig und stur ist als „einer, der wegen seiner festen Überzeugungen zu respektieren ist".

Ebenfalls stabilisierend wirken sich häufige gemeinsame Vergnügen aus, aber auch gemeinsame Freunde, eine gemeinsame Lebensphilosophie, Konsens in den wichtigen alltäglichen Dingen, speziell in Erziehungs- und Finanzfragen (Sund & Smyrnios, 2005). Einer der stärksten Stabilitätsfaktoren sind jedoch gemeinsame religiös-spirituelle Überzeugungen (Mahoney et al., 1999). Ein Paar, das gemeinsam betet und seine Ehe, einschließlich der Sexualität, als etwas Heiliges betrachtet, bleibt in aller Regel zusammen.

Sind Ehemänner glücklicher, wenn ihre Frauen jünger sind? Und Letztere, wenn sie sich an die Schulter eines Partners anlehnen können, der älter und gebildeter ist? Dies untersuchten Groot und Van den Brink (2002) bei 1.478 niederländischen Paaren, dabei auf zwei Theorien Bezug nehmend. Zum einen die der sozialen Gleichheit, gemäß der Ehepartner glücklicher und ihre Beziehungen stabiler sind, wenn sie sich bildungsmäßig und sozial wenig unterscheiden. Zum anderen auf Thesen des Evolutionspsychologen Buss (2004), wonach Frauen Männer präferieren, die über ein höheres Einkommen verfügen, das mit steigendem Alter wahrscheinlicher wird und leichter ermöglicht, Kinder zu ernähren, in die die Frauen viel Zeit und Energie investieren. Groot und Van den Brink (2002) fanden, dass in 77 Prozent der Ehen die Männer älter waren. In diesen Haushalten war die Lebenszufriedenheit bei beiden Eheleuten signifikant höher als dann, wenn die Gattin älter war. Die Lebenszufriedenheit von Männern und Frauen war am höchsten, wenn Erstere über einen höheren Bildungsabschluss verfügten, was bei 43 Prozent aller Paare der Fall war. Die Autoren bevorzugen infolgedessen die evolutionspsychologische Erklärung.

Scheidung. Wie glücksrelevant soziale Nahbeziehungen sind, zeigt sich, wenn sie zerbrechen, sei es durch den Tod, sei es – immer häufiger – vor dem Scheidungsrichter. Das Deutsche Sozioökonomische Panel, für die Glücksforschung besonders wertvoll, weil die Daten längsschnittlich sind, erfasste 845 Personen, die sich in den letzten 18 Jahren scheiden ließen (Lucas, 2005). Ihre Glückskurve begann schon mehrere Jahre vor der Trennung zu sinken und erreichte ein Jahr davor ihren Tiefpunkt. Danach begann sie wieder zu steigen, nicht steil und ohne das ursprüngliche Level wieder zu erreichen – für Lucas (2005) ein Indiz gegen die Adaptionstheorie des Glücks. Etliche Personen fühlten sich nach der Scheidung glücklicher – Frauen häufiger (Lucas, 2005, 849). Insgesamt reduziert Trennung das Lebensglück signifikant und nachhaltig und ist eines der stressreichsten kritischen Lebensereignisse, gemäß einer älteren Studie (Holmes & Rahe, 1967) gravierender als Inhaftierung. Gemäß US-Statistiken erleiden geschiedene Männer viermal so oft einen tödlichen Verkehrsunfall wie jene, die nach Feierabend zu ihren Ehefrauen fahren (Argyle 2001, 80).

Wie einschneidend eine Scheidung auch ist: Noch ungünstiger sind die psychischen Auswirkungen, wenn unglückliche Ehen über Jahre aufrecht erhalten werden. Hawkins und Booth (2005) zeigten in einer Studie mit 1150 Männern und Frauen: Ihre Lebenszufriedenheit sinkt drastisch, ihr Selbstwertgefühl schrumpft, die Anfälligkeit für Erkrankungen, physisch wie psychisch, steigt. In stärker kollektivistischen Kulturen bleiben unglückliche Paare, weil der soziale Druck stärker, die Stigmatisierung massiver ist, länger zusammen als in individualistischen (Diener et al., 2000, 433).

Der Tod des Partners ist allemal ein herber Einschnitt. Im Deutschen Sozioökonomischen Panel mussten 513 Eheleute während der Längsschnittstudie am Grabe Abschnitt nehmen (Lucas et al., 2003). In der Reaktionsphase sank ihr Lebensglück markant (um durchschnittlich einen Punkt) und stieg hernach nur langsam wieder an. Annäherungsweise zu ihrem früheren Glückspegel fanden die Verwitweten im Schnitt erst nach acht Jahren, die zuvor besonders Glücklichen erheblich langsamer, weil für sie der Verlust noch schmerzhafter war. Lucas et al. (2003) bestehen darauf, die Analyse von Durchschnittswerten sei eine unstatthafte Verallgemeinerung und werde individuellen Lebensläufen nur wenig gerecht.

5.1.3 Beglücken Kinder?

„Selbstverständlich!" lautet die spontane Antwort. Was ist beglückender, als ein neues Leben, eine neue Welt in die Arme zu schließen und an die Brust zu drücken? Viele Mütter erinnern als glücklichste Episode ihres Lebens: „Die Geburt meines Sohnes, dieses kleine lebendige Etwas, das da plötzlich vor mir lag, und ich wusste, ich hab ihm (auch) das Leben geschenkt!" „Die Geburt meines Sohnes und das erste Lebensjahr mit ihm. Nachdem die Wehen bei mir aufgehört hatten, war es notwendig, eine Sectio zu machen. Ich war sehr enttäuscht. Als ich trotz allem mein Kind stillen konnte, genoss ich das und auch mein Sohn. Es war eine wunderschöne Zeit für mich."

Die Geburt eines Kindes wird zwar als eines der glücklichsten Lebensereignisse erinnert (Demoskopisches Institut Allensbach, 2003, 50), in einem repräsentativen bundesdeutschen Sample am zweithäufigsten, ein Prozent hinter Sex (Emotion, 2007, 6). Faktisch aber ist jede Geburt voller Gewalt und Blut, wenn das Kind zusammengedrückt und hinausgepresst wird und die Gebärende in die Lippen beißt, die Finger in die Laken krallt, stöhnt und schreit. „Sanft" können allenfalls die Umstände einer Geburt sein (etwa das Licht), nie aber diese selber. Die Gebärende wird tiefgreifend verändert, indem ihr Gehirn von Oxytocin überflutet wird, was die Bindung an das Kind dermaßen vertiefen kann, dass sie für ihr wimmerndes Bündel auf der Brust ihr Leben geben würde (Campbell, 2007).

Zumal die Geburt des ersten Kindes ist ein kritisches Lebensereignis, das oft unterschätzt wird (Reichle & Werneck, 1999) und die Eltern nötigt, ihre Lebensgewohnheiten tiefgreifend zu ändern. Ihr Eheglück verringert sich signifikant (Dalgas-Pelish, 1993). Nyström und Öhrling (2004) sichteten 88 Studien, die in den letzten Jahren zu den Auswirkungen der ersten Geburt auf das elterliche Wohlbefinden durchgeführt wurden. Zwar deklarieren sich Eltern in den Geburtsanzeigen als „hocherfreut und glücklich"; aber viele Mütter berichten von Müdigkeit, Stress, Einsamkeit, Sorgen, Überforderung: „Ich weiß nicht, wie man Mutterschaft mit Worten ausdrücken kann. Sie ist die wahrste Liebe, die ich je in meinem Leben erfahren habe. Es ist Glück und Frust zugleich, es ist Hingabe und Opfer." (Nyström & Öhrling, 2004, 324) „Es ist so hart, 24 Stunden pro Tag für das Baby zu schauen. Niemand hat mir gesagt, dass es so hart sein wird." (McVeigh, 1997, 341).

Kinder und Lebenszufriedenheit. Auch in der 23.000 Amerikaner umfassenden Studie von Alesina, DiTella und MacCullock (2004) zeigte sich, dass Männer und Frauen, die Kinder aufzogen, weniger glücklich waren als jene, die keine Kinder hatten oder deren Söhne und Töchter das Haus verlassen hatten, ebenso Breterton, Clinch und Ferreira (2008, 392) in einem repräsentativen irischen Sample. Verfügen Eltern über ein niedriges Einkommen, ist der glücksmindernde Effekt von Kindern stärker (Seal, Wright & Sheley, 1993). Mütter, deren Kinder im Hause leben, haben zwar ein geringeres Risiko, körperlich zu erkranken (Sieverding, 2000) – was sie sich aufgrund der Pflegeverpflichtung nur schwerer leisten können –, aber ein höheres, in depressive Verstimmungen abzusinken (McLanahan & Adams, 1987), dies umso eher, je jünger sie bei der ersten Geburt waren (Mirowsky & Ross, 2002).

Argyle (1999, 360) präsentiert vier unabhängig voneinander durchgeführte Studien, in denen Lebens- und Ehezufriedenheit in Beziehung zum Familienzyklus gesetzt wurden. Nach der Geburt des ersten Kindes sanken diese deutlich, um sich während der früheren und mittleren Kindheit wieder zu stabilisieren. In allen vier Studien waren die Eltern am unzufriedensten, wenn die Kinder in die Pubertät kamen; danach stieg die Zufriedenheitskurve deutlich an, um annähernd ihre ursprüngliche Höhe wieder zu erreichen, wenn die Kinder das Haus verließen. Das Empty-Nest-Syndrom, in den siebziger Jahren als Glückskiller dramatisiert, ist nicht die Regel; vielmehr fühlen sich Mütter dann besser, erleichtert und vor allem weniger gestresst (Dennerstein, Dudley & Guthrie, 2002).

Reduzieren Kinder die Lebenszufriedenheit unvermeidlich? Morill (2005) gelangte in einer Studie mit 1.295 Akademikern, von denen 19 Prozent Eltern waren, zu anderen Ergebnissen. Sowohl Väter als auch Mütter waren zufriedener (gemessen nach Diener et al., 1985; vgl. Kap. 2.3.5) als die Kinderlosen, selbst alleinerziehende Frauen, die ansonsten regelmäßig als weniger glücklich ausgewiesen werden (Sieverding, 2000). „Kinder zu haben, scheint für die Lebenszufriedenheit dieser Akademikerinnen wichtiger zu sein als Berufstätigkeit oder eine feste Partnerschaft" (Morill, 2005, 114). Elternschaft, eine der vielen Optionen von Menschen, beglückt umso mehr, je überzeugter sie gewollt ist.

5.2 Glück bei Freunden und in der Freizeit

5.2.1 Glück mit Freunden

Viele Philosophen würdigten Glück mit Freunden, so Aristoteles (1952), für den Freunde unabdingbar waren, um glücklich zu leben, oder Epikur (1949, 63), der schrieb: „Von allem, was die Weisheit zur Glückseligkeit des ganzen Lebens bereithält, ist weitaus das Größte die Erwerbung der Freundschaft." Auch Künstler sangen Loblieder auf die Freundschaft, so John Lennon: „I get by with a little help from my friends." Die empirische Glücksforschung bestätigt dies vollumfänglich (Argyle 2001, 72 ff.; Lyubomirsky, 2007, 151 ff.; Myers, 1992, 142 ff.; 1999, 378).

Freundschaft ist eine freiwillige, intrinsische soziale Aktivität, in der sich Menschen ihr Vertrauen schenken, einander beistehen, Kameradschaft pflegen und auch Intimes austauschen – so die Komponenten des Freundschaftsfragebogens von McGill (Demir & Weitekamp, 2006, 185). Freundschaften sind unterschiedlich nah. Schon Kinder können zwischen dem besten Freund und anderen Freunden differenzieren; bei Ansprachen werden andererseits manchmal hunderte Personen als „Freunde" angesprochen, auch solche, die der Redner nicht kennt.

Freunde machen glücklich. Gemäß repräsentativen US-Daten sind Menschen, wenn sie weniger als fünf enge Freunde haben, zu 26 Prozent sehr glücklich, bei mehr als fünf, zu 38 Prozent (Myers, 2000, 62). Demir und Weitekamp (2007), in einer Studie mit 423 jungen Erwachsenen, zeigten jedoch, dass weniger die Anzahl Freunde, sondern vielmehr die Qualität der Freundschaft Glück erhöht. Frauen hätten geringfügig weniger Freunde, dafür aber sei die Qualität der Freundschaften höher. Erwartungsgemäß ließen sich Zusammenhänge mit Persönlichkeitseigenschaften nachweisen. Extravertierte haben zwar mehr Freunde, was aber die Qualität der Freundschaft nicht erhöht; Personen, die zu Neurotizismus neigen, haben weniger Freunde und mit diesen häufiger Streit. Am stärksten ist der Zusammenhang mit der Persönlichkeitseigenschaft „Liebenswürdiges Wesen": Es korreliert mit Qualität der Freundschaft zu $r = .34$, mit Glück zu $r = .44$. Obschon Glück stark von Persönlichkeitseigenschaften abhängt, wird dieses durch gute Freundschaften signifikant erhöht, und zwar auch unabhängig von den Big Five.

In einer weiteren Studie ($N = 250$) versuchten Demir, Özdemir und Weitekamp (2007), mit Freundschaftsvariablen so viel Varianz des Glücks (Oxfordinventar) wie möglich zu erkären. Signifikanz erreichte einzig die Qualität der Freundschaft (8 Prozent erklärte Varianz). Gelegentliche Konflikte mit Freunden reduzierten – anders als erwartet – Glück nicht, und Personen, die überdurchschnittlich viele Freunde haben, sind nicht glücklicher.

Nicht nur Fragebogenuntersuchungen, sondern auch Studien mit der Erlebnisstichprobenmethode wiesen Freunde als enorm beglückend aus. Larson (1990) ließ Männer und Frauen zu zufälligen Zeitpunkten in den Handcomputer eintippen, wie glücklich sie sich gerade fühlten. Über alle Altersgruppen hinweg (von 13 bis 85 Jahre) waren sie bei Freunden am glücklichsten, die 70- bis 85-Jährigen sogar am meisten, sodann in der Familie und am wenigsten, wenn sie alleine waren. Das gleiche Ergebnis erbrachte eine mit Beepern durchgeführte Studie von Csikszentmihalyi und Wong (1991): Studierende waren, sowohl in

Italien als auch in den USA, am glücklichsten, wenn sie mit ihren Freunden gemeinsam etwas unternahmen, und am wenigsten glücklich, wenn sie allein waren, und dies auch vor dem Fernseher, der lebendige Sozialkontakte nicht ersetzen kann (vgl. Kap. 5.3.2). Glück durch Freundschaft, schon in den ältesten Werken der Weltliteratur besungen – Achilles liebte Patroklos (Ilias), David war so glücklich mit Jonathan (Bibel) – ist eine anthropologische Grundkonstante, in Spanien oder den USA (Requena, 2005) ebenso wie in Bangladesch (Camfield, Choudhury & Devine, 2006). Wenn sich Menschen an ihre glücklichsten Episoden erinnern, denken sie oft an Freunde, und dies schon in jungen Jahren: „In der Kindheit: im Sommer lange draußen mit Freunden spielen, am See."

Aber auch im Alter: „Meine Silberhochzeit. Alle Freundinnen und Freunde von nah und fern sind gekommen, um mit uns zu feiern. Wir feiern zunächst einen wunderbaren Dankgottesdienst. Ein Chor singt für uns das Ave Verum und das Vater Unser. Unsere Freunde haben eine Silberhochzeitszeitung aufgelegt und verkaufen sie an die Gäste für einen guten Zweck. Ich empfinde tiefe Liebe und Dankbarkeit. Mein Mann und ich sind sehr dankbar und gerührt, dass so viel Liebe geschenkt wird. Der Tag ist für mich unvergesslich. Noch heute spüre ich tiefe Glücksgefühle."

Freundschaften bereiten Spaß und Lust. Sie sind aber auch dem eudaimonistischen Wohlbefinden (Realisierung der Potenziale) förderlich. Wer gute Freundschaften pflegt, erfährt mehr Selbstwirksamkeit (r = .59), kommt mit seiner Umgebung besser zurecht (r = .55), ist freier und hoffnungsvoller (r = .53) und glücklicher (r = .55), so Segrin und Taylor (2007) auf der Basis einer Studie mit 703 Erwachsenen.

Wir Menschen haben das Bedürfnis nach Zugehörigkeit, aber auch jenes, uns anderen anzuvertrauen, speziell wenn wir bedrückt und bekümmert sind. In einer eindrücklichen Studie zeigte Pennebaker (1990), wie heilsam es sein kann, wenn Menschen dies ermöglicht wird: 33 Überlebende des Holokaust konnten Freunden auch schrecklichste Dinge erzählen, die sie zuvor verschwiegen hatten. 14 Monate später zeigte sich: Diejenigen, die sich am meisten anvertrauten, konnten sich der besten Gesundheitswerte erfreuen.

> Glücklich machen Freunde vor allem, wenn mit ihnen die Freizeit verbracht wird und gemeinsame Erfahrungen möglich sind, die viel mehr Glückspotenziale in sich haben als materielle Anschaffungen (Van Boven, 2005).

5.2.2 Beglückende Freizeitaktivitäten

Eudaimonistisches Glück entsteht, wenn Menschen ihre individuellen Potenziale verwirklichen (vgl. Kap. 2.3.6). Dafür ist die Freizeit zumeist geeigneter als Schule oder Arbeit. Auch wenn oft über steigenden Druck am Arbeitsplatz geklagt wird – in der Ersten Welt verfügten Menschen noch nie über so viele freie Stunden, in denen sie, intrinsisch motiviert, oft enthusiastisch, ihren Steckenpferden nachgehen, was ihrer Identitätsfindung und der Entwicklung ihres Selbst enorm förderlich sein kann (Kleiber, 1999). Um 1830 arbeitete ein Mann durchschnittlich 72 Stunden in der Woche, fast doppelt so lang wie heute (Argyle 2001, 111). Wie wir uns in der Freizeit fühlen, färbt gemäß einer Studie von Lu und Hu (2005) zu r = .50 signifikant auf unser Lebensglück ab.

In einer Erlebnisgesellschaft wie der unsrigen gibt es unzählige Freizeitmöglichkeiten. Argyle und Lu (1990) legten Studierenden 37 Freizeitaktivitäten vor, Fernsehen ebenso wie Tanzen, Sport oder Gartenpflege, und unterzogen diese einer Faktorenanalyse. Ein erster Faktor bündelte häusliche Hobbys, beispielsweise am Haus herumbasteln oder stricken; ein zweiter den Konsum von Medien, etwa Musik hören; ein dritter Ausgehen, Club, Tanzen und Parties, und ein vierter sportliche Aktivitäten. Jene, die beim dritten und vierten Faktor hohe Häufigkeitswerte hatten, waren nicht nur extravertierter, sondern auch glücklicher.

Welche Aktivität ist beglückender? In einer weiteren Studie untersuchten Hills, Argyle und Reeves (2001) ebenfalls, wie glücklich Menschen bei diversen Freizeittätigkeiten sind: mit Abstand am glücklichsten beim Tanzen, wenn aufgrund der Bewegung Endorphine ausgeschüttet werden, aufgrund von Körperkontakt Vasopressin und Oxytocin, sodann bei ehrenamtlicher Tätigkeit und Engagement in Wohltätigkeitsorganisationen (vgl. Kap. 5.2.3), gefolgt von Musizieren, religiös-spiritueller Praxis, Treffen mit Freunden und Sport. Weniger glücklich sind jene, die in ihrer Freizeit politisieren.

Dass Freizeitaktivitäten kausal positive Stimmungen erzeugen, belegten Hills und Argyle (1998) mit 275 Personen zwischen 18 und 82 Jahren, die entweder häufig Sport betrieben oder Musik machten, sich in einer religiösen Kommunität engagierten, oft vor dem Fernseher saßen. Das ebenfalls eingesetzte Oxford-Glücksinventar (2.3.2) zeigte, dass die Freizeitsportler geringfügig glücklicher waren und vor allem intensives körperliches Wohlbefinden erlebten, wohingegen die Musiker zumal die Gemeinschaft im Orchester und die Kooperation als erhebend erlebten. Die Fernsehschauer fühlten sich vor allem unterhalten und erholt, während Männer und Frauen, die sich in einer religiösen Gemeinschaft engagierten, häufiger vom Glück berichteten, von Gott geliebt und mit den Mitmenschen verbunden zu sein.

Freizeitaktivitäten und Persönlichkeitsmerkmale. Hills und Argyle (1998) prüften auch, ob die bevorzugten Freizeitaktivitäten mit Persönlichkeitseigenschaften (Big Five) zusammenhängen: Sportler und Musiker (im Orchester) sind geringfügig extravertierter, die Betrachter von Seifenopern erreichten einen leicht höheren Wert auf der Neurotizismusskala, religiöse Personen erwiesen sich als sozial angepasster. Auch in einer repräsentativen Studie in China zeigte sich, dass Extravertierte häufiger Freizeitaktivitäten bevorzugen, in denen sie Freunde und Mitmenschen treffen (Lu & Hu, 2005).

Ist Freizeit primär in solchen Gesellschaften glücksförderlich, die höher entwickelt sind und mehr davon gewähren? Wie verhält es sich diesbezüglich bei „einfachen" Gesellschaften, beispielsweise den Tsimane, einem Indianerstamm im amazonischen Regenwald (Bolivien), der sich u. a. vom Jagen und Fischfang ernährt? Reyes-Garcia et al. (2006) interviewten 533 Tsiname, schätzten deren Glück über die Häufigkeit des Lachens während dem Interview ein und fanden: Je häufiger sie in ihrer Freizeit sozialen Tätigkeiten nachgingen (Freunde besuchen, gemeinsam essen), desto glücklicher sind sie. Die Häufigkeit solitärer Freizeit, speziell ausruhen und Radio hören, erhöht Glück nicht. Die Autoren vermuten, der signifikante Effekt sozialer Freizeitgestaltung könnte kulturell bedingt sein; andererseits gibt es evolutionspsychologische Befunde, dass (soziale) Tätigkeiten, die der inklusiven Fitness förderlich sind, glückssteigernd wirken (Buss, 2000).

Positive Effekte von Freizeitaktivitäten

Wie mannigfaltig Freizeitaktivitäten auch sind, gemeinsam sind vielen die günstigen und zumeist beglückenden Effekte. Anregende und herausfordernde Freizeitaktivität führt zu mehr neuronaler Effizienz und ist der Plastizität des Gehirns förderlich – ein aktiver Lebensstil ist eine vorzügliche Prophylaxe hinsichtlich Demenzerkrankungen (Scarmeas & Stern, 2003). Stumbe und Peterson (2004) benennen weitere positive Effekte: Gestärkte emotionale Kontrolle, weniger Symptome von Ängstlichkeit und Depression, bessere Fähigkeit, Stress vorzubeugen, zu managen und zu bewältigen, höhere Lebens- und Freizeitzufriedenheit etc.

Macht Sport glücklich? Vor allem körperliche Bewegung ist dem Wohlbefinden enorm förderlich (Biddle, Fox & Boutcher, 2000), wirkt prophylaktisch gegenüber depressiven Verstimmungen bzw. ist ein probates Mittel, solche zu lindern (Van de Vliet et al., 2004). Wenig ist beglückender, als über die Ziellinie des Marathons gelaufen zu sein oder nach dem Aufstieg vom Dreitausender ins Tal hinunterzuschauen: „Die glücklichsten Episoden in meinem Leben: Beim Sport empfinde ich auch heute noch unheimliche Glücksgefühle, bei Wanderungen, die anstrengend sind und man ist endlich am Ziel." (Sammlung des Verfassers).

Sportliche Tätigkeit hebt – so eine repräsentative US-Studie – „das physische und psychische Wohlbefinden, stärkt das Selbstwertgefühl, vertieft die Wertschätzung des Lebens und verbessert den Schlaf" (American Fitness, 2000). Das Bindeglied zwischen Freizeit und physischer Aktivität sei Freude (Henderson, 2003).

Warum aber beglückt aktive Freizeit? Als Erklärung herangezogen wird seit Havighurst (1963) oft die Aktivitätstheorie (Melin, Fugl-Meyer & Fugl-Meyer, 2003), die starke Unterstützung durch die Neuropsychologie erhalten hat, werden doch in einem bewegten Körper Endorphine und andere Glücksbotstoffe ausgeschüttet (Spitzer, 2002). Rodríguez, Látková und Sun (2008) ziehen, um die positiven Effekte von Freizeit auf das Wohlbefinden zu erklären, die Bedürfnistheorie heran, die auf Maslow (2002) zurückgeht. Ryan und Deci (2001) zufolge ist „ein Bedürfnis, sei es physiologisch, sei es psychologisch, ein energetischer Zustand, der, wenn er befriedigt wird, Gesundheit und Wohlbefinden fördert, wenn nicht, dann Pathologien und schlechte Stimmung auslöst". Rodríguez, Látková und Sun (2008) erhoben bei 633 Amerikanern zum einen, wie sie ihre Freizeit gestalten, zum anderen ihre Zufriedenheit damit, wie sie verschiedene *Bedürfnisse* befriedigen können: soziale, familiäre, das nach Autonomie, körperlicher Ertüchtigung sowie nach Vervollkommnung von Fertigkeiten – diese korrelieren mit der allgemeinen Lebenszufriedenheit stärker als Aktivitätsvariablen. Jedoch fördern auch zahlreiche *Freizeitaktivitäten* die Zufriedenheit, allen voran Joggen und Walken und Freunde besuchen, wohingegen häufiges Computerspielen (auch Internet) mit der Lebenszufriedenheit signifikant negativ korreliert. Auf Letztere keinen Einfluss haben Tätigkeiten wie Kuchen backen, Fotografieren oder Kartenspielen.

Anders als gelegentlich behauptet, gebrauchen Menschen ihre Freizeit keineswegs nur zum Genießen und Vergnügen, sondern dafür, ihre Potenziale, intrinsisch motiviert, zur Entfaltung zu bringen, was als „eudaimonistisches Glück" bezeichnet wird (vgl. Kap. 2.3.6) und auch therapeutisch genutzt werden kann (Carruthers, 2004; vgl. Kap. 9). Dass dies auch Spaß macht, ist ein erfreulicher Nebeneffekt. – Allerdings, nicht jede Freizeitaktivität erhöht psychologisches Wohlbefinden, auch nicht eine der häufigsten: Das Fernsehen.

5.3.2 Glück vor dem Fernseher?

Fernsehen ist eine der häufigsten Freizeitaktivitäten. Kaum vorstellbar, was geschähe, wenn die Bildschirme plötzlich nur noch flimmerten. Im Schnitt schauen Menschen – gemäß Angaben von 72.000 Personen in 45 Ländern (Benesch, Frey & Stutzer, 2006) – zwei Stunden pro Tag fern, in Großbritannien und in den USA gar dreieinhalb (Easterlin, 2005, 86). Fernsehen ist die dritthäufigste Tätigkeit nach Schlafen und Arbeiten. Aber beglückt es wirklich?

Die Befunde sind nicht ganz eindeutig. In ihrer Erlebnisstichprobenstudie fanden Kubey und Csikszentmihalyi (1990), dass ihre Versuchspersonen, wenn sie vor dem Fernseher saßen, positive Affekte in ihren Handcomputer eintippten; sie fühlten sich durchaus erholt, aber weniger aktiv und munter. Texanische Frauen, gemäß der Tagesrekonstruktionsmethode von Kahneman et al (2004) untersucht (vgl. Kap. 2.6), waren beim Fernsehen glücklicher als beim Einkaufen, Kochen, Herumdösen und der Beschäftigung mit Kindern. Aber schon in einer Studie aus dem Jahre 1977 zeigte sich, dass Fernsehen nicht sonderlich viel zur allgemeinen Lebenszufriedenheit beiträgt (Argyle 2001, 119). Die von Lu und Argyle (1993) befragten häufigen Betrachter von Seifenopern waren weniger glücklich, bedingt auch dadurch, weil sie über weniger soziale Kontakte verfügten. Frey, Benesch und Stutzer (2007) analysierten Daten von mehr als 72.000 Personen aus 45 Nationen und fanden: Wer exzessiv fernsieht, ist weniger glücklich, nicht nur, weil dies auf Kosten anderer Tätigkeiten geht, etwa sportlicher und sozialer, sondern auch, weil Vielseher ihre Freizeit weniger bewusst und kontrolliert gestalten, höhere materielle Erwartungen hegen und darüber hinaus ängstlicher sind. Dies replizierten Bruni und Stanca (2008) im Rahmen der Weltwertestudie (mit mehr als 200.000 Angaben aus 80 Ländern): Vielseher (über zwei Stunden) engagieren sich signifikant seltener in ehrenamtlicher Tätigkeit (Kirchgemeinde, Sozialdienste) sowie in der Pflege sozialer Beziehungen (Freunde), sind mit ihrem Leben weniger zufrieden und stellen höhere materielle Ansprüche, die durch die Werbespots geschürt werden können.

Warum macht exzessives Fernsehen unglücklich, obschon viele Männer und Frauen angeben, sich dabei wohl zu fühlen? Easterlin (2005, 89) verweist darauf, in TV-Serien träten überwiegend begüterte Menschen auf und nur zu zehn Prozent einfache Arbeiter – Vielseher tendieren dazu, die materielle Situation anderer zu überschätzen, ihre eigene jedoch zu unterschätzen, was zu Aufwärtsvergleichen führt, die unzufrieden stimmen. Schauspieler sind zumeist sehr attraktiv; Vielseher tendieren dazu, die körperliche Attraktivität ihres Partners geringer zu würdigen, speziell Männer, nachdem sie erotische Models betrachtet haben (Kenrick, Gutierres & Goldberg, 1989).

Warum aber sehen so viele Menschen so lang fern, obschon dies das Glück nicht steigert? Fernsehen ist bequem: Ein Knopfdruck, wohingegen für Joggen die Kleidung zu wechseln ist und die Schuhe zu schnüren sind. Rodríguez, Látková und Sun (2008) fanden eine negative Korrelation zwischen dem Bedürfnis nach körperlicher Bewegung und Computerspiel, das der Lebenszufriedenheit abträglich ist. Fernsehen präsentiere – so Bruni und Stanca (2008, 511) – ein „virtuelles Netzwerk von Beziehungen und Interaktionen", das sich konsumieren lässt, ohne dass in Beziehungsarbeit investiert werden muss. Von daher versteht sich, dass Extravertierte seltener solitäre Freizeitaktivitäten wie das Fernsehen bevorzugen, was Lu und Hu (2005) in einer repräsentativen Stichprobe in Taiwan nachwiesen. – In aller Regel glücklicher als ein Vielseher ist eine Person, die freiwillig und unentgeltlich für das Rote Kreuz arbeitet.

5.2.3 Das hohe Glück der Ehrenamtlichen

In Ihrem Bekanntenkreis kennen Sie vielleicht Menschen, die sich in ihrer Freizeit ehrenamtlich engagieren, etwa in der Betreuung von Senioren, indem sie ihnen Essen auf Rädern bringen oder einen geselligen Nachmittag bescheren. Solche Personen sind, wie von zahlreichen Studien belegt (Whiteley, 2004), in der Regel auch erfüllter, glücklicher und gesünder. Baker et al. (2005) erhoben in einem repräsentativen Sample von 3.617 älteren Amerikanern (60 Jahre und älter), wie glücklich sich diese einschätzten (happy: not too, pretty, very) und wie zufrieden sie mit ihrem Leben waren; auch fragten sie nach den freiwilligen Aktivitäten, speziell Betreuung von Mitmenschen (Kranke, Enkelkinder) und weiteren sozialen Tätigkeiten, aber auch individuellen wie Heimwerken, Gartenarbeit, und zwar sowohl nach der Anzahl dieser Aktivitäten als auch nach dem zeitlichen Engagement. Die meisten gaben an, mit ihrem Leben zufrieden und glücklich zu sein, und dies umso mehr, je länger sie ehrenamtlich sozial tätig waren; die Anzahl der Freizeitaktivitäten hingegen begünstigt Glück weit weniger. Die Autoren erklären sich den Glückseffekt mit der Theorie der sozialen Integration, die durch altruistisches Handeln gestärkt wird.

Ähnlich sind die Befunde von Borgonovi (2008) in einem Survey mit 29.000 Amerikanern, die ihre Gesundheit und ihr Glück einschätzten und angaben, wie oft sie welchen ehrenamtlichen Tätigkeiten nachgingen. Wer das wöchentlich tat, erlebte sich um 16 Prozent wahrscheinlicher als „sehr glücklich"; bei ehrenamtlichem Engagement in einer religiösen Gemeinde ist der Effekt noch stärker. Personen, ehrenamtlich engagiert, würden sich noch weniger um ihren sozialen Status kümmern, seien stärker intrinsisch motiviert und bildeten mehr Empathie aus, oft mit Personen in Krisen, wodurch aufgrund von Abwärtsvergleichen die Zufriedenheit mit dem eigenen Leben steigt (Michinov, 2001).

Ist ehrenamtliche Tätigkeit Ursache von Glück? Borgonovi (2008) räumt selber ein, es könnte sein, dass Menschen sich unentgeltlich engagieren, weil sie schon glücklicher sind. Aufgrund differenzierter Berechnungen hält er aber am kausalen Effekt ehrenamtlicher Tätigkeit fest. Auch weitere Studien (Magen, 1996; Morrow-Howell et al., 2003; Thoits & Hewitt, 2001) sprechen dafür. Und insbesondere eine experimentelle Intervention von Seligman et al. (2005), in der Studenten gebeten wurden, jeden Tag unentgeltlich drei gute Taten zu vollbringen und diese in ein Tagebuch aufzuschreiben: Sechs Monate später waren sie glücklicher bzw. weniger depressiv verstimmt als eine Kontrollgruppe.

Deyell (2007) würdigt ehrenamtliche Tätigkeit als „tugendhafte Freizeit", die enorme Gratifikationen in sich birgt, sodass gar von der „Glücksdroge Helper's High" gesprochen wurde (Baur & Schmid-Bode, 2000, 79). Personen mit körperlicher Beeinträchtigung genesen schneller, wenn sie sich während der Rehabilitation für andere einsetzen können (Balandin et al., 2006). Ehrenamtliche tendieren dazu, ihre Mitmenschen, denen sie helfen, als besonders positiv wahrzunehmen, was positiv auf sie zurückfärbt und ihr Selbstwertgefühl steigert. Freiwilliges Engagement für andere oder anderes ist vorzüglich Selbsttranszendenz, die Fähigkeit, vom eigenen Ego abzusehen, eine der stärksten Prophylaxen hinsichtlich Depression (Ellermann & Reed, 2001). Freilich finden sich unter Ehrenamtlichen auch „hilflose Helfer", d. h. solche, die sich für andere engagieren, um eigene ungestillte Bedürfnisse zu befriedigen, sich aber dabei oft noch mehr verlieren oder ausbrennen. Aber wenn das Engagement authentisch erfolgt, bewirkt es: „Ablenkung von eigenen Sorgen, positivere Selbstbeurteilung, häufigere positive Gefühle, engere soziale Integration, Weiterentwicklung von sozialen Fertigkeiten und Vertiefung von Beziehungen." (Pillavin, 2003).

5.3 Glück durch Arbeit?

„So ist verflucht der Ackerboden deinetwegen. Unter Mühsal wirst du von ihm essen!" (Gen 3,17) hörte Adam von Gott, nachdem er vom Baum der Erkenntnis gegessen hatte – für Friedrich Schiller (1789) die erste Freiheitstat des Menschengeschlechts, die das Streben nach persönlicher Glückseligkeit allererst ermöglichte. Macht Arbeit, oft im Schweiße unseres Angesichtes, glücklich?

5.3.1 Arbeit beglückt – aber nicht jede

Wie wir uns an einem durchschnittlichen Tag über acht bis neun Stunden, manchmal noch länger, fühlen, färbt unweigerlich auf das gesamte Leben ab (Argyle 2001, 89ff.; Warr, 2007). Von daher verwundert nicht, dass zwischen Arbeitszufriedenheit und Lebensglück signifikante Zusammenhänge bestehen, gemäß der Metaanalyse von Tait, Badget und Baldwin (1989), die Studien aus 34 Ländern einbezog, im Schnitt zu $r = .44$ (20 Prozent erklärte Varianz) (vgl. Judge & Watanabe, 1993). Doch Korrelation ist nicht Kausalität: Glück kann durch Arbeit begünstigt werden, Ersteres kann sich aber auch positiv auf die Arbeit auswirken und begünstigt Erfolg (vgl. Kap. 7.4; Boehm & Lyubomirsky, 2007). In den Berichten über die glücklichsten Lebensepisoden begegnet Arbeit oft: „Viele Momente in meinem beruflichen Leben als Lehrer und Schuldirektor, Arbeit mit Menschen und Kindern, denen ich oft helfen konnte, die Dankbarkeit, die immer wieder zurückkommt." „Meine Frau und ich hatten das Fertighaus eben übernommen. Nun musste es geputzt, eingeräumt und beseelt werden. Wir arbeiteten hart und schliefen erschöpft am Nachmittag ein. Das Aufwachen in unserem gemeinsamen Haus war ein Moment des Glücks!" „Positive Rückmeldungen im Beruf als Berufsanfängerin und während des gesamten Berufslebens."

Arbeitszufriedenheit ist ein unterschiedlich operationalisiertes Konstrukt und besteht gemäß einer oft zitierten Definition von Locke (1976) in einem angenehmen und positiven Zustand, der aus der Bewertung des Jobs und der dabei gemachten Erfahrungen resultiert, und die umso besser ausfällt, je mehr sich der Ist-Zustand mit dem erwünschten Soll-Zustand deckt. Arbeitszufriedenheit schließt demnach emotionale und kognitive Komponenten mit ein und lässt sich weiter differenzieren: Progressive (zumeist zu Beginn einer Tätigkeit, wenn Arbeitnehmer hoch motiviert sind), stabilisierte, resignative sowie vorgetäuschte, die dann vielfach in Arbeitsunzufriedenheit umschlägt, wenn die faktische Situation als weit unter der erwünschten wahrgenommen wird (Bruggemann, Groskurth & Ulich, 1975).

Mittlerweile liegen zahlreiche Messinstrumente für Arbeitszufriedenheit vor, über die Weinert (1998) in seiner Organisationspsychologie informiert. Ein handliches Instrument entwickelten MacDonald und MacIntyre (1997), indem sie 44 Items einer Faktorenanalyse unterzogen, worauf zehn davon zu einer Skala „Allgemeine Arbeitszufriedenheit" zusammengestellt wurden, u. a.: „Alle meine Talente und Fähigkeiten werden bei der Arbeit gefordert; ich erhalte Anerkennung für gute Arbeit; ich fühle mich wohl in meinem Beruf" etc. Das reliable Instrument korreliert signifikant mit Aspekten der Arbeit, negativ mit Isolation und Langeweile, positiv hingegen mit subjektiv wahrgenommenen Kontrollmöglichkeiten sowie Arbeitsplatzsicherheit, aber auch mit dem allgemein eingeschätzten Lebensglück, genug Schlaf und Gesundheitsvariablen.

Glücklich bei der Arbeit ist die Regel. Die mittlerweile kaum mehr überschaubaren Untersuchungen (Fischer 2006) gelangen regelmäßig zum Schluss, dass die meisten gern zur Arbeit fahren, auch wenn sie sich auf die Ferien oder einen Feiertag freuen. Österreicher, die in der teils anstrengenden Altenpflege beschäftigt sind, sind mit ihrer Tätigkeit zu 81 Prozent grundsätzlich zufrieden, nur vier Prozent sind es „wenig" bzw. „gar nicht" (Simsa, 2004). Nylenna et al. (2005) verneinten die Frage „Unhappy doctors?" entschieden – obschon Ärzte, weil chronisch überarbeitet und wenig unterstützt, besonders unzufrieden seien (Smith, 2001) –, nachdem sie mit mehr als 1.100 norwegischen Ärzten eine Längsschnittstudie durchgeführt hatten: Auf einer Skala von 1 (extrem unzufrieden) bis 7 (extrem zufrieden) erreichten sie einen Mittelwert von 5,3, wobei die Psychiater und Kinderärzte am zufriedensten waren, die Gynäkologen und Anästhesisten geringfügig weniger.

Arbeitsklima. Als repräsentativ für die Bundesrepublik gelten Daten der JOB AG (2008) in Fulda, die im ersten Quartal des Jahres 2008 erhoben wurden. Die 1.162 Befragten erreichten auf einer Skala von 1 (sehr schlecht) bis 10 (sehr gut) einen Mittelwert von 7,6. Besonders zufrieden sind Selbständige, Freiberufler und Landwirte, die sich ihre Arbeit selber einteilen können (M = 8,5) – Freiheit ist ein starkes Korrelat von Glück (Demoskopisches Institut Allensbach, 2003 a) –, sodann Leitende Angestellte und Beamte (7,8), aber auch Arbeitnehmer, die das 60. Lebensjahr überschritten haben (8,1) und möglicherweise deshalb noch nicht in Pension gegangen sind. Kommen Arbeitnehmer aus mehrköpfigen Haushalten, sind sie im Job glücklicher (8,1) als Singles (7,1). Geringer scheint der Effekt des Haushaltseinkommens: Liegt dieses über 2.500 Euro, beträgt der Mittelwert 7,9.

Erfragt wurde zusätzlich, wovon die Arbeitszufriedenheit abhängt. Auf Platz 3 (39 Prozent Nennungen) rangiert das Gehalt, das Männern wichtiger ist als Frauen; bedeutsamer ist die Tätigkeit selber (ob sie auch herausfordert) und am wichtigsten ist das Arbeitsklima (57 Prozent). JOB AG (2008) konstatiert „ein hohes Maß an Wohlbefinden", das umso erfreulicher sei, als das wirtschaftliche Umfeld herausfordere. Stillschweigend wird von mehr Arbeitszufriedenheit mehr Effektivität erwartet.

Ob es in der Tat zutrifft, dass ein besseres Arbeitsklima mehr Produktivität bewirkt, ist eine der von der Psychologie der Arbeitszufriedenheit am häufigsten untersuchten Fragen (Judge et al., 2001). Oft zitiert wird die Metaanalyse von Iaffaldano und Muchinsky (1985), gemäß der zwischen der Zufriedenheit bei der Arbeit und deren Effektvität mit durchschnittlich r = .17 ein unerwartet geringer Zusammenhang besteht. In einer weiteren Metaanalyse mit 312 Stichproben (N = 54.417) bezweifeln Judge et al. (2001), dass zufriedenere Arbeiter gleich effizient arbeiten wie wenig Zufriedene. Sie fanden mit r ~ .30 einen erheblich höheren Koeffizienten und verweisen darauf, Korrelationsberechnungen seien fragwürdig, wenn Variablen mit geringer Streuung in sie eingehen, was bei der Arbeitszufriedenheit, jeweils überdurchschnittlich hoch eingeschätzt, der Fall ist.

Arbeitszufriedenheit und Effektivität. Noch nicht hinreichend geklärt ist die wirkliche Relation zwischen Arbeitszufriedenheit und -effektivität. Einige Studien plädieren dafür, Zufriedenheit im Job erhöhe die Effizienz, andere sehen die Ursache von Zufriedenheit in tüchtiger Leistung, und wieder andere vermuten – was am plausibelsten erscheint – Interdependenz. Untersucht wurde auch, ob moderierende Variablen einwirken, speziell die Höhe des Gehalts, die als positive Verstärkung fungieren könnte, aber der Effekt des Lohnes auf Arbeitszufriedenheit ist unerwartet niedrig (Spector, 1997). Auch besteht bezüglich des positiven Zusammenhangs zwischen Arbeitszufriedenheit und Effizienz, der in anspruchsvollen Jobs stärker ist als in wenig komplexen und herausfordernden (Judge et al., 2001), theoretischer Erklärungsbedarf. Viel versprechend scheint die Erweiterungs- und Aufbautheorie positiver Emotionen von Fredrickson (2004; vgl. Kap. 7.2.1), die Wright und Cropanzano (2004) auf die wiederholt nachgewiesene Leistungssteigerung bei hoher Arbeitszufriedenheit anlegen: Positive Gefühle erweitern das Gedanken- und Handlungsrepertoire und bauen zusätzlich neue Kompetenzen auf, was Miner in einer mit Arbeitern durchgeführten Studie mit der Erlebnisstichprobenmethode bestätigte (Diener & Seligman, 2004, 11). Je besser die Stimmung der Arbeiter war, desto erfolgreicher hantierten sie, desto hilfsbereiter waren sie, desto weniger Absenzen waren zu verzeichnen. Von daher ist die Kritik von Neuberger (1985), die er in seinem Aufsatz „Arbeitszufriedenheit: Kraft durch Freude oder Euphorie im Unglück" artikulierte – das Wohlbefinden der Arbeiter werde lediglich zur Leistungssteigerung instrumentell benutzt –, wenig berechtigt. Arbeitszufriedenheit trägt in der Tat zur Humanisierung der Arbeit bei, und wenn als Nebeneffekt die Produktivität steigt, ist dies umso vorteilhafter.

Hinzu kommt, dass Arbeits(un)zufriedenheit einen Nebeneffekt auf weitere Bereiche hat, speziell Ehe und Familie. In einer Tagebuchstudie fand Kang (2001), dass Menschen, die glücklich von der Arbeit heimkommen, seltener mit dem Partner streiten. Umgekehrt führen Ehestreite dazu, dass am nächsten Tag die Stimmung bei der Arbeit schlechter ist – ein mitunter verhängnisvoller Teufelskreis. Wie eng Arbeits- und Ehezufriedenheit zusammenhängen, zeigten in einer 12 Jahre umfassenden Panel-Studie auch Heller, Judge und Watson (2002).

Glücklichere Arbeiterinnen. Sind Männer bei der Arbeit glücklicher, da sie häufiger in höheren Positionen sind und mehr verdienen als Frauen, oft bei gleicher Tätigkeit? Vor gut zehn Jahren fragte Clark (1997), warum Frauen bei der Arbeit so glücklich seien, obschon ihre Gehälter niedriger und die Karrierechancen geringer sind, die Arbeit oft monotoner ist und als weniger wertvoll angesehen wird, sexuelle Belästigung häufiger vorkommt und oft divergente Anforderungen von Beruf und Haushalt auszubalancieren sind (Haw, 1995). Frauen halten die Sozialbeziehungen im Job für wichtiger, ebenso die Sicherheit der Stelle; das Gehalt hingegen hat auf ihre Zufriedenheit einen viel geringeren Effekt als bei Männern.

Clark (1997) erhob seine Daten in Großbritannien. Treffen seine Ergebnisse auch auf andere Länder zu? Wie Diaz-Serrano und Cabral Vieira (2005) mit EU-Haushalts-Panel-Daten zeigten, weitestgehend ja. Auch in Luxemburg und Spanien sind Frauen zufriedener, unabhängig, ob der Job gut oder schlecht bezahlt ist; in Deutschland, den Beneluxstaaten, Frankreich, Italien und Griechenland gilt dies nur für Frauen mit höheren Gehältern, und dies umso mehr, wenn sie nicht Vollzeit tätig sind und Beruf und Familie/Haushalt besser koordinieren können.

Ein weiterer Grund für die geringere Arbeitszufriedenheit der Männer besteht darin, dass sie sich häufiger unterfordert fühlen, was Florit und Lladosa (2007) auf der Basis repräsentativer Daten aus Spanien nachwiesen, Bardasi und Francesconi (2004) in England: Wer Tag für Tag, Jahr für Jahr die gleichen Tätigkeiten verrichten muss, schlimmstenfalls ohne dabei mit Kollegen reden zu können, ist weniger glücklich, nicht nur im Job, sondern im Leben generell. Besonders glücksmindernd ist, wenn – zumal bei höherer Qualifikation – eine zu geringe Bezahlung registriert wird. Außerhalb von sozialen Vergleichen ist der Effekt des Einkommens auf Arbeitszufriedenheit deutlich geringer (Ferrer-i-Carbonell, 2004); Neid macht offensichtlich wie kaum etwas anderes unglücklich.

Sind Menschen bei ihrer Arbeit wirklich so glücklich? Diese Frage stellt sich angesichts der häufigen Schlagzeilen über Mobbing und Burnout im Job umso mehr. Erwiesenermaßen reduziert Burnout, das sich primär in körperlich-seelischer Erschöpfung sowie in Zynismus äußert, das Engagement im Betrieb ebenso wie die Effizienz (Schaufeli et al., 2002). Auch wenn der Druck auf Arbeitnehmer größer und die Konkurrenz stärker geworden ist – Arbeitnehmer fühlen sich überraschend glücklich. Erez und Judge (1994) vermuten, dass diesbezüglich viele Männer und Frauen einer Selbsttäuschung unterliegen. Sie legten mehr als 200 Universitätsangehörigen einen umfangreichen Fragebogen vor, der zahlreiche Glücksmaße (u.a. Fordyce, 1988) sowie Items enthielt, die die Tendenz zur Selbsttäuschung messen, beispielsweise: „Ich habe meine Entscheidungen nie bereut; ich bin eine total vernünftige Person." Je mehr solchen Aussagen zugestimmt wurde, desto glücklicher bilanzierten sich die Personen, desto glücklicher seien sie bei der Arbeit. Erez und Judge (1994) erklären sich die hohe Arbeitszufriedenheit damit, dass „Selbsttäuscher" über negative Aspekte hinwegsehen und sich auf die positiven fokussieren, was sie selber in die Nähe des „optimistischen Denkens" (Scheier & Carver, 1992) bzw. der „positiven Illusionen" (Taylor, 1989) rücken. Allerdings ist es fraglich, ob man tatsächlich von „Selbsttäuschung" sprechen kann; vielmehr sind entsprechende Kognitionen für die Menschen *ihre* Wirklichkeit.

Der Einfluss von Persönlichkeitseigenschaften. Unterscheidet sich die Arbeitszufriedenheit von verschiedenen Persönlichkeitstypen? In der Tat: Personen, die zu Neurotizismus und Psychotizismus neigen, sind mit ihrer Arbeit weniger zufrieden, und dies umso mehr, je stressiger sie ist; Extravertierte hingegen sind im Job glücklicher, vor allem wenn dieser viele Sozialkontakte bringt (Furnham, 1997). Deutlich stärker ist jedoch der Effekt der Persönlichkeitseigenschaft „internale Kontrollüberzeugungen" (Flammer, 1990): Je stärker sich Menschen selber als Verursacher von Ereignissen sehen bzw. je seltener sie diese auf Zufall, Pech, die anderen etc. attribuieren, desto glücklicher sind sie, auch bei der Arbeit (Spector, 1997).

Aufgrund der immensen Forschungsarbeit ist es möglich geworden, für die Erwerbsarbeit glücksbegünstigende Faktoren aufzulisten (Warr, 2007):

▶ netter Kontakt mit anderen Personen
▶ bewältigbare Aufgaben, erreichbare Ziele
▶ Gewissheit, dass die Arbeit wertvoll ist
▶ abwechslungsreiche Aufgaben, Tätigkeiten und Örtlichkeiten
▶ das Gefühl persönlicher Kontrolle
▶ unterstützende und anregende Supervision
▶ das Gefühl, Veränderungen bewirken zu können
▶ eine klar festgelegte Rolle
▶ die Freiheit, neue Ideen zu äußern und damit gehört zu werden
▶ Jobsicherheit
▶ Gleichheit – geteilte Erwartungen, Fairness, keine Diskriminierung
▶ eine sichere und angenehme Umgebung
▶ Arbeit, die vom Betrieb oder der Organisation wertgeschätzt wird

Dockery (2004) bestätigte in seiner repräsentativen mehrmaligen Befragung von Australiern die meisten Kriterien: Arbeiter, denen zwischen dem ersten und zweiten Interview (Zeitraum ein Jahr) mehr Verantwortung übertragen wurde, waren mit ihrem gesamten Leben signifikant zufriedener, auch wer dabei einen guten Vorgesetzten und freundliche Mitarbeiter hatte und ein vielfältiges, anforderungsreiches Tätigkeitsspektrum bewältigen konnte, wofür Lob ausgesprochen wurde. Dem gegenüber erreichte der Faktor Bezahlung kaum Signifikanz. Leichte Besorgnis um die Jobsicherheit reduzierte das allgemeine Wohlbefinden deutlich, nicht jedoch hohe Arbeitsplatzunsicherheit, die dazu führen kann, dass Männer und Frauen den Stellenverlust innerlich bereits vorwegnehmen und nach Neuem Ausschau halten. – Bestenfalls wird Arbeit so erlebt wie vom Verfasser oft bei der Niederschrift des Buches: Dass die Zeit regelrecht vergessen und sie buchstäblich alles wird.

5.3.2 Arbeit: Bestenfalls Flow

Ein befreundeter Kardiologe erzählte mir, er sei am glücklichsten, wenn er die chirurgischen Gewänder ausziehe, nachdem er während der mehrstündigen Operation mit dem Skalpell regelrecht verschmolzen und der Eingriff erfolgreich gewesen sei. Er hat Flow erfahren, der oft als Synonym von „Glück" aufgefasst wird, auch von Csikszentmihalyi (1998), wenn er von „Flow" als dem „Geheimnis des Glücks" spricht. Doch „Flow" und „Glück" sind nicht identisch (Hornung, 2005a, 165ff.). Angemessener ist, Glück als Folge bzw. Beiprodukt dieses Fließens und Schwebens aufzufassen, wenn Menschen in ihren Tätigkeiten die Zeit regelrecht vergessen und mit diesen eins werden.

Flow, ein mittlerweile populäres Konstrukt, das jeder intuitiv zu kennen glaubt (Rheinberg, 2004), hätte auch im Kapitel zur Freizeit erörtert werden können, weil in dieser viele Menschen dieses erregende Gleichgewicht zwischen Wollen und Können immer wieder suchen: Extremkletterer, Eiskunstläuferinnen, Schachspieler. Dass Flow hier zur Sprache gebracht wird, hat einen einfachen Grund: Weil er am Arbeitsplatz häufiger erlebt wird als in der Freizeit (Csikszentmihalyi & LeFevre, 1989; Schallberger & Pfister, 2001). Andererseits sagt kaum jemand während seiner Freizeit, er möchte lieber etwas anderes tun, bei der Erwerbsarbeit hingegen sehr wohl, obgleich in dieser mehr beglückender Flow erlebt wird – ein Paradox, das sich Csikszentmihalyi und LeFevre (1989) mit dem seit biblischen Zeiten bestehenden negativen Stereotyp der Arbeit als Mühsal und Zwang „im Schweiße deines Angesichtes" erklären (Gen 3,19).

> **Flow** wird erlebt, wenn ein Mensch mit seiner Tätigkeit regelrecht verschmilzt, dabei die Zeit und sich selber vergisst, kontrolliert einen Handlungsschritt nach dem anderen setzt, ein Gleichgewicht zwischen situativer Anforderung und Handlungskompetenzen erfährt, woraus in der Regel ein so intensives Glücksgefühl resultiert, dass solche Situationen immer wieder aufgesucht werden.

Csikszentmihalyi (1996) begann seine weltweit bekannte Forschung, indem er sich mit Menschen unterhielt, die sich Tätigkeiten hingeben, die einem rationalistischen Nützlichkeitsdenken töricht erscheinen, beispielsweise überhängende Felswände erklimmen, obschon der Gipfel viel bequemer erreicht werden könnte. Wie unterschiedlich diese Tätigkeiten auch waren – Csikszentmihalyi (1996) entdeckte gemeinsame Elemente:

▶ Flow setzt am ehesten bei Tätigkeiten ein, wenn die Person sich klare Ziele gesetzt hat und permanent Rückmeldungen erhält, wie erfolgreich sie ist (Csikszentmihalyi, 1995, 236). Ein Chirurge weiß genau, welche Arbeitsschritte aufeinander folgen; die Überwachungsgeräte zeigen permanent, wie erfolgreich sie sind.

▶ Die situativen Anforderungen und die individuelle Handlungsfähigkeit sind im Flow gut aufeinander abgestimmt; es besteht ein Gleichgewicht zwischen Wollen und Können, bzw. der „Wünsche und Kräfte", als was bereits Rousseau (1981, 57) Glück bestimmt hatte (vgl. Abbildung 5.1.). Übersteigt die situative Anforderung die vorhandenen Bewältigungsressourcen, kommt Angst auf, beispielsweise bei einem ungeübten Kletterer, wenn er die Eigernordwand erklimmen müsste. Ist die Aufgabe zu wenig anspruchsvoll (etwa wenn Reinhold Messner die Rigi in der Zentralschweiz zu bezwingen hätte), macht sich Langeweile breit.

▶ Personen im Flow sind ganz im Hier und Jetzt, was zu einer Veränderung des Zeiterlebens führt: Stunden können – bei einem Schachspiel – so schnell vergehen wie wenige Minuten. Dabei vergessen Personen auch ihre Sorgen und treten „eine Flucht nach vorn" an (Csikszentmihalyi, 1995, 243).

▶ Im Flow ist die Aufmerksamkeit ganz und gar auf ein begrenztes Stimulusfeld zentriert: „Wenn das Schach mich packt, höre ich sozusagen nichts mehr – die Welt scheint von mir abgeschnitten, und es gibt nur das Spiel als Gegenstand meines Denkens" (Csikszentmihalyi, 1995, 242). Der Handelnde verschmilzt mit seiner autotelischen Tätigkeit, die ihr Ziel in sich selber trägt; er *ist* die Konzentration.

▶ Flow führt zu regelrechter Selbstvergessenheit, Egolosigkeit oder Selbsttranszendenz. Ein Komponist: „Man ist selbst in einem so ekstatischen Zustand, dass man sich beinahe inexistent fühlt. Ich habe dies immer wieder erlebt. Meine Hand scheint mir nicht mehr zu gehören, und ich habe nichts mit dem zu tun, was geschieht. Ich sitze einfach da, voller Ehrfurcht und Bewunderung, und schaue dem Geschehen zu … und es fließt einfach wie von selbst heraus." (Csikszentmihalyi, 1995, 241).

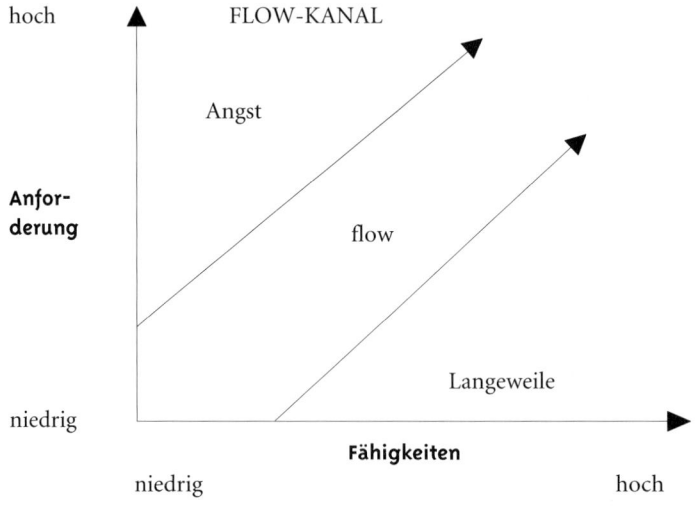

Abbildung 5.1. Der Flow-Kanal nach Csikszentmihalyi (1996)

„Flow" ist kein Privileg von Spitzensportlern oder Künstlern, wenngleich beispielsweise Komponisten dafür besonders prädisponiert sind (MacDonald, Byrne & Carlton, 2006). Er kann überall auftreten, bei der Arbeit auf dem Felde (Csikszentmihalyi, 1995, 237), vor dem Flachbildschirm, wenn in einem PC-Spiel eine Stufe gemeistert und die nächste in Angriff genommen wird (Fritz, 2005) und bei Kindern, die in ihrem Spiel fast mit der Notwendigkeit eines Naturgesetzes Flow-Situationen aufsuchen (Csikszentmihalyi, 1996, 227), ja selbst in Extremsituationen wie einem KZ (Csikszentmihalyi, 1998, 15), aber auch in kriminellen Handlungen, wenn Diebe immer raffinierter und dreister werden (Csikszentmihalyi, 1998, 100). Aber in der Regel führt Flow zu einer Synthese von hedonistischem und eudaimonistischem Glück (Moneta, 2004, 116). Freude – die oft erst *nach* Flow-Tätigkeiten auftritt, weil während diesen den Subjekten gar nicht bewusst ist, dass sie im Flow sind – begünstigt, dass Personen ihr Handlungsrepertoire erweitern und ihre Fertigkeiten optimieren.

Zwischenzeitlich haben Nakamura und Csikszentmihalyi (2005, 95) den ursprünglichen Flow-Kanal differenziert, und zwar u. a. aufgrund der Beobachtung, dass sich im Falle von geringer Herausforderung und geringen Fähigkeiten eher „Apathie" denn „Flow" einstellt. Und: Wenn die Fertigkeiten hoch, die Herausforderungen eher niedrig sind, kann dies als „Entspannung" erlebt werden.

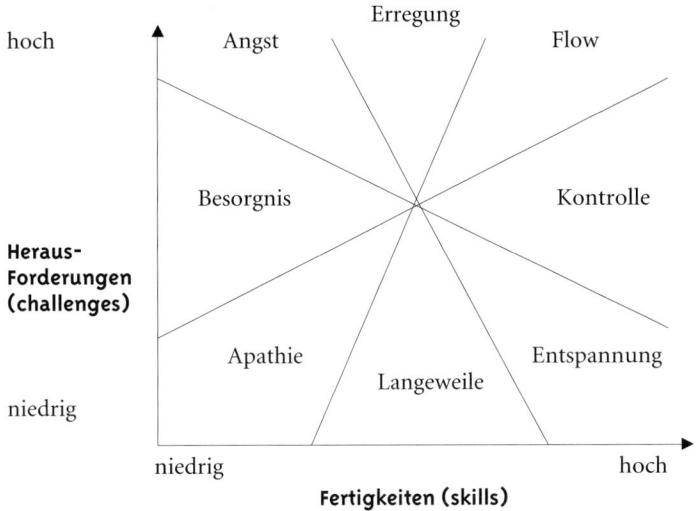

Abbildung 5.2. Das aktuelle Modell des Flow-Zustandes nach Nakamura und Csikszentmihalyi (2005)

Empirisch hat Csikszentmihalyi (1996) Flow mit einem Fragebogen erhoben, der, bei unterschiedlichsten Tätigkeiten, die Relation von subjektiv wahrgenommenem Können und der situativen Anforderung ermittelte – je ausgeglichener diese sei, desto tiefer sei eine Person im Flow. Aufgrund von umfangreichen

ESM-Daten nahmen Massimi und Carli (1988) eine Modifikation vor: Flow trete erst auf, wenn sowohl die Herausforderungen als auch geforderten Handlungskompetenz *überdurchschnittlich* seien. Angst ergebe sich, wenn die situative Anforderung besonders stark, die Kompetenz hingegen unterdurchschnittlich sei; Erholung sei genau das umgekehrte. Wenn sowohl Herausforderung als auch Fertigkeit unter dem Durchschnitt lägen, gerate der Mensch in Apathie.

Tabelle 5.1. Die Verteilung von ausgewählten Tätigkeiten auf die vier Zustände Flow, Angst, Erholung und Apathie

	Flow	Angst	Erholung	Apathie
Erwerbsarbeit	43 %	21 %	24 %	14 %
Sozialkontakte pflegen	20 %	12 %	38 %	30 %
Sport	44 %	24 %	16 %	16 %
Fernsehen	13 %	6 %	43 %	38 %
Hobbies	34 %	19 %	30 %	18 %
Essen	13 %	6 %	50 %	31 %

Die Angaben basieren auf einer ESM-Studie mit Adoleszenten und jungen Erwachsenen (Csikszentmihalyi & Schneider, 2000). Flow ist am häufigsten bei der Arbeit und in aktiven Hobbys, speziell Sport, nicht aber beim Fernsehen und Essen – zwei Tätigkeiten, die vor allem erholsam sind.

Eine Kurzskala zum Flow erarbeiteten die deutschen Psychologen Rheinberg, Vollmeyer und Engeser (2003). Sie enthält Items wie „Ich fühle mich optimal beansprucht; ich merke gar nicht, wie die Zeit vergeht; ich bin ganz vertieft in das, was ich gerade mache; ich weiß bei jedem Schritt, was ich zu tun habe", die auf einer siebenpunktigen Skala beurteilt werden können, im Rahmen von Erlebnisstichprobenstudien auch in Handcomputer. Besonders starken Flow wiesen sie bei Personen nach, wenn sie sich sexuell oder sportlich betätigten, aber auch bei Graffiti-Künstlern, weniger jedoch in Vorlesungen oder bei Statistikübungen.

Flow – mit Glück nicht identisch, eher dessen Beiprodukt – ist kein Privileg amerikanischer Baskettballspieler oder österreichischer Alpinisten, sondern wurde auch in anderen Kulturen nachgewiesen und scheint eine anthropologische Grundkonstante zu sein. Asakawa (2004) stattete in Japan Studenten mit Handcomputern aus und fand theoriekonform: Diese erlebten Flow, wenn die situative Herausforderung und ihre Kompetenzen zusammenpassten. Im Flow berichteten sie mehr Freude, Glück, Aktivität sowie Kontrolle. Zudem fand Asakawa (2004), dass sogenannte autotelische Persönlichkeiten, die sich leicht intrinsisch motivieren können und entsprechend öfters in Flow geraten, eher motiviert sind, sich Herausforderungen zu stellen, die ihre Kompetenzen (vorerst) übersteigen, wodurch diese optimiert werden und in die von Wygotski (1987) beschrieben Zone der nächsten Entwicklung aufgebrochen wird.

Was geschieht im Gehirn, wenn Menschen in Flow eintreten? Erfolgen Aktivierungen in den gleichen Schaltkreisen wie beim Glückserleben? Dies ist nicht der Fall (Dietrich, 2004). Die neurophysiologische Voraussetzung für Flow ist verringerte Tätigkeit in den höheren kognitiven Zentren des präfrontalen Kortex, in denen die bewussten Informationsverarbeitungsprozesse sowie die willentliche Kontrolle der Motorik ablaufen. Dadurch reduzieren sich die analytischen und metakognitiven Tätigkeiten. In der Tat ist Personen im Flow nicht bewusst, dass sie sich in diesem befinden, sie müssen nicht intendieren, den nächsten Handlungsschritt zu setzen – er ergibt sich und kommt von selbst. Gerade in intensivsten Tätigkeiten – etwa Schach – kann sich die Aktivität des präfrontalen Kortex reduzieren. Nachgewiesen wurde im Flow-Erleben auch ein Anstieg des Dopaminspiegels, wodurch das zielgerichtete Handeln von anderen Sinneseindrücken weniger gestört und eine positive Erwartungshaltung aufgebaut wird (Marr, 2005).

Csikszentmihalyi (1996, 222) zog weitreichende Schlussfolgerungen: „Die Gesamtheit des Lebens" sei dergestalt neu zu strukturieren, dass das Auftreten von Flow begünstigt wird. Die Arbeitswelt sei so zu gestalten, dass Männer und Frauen immer wieder vor neuen Herausforderungen stehen, die ihre Fähigkeiten aber nicht beängstigend überfordern. Spezialisiere sich ein Chirurg darauf, stets Ohrläppchen durchzustechen, wird die Arbeit eintönig; anders hingegen wenn er das Skalpell abwechslungsreich bei verschiedenen Organen ansetzen kann (Csikszentmihalyi, 1998, 205). Eltern sollten aufmerksam beobachten, welche Tätigkeiten ihren Kindern besonders viel Spaß bereiten und diese fördern. Von Flow herausgefordert seien Architekten und Raumplaner: Umgebung sei so zu gestalten, dass sie eher Flow-Tätigkeiten ermöglicht; ein Spielplatz mit einer 08/15-Schaukel leistet dies weniger als natürliche Umgebung mit Bäumen, die zu erklettern sind, mit Gebüschen, die Kinder durchstreifen können. Insbesondere die Schule habe zu vermeiden, dass die ursprünglich intrinsische Motivation von Kindern durch extrinsische Motive abgelöst wird, speziell durch die Noten, aber auch dadurch, dass bei Sparmaßnahmen meistens diejenigen Stunden gekürzt werden, die Kindern besondere Freude bereiten, vor allem Freifächer wie Basteln, Gesang, Sport. Insgesamt verwundert wenig, dass flowbegünstigende Maßnahmen auch in psychotherapeutische Settings Einzug gehalten haben (Bogart, 1991).

5.3.3 Die verheerenden Effekte von Arbeitslosigkeit

Auch wenn viele am Sonntagabend nicht erfreut sind, am folgenden Morgen zur „Hakn" zu fahren, wie in Österreich die Erwerbsarbeit bezeichnet wird – für die meisten ist es ein nachhaltiges Unglück, von dieser ausgeschlossen zu werden, auch wenn sie fortan in den Tag hineinschlafen können (Argyle 2001, 103ff.;

Winkelmann & Winkelmann, 1998). Der blaue Brief belastet – gemäß britischen Panel-Daten aus den neunziger Jahren (Clark & Oswald, 1994) – ebenso stark wie Scheidung. Erwerbslose verzeichneten beim „General Health Questionnaire" (Goldberg, 1972) – er enthält Items wie: „Haben Sie in jüngerer Zeit aufgrund von Sorgen Schlafprobleme, ... sich als wertlos empfunden?" etc. – einen doppelt so hohen Mittelwert wie Angestellte oder Selbständige. Den stärksten mentalen Stress verursacht Arbeitslosigkeit bei den 30- bis 50-Jährigen; deutlich geringeren bei den noch nicht 30-Jährigen sowie bei Personen mit keiner oder geringer beruflicher Qualifikation. Arbeitslosigkeit belastet auch Angehörige: Wer ständig mitleiden muss, wie der Partner eine Bewerbungsabsage nach der anderen erhält, ist weniger glücklich (Clark, 2003); jedoch sind – gemäß diesen Pandel-Daten – Arbeitslose geringfügig glücklicher, wenn ihr Partner einen Job hat.

Vergleich und Adaption. Clark und Oswald (1994, 658) fanden, dass das Wohlbefinden von Erwerbslosen wieder ansteigt, wenn in der näheren Umgebung viele davon betroffen sind (sozialer Vergleich), aber auch, je länger die Arbeitslosigkeit andauert (Adaption). Doch in aller Regel wird der ursprüngliche Glückspegel nicht mehr erreicht. Dies ist ein Indiz gegen die Adaptionstheorie des Glücks, gemäß der auch einschneidende Lebensereignisse das Wohlbefinden nur kurzfristig, höchstenfalls sechs Monate verändern (Suh, Diener & Fujita, 1996).

Ebenso die Ergebnisse von Analysen im Rahmen des längsschnittlichen Deutschen Sozioökonomischen Panels, in das 24.000 Männer und Frauen der Bundesrepublik eingebunden wurden. Lucas et al. (2004) untersuchten die mittel- und langfristigen Effekte von Arbeitslosigkeit. Immerhin 3.733 Mitbürger (15,5 Prozent der Stichprobe) verloren im Untersuchungszeitraum (ab 1984) ihre Stelle. Schon ein Jahr vor dem Jobverlust sank die mit einer elfpunktigen Skala gemessene Lebenszufriedenheit und erreichte ihren Tiefpunkt, als die Arbeitslosigkeit begann. Im folgenden Jahr stieg die Zufriedenheit wieder an, aber erreichte nie mehr den früheren Level. Ein so einschneidendes Lebensereignis erzeugte eine neue Basislinie des Wohlbefindens, die aber niedriger war als davor und auch dann so blieb, wenn ein neuer Job gefunden war. Die Erfahrung, mit seiner Arbeitskraft nicht mehr gefragt zu sein, nicht mehr gebraucht zu werden, wirft ihre Schatten über Jahre.

Dass die Relation Arbeitslosigkeit – Wohlbefinden/Glück am angemessensten längsschnittlich zu untersuchen ist, zeigte Dockery (2005) in einer Studie mit 8.567 jungen Australiern. Diese schätzten über mehrere Jahre hinweg ein, wie glücklich sie sich fühlten, wobei die Skala von 1 („sehr unglücklich") bis 4 („sehr glücklich") reichte. Es ergaben sich hohe Mittelwerte (M = 3.5), deutlich geringere jedoch bei den jungen Arbeitslosen. Am negativsten war die Befindlichkeit unmittelbar nach Eintritt der Arbeitslosigkeit, nach drei Monaten verbesserte sie sich (möglicherweise aufgrund des Optimismus, doch noch eine Stelle zu finden), nach sechs Monaten sank sie, aufgrund von Resignation, wieder deutlich ab.

Depressive Verstimmungen werden durch Arbeitslosigkeit begünstigt (Murphy & Athanasou, 1999). Auch kann sie der physischen Gesundheit abträglich sein (Holleder, 2006), sei es aufgrund von Armut und deren Auswirkungen auf Ernährung, Wohnqualität und Hygiene, sei es, weil Unbeschäftigte häufiger trinken, rauchen, stundenlang fernsehen. Erwerbslose, die häufig herumhängen, sind noch unglücklicher und haben ein noch geringeres Selbstwertgefühl als jene, denen es gelingt, ihre (viele) Zeit zu strukturieren und in der Freizeit oder der beruflichen Weiterqualifikation aktiv zu werden (Winefield et al., 1992). Fryer und Payne (1984) untersuchten eine Gruppe von Arbeitslosen, die nach dem Jobverlust glücklicher waren: Personen, die sich ehrenamtlich und intrinsisch motiviert für Gemeindezentren, Naturschutzreservate etc. engagierten – ein weiterer Beleg für eine aktivitätstheoretische Deutung des Glücks.

Dass die Lebenszufriedenheit nicht in jedem Fall massiv zurückgeht, nachdem die Kündigung gekommen ist, zeigten in einer jüngeren Studie in Finnland Böckerman und Ilmakunnas (2006). Obschon im PISA-Wunderland nach 1990 die Arbeitslosigkeit von 3 Prozent auf 17 Prozent anstieg, blieb das Glück der Finnen, wie in der Welt-Wertestudie sowohl 1990, 1996 als auch 2000 mit einer vierpunktigen Skala (1: „sehr unglücklich", 4: „sehr glücklich") gemessen wurde, gleich hoch: Der Mittelwert hielt sich über M = 3, und die Lebenszufriedenheit (Skala von 0 bis 9) erreichte einen Mittelwert von 8. Böckerman und Ilmakunnas (2006) erklären dies damit, die soziale Stigmatisierung von Arbeitslosigkeit werde schwächer, wenn mehr Menschen davon betroffen sind. Clark (1998) zeigte, dass Arbeitslose noch unglücklicher waren, wenn die Familienangehörige einen Job hatten. Die finnischen Autoren belegen zudem, dass Personen, wenn sie vor dem Jobverlust überdurchschnittlich glücklich waren, durch die Arbeitslosigkeit weniger deprimiert wurden. Am meisten litten jene unter den ständigen Bewerbungen und Absagen, die zuvor schon weniger glücklich waren. Häufiges Glücksempfinden erleichtert es, ungünstige kritischer Lebensereignisse zu bewältigen.

Wenn (Sozial-)Politik zu mehr Glück von Bürgern beitragen will, hat sie in der Bekämpfung von Arbeitslosigkeit absolute Priorität zu setzen. Personen ohne Job sollte unbedingt ermöglicht werden, sich sinnvoll zu betätigen.

Zusammenfassend

Sigmund Freud, Zeit seines Lebens enorm produktiv, verheiratet, ein besorgter Vater, Mittelpunkt eines großen Freundeskreises, der sich regelmäßig traf, prägte die Formel, ein Mensch sei gesund, wenn er lieben und arbeiten könne. Die moderne Glücksforschung gibt ihm recht, auch wenn Freud (1974, 208) der Meinung war, Glück sei im Plan der Schöpfung nicht enthalten. Eine tröstende Funktion attestierte der Begründer der Psychoanalyse auch der Religion, wünschte aber, die Menschheit möge sie in Richtung des Gottes Logos überwinden.

6 Glücksfaktoren 4: Religiosität und Spiritualität

„Wenn du am glücklichsten bist, sieht dich Gott." Bantuweisheit

Was weiß die moderne Glückspsychologie über den Effekt von Religion/Spiritualität auf Glück? Der Dalai Lama (2004), meist lächelnd und mit Duchenne-Falten, gilt als einer der glücklichsten Menschen und als ausgewiesener Experte für diese menschliche Ursehnsucht, der die Menschen in allen Kulturen und Religionen nachgestrebt sind (Bellebaum, 1994). Aber kann er, als Repräsentant des Buddhismus, dessen erste edle Wahrheit lautet, alles sei Leiden, überhaupt glücklich sein? Fördern Religionen Glück? Und wenn ja, welche stärker? Das Christentum, das seinem eigenen Anspruch nach eine frohmachende Botschaft verkündet, aber über Jahrhunderte hinweg auf jenseitige Glückseligkeit vertröstete, weil wir auf Erden seien, um die Gebote Gottes und der Kirche zu befolgen, nicht aber, um glücklich zu sein (vgl. Kap. 6.1)? Oder ist es nicht eher individuelle Spiritualität, wie sie von immer mehr Menschen auch außerhalb der Kirchenmauern gelebt wird (Bucher, 2007; vgl. Kap. 6.2)? Oder befördern vor allem spirituelle Praktiken Glück nachhaltig: Dankbarkeit, regelmäßige Meditation, die in mystischen Einheitserfahrungen gipfeln kann, welche von Mystikern als voller Wonne und Süße beschrieben werden (vgl. Kap. 6.3)?

6.1. Glück in traditionellen Religionen

6.1.1 Studien in biblisch-christlichen Kontexten

„Religiöse Menschen sind glücklicher", lautet ein Konsens in der angelsächsischen religionspsychologischen Literatur (Kesebir & Diener, 2008, 122). Koenig, McCullough und Larson (2001, 97 ff.) paraphrasieren um die 100 Studien, von denen 80 Prozent zwar signifikante, aber moderate positive Korrelationen zwischen religiösen Variablen und Wohlbefindensmaßen nachwiesen, in der Regel zwischen $r = .15$ und $.20$, was vier Prozent der Varianz erklärt. „Religiosität" ist ein schwer konsensuell definierbares Konstrukt (Spilka et al., 2003); aber Tradition hat, sie als Beziehung zu Gott sowie als Gottesdienstbesuch zu operationalisieren, was auch die Autoren der Weltwertestudie in den 1990er Jahren taten ($N = 87.806$ aus 42 Nationen). Gott ist für 33 Prozent „sehr wichtig", 22 Prozent besuchen wöchentlich die Kirche (Helliwell, 2003, 342); die Korrelation zwischen den beiden Religiositätsmaßen ist aber moderat ($r = .40$), weil mehr als die Hälfte der Gottgläubigen nicht zu Gottesdiensten geht. Aber: Sowohl die Gottgläubigen als auch die Kirchgänger bilanzierten ihr Leben als deutlich glücklicher, Erstere stärker als Letztere.

Dass traditionelle Religiosität zu mehr Lebensqualität und Glück beiträgt, fand, auf der Basis repräsentativer US-Daten (N = 34.942), Ferris (2002). Personen, die nie einen Gottesdienst besuchten, gaben sich zu 27 Prozent als sehr glücklich aus, zu 18 Prozent als nicht so glücklich; jene, die mehrmals pro Woche in die Kirche schritten, sind zu 47 Prozent sehr glücklich und mit 9 Prozent deutlich seltener nicht so glücklich. Protestanten, Katholiken und Angehörige der israelitischen Kultusgemeinde sind gleich glücklich. Einen signifikanten Effekt zeigt jedoch der Glaubensstil: Glücklicher sind gerade nicht die Liberalen, sondern die Evangelikalen (41 Prozent sehr glücklich), die andere zu bekehren trachten, sodann die glaubensgewissen Fundamentalisten (36 Prozent), während Liberale nur geringfügig häufiger sehr glücklich sind (29 Prozent) als Religionslose (27 Prozent). Die feste Überzeugung, im Besitze des richtigen Glaubens zu sein, die so viel Blut und Tränen über die Menschheit brachte, kann offensichtlich Lebenszufriedenheit erhöhen.

Religiosität und soziale Integration. Als weitere Ursache für den Glückseffekt von Religiosität diskutiert Ferris (2002) die soziale Integration, wie sie von kirchlichen Gemeinden geleistet wird, von straffer geführten stärker als von losen. Private religiöse Praxis, speziell das Gebet, zeitige keine vergleichbaren Glückseffekte, auch nicht das meditative – andere Studien gelangten diesbezüglich zu anderen Ergebnissen (Poloma & Pendleton, 1991; Überblick: Bucher, 2007, 129f.). Zu den so nicht erwarteten Befunden rechnet Ferris (2002), dass Menschen, die an ein Leben nach dem Tod glauben, nicht glücklicher sind. Dies ist insofern bemerkenswert, als eine der Funktionen der Religion darin besteht, Sinn in die große Transzendenz hinein zu stiften bzw. dem Individuum die Illusion von Unzerstörbarkeit zu vermitteln. Andere Studien führen denn auch zum Ergebnis, dass Menschen, die an ein Weiterleben glauben, optimistischer, zuversichtlicher, glücklicher bzw. seltener hoffnungslos sind (Gesser et al., 1987; Shmotkin, 2005), dies umso mehr, je älter sie sind (Ardelt, 2003) und je stärker sie, in welcher Form auch immer, eine Belohnung erwarten (Rose & Sullivan, 2002). – Die Forschungsergebnisse sind noch widersprüchlich bzw. nicht ausreichend gesichert.

Intrinsische versus extrinsische Religiosität. In der Religionspsychologie gut etabliert ist die Differenzierung zwischen intrinsischer Religiosität, die um ihrer selbst willen vollzogen wird, und extrinsischer, wenn Menschen eine Kirchgemeinde besuchen, weil sie sich sozialen Anschluss erhoffen (Spilka et al., 2003). Unzählige Studien belegen: Erstere zeitigt günstigere und stärkere Effekte, auch auf Glück (Spilka et al., 2003). Swinyard, Kau und Phua (2001) fanden dies in einem Vergleich zwischen Amerikanern und Bewohnern von Singapur: Hier wie dort korrelierte Lebenszufriedenheit positiv mit intrinsischer, negativ mit extrinsischer Religiosität sowie mit Materialismus, der durch religiöse Praxis, um ihrer selbst willen vollzogen, reduziert wird.

Die Befunde amerikanischer Religionspsychologie sind nicht ohne Weiteres auf Europa zu übertragen. Snoep (2008) analysierte Daten aus der Weltwerte-Studie und verglich den Zusammenhang zwischen Glück und religiösen Variablen (Gottesdienstbesuch, religiöse Denomination, Wichtigkeit Gottes, Gebet/Meditation) in den USA, den stärker säkularisierten Niederlanden und im liberalen Dänemark. Signifikanz (r =.15) zeigte sich einzig in den USA, erklärbar damit, dass die Lebensrelevanz von Religion dort stärker ist als in Europa. Lewis (2002) fand in einer Studie mit nordirischen Studenten keinen Zusammenhang zwischen Gottesdienstbesuch und Glück (Oxford-Glücksinventar; vgl. Kap. 2.3.2), und ebenfalls nicht Francis, Ziebertz und Lewis (2003) bei 331 Studenten in Deutschland.

Anders hingegen eine EMNID-Studie aus dem Jahre 1992 in der Bundesrepublik: Regelmäßige Gottesdienstbesucher gaben zu mehr als 10 Prozent häufiger als die Nichtkirchgänger an, mit ihrem Leben zufrieden zu sein (Grom, 2007, 254f.). Hayo (2007) analysierte Daten von 5.600 Personen, die in den ehemaligen Ostblockländern zu ihrer Lebenszufriedenheit befragt wurden. Ob katholisch, protestantisch, orthodox oder atheistisch – die Befragten waren gleich glücklich. Anders hingegen, als der Effekt des Gottesdienstbesuchs überprüft wurde: Personen, die wöchentlich in die Kirche gehen, sind – wie in den USA auch (Ferris, 2002) – am glücklichsten, jene, die „nie" gehen, am wenigsten. Hayo (2007) erklärt sich dies mit sozialer Integration sowie den in Gotteshäusern möglichen religiös-ästhetischen Erfahrungen, etwa brausender Orgelklang, für den Dichter Hermann Hesse (2007, 647f.) intensivstes Glück. Auch Lelkes (2002) fand in einer repräsentativen Studie in Ungarn (N = 9.167), dass die Kirchgänger glücklicher, mit ihrem Leben zufriedener und weniger anfällig für materialistische Einstellungen sind.

Insgesamt: Religiosität, operationalisiert als Gottesdienstbesuch und Gottesglaube, hat das Potenzial, Menschen *glücklicher* zu machen, und nicht nur das, sondern sie davor zu bewahren, in depressive Verstimmungen abzugleiten, wozu Koenig, McCullough und Larson (2001, 118ff.) dutzende Studien paraphrasieren. Und auch nicht nur – etwa nach schweren Verlusterfahrungen wie Verwitwung (Pargament, 1997) – Coping zu erleichtern, dessen Ziel darin besteht, das ursprüngliche Level des Wohlbefindens wieder zu erreichen, und weniger, es darüber hinaus zu steigern, was Religiosität – zumindest moderat – vermag. Dennoch sind die Forschungsergebnisse divergent. Ein möglicher Grund sind die Instrumente. Gemäß der Metaanalyse von Studien zu den Zusammenhängen von Religiosität und Glück lassen sich solche vor allem dann nachweisen, wenn das Oxford-Glücksinventar verwendet wurde (vgl. Kap. 2.3.2), nicht aber bei der Depression-Glücks-Skala (vgl. Kap. 2.3.4) (Lewis & Cruise, 2006). Erklärt wird dies damit, dass Ersteres eher das psychologische Wohlbefinden misst (Keyes, Shmotkin & Ryff, 2002), einschließlich Selbstverwirklichung und die Bilanzierung des bisherigen Lebens, Letzteres hingegen die aktuelle emotionale Befindlichkeit, die unbeständiger ist als die religiösen Einstellungen.

Gezeigt hat sich aber auch: Religiosität ist umso glücksrelevanter, je stärker sie in der jeweiligen Tradition verankert und in der Lebenswelt präsent ist. Dies ist insbesondere in den USA der Fall, wo die religiösen Gemeinden ihre Angehörigen enorm einbinden und in schwierigen Situationen karitativ tragen können.

6.1.2 Wenn Religiosität unglücklich macht

Dass die Zusammenhänge zwischen Religiosität und Wohlbefinden eher schwach sind, könnte dadurch bedingt sein, dass Erstere Menschen unglücklich machen kann – und in der bisherigen Christentumsgeschichte nur zu oft gemacht hat – und dadurch glücksbegünstigende Wirkungen aufhebt. „Ich bin nicht würdig", beten Katholiken auch heute noch vor der Kommunion – es gibt kaum eine prägnantere Formulierung, um Selbstwert zu untergraben, der eines der stärksten Korrelate von Glück ist (Baumeister et al., 2003; Lyubomirsky, Tkach & Dimatteo, 2005). Wie vielen Menschen blieb es versagt, beglückende, ja ekstatische Sexualität zu erleben, zumal Frauen, weil sie sich ihres Unterleibes schämten. Schaetzing (1955) prägte dafür die in ihrem Anliegen berechtigte, aber zu simple Diagnose „Ekklesiogene Neurose". Und wie viele Menschen litten an Skrupulosität, zwanghaften Handlungen, bspw. sich stets reinwaschen zu müssen, an Schuldgefühlen, übersteigertem Sündenbewusstsein (Hood, 1992)? Oft schon von Kindsbeinen an, wenn Jungen und Mädchen eingeredet wurde, schuld an Jesu unsäglichen Qualen zu sein, weil sie einmal naschten, logen, stritten, mit ihrem Genitale spielten etc. Zutiefst unglücklich waren die vielen hundert Männer und Frauen, mit denen der Theologe und Therapeut Frielingsdorf (1992) arbeitete: In ihre Psyche hatten sich dämonische Gottesbilder eingenistet, vor denen sie sich klein und nichtig vorkamen, mitunter ausdrücklich als „Dreck" oder als „Nichts". Die meisten von ihnen waren unerwünschte Kinder. Die in den USA intensiv betriebene Religiöse Copingforschung (Pargament, 1997) zeigte, dass sich negatives religiöses Coping – mit Attribuierungen wie „Strafe Gottes", Folge von Sünde – auf psychische Variablen wie Wohlbefinden desaströs auswirken kann.

(Christliche) Religiosität kann demnach die in Aussicht gestellte eschatologische Glückseligkeit partiell vorwegnehmen, wenn ein gnädiger, liebender Gott vermittelt wird, aber auch Vorgeschmack auf die Hölle sein.

6.1.3 Studien in nicht-christlichen Religionen

Psychologische Forschung zu den Effekten religiöser Variablen auf Glück und Wohlbefinden wurde bisher überwiegend mit Christen durchgeführt. Aber auch die (wenigen) Studien mit Angehörigen anderer Weltreligionen wiesen positive

Effekte nach. In Israel stellte sich bei 203 Studierenden eine positive Einstellung gegenüber Synagoge, Heiliger Schrift und dem Judentum als signifikanter Prädiktor von Glück heraus, allerdings nicht so stark wie Extraversion (positiv) bzw. Neurotizismus (negativ) (Francis et al., 2003).

Glück im Islam. Sind Muslime, wenn sie sich ganz und gar Allah anheimgeben können, glücklich? Es gibt Indizien dafür, so die hohe Lebenszufriedenheit in einem der ärmsten Länder, das überwiegend von Muslimen bewohnt wird: Bangladesch (Camfield, Choudhury & Devine, 2006). Suhail und Chaudhry (2004) befragten mit den gängigen Glücksskalen repräsentativ Pakistaner und fanden, dass diese auf einer siebenpunktigen Gesichterskala zwar seltener die beiden glücklichsten ankreuzten (39 Prozent versus 66 Prozent in den USA), aber gleichwohl mehr Pakistani glücklich als unzufrieden sind, und dies umso eher, je mehr ihnen die Arbeit Spaß macht, sie glücklich verheiratet und religiös sind.

Nicht zu verschweigen ist, dass sich Spezifika der islamischen Kultur, speziell in fundamentalistischen Staaten, auf Frauen enorm glücksmindernd auswirken können, am extremsten die Verstümmelung des weiblichen Genitals, wovon jedes Jahr zwei Millionen Frauen bedroht seien (Douki et al., 2007, 186). Der Koran (4,34) bekennt sich, ebenso wie die Bibel (Eph 5,22), zur Superiorität der Männer. Frauen müssen sich unterwerfen, von ihnen wird erwartet, fruchtbar zu sein und besser einen Sohn als eine Tochter zu gebären. Wenig verwunderlich, wenn die Mediziner und Psychologen Douki et al. (2007) berichten, dass in den Arabischen Emiraten Frauen sechsmal so oft an Depression – das Gegenteil von Glück – erkranken wie Männer und dass sie nach der Menopause, dem Ende der Fruchtbarkeit, oft an Angstsyndromen leiden.

Konfuzius und Buddha. Sind Anhänger des Konfuzius glücklicher als die von Buddha? Guoqing und Veenhoven (2007) konfrontierten die drei in China vorherrschenden Religionen (Konfuzianismus, Taoismus und Buddhismus) mit Ergebnissen der modernen Glücksforschung. Der Konfuzianismus rät seinen Anhängern, das familiäre Leben und Freundschaften zu pflegen, sich für das Allgemeinwohl einzusetzen, allen Menschen mit tiefer Empathie zu begegnen und im Hier und Jetzt zu sein. Dem gegenüber empfiehlt der Taoismus, in Übereinstimmung mit dem Tao zu leben, das schon vor dem Himmel und der Erde existiert habe; das wichtigste Anliegen sei die individuelle Freiheit und innerer Friede und weniger öffentliches Engagement und Karriere. Der Buddhismus schließlich rät, um dem Sansara (Kreislauf von Geburt, Tod, Wiedergeburt) zu entrinnen, den achtteiligen Pfad zu beschreiten. Er sei, weil Gemeinschaft, Wissen, Kunst, ja letztlich alle Dinge nur illusionärer Schein seien, eine „negative Philosophie".

Aufgrund glückpsychologischer Erkenntnisse gelangen Guoqing und Veenhoven (2007) zum Schluss, dem Glück, als Lebenszufriedenheit konkretisiert, sei eine konfuzianistische Lebensweise am förderlichsten, weil diese sozial und aktiv ist. Der Taoismus sei, weil er ein introvertiertes Leben favorisiere, weniger glücksförderlich, wohingegen der klassische Buddhismus allenfalls „chronisch Unglückliche trösten könne und als Medizin ebenso schlimm sei wie die Krankheit". Allerdings räumen die Autoren ein, ihre wertende Analyse der drei Religionen basiere auf ihren Schriften, nicht aber auf der faktisch gelebten Praxis, zu der im Buddhismus wesentlich die Meditation gehört, die das Wohlbefinden nachhaltig heben kann (Teasdale et al., 2002). Zwar weisen auch nationale Vergleichsstudien die Chinesen als (geringfügig) glücklicher aus (M = 7,29 bei Punktwertspanne 1 bis 10) als die Inder (M = 6,70) (Diener, 2000, 37); aber ausschlaggebend ist niemals die formale Religionszugehörigkeit, sondern die gelebte Religiosität und zunehmend auch „Spiritualität".

6.2 Erhöht (außerkirchliche) Spiritualität Glück?

Fuller (2001), ein amerikanischer Religionssoziologe, präsentiert beeindruckendes empirisches Material, gemäß dem sich immer mehr junge Menschen als spirituell und weniger als religiös bzw. schon gar nicht als kirchlich begreifen. Dieser Trend wurde auch für Mitteleuropa diagnostiziert (Lambert, 2004). Im Unterschied zu Religiosität sei Spiritualität individueller, offener, erfahrungsgesättigter, ökumenischer, weniger reglementierend und eher eine Suche denn ein Wohnen in festen Kirchenmauern (Elkins, 1998). Zahlreiche Autoren bestimmen als Kernkomponente von Spiritualität Verbundenheit, zum einen eine horizontale mit der Natur und der sozialen Mitwelt, zum anderen eine vertikale mit einem höheren transzendenten Wesen (Bucher, 2007).

Sind Menschen, die solche Verbundenheit erfahren und/oder sich selber als spirituell begreifen, glücklicher? Dies untersuchten Gomez und Fisher (2003), indem sie einen Fragebogen zum spirituellen Wohlbefinden entwickelten, das aus vier Komponenten zusammengesetzt ist:
► Persönliches Wohlbefinden (u. a. mit sich im Einklang und im Frieden sein),
► Wohlbefinden in der Gemeinschaft (u.a. andere lieben, sie wertschätzen, ihnen verzeihen),
► in der Umwelt (sich mit der Natur eins fühlen) und
► im Hinblick auf Transzendenz (u. a. Ehrfurcht vor dem Schöpfer und mit Gott eins sein).
Die Skala „Spirituelles Wohlbefinden" korreliert signifikant mit Glück (Oxford-Glücksinventar) (r = .29), auch drei Subskalen tun dies, ausgenommen Transzendentales Wohlbefinden. D. h. Menschen können durchaus glücklich sein, auch wenn sie keine Gottesbeziehung pflegen, jedoch ist Glück eher unwahrscheinlich, wenn Männer und Frauen mit sich selber und ihrer sozialen Mitwelt in Disharmonie sind.

Andere Studien wiesen jedoch nach, dass spirituelle Verbundenheit mit einem Göttlichen glücksfördernd ist. Faulkner und Harding (2004) verwendeten die Skala von Gomez und Fisher (2003) in einer Studie, in der die Zufriedenheit von Frauen mit ihrem Leben sowie ihrem körperlichen Erscheinungsbild erhoben wurde. Dabei fanden sie, dass allgemeine Lebenszufriedenheit mit Spiritualität (konkretisiert als Verbundensein mit einem Göttlichen und der Natur) stärker korreliert (r = .40) als mit ihrem Aussehen (r = .29). Unzufriedenheit mit der Attraktivität könne durch Spiritualität so weit kompensiert werden, dass sich weniger hübsche Frauen gleich glücklich fühlen wie jene, nach denen sich die Männer umdrehen, sodass Spiritualität in der Tat das Potenzial hat, Glück zu erhöhen. Kim et al. (2004) legten 287 Mitarbeitern in koreanischen Krankenhäusern, überwiegend Christen, einen Fragebogen vor, der u. a. die Items der Skala Spirituelle Transzendenz und das Inventar Positiver und Negativer Affekte von Watson, Clark und Tellegen (1988) enthielt. Wer spirituellen Items wie „Ich spüre eine tiefe Beziehung zu Gott" stärker zustimmte, war auch häufiger heiter, gelassen, aufmerksam und glücklich, ebenfalls wer eine Konversion hinter sich hatte. Erklärbar ist dies damit, dass die bewusste Entscheidung für eine Glaubensrichtung mehr Gratifikation in sich birgt. In einer unveröffentlichten psychologischen Diplomarbeit wies Meindl (2008) nach, dass spirituelle Selbsttranszendenz, gemessen nach Piedmont (dazu Bucher, 2007, 42), eine signifikant bessere Prognose auf die Depression-Glücksskala (vgl. Kap. 2.3.4) ermöglicht als traditionelle Religiosität. Die Autorin erklärt sich das damit, dass traditionelle Religiosität auch Glaubensinhalte transportiert, die den Selbstwert mindern („Ich bin nicht würdig") und Aktivitäten als sündhaft verurteilte, die enorm beglücken, speziell im sexuellen Bereich.

Eudaimonistisches versus hedonistisches Glück. Spirituelle Einstellungen hängen mit dem eudaimonistischen Glück stärker zusammen (vgl. Kap. 2.3.6) als mit hedonistischen Lustgefühlen. Dierendonck (2005) fand in einer Studie mit 650 Niederländern einen eigenständigen spirituellen Faktor, zusammengesetzt aus einer Dimension „innere Ressourcen" (Item: „Ich spüre Harmonie und inneren Frieden") sowie „Beziehung zu einer höheren Macht" („Ich erhalte persönliche Stärke und Unterstützung von meinem Gott oder einer höheren Macht"). Je mehr die Befragten solche Erfahrungen angaben, umso glücklicher waren sie, umso stärker hatten sie den Eindruck, persönlich zu wachsen und im Leben einen Sinn gefunden zu haben.

Als „spirituell" qualifiziert werden auch außergewöhnliche Bewusstseinszustände bzw. paranormale Erfahrungen, etwa Erscheinungen, sei es von Engeln oder bereits Verstorbenen, Nah-Toderfahrungen, ekstatische Einheitserfahrungen etc. (Cardeña, Lynn & Krippner 2004). Kennedy und Kanthamani (1995) befragten 120 Personen mit solchen Erfahrungen und fanden, dass diese hernach nicht nur stärker an parapsychologischen Phänomenen interessiert (77 Prozent), sondern auch glücklicher waren (55 Prozent), sich enger mit allem verbunden fühlten, unerschütterlicher an ein höheres Wesen und die Weiterexistenz nach dem Tode glaubten. Nur ganz vereinzelt hinterließen paranormale Erfahrungen Angst und Schrecken (ausführlicher Kap. 6.3.5).

6.3 Glück aufgrund religiös-spiritueller Praxis

Formale Religionszugehörigkeit erlaubt kaum Prognosen auf Glück, jedoch diverse religiös-spirituelle Praktiken, die im Folgenden nur kurz angesprochen werden, weil sie, als bewusste Glückssteigerungsstrategien bewährt, auch in Teil IV zur Sprache kommen, der danach fragt, ob sich Glück intentional erhöhen lässt. Im Einzelnen erörtert werden:

▶ Karitatives Handeln,
▶ Vergeben und Verzeihen,
▶ Dankbarkeit,
▶ Meditation, die in der mystischen Einheitserfahrung gipfeln kann, die Glück aus dem Innersten bzw. ohne äußere Stimuli ist.

6.3.1 Altruistisch-caritatives Handeln beglückt

Die meisten Religionen schreiben karitatives Handeln vor, das Christentum die sechs Werke der Barmherzigkeit: Kranke pflegen, Hungernden Essen geben, Nackte bekleiden – was jeweils an Christus selber geschehe (Mt 25,14ff.); der Hinduismus die bhakti, die liebende Hingabe an ein Göttliches, die die Mitgeschöpfe mit einschließen müsse.

Mittlerweile liegen Dutzende von Studien vor, die signifikante Effekte von – vielfach religiös motiviertem – Altruismus auf Wohlbefinden und Gesundheit nachwiesen. Post (2005; 2007), der, unterstützt von der Templeton Foundation, ein Institut für Unbegrenzte und unbedingte Liebe begründete, resümiert sie in einem Artikel mit dem Titel: „It's good to be good". Brown et al. (2003) untersuchten, vom Aufsatz „Altruismus als Hedonismus" (Cialdini & Kenrick, 1976) inspiriert, ob die Mortalitätsrate von älteren Paaren stärker sinkt, wenn sie soziale Unterstützung erhalten oder wenn sie solche gewähren, speziell in der Form von Pflege. Nach Kontrolle des Gesundheitszustandes und anderer Variablen zeigte sich nach fünf Jahren, dass jene, die unterstützten und pflegten, eine signifikant niedrigere Mortalitätsrate hatten, erklärbar auch damit, dass hilfreiches Handeln positive Emotionen auslöst, die die Genesung von kardiovaskulären Beeinträchtigungen beschleunigen (Kap. 7). Neil (1999) interviewte verwitwete Frauen, die sich in kirchlichen Institutionen für Bedürftige einsetzten: Er war erstaunt, wie glücklich sie waren, deutlich stärker als eine Vergleichsstichprobe, deren Angehörige nicht Erfahrungen wie folgende machten: „Mit den Blinden zu arbeiten, ich tue das so gern."

Altruismus und Großzügigkeit. Gleiche Effekte fanden Studien in den unterschiedlichsten Settings: Christlich motivierter Altruismus korreliert bei Schwarz-Afrikanern signifikant mit ihrem Wohlbefinden, aber auch mit der Stabilität ihrer sozialen Beziehungen (Mattis & Jagers, 2001). Brokenleg (2001), Spezialist für amerikanische Ureinwohner, die von langen spirituellen Traditionen zehren (soweit sie nicht zerstört wurden), berichtet von einem beeindruckenden Experiment: Indianerjungen wurde ein erstes Stück Zucker geschenkt, die meisten steckten es sich gleich in den Mund. Als ihnen ein zweites gegeben wurde, schenkten die meisten es einem anderen Kind weiter. Weiße Jungen schluckten die erste Süßigkeit ebenfalls, die zweite hingegen steckten sie in die Hosentasche. Großzügigkeit, wie von vielen religiös-spirituellen Traditionen gewünscht, fördert Glück, zeigten Konow und Earley (2007) experimentell. Fernando und Jackson (2006) interviewten Geschäftsführer in Sri Lanka und fanden, dass diese in ihre Entscheidungen mehr altruistische Gesichtspunkte einfließen ließen, wenn ihre Spiritualität weit entwickelt war, unabhängig von ihrer Religionszugehörigkeit (Buddhismus, Christentum etc.), und dass sie mit ihrer Arbeit und in ihrem Leben glücklicher waren. Auf der Basis repräsentativer US-Daten fand Moghaddam (2008), dass religiös-spirituelle Einstellungen altruistisches Handeln begünstigen, welches seinerseits dem Glück enorm förderlich ist, ebenso ehrenamtliche Tätigkeit (vgl. Kap. 5.2.3). In der Tat: Glück kann vermehrt werden, indem es von einem liebenden Herzen ausgeteilt wird.

6.3.2 Vergeben und Verzeihen

Nicht siebenmal, sondern sieben mal siebzig Mal soll der Christ seinem Bruder verzeihen (Mt 18,22). Auch Vergeben und Verzeihen schreiben die meisten religiösen Traditionen vor. Wie die in den letzten Jahren rapide gewachsene Psychologie des Verzeihens nachgewiesen hat, zu Recht (McCullough, Pargament und Thoresen, 2000)! Verzeihen ist jener Prozess, in dem ein Subjekt seine negativen Affekte gegenüber einem Täter, der absichtlich schädigte oder verletzte, ins Positive verändert, was oftmals langwierig und schmerzhaft ist. Wer dazu leichter fähig ist, ist glücklicher und mit seinem Leben zufriedener, was Poloma und Gallup (1991) in einem repräsentativen US-Sample nachwiesen. Mütter, die von ihren Männern verlassen wurden, waren glücklicher und weniger depressiv und ängstlich, wenn es ihnen gelungen war, den Vätern wirklich zu verzeihen, was mitunter Jahre erforderte (aus Bono & McCullough, 2006). Hinzu kommen günstige Effekte auf Gesundheitsvariablen: Witvliet, Ludwig und Vander Laan (2001) ersuchten Personen, sich einen Mitmenschen zu imaginieren, der sie kränkte, aber dem sie verziehen hatten: Die Herzrate verlangsamte sich, der Blutdruck sank, der galvanische Hautwiderstand ging zurück. Anders, als die Teilnehmer an einen Täter dachten, dem sie (noch) nicht verziehen hatten: Der Blutdruck stieg, der Puls beschleunigte sich, viele empfanden Groll, Ärger, Zorn.

Spiritualität, Vergebung und Wohlbefinden. Zahlreiche Studien bestätigen auch die religiöse Herkunft des Verzeihens. Heim und Rye (2002) fanden zwischen Juden und Christen zwar keine Differenzen in der Vergebungsbereitschaft, aber sehr wohl zwischen gar nicht bzw. spirituellen Personen: Letztere verziehen leichter und fühlten sich glücklicher. Ähnlich die Ergebnisse einer Studie von Younger et al. (2004) mit Studenten: Sie konstatierten positive Korrelationen zwischen Spiritualität, Vergebung und Wohlbefinden, und eine negative mit Stress.

Verzeihen – und ebenso Glück – wird erschwert, wenn Menschen grübeln (Nolen-Hoeksema, 2008). Personen, die immer wieder an die Kränkung denken, nach Ursachen schürfen – durch Neurotizismus begünstigt –, entwickeln wahrscheinlicher Rachegelüste (McCullough et al., 2001) und sind eher alkoholismusgefährdet (Nolen-Hoeksema, 1998). Bono und McCullough (2006) gaben gekränkten Personen Hilfestellungen, der Grübelfalle zu entrinnen. In dem Maße, in dem ihnen das gelang, erhöhte sich die Bereitschaft, zu verzeihen (r = .85). Verzeihen ist denn auch ein prominentes Thema der Positiven Psychologie (Schwennen, 2004) und kann therapeutisch effektiv unterstützt werden (Malcolm & Greenberg, 2000).

6.3.3 Dankbarkeit

Wenn uns jemand aufrichtig dankt, dabei in die Augen schaut, mit dem Kopf nickt und auch noch die Hand drückt, ist das beglückend – auch für den Dankenden! Cicero bezeichnete Dankbarkeit als Mutter aller Tugenden (Wood, Joseph & Linley, 2007). Für Buddha ist ein Mensch ehrbar, wenn er achtsam lebt und dankbar ist für alles, was ihm geschenkt wird. „Eucharistie" bedeutet ursprünglich Danksagung, auch wenn sie vielfach nicht so gestaltet und erlebt wird. Die meisten religiösen Traditionen erwarten von ihren Anhängern Dankbarkeit, der Hinduismus ebenso wie der Islam. Und Dankbarkeit hat einen sehr guten Ruf. Dumas, Johnson und Lynch (2002) legten Männern und Frauen eine Liste mit mehr als 800 Wörtern vor, mit denen eine Persönlichkeit beschrieben werden kann: „Dankbar" liegt in der Wertschätzung ganz oben, „undankbar" hingegen ist Schlusslicht. Gemäß repräsentativen Gallup-Daten empfinden zwei Drittel der Amerikaner die meiste Zeit über Dankbarkeit, und 60 Prozent von ihnen sagten, sie mache sie sehr glücklich.

Dankbarkeit erhöht Lebenszufriedenheit. Nachdem sich die Psychologie jahrzehntelang wenig mit Dankbarkeit beschäftigte, intensivierten sich in den letzten Jahren, insbesondere in der Positiven Psychologie (Snyder & Lopez, 2005), die Anstrengungen hinsichtlich einer „Psychologie der Dankbarkeit" (Emmons & McCullough, 2004). Diese untersuchte nicht nur, was Dankbarkeit begünstigt – übrigens besonders intrinsische Spiritualität, nachhaltiger als Kirchgang oder Bibellektüre (McCullough, Emmons & Tsang (2002) –, sondern auch, ob Danken Wohlbefinden erhöht (Bono & McCullough, 2006). In der Tat (Watkins, 2004): Park, Peterson und Seligman (2004) überprüften die Effekte von 24 Persönlichkeitsstärken auf das subjektive Wohlbefinden. Einen der stärksten Effekte zeitigte Dankbarkeit; sie erklärt die Lebenszufriedenheit eines Menschen fast zu

20 Prozent, in der Glücksforschung enorm viel. Noch stärkere Zusammenhänge fanden Watkins et al. (2003), die einen Dankbarkeitsfragebogen mit (44) Items wie „Es ist wichtig, sich auch an den einfachen Dingen des Lebens zu freuen; ich bin zu tiefst dankbar für alles, was andere in meinem Leben für mich getan haben" entwickelten (α = .92). Dieser korreliert zu r = .62 mit Lebenszufriedenheit nach Diener et al. (1985), negativ hingegen mit Depressivität, Ärger, Feindseligkeit und Ressentiments, speziell bezüglich des bisherigen Lebens: Wer beklagt, was ihm das Leben alles aufgebürdet oder vorenthalten habe, ist weniger dankbar. Besonders stark ist der negative Zusammenhang mit Narzissmus, gemessen nach Phares und Erskine (1984) (r = −.49). Zur Anzahl belastender Lebensereignisse besteht kein Zusammenhang, d.h. Menschen können tiefe Dankbarkeit empfinden, auch wenn sie oft gestresst werden und ihnen das Leben Schicksalsschläge bereitet. Intrinsische Religiosität – oft als Synonym von Spiritualität aufgefasst (Bucher, 2007) – ist der Dankbarkeit förderlich, extrinsische hingegen, die aus religiösen Vollzügen persönlichen Nutzen ziehen will, vermindert sie.

Warum macht Dankbarkeit so glücklich? Sie stabilisiert und vertieft soziale Beziehungen. Einer Person, die oft dankt, wird wahrscheinlicher geholfen, wenn sie in Schwierigkeiten ist. Häufiges Danken bewirkt eine regelrechte Aufwärtsspirale von wechselseitiger Unterstützung, wohingegen undankbare Menschen in eine Abwärtsspirale geraten, indem sie in Schwierigkeiten keinen Beistand erhalten, worauf sie nicht danken können und sich noch mehr verschließen (Wood, Joseph & Linley, 2007, 19). Evolutionspsychologisch situiert sich Dankbarkeit in den reziproken Altruismus, ohne den unsere Vorfahren nicht hätten überleben können (Buss 2004). Und nicht zuletzt: Menschen, denen authentisch gedankt wird, erfahren eine Steigerung ihres Selbstwertes (McCullough, Emmons & Tsang, 2002).

6.3.4 Meditativ-spirituelle Praktiken

Alle religiös spirituellen Traditionen entwickelten meditative Praktiken, deren Ziel es ist, dem Göttlichen näher zu kommen und bestenfalls mit ihm in der „unio mystica" zu verschmelzen (vgl. Kap. 6.3.5). Wie mannigfaltig die Formen von Meditation auch sind – sie kann in Bewegung geschehen, so im QiGong, im Stehen, häufiger jedoch im Sitzen; sie kann sich auf einen Gegenstand richten (Mandala) oder gegenstandslos sein (Vipassana) – gemeinsam sind ihnen die zahlreichen Effekte, die in der Psychologie der Meditation, in unüberschaubar vielen Studien, untersucht wurden (Andresen, 2000; Murphy & Donovan, 1997; Shapiro, Schwartz & Santerre, 2004). Regelmäßig zeigen sich wünschenswerte physiologische Auswirkungen, die Stress regelrecht aufheben:

▶ Besserer Sauerstoffverbrauch und höhere Metabolismusrate,
▶ Absinken des Kortisollevels,

- Absinken des Blutdrucks,
- Absinken des Cholesterolspiegels,
- mehr Alpha- und Thetawellen, die ruhige Entspannung anzeigen,
- ein gestärktes Immunsystem,
- Änderungen der Neurotransmitter, speziell mehr Dopamin und Serotonin.

Aufgrund dieser physiologischen Effekte ist verständlich, dass Meditation ausdrücklich als „Werkzeug des Glücks" gewürdigt wurde (Hassed, 2007) und sich günstige Auswirkungen auf psychologische Variablen nachweisen ließen, speziell mehr Wohlbefinden. Goleman (1976) beschrieb, wie bei Meditierenden die Handlung und das Bewusstsein in untrennbarer Konzentration verschmelzen, was auch im Flow geschieht, der Glück nach sich zieht.

Ergebnisse aus der Gehirnforschung. Selbst der Dalai Lama wünschte, Meditation, im Buddhismus seit mehr als 2.500 Jahren gepflegt, wissenschaftlich, speziell neuropsychologisch zu untersuchen (Pollard, 2004). Bei Tibetischen Mönchen, tief in Meditation versunken, zeigte sich eine überdurchschnittlich starke Aktivität im linken präfrontalen Kortex (positive Affekte), und eine deutlich reduzierte in der rechten Hälfte, wo der Blutfluss stärker ist, wenn Menschen betrübt, verärgert oder ängstlich sind. Die gleichen Effekte lassen sich erzielen, ohne dass Menschen jahrelang meditieren, wenn sie sich über mehrere Wochen dem Achtsamkeitsprogramm von Kabat-Zinn (1995) unterziehen. Davidson et al. (2003) zeigten in einer quasiexperimentellen Studie, dass Männer und Frauen, die acht Wochen lang achtsam meditierten, im Vergleich zu einer Kontrollgruppe weniger ängstlich waren, dass der linke präfrontale Kortex (positive Affekte) um das mehrfache aktiver war als der rechte, und sich in ihrem Blut mehr Helferzellen fanden, ein Indiz für ein gestärktes Immunsystem. Achtsamkeitsübungen ermöglichen es dem Menschen, aus dem Stress bzw. der Kampf- oder Fluchtsituation herauszutreten, in der die Herzfrequenz ebenso steigt wie der Blutdruck, die Verdauung eingestellt und mehr Blut in die Arme und Beine gepumpt wird, ohne dass – wie bei unseren Vorfahren – die lösenden körperlichen Anstrengungen (Kämpfen oder Fliehen) erfolgen. Meditation begünstigt die Entspannungsreaktion, die dem amerikanischen Arzt Benson (1997) zufolge 60 Prozent der Zivilisationskrankheiten vermeiden könnte (Vaitl & Petermann 2004).

Glück aus Meditation ist mehr als hedonistischer Genuss, der äußere Reize erfordert, sei es ein Stück Schokolade, die Lippen der Geliebten, die CD mit Beethovens Neunter. Insofern erinnert das aus dem Inneren des Menschen kommende Glück an den Buddhismus, dessen Ziel es ist, sich von äußeren Glücksquellen, die allemal vergänglich sind, zu befreien (Wallace & Shapiro, 2006). Buddhisten bezeichnen Glück als „sukha", womit auch mentale Balance gemeint ist, aber auch Unabhängigkeit von äußeren Reizen, die unvermeidlich „duhkha" erzeugen: das in der ersten edlen Wahrheit des Buddhismus beschriebene Leiden. Am intensivsten wird „sukha" in der Erleuchtung, wie sie Buddha unter dem Pipalbaum zuteil wurde.

6.3.5 Höchstes Glück in der Mystik

Teresa von Avila berichtet in ihrer Autobiografie, wie sie Gott eines Tages das Mysterium der Trinität begreifen ließ: „Und wenn ich jetzt an die Heilige Dreifaltigkeit denke oder von ihr sprechen höre, verstehe ich, wie die drei anbetungswürdigen Personen nur einen Gott bilden, und ich empfinde ein unaussprechliches Glück." (James, 1979, 389) Ihre Erfahrung war mehr als Reflexion, sondern begleitet von heftigen körperlichen Empfindungen, sei es der, von einem Speer durchbohrt zu werden oder im Rausch hochzeitlicher Vereinigung zu schwelgen. Traditionelle Psychiater diagnostizierten Teresa als Hysterikerin (dazu Bucher, 2005), wie denn überhaupt Mystik als Regression pathologisiert wurde, von keinem geringeren als Sigmund Freud (1974, 197).

Die jüngere Religionspsychologie rehabilitierte mystische Zustände, die gar nicht so selten sind und intensives Glück bescheren können. Michael Maine, ein Mediziner, der sich jahrzehntelang mit buddhistischer Meditation befasste, schildert seine mystische Erfahrung so: „Es war eine Empfindung von Energie, die in mir ihr Zentrum hatte, in einen unendlichen Raum ausströmte und wieder zurückkam. Mein Geist entspannte sich, und ich spürte intensive Liebe, ... Klarheit und Freude. Die Verbundenheit mit allem in der Welt, die ich fühlte, war so tief, als wäre da nie eine Trennung gewesen." (Klein 2004, 251). Solche Erfahrungen scheinen gar nicht so selten. Greeley (1975) befragte 1.467 Amerikaner, ob sie auch schon einmal gespürt hätten, ganz nahe bei einer mächtigen spirituellen Kraft zu sein. Immerhin 35 Prozent bejahten, und diese waren signifikant glücklicher (Bradburn, 1969) als jene ohne diese Erfahrung, die Meister Eckhart (1963) zufolge „unaussprechlich" ist. Ausgelöst wurden diese Gipfelzustände, wie sie einflussreich von Maslow (1990) untersucht wurden, u. a. durch das Hören von Musik, die Betrachtung der Natur, Gebet, Lektüre der Bibel, Geburt, Sexualität. Thalbourne (2004) wiederholte diese Studie mit 227 Briten: 41 Prozent berichteten ein- oder mehrmalige mystische Erfahrung, und diese waren überdurchschnittlich häufig in positiver Stimmung. Eine ähnliche Quote von Personen mit „mystischen" Erfahrungen fanden Argyle und Hills (2000) bei 364 Personen, auch bei solchen, die keine Kirchgänger waren, allerdings seltener. Darüber hinaus bildeten sie qua Faktorenanalyse eine Skala mit mystischen Gefühlen: Wer häufiger erfuhr, in warmem Licht gebadet und außerhalb der Zeit zu sein, sein Ego zu verlieren, mit allem verbunden zu sein, war signifikant glücklicher (nach dem Oxford-Glücksinventar).

Mystik und Drogen. Um in solche mystischen Zustände zu gelangen, brauchen viele Menschen Jahre der Übung und der Meditation. Der Weg kann aber auch – was nicht ohne Probleme ist – beschleunigt wurden: Durch psychedelische Substanzen, speziell Psilocybin (Wasson, 1986). Pahnke (1966) wies dies in seinem bekannt gewordenen Karfreitagsexperiment nach, in welchem er zwanzig Studenten entweder Psilocybin oder ein Placebo verabreichte, ohne zu wissen, wer was erhielt (Doppelblindstudie). Nachdem sie an der bewegenden Karfreitagsliturgie teilgenommen hatten, gerieten jene mit Psilocybin in außergewöhnliche, ja hinreißende Zustände, in denen sie sich mit allen und allem verbunden und zutiefst beglückt fühlten. Bei der sechs Monate später durchgeführten Nacherhebung beteuerten die meisten, diese Erfahrung wirke immer noch nach und habe ihr Leben nachhaltig verändert und bereichert; etliche von ihnen hatten auch 25 Jahre danach diesen Karfreitag nicht vergessen. Griffiths et al. (2006) wiederholten dieses Experiment mit dreißig Freiwilligen, die – in einer Doppelblindstudie – entweder das beruhigende Methylphenidat oder Psilocybin erhielten und erhebenden liturgischen Zeremonien beiwohnten: Jene mit der entheogenen (die Gott bewirkt) Droge Psilocybin gerieten zwar geringfügig häufiger in (Ehr-)Furcht, erlebten aber viel häufiger intensivste Freude, Frieden und Harmonie und eine nachhaltige Vertiefung ihrer Spiritualität.

Mystik in der Gehirnforschung. Was sich in den Gehirnen von Mystikern abspielt, untersucht seit mehreren Jahren die spirituelle Neurowissenschaft. Bekannt geworden sind die Experimente von Persinger (2002), der bei seinen Versuchspersonen den Seitenschläfenlappen elektromagnetisch stimulierte. Hernach schilderten die Männer und Frauen teils überwältigende Erfahrungen: Gläubige Juden erfuhren die Anwesenheit des Elia, Muslime die von Mohammed, Christen die von Jesus, mitunter so leibhaftig, dass deren Weggleiten – wenn die Stimulierung zurückgefahren wurde – bitter schmerzte. Persinger (2002) vermutete, die Gottregion im Gehirn sei der Seitenschläfenlappen, der, wenn er überaktiv ist, Epilepsie auslöst. In der Tat wird vielen religiösen Führern Epilepsie nachgesagt, Paulus ebenso wie Mohammed; Dosktojewskji erlebte seine glücklichsten Momente kurz vor dem zuckenden Anfall (LaPlante, 1993).

In mehreren Studien mit bildgebenden Verfahren wurde untersucht, welche Gehirnregionen besonders aktiv sind, wenn Menschen in mystische – tief beglückende – Zustände geraten. Newberg et al. (2003) fanden bei meditierenden Franziskanerinnen einen stärkeren Blutfluss im präfrontalen Kortex und im unteren Seitenlappen. Geringer war die Tätigkeit jedoch im Orientierungsareal, das dafür zuständig ist, dem Bewusstsein ein Abbild des Körpers zu liefern, sodass seine Grenzen registriert werden können – was praktisch ist, wenn man ein Möbelstück abstellt und weiß, wo die Zehen sind. In der mystischen Versenkung fallen diese Grenzen weg, was die tiefe Einheitserfahrung erklärt, deren evolutionärer Sinn darin besteht, sich in der Natur aufgehoben zu fühlen, mit ihr eins zu sein, was, weil mit Geborgenheit und Optimismus verbunden, der inklusiven Fitness förderlich war (und ist) (Newberg, d'Aquili & Rose, 2003). – Beauregard und Paquette (2006) untersuchten die Gehirntätigkeit bei fünfzehn Karmeliterinnen, während sie sich an ihre intensivsten mystischen Erfahrungen so intensiv und authentisch wie möglich zu erinnern versuchten, in denen sie jeweils tiefste Freude, Friede und die Gegenwart Gottes spürten. Sie erklärten sich als außerstande, in die mystische Erfahrung zu gelangen, während an ihrer Stirne die Elektroden klebten. Nichtsdestoweniger zeigten sich bemerkenswerte Aktivierungen, so im Nucleus caudatus, einem paarigen Kerngebiet im Endhirn, das Damasio et al.

(2000) zufolge auch im Glückserleben aktiviert wird, sowie im linken präfrontalen Kortex, der in positiven Affekten stärker aktiv ist als der rechte.

Neuropsychologische Untersuchungen können die Existenz eines Göttlichen nicht beweisen und wollen dies auch nicht. Aber wenn sie zeigen, dass in intensiven spirituellen, mystischen Erfahrungen gleiche Gehirnareale aktiver sind wie bei positiven Affekten, spricht dies für eine enge Affinität von Mystik und Glück.

In den vier vorausgegangenen Kapiteln wurde gefragt, welche Faktoren Glück begünstigen. Im nächsten Teil wird aus der bisher als abhängig betrachteten Variable eine unabhängige, die viel Wünschenswertes bewirkt (Überblick: Lyubomirsky, King & Diener, 2005).

Teil III   Was bewirkt Glück?

7 Die Effekte von Glückserleben

„Das gute Leben, wie ich es mir vorstelle, ist ein glückliches Leben. Ich meine nicht, dass du glücklich wirst, wenn du gut bist. Ich meine: Wenn du glücklich bist, wirst du gut sein."
Bertrand Russell

„Wer hat, dem wird gegeben" (Mt 25,29), heißt es in der Bibel. Das gilt auch beim Glück. Ein Pensionist, der zufrieden vom Spaziergang zurückkommt, wird sich wahrscheinlicher ins Gasthaus setzen, dort mit Bekannten sprechen, die er nett findet, weniger über die traurige Krebserkrankung einer Nachbarin als vielmehr über fröhliche Erinnerungen reden, was ihn noch heiterer stimmt. Oft begünstigt Glück beglückendes Verhalten, speziell soziales, sowie aufbauende Sichtweisen, und zeitigt weitere wünschenswerte Effekte (Lyubomirsky, Diener & King, 2005; Argyle, 2001, 215ff.).

Ältere Menschen sind auch deswegen überraschend glücklich, weil Männer und Frauen, die oft Glück erleben, älter werden und dieses der Gesundheit förderlich ist (vgl. Kap. 7.1). Noch mehr Furore machen als bisher wird die Erweiterungs- und Aufbautheorie positiver Emotionen von Fredrickson (2001; 2004; vgl. Kap. 7.2). Diese erklärt auch, warum derjenige schneller finnische Vokabeln lernt, der glücklich ist; positive Emotionen erhöhen kognitive Flexibilität und nähren Kreativität (vgl. Kap. 7.3). Glückliche Menschen gewähren einem von rechts kommenden Autofahrer eher Vorrang: „Feeling good, doing good" (vgl. Kap. 7.4). Glückliche Arbeitssuchende werden eher zu ernsthaften Vorstellungsgesprächen eingeladen, sind erfolgreicher und verdienen vielfach mehr (vgl. Kap. 7.5). Und: Glückliche tendieren dazu, sich noch glücklicher zu denken (vgl. Kap. 7.6). In der Evolution hätten unsere Vorfahren nicht überlebt, wenn sie sich nicht auch geängstigt und gesorgt hätten, aber auch nicht ohne Glücksempfinden, das eine adaptive Funktion erfüllt(e) (vgl. Kap. 7.7).

Glück bzw. positive Emotionalität wird fortan als unabhängige Variable betrachtet. Aber diese Differenzierung ist heuristisch. Eine glückliche Person ist eher bereit, Blut zu spenden (O'Malley & Andrews, 1983), aber wenn sie danach dafür ein Glas Rotwein trinken kann, steigt vielfach ihr Wohlbefinden noch mehr. Es gibt – den niederziehenden Teufelskreisen in der Depression (Beck, 2001) entgegengesetzt – auch aufwärtsstrebende Glücks- oder Engelskreise.

Positive Emotionen zeitigen jedoch nicht zwingend wünschenswerte Effekte. Nicht nur, dass glücklichere Personen leichter falschen Erinnerungen aufsitzen (Storbeck & Clore, 2005); sie können durch positive Affekte zu verabscheuungswürdigen Verbrechen motiviert werden. Auch wenn es heikel ist, sind Forschungen von Haidt (2007a) nicht zu verschweigen, in denen er zeigte, wie sehr Terroristen durch moralische Erhebung, glühende Liebe zu Gott und Bewunderung von Vorbildern zu Anschlägen motiviert werden können. Aber: Mehrheitlich ist es nicht nur der Gesundheit von Menschen, sondern auch ihrer Moralität förderlich, wenn sie glücklich sind.

7.1 Glück fördert Gesundheit

Ist häufiges Glückserleben der Gesundheit förderlich? Nach Veenhoven, (2008) ist es das tatsächlich! Glück kann nicht nur auf der Haut kribbeln, sondern, wohltuend und stärkend, unter die Haut und bis in die Herzkranzgefäße fließen. Pressman und Cohen (2005) haben eine umfassende Übersicht der einschlägigen Studien vorgelegt, deren Anzahl mittlerweile in die Hunderte geht. Sie bevorzugten experimentelle Studien, in denen die Befindlichkeit der Probanden beeinflusst wurde – positiv oder negativ –, worauf physiologische Reaktionen beobachtet wurden, beispielsweise ob mehr oder weniger Kortisol nachzuweisen ist.

Länger leben. Glückserleben beschert – in aller Regel – ein längeres Leben. Eine beeindruckende Studie legten Danner, Snowdon und Friesen (2001) vor. Sie analysierten die Lebensläufe, die damals 25-jährige Nonnen vor 60 Jahren abgefasst hatten, bevor sie ins Kloster eintraten. Cecilia O'Payne schrieb im Jahre 1932: „Gott hat meinem Leben einen guten Anfang gegeben, indem er mir seine unschätzbare Gnade schenkte. Das vergangene Jahr, in dem ich als Kandidatin an der Universität Notre Dame studierte, war sehr glücklich. Nun bin ich voll erwartungsvoller Freude, die Ordenstracht Unserer Lieben Frau anzulegen und ein Leben in göttlicher Liebe zu verbringen."

Eine andere junge Frau: „Ich wurde am 26. September 1909 geboren als ältestes von sieben Kindern … Mein Noviziat habe ich im Mutterhaus verbracht und am Notre Dame Institute Chemie sowie Latein im zweiten Jahr unterrichtet. Mit Gottes Gnade will ich das Beste für unseren Orden, für die Ausbreitung unseres Glaubens und für meine persönliche Heiligung tun."

Welcher Text sprüht vor mehr Glück? Der erste! Der zweite ist sachlicher und enthält keine „erwartungsvolle Freude", keine „göttliche Liebe". Welche dieser Nonnen wurde älter? Die erste! Im Jahre 2002 war sie 98 Jahre alt und kaum einen Tag krank gewesen. Die zweite hingegen erlitt mit 59 Jahren einen Schlaganfall und starb kurze Zeit später.

Die Forscher analysierten 178 Autobiografien und stellten fest: Junge Frauen, deren Lebensläufe positive Emotionen ausdrückten, Fröhliches berichteten und vor Zuversicht sprühten, lebten länger. Von ihnen waren im Alter von 85 Jahren noch 90 Prozent am Leben. Jene, die emotionslose Autobiografien abgefasst hatten, erreichten zu 34 Prozent dieses Alter.

Geringere Mortalitätsrate. Pressman und Cohen (2005) referieren mehr als ein Dutzend Studien, in denen zunächst die positiven Affekte gemessen wurden, worauf in den folgenden Jahren registriert wurde, wie viele Männer und Frauen zu welchem Zeitpunkt und in welchem Alter starben und woran. Dies taten

Ostir et al. (2000) bei 2.300 älteren Mexikanern zwischen 65 und 99 Jahren: Von den ursprünglich wenig Glücklichen starben in den beiden folgenden Jahren doppelt so viele. Im Sample von Levy (2002) lebten diejenigen, die ihr Altern als glücklich einschätzten, durchschnittlich 7,5 Jahre länger.

Allerdings brachten nicht alle Studien zu Tage, dass glückliche Menschen älter werden. Friedman et al. (1993) untersuchten, was aus 1.178 Kindern wurde, deren Naturell von Eltern und Lehrern vor 65 Jahren eingeschätzt worden war. Die besonders Aufgeweckten und Glücklichen lebten weniger lang, den Autoren zufolge, weil sie in ihrem Überschwang Gefahren unterschätzten und riskanter lebten. Auch eine jüngere europaweite Studie von Bjørnskov (2008) brachte zu Tage, dass in glücklicheren Nationen die Lebenserwartung nicht höher ist, was damit erklärt wird, dass glücklichere Menschen sich weniger um ihre Gesundheit kümmerten.

Dennoch ist mehrheitlich nachgewiesen: Menschen, die öfter glücklich sind, leben länger (Deeg & Zonneveld, 1989). Eindrücklich bestätigte dies jüngst an einem repräsentativen amerikanischen Sample Yang (2007): Die gestiegene Lebenserwartung sei primär auf die als glücklich eingeschätzten Lebensjahre im Alter zurückzuführen. Maruta (2000) untersuchte, was aus 1.145 Amerikanern geworden war, die zwischen 1962 und 1965 das Minnesota Persönlichkeitsinventar ausgefüllt hatten, das auch Optimismus misst – eines der stärksten Korrelate von Glück (Seligman, 2005). Von den Optimisten waren zwischenzeitlich 40 Prozent weniger verstorben. Gemäß der Metaanalyse von Veenhoven (2008) leben glückliche Personen zwischen sieben und zehn Jahren länger; der Effekt von Glück auf die Gesundheit sei damit vergleichbar, ob jemand raucht oder nicht.

Bessere Überlebenschancen. Den Mortalitätsstudien stehen jene Arbeiten nahe, die untersuchen, wie viele Personen schwere Erkrankungen wie lange überleben und ob ein Zusammenhang mit positiven Emotionen besteht. Die Ergebnisse sind widersprüchlich. Morkowitz (2003) zeigte an mehr als 400 Männern, die an AIDS erkrankt waren, dass die sich häufiger glücklich Fühlenden länger lebten. Devins et al. (1990) untersuchten 97 Patienten mit schwerer Nierenerkrankung: Zu den vier Faktoren, die eine höhere Überlebenswahrscheinlichkeit voraussagten, zählt auch das global bilanzierte Lebensglück, das seinerseits mit mehr Freizeitaktivitäten korreliert. Anders hingegen Brown et al. (2000), die das Schicksal von 426 Patienten verfolgten, in deren Haut sich Melanome einfraßen. Diejenigen, die sich bei der Befragung als miserabel ausgaben, lebten länger als die Glücklichen, die möglicherweise zu optimistisch waren und die Realität verzerrt wahrnahmen (Pressman & Cohen, 2005, 935). VanDam (1989) warnt zu Recht davor, Menschen in schwerer Krankheit Genesung zu versprechen, wenn sie nur positiv denken und sich glücklich fühlen würden.

Glückliche fühlen sich gesünder. Konsistenter sind die Ergebnisse jener Studien, die den Zusammenhang zwischen Glück und subjektiv eingeschätzter Gesundheit nachspürten, welche sich auf die körperliche Verfassung enorm auswirken kann. Wer sich ständig hypochondrisch krank redet, wird wahrscheinlicher zum

Patienten. Røysamb et al. (2003) fanden in einer Querschnittstudie, dass glückliche Menschen weniger Krankheitssymptome berichten. Personen, in glückliche Stimmung versetzt, schätzen sich als gesünder ein (Benyamini et al., 2000).

Weniger Schmerzen. Noch gründlicher ist gesichert: Menschen, die glücklich sind, empfinden weniger Schmerzen, so Patienten mit der Sichelzellenanämie (Gil et al., 2004). Wer sich auf dem Zahnarztsessel, wenn der Dentist in die Wurzel bohrt, Beglückendes imaginiert, einen warmen Sandstrand, die Lippen einer Frau, empfindet weniger Schmerz (Alden, Dale & Degood, 2001).

Glück und Blutdruck. Warum ist häufiges Glückserleben der physischen Gesundheit förderlich? Löst es wünschenswerte physiologische Prozesse aus? Wiederholt wurde untersucht, wie sich Stimmungen, glückliche oder ärgerliche, auf kardiovaskuläre Werte auswirken. Wer empört ist, spürt, wie Hitze in die Wangen steigt und das Herz zu pochen beginnt. Boiten (1996) versetzte seine Probanden teils in ärgerliche, teils in gehobene Stimmung: Bei den Verärgerten stieg der Blutdruck deutlich und beschleunigte sich der Herzschlag am stärksten; bei jenen in glücklicher Stimmung erhöhte sich der Blutdruck zwar auch, aber nicht so stark, auch schlug das Herz nur geringfügig schneller (Jacob et al., 1999).

Menschen in guter Stimmung finden leichter zu den üblichen kardiovaskulären Werten zurück (Pressman & Cohen, 2005, 957). Fredrickson und Levenson (1998) versetzten Studenten, nachdem die einen einen fröhlichen Film gesehen hatten, andere einen traurigen und weitere einen neutralen, in Stress, indem sie ihnen ankündigten, sie müssten in der Aula gleich einen streng benoteten Vortrag halten. Nachdem dies widerrufen wurde, sanken die Blutdruckwerte bei denjenigen, die einen glücklichen Stimulus gesehen hatten, doppelt so schnell auf den üblichen Wert zurück. Langfristig überhöhter Blutdruck verursacht wahrscheinlicher Infarkte, Schlaganfälle und Nierenversagen. Glückliche Menschen haben ein signifikant geringeres Risiko, sich die Faust an die schmerzende Brust zu pressen und einen Infarkt zu erleiden (Kubzansky & Kawachi, 2000). In einer internationalen Vergleichsstudie (N = 15.000) wiesen Blanchflower und Oswald (2008) nach, dass in Ländern, in denen sich die Bewohner glücklicher einschätzen, weniger Männer und Frauen an Hypertension leiden. Besonders gut schneiden diesbezüglich Niederländer, Dänen und Iren ab, weniger gut Italiener, Portugiesen und Griechen, während Westdeutsche und Österreicher im Mittelfeld liegen.

Weniger Stresshormone. Wiederholt untersucht wurde, ob Glückserleben die Ausschüttung von Kortisol verringert. Dieses begünstigt nicht nur Übergewicht, sondern auch Diabetes (Typ 2) und Bluthochdruck, schädigt das Immunsystem, verzögert die Heilung von Wunden und fördert Krebserkrankungen (Segerstrom & Miller, 2004). Steptoe, Wardle und Marmot (2005) maßen mit der Experience Sampling Methode bei 116 Männern und 100 Frauen subjektiv eingeschätztes Glück und die Stärke von Kortisol. Bei den Glücklichsten wurde um 32 Prozent weniger davon nachgewiesen. Auch wenn glückliche Stimmungen *experimentell* induziert werden, lässt sich ein Rückgang von Kortisol feststellen, bei induzierten

Negativstimmungen steigt die Menge an (Buchanan, Absim & Lovallo, 1999). Speziell psychologisches Wohlbefinden, wie von Ryff (1989) konzeptualisiert (vgl. Kap. 2.3.6), korreliert negativ mit dem im Speichel nachweisbaren Kortisol, Muskelverspannungen und weiteren gesundheitlichen Beeinträchtigungen (Taylor et al., 2003). In einer Pilotstudie mit älteren Frauen fanden Ryff, Singer und Love (2004), dass mehr eudaimonistisches Wohlbefinden mit besseren kardiovaskulären Werten, weniger Zytokinen und längeren REM-Schlafphasen einhergeht.

Mehr Immunoglobulin lässt sich nachweisen, wenn Menschen in glücklicher Stimmung sind. Dieses stärkt das Immunsystem (Marsland, Pressman & Cohen, 2007). Hucklebridge et al. (2000) baten 60 Personen, sich an ein sehr fröhliches Lebensereignis zu erinnern, ebenso viele an ein beschämendes; Erstere hatten mehr Immunoglobulin in ihrem Speichel. Auch das Hören beruhigender und beglückender Musik steigert die Produktion von Immunoglobulin, gemäß einer klinischen Studie von McCraty et al. (1996) um mehr als 50 Prozent. Harrison et al. (2000) versetzten Personen teils in ärgerliche, teils in gehobene Stimmung: Bei Letzteren wurde das Immunsystem gestärkt, wodurch Allergien seltener werden. Kimata (2002) zeigte in einer klinischen Studie, dass Rhinitispatienten (chronische Entzündung der Nasenschleimhäute) bessere medizinische Werte aufwiesen, wenn ihnen eine Stunde vor der Untersuchung positive Stimmung induziert wurde.

Gesunder Lebensstil ist eine weitere Ursache für die gesundheitsförderlichen Effekte von positiven Stimmungen. Glückliche Menschen verhalten sich wahrscheinlicher gesünder, indem sie beispielsweise Sport betreiben, was dem Organismus gut tut und nachhaltig beglückt (Hills & Argyle, 1998). Joggen erhöht die Lebenszufriedenheit signifikant (Biddle, 2000; Rodríguez, Latkova & Sun, 2008). Bei glücklichen Menschen ist die Qualität des Schlafes besser (Bardwell et al., 1999), ebenfalls die der Atmung, weil sie langsamer und tiefer erfolgt (Christie & Friedman, 2004). Im Glückserleben werden auch körpereigene Opioide ausgeschüttet, nicht nur Serotonin, das die Menschen mit Energie und Enthusiasmus erfüllen kann und sie beglückt (Flory et al., 2004), sondern auch Substanzen, die Schmerz lindern und Stress reduzieren (Drole et al., 2001). Und nicht zuletzt: Glückliche sind seltener starke Raucher und schwere Trinker (Veenhoven, 2008).

Seltener erkältet. Glückliche Stimmung bewahrt auch davor, vielfach lästige Erkältungen zu bekommen. 334 Freiwillige, zwischen 18 und 54 Jahre alt, erklärten sich bereit, über zwei Wochen hinweg ihre tägliche Befindlichkeit anzugeben und sich danach Rhinoviren einimpfen zu lassen, die Erkältungen hervorrufen (Cohen et al., 2003). Von den Glücklichsten (ein Drittel der Stichprobe) begannen 19 Prozent zu niesen, vom unglücklichsten Drittel waren es 33 Prozent, und vom mittleren 25 Prozent. Im Blut der Glücklichen wurde auch weniger Kortisol und Epinephrin nachgewiesen. Dieser Faktor erkläre aber die unterschiedliche Häufigkeit der Erkältung weniger stark als die glückliche versus deprimierte Stimmung.

Alles in allem: Glück kann zwar Krebszellen nicht mehr transformieren, aber es stärkt das Immunsystem, reduziert Stress und ist der Gesundheit enorm förderlich. Darum wusste schon die Bibel: „Ein fröhliches Herz tut dem Leibe wohl, ein bedrücktes Gemüt lässt die Glieder verdorren" (Spr 17,22).

7.2 Die Erweiterungs- und Aufbautheorie positiver Emotionen

Hoffentlich erleben Sie häufig solche Tage: An denen die Arbeit leicht von der Hand geht, Sie unerwartet gelobt werden, daraufhin eine Mitarbeiterin freundlich anschauen und mit ihr plaudern, worauf diese fragt, ob nicht einmal ein Cafébesuch ins Auge zu fassen wäre. Am Abend heimgekehrt, sind Sie weniger erschöpft, lesen in der Tageszeitung mehr als die Schlagzeilen und überlegen sich, ob Sie nicht mit ihrer Partnerin ausgehen und sich mit Freunden treffen möchten. Mit diesen unterhalten Sie sich prächtig und erfahren viel Neues, was in den nächsten Tagen nützlich sein könnte.

Glück baut auf. Was Menschen in so erfreulichen Situationen erleben, lässt sich auf die Erweiterungs- und Aufbautheorie positiver Emotionen beziehen, wie sie Fredrickson (2001; 2004) entwickelt hat. Positive Emotionen, speziell Freude und Glück, *erweitern* das Handlungs- und Gedankenrepertoire einer Person und *bauen* zugleich Ressourcen auf, die für weiteres Glückserleben prädisponieren. Anders hingegen negative Emotionen, die weniger, aber spezifische Reaktionen evozieren (Levenson, 1994): Wenn jemand durch den Laubwald wandert und ihm plötzlich eine Viper entgegenzischt, reagiert das limbische System, speziell der Mandelkern, mit Furcht, bevor im Neocortex die Gefahr als Schlange identifiziert ist (Spitzer, 2002, 162); einzig mögliche Reaktionen: Kampf oder Flucht! Wer vor Wut rast, kann auch in anderen Lebenssituationen kaum anders, als zur Attacke übergehen. Anders hingegen, wer glücklich ist: Er kann sich behaglich in einen Sessel zurücklehnen und Lieblingsmusik hören, Rilkegedichte lesen oder Joggen gehen (Fredrickson & Losada, 2005). Bei glücklichen Ehepaaren lässt sich weniger leicht prognostizieren, was sie als Nächstes unternehmen werden – spontaner Städtetrip, ein Zimmer renovieren, sich lieben auf dem nächtlichen Spaziergang – als bei weniger glücklichen, die im immer gleichen Trott stecken (Gottman, 1994).

Glück und Freude erweitern das Denkrepertoire ebenso wie die Sinneswahrnehmung. Fredrickson und Branigan (2004) spielten ihren Versuchspersonen Filmclips vor, einen, der Freude zeigt, einen anderen zu Zufriedenheit, aber auch solche zu Angst und Ärger sowie einen emotional neutralen. Anschließend wurden sie gebeten, spontan folgende Frage zu beantworten: „In einer gefühlsmäßig gleichen Situation würde ich Folgendes tun ...". Jene, die den fröhlichen Clip gesehen hatten, nannten im Schnitt 15 Handlungsmöglichkeiten, bei Zufriedenheit 14, in der neutralen Bedingung 12, Furcht 9, Ärger 8 (Fredrickson & Branigan, 2005).

In einem anderen Experiment wurden Männern und Frauen visuelle Grafiken gezeigt, die mehrdeutig gesehen werden können (Figur und Grund etc.). Wer in glückliche Stimmung versetzt worden war, nahm schneller und häufiger mehrere Bedeutungen wahr (Fredrickson & Branigan, 2005). Glück geht mit schärferer und intensiverer Sinneswahrnehmung einher. Die Schilderung einer glücklichen Episode durch eine 40-Jährige zeigt dies prägnanter als statistische Maßzahlen: „Ein Musikfest, Musik, tanzen, trommeln, lachen, Tränen und Freude, Gänsehaut, sich verausgaben, Begegnungen mit lieben Menschen mit allen Sinnen, Musik spüren, schwimmen in der Thaya, dann liegen in der Wiese, lauschen, schwitzen – ein Fest der Sinne und der Liebe."

Mehr Ressourcen. Die Erweiterungs- und Aufbautheorie besagt zudem: Positive Emotionen haben auch längerfristig günstige Auswirkungen, insbesondere in der Form von mehr Ressourcen, um Stress zu bewältigen (Aspinwall, 1998). Fredrickson (2004, 1372) bat Studierende über den Zeitraum eines Monats hinweg, jeden Abend ihre Befindlichkeit in eine Internetseite einzutragen, eine Gruppe mit Fokus auf die erfreulichen Stimmungen, eine zweite auf die negativen. Ein abschließender Test zeigte: Wer sich auf die glücklichen Episoden konzentriert hatte, verfügte über mehr Copingressourcen, die sich kausal auf die glücklichen Episoden zurückführen ließen. Dies rechtfertigt den Schluss: Glück kann durch das Kultivieren positiver Emotionen *nachhaltig* erhöht werden (Fredrickson, 2000).

Gemäß der Theorie von Fredrickson (2000; 2004) erfüllen positive Emotionen eine zusätzliche Funktion. Sie können die Nachwirkungen negativer Gefühle gleichsam ausheben, indem Menschen, die in Angst versetzt wurden, die von etwas geschockt oder bekümmert waren, schneller in ihre ursprüngliche Befindlichkeit zurückfanden, wenn sie positive Emotionen erlebten. Fredrickson et al. (2000) sprechen von einem „Annullierungseffekt", den sie experimentell überprüften, indem sie Studenten zunächst einen grässlichen Videoclip zeigten, der sie in Angst versetzte und bei den meisten zu einer Beschleunigung des Herzschlages führte. Anschließend wurde einer ersten Gruppe ein fröhlicher Clip gezeigt, weiteren Gruppen je ein neutraler und ein trauriger. Als gemessen wurde, wie schnell der Pulsschlag auf den durchschnittlichen Wert zurücksank, zeigte sich: Bei jenen mit dem beglückenden Clip dauerte dies nur halb so lang.

Stark nach dem 11. September. Eines der schrecklichsten Ereignisse, das die USA erschütterte, war der 11. 9., als das World Trade Center in einer apokalyptischen Staubwolke zusammenstürzte. Wie Amerikaner diesen Schock bewältigten, untersuchte die Begründerin der Aufbau- und Erweiterungstheorie positiver Emotionen Fredrickson et al. (2003). Mehr als 70 Prozent der Amerikaner weinten, gut die Hälfte klagte über Schlafstörungen. Fredrickson et al. (2003) maßen bei Studierenden – vor dem 11. 9. (prospektive Studie) – unter anderem Resilienz (Block & Kremen, 1996), IQ, Persönlichkeitseigenschaften (Big Five), Affekte. Nach dem Terroranschlag maßen sie zusätzlich positive und negative Affekte sowie Depressivität. Sie stellten fest, dass die ursprünglich gemessene psychische Widerstandskraft (Resilienz) Depressivität dann am stärksten abminderte, wenn die Personen – obschon geschockt – gleichwohl positive Emotionen erleben konnten, speziell Mitgefühl mit den Opfern und deren Angehörigen, Liebe zu ihnen sowie Dankbarkeit, dass sie und ihre Angehörigen nicht selber unter den Trümmern von Ground Zero lagen; auch engagierten sie sich stärker gegen den Terrorismus und für den Frieden. Fredrickson et al. (2003) sehen darin eine ökologisch valide (mitten im Leben) untersuchte Bestätigung ihrer Aufbau- und Erweiterungstheorie positiver Emotionen, die das Handlungsrepertoire erweitern und Resilienz stärken, auch inmitten erschütternder Krisen. Bei der Bewältigung kritischer Ereignisse erfüllen positive Emotionen – in der Studie von Fredrickson et al. (2003) vor allem „glücklich", „froh", „heiter", „optimistisch" – eine eminent adaptive Funktion (Folkman & Moskowitz, 2000), indem sie Menschen nicht nur auf ihren ursprünglichen Wohlbefindenslevel zurückbringen, sondern diesen sogar erhöhen können.

Die Erweiterungs- und Aufbautheorie positiver Emotionen wird – so die Überzeugung des Verfassers – noch in viele Bereiche Einzug halten. Saroglou, Buxtant und Tilquin (2008) applizierten sie auf Religiosität und Spiritualität, die zu mehr Glück beitragen, sofern sie intrinsisch praktiziert werden, auf ein wohlwollendes Göttliches bezogen sind, Verbundenheit stiften und Sinn schaffen (Kapitel 6). Doch auch das Umgekehrte gilt: Die erwähnten belgischen Religionspsychologen zeigten Männern und Frauen vier Videoclips: bewegende Geburt, majestätische Natur, Humor, neutrale Szene. Jene, die die beiden ersten auf sich wirken ließen und emotional stark betroffen waren, verzeichneten danach auf der Spirituellen Transzendenzskala nach Piedmont (in Bucher, 2007, 42) signifikant höhere Werte und glaubten stärker an eine kosmische Schöpfermacht.

Mit der Aufbau- und Erweiterungstheorie lassen sich auch die meisten der im Folgenden zu schildernden Effekte häufigen Glückserlebens erklären.

7.3 Glück fördert kognitive Fähigkeiten

Philosophische Klassiker misstrauten den Emotionen. Für Spinoza waren sie unklare Erkenntnis. Kant hielt dafür, ein Gefühl sei ein bloß subjektives Vermögen und könne keine objektive Erkenntnis erbringen. Mehr noch: Gefühle würden die Vernunft mitunter regelrecht lahm legen. Das Ziel von Bildung sei, sich von den Emotionen zu lösen, zumindest sie zu beherrschen oder neutral zu halten, wozu die Alltagspsychologie auch heute noch rät, wenn Menschen wichtige Entscheidungen zu treffen haben (Seo & Barrett, 2007). Doch spätestens seit der kognitiven Emotionstheorie von Lazarus (1991) ist die Trennung von Kognition und Emotion überholt. Nachdenken geschieht stets in einer bestimmten Gefühlslage, manchmal ruhig und gelassen, manchmal angespannt und verbissen. Nur zu oft veranlassen uns die Stimmungen, weil sie auch eine informative Funktion haben (Schwarz & Clore, 1983), zum Grübeln, unerwünschte stärker als glückliche. „Unsere Alltagserfahrung zeigt ganz klar, dass Affektivität alle unsere kognitiven Prozesse entscheidend beeinflusst, einschließlich Gedächtnis, Aufmerksamkeit, das Treffen von Entscheidungen" (Adolphs & Damasio, 2001, 44). Gehirnforscher zeigten, warum: Weil keine Information im Neocortex abgespeichert wird, die nicht das limbische System (Ort der Verarbeitung von Emotionen) passiert hat (Roth, 2003; Spitzer, 2002).

Schon Aristoteles (1952) fragte, welche Denkweisen Menschen glücklich stimmen. Hier wird die Blickrichtung umgedreht: Wie wirkt sich glückliche Stimmung auf das Denken aus? Wie auf das Lernen? Ergebnis: Enorm positiv! Lernen ist nicht nur schmerzhaft (Oser & Spychiger, 2005), manchmal gewiss auch; aber in entspannt glücklicher Stimmung lernen wir beispielsweise schneller 50 arabische Vokabeln (vgl. Kap. 7.3.1). Darüber hinaus erhöhen glückliche Stimmungen kognitive Flexibilität und steigern Kreativität (vgl. Kap. 7.3.2); aber sie können auch dazu führen, dass wir Sachverhalte weniger präzise analysieren und leichter Stereotypen aufsitzen (vgl. Kap. 7.3.3).

7.3.1 Glück erleichtert und beschleunigt das Lernen

Angst lähmt. Vielleicht erging es Ihnen in der Schulzeit wie dem Autor als Gymnasiast in Mathematiktests: Die Terme wurden rätselhaft wie chinesische Schriftzeichen, auf dem Handrücken trat kalter Schweiß aus, der Druck auf die Blase wurde stärker und stärker – in dieser panischen Befindlichkeit lernt der Mensch nichts mehr, im Unterschied zu milder Angst, die Lernleistungen erhöhen kann (Craske, Dirk & Vansteenwegen, 2006).

Leben ist Lernen. Anders hingegen, wenn der Mensch glücklich ist: „Lernen funktioniert bei guter Laune am besten", so der Gehirnforscher Spitzer (2002, 167). Traditionellerweise wurde Lernen als eine auf Einsicht beruhende Veränderung des Verhaltens und der Einstellungen definiert; in der Gehirnforschung als „Änderung kortikaler Repräsentation" bzw. als „Synapsenverstärkung", die durch Botenstoffe wie Dopamin – oft „Glückshormon" genannt (vgl. Kap. 3.3.2) – begünstigt wird. Wie immer es definiert wird: Lernen ist Lebenstätigkeit. Das Gehirn ist so beschaffen, dass es lernen will (und muss), und dies bereits im Mutterleib und noch im Seniorenheim (Reich, 2005). Neugeborenen, deren Mütter während der Schwangerschaft Anis konsumiert hatten, wurde ein Wattebüschel vor die Nase gehalten, der mit Anis getränkt war; sie lächelten, weil sie den Geruch bereits gelernt hatten. Wenn die Schwangeren auf Anis verzichtet hatten, verzogen die Babys sauer den Mund (Spitzer, 2002, 203f.).

Schneller lesen. Lernen erfordert Aufnahme von Informationen, zumeist durch Lektüre. Lesen glückliche Menschen schneller und anders? Gemäß einem raffinierten Experiment von Forgas und Bower (1987) in der Tat! Sie baten ihre Probanden, bei denen sie eruiert hatten, ob sie eher glücklich oder traurig sind, an Bildschirmen kurze Urteile über andere Personen zu lesen. Die Glücklichen brauchten im Schnitt 6,1 Sekunden, die Bedrückten eine Sekunde länger. Die

Forscher untersuchten auch den Effekt der Inhalte auf das Lesetempo: Glückliche Leser befassten sich mit positiven Informationen („In der Grundschule war Bob immer sehr gut im Sport") geringfügig länger. Traurige Versuchspersonen hingegen konzentrierten sich länger auf Unerfreuliches wie: „Cindy ist klein und sehr unansehnlich". Dies bestätigt die hinreichend untersuchte Stimmungskongruenz: Personen haben leichter Zugriff zu solchen Kognitionen, die emotional gleich eingefärbt sind wie ihr aktuelles Befinden (Bower, 1981). Verständlich, dass Menschen, durch Hypnose in einen glücklichen Zustand versetzt, auf die Bitte hin, Ereignisse aus ihrer Kindheit und Jugend zu erzählen, häufiger positive Episoden berichteten, und jene in trauriger Stimmung sich häufiger an Kränkungen und Kummer erinnerten (Bower, 1991; vgl. Seidlitz, Wyer & Diener, 1997).

Schnelleres Memorieren. Lernen ohne Gedächtnis ist undenkbar. In einer Reihe von Experimenten wurden die Auswirkungen verschiedener emotionaler Zustände auf Gedächtnisleistungen überprüft. Erk et al. (2003) zeigten, dass heiter gestimmte Personen 42 neutrale Wortstimuli besser erinnerten als die in neutraler bzw. negativer Befindlichkeit. Zudem wiesen sie nach, welche Gehirnregionen beim Einspeichern jeweils aktiver waren: Die Amygdala in schlechter Stimmung, der Hippokampus in fröhlicher und der frontale Kortex in der neutralen Versuchsanordnung. Die Implikation ist nahe liegend: Wenn wir uns etwas einprägen müssen, geschieht dies schneller, wenn wir uns zuvor in gute Stimmung bringen, durch ein Stück Schokolade oder Lieblingsmusik. Kinder, die niedergeschlagen von der Schule heimgekehrt sind, sollten nicht gleich die Hausaufgaben machen müssen, sondern erst, wenn sie besser aufgelegt sind. Glückliche Stimmungen erleichtern und perfektionieren Lernen bereits im Kindesalter, was Masters, Barden und Ford (1979) mit 4-Jährigen nachwiesen, die instruiert wurden, sich an etwas zu erinnern, das sie so froh gemacht habe, dass sie in die Luft sprangen: Hernach lösten sie Lernaufgaben effizienter als die Kontrollgruppe.

Lernen und Belohnung. Traditionelle Lernpsychologien, speziell behavioristische, akzentuierten den stärkenden Effekt von Belohnung. Nach der kognitiven Wende geriet der Behaviorismus in Misskredit. Nichtsdestoweniger: „Belohnung sorgt für Lernen" (Spitzer, 2002, 183). Denn Lernprozesse aktivieren das körpereigene Belohnungssystem, das vermehrt Dopamine ausschüttet, welche den Menschen neugieriger auf Neues machen und ihn (noch mehr) aktivieren. Besonders nachhaltig wirkt überraschende Belohnung, auch wenn sie wenig spektakulär erscheint: Schon ein freundlicher Blick oder ein liebes Wort kann das Belohnungssystem aktivieren (Hamann & Mao, 2002), was zu noch mehr Lernen motiviert.

7.3.2 Glück erhöht kognitive Flexibilität und Kreativität

Originellere Assoziationen. Ein Grundvollzug menschlicher Intelligenz besteht darin, Assoziationen herzustellen; das gehirnphysiologische Korrelat ist die Verknüpfung bzw. Verstärkung von Synapsen. Personen, in positive Stimmung versetzt, fanden zu neutralen Wortstimuli mehr passende Assoziationen als eine Kontrollgruppe in neutraler Befindlichkeit (Review: Isen, 2005). Anders hingegen, als man ihnen emotional negativ eingefärbte Stimuli präsentierte: Bei dieser Variante unterschieden sich die Leistungen in der Experimental- und Kontrollgruppe nicht (Isen et al., 1985). Erklären lässt sich dies mit der Stimmungskongruenz (Bower, 1981). Glücklich Gestimmte produzieren auch häufiger ungewöhnliche Assoziationen. Isen und Daubman (1984) fanden, dass Frohgelaunte „feet" (Füße) und „camel" (Kamel) wahrscheinlicher der Kategorie „vehicles" (Fahrzeuge) zuordneten: das „Kamel" als Wüstenfahrzeug. „Inklusive Kategorisierung" ist ein Ingrediens von Kreativität.

Kreativität assoziiert mitunter Betrübliches: Van Gogh, der sich in seiner Verzweiflung das Ohrläppchen abschnitt; Rilke, der tief deprimiert und unglücklich wie Hiob durch die Straßen von Paris lief, die er als „schwere Stadt" bezeichnete. Aber Kreativität ist auch das Lachen von Mozart. Und die empirische Forschung gibt eher dem Zauberflötengenie recht. Alice Isen (2003), von Seligman (2005, 428) als „Gründerin der Psychologie der positiven Emotionen" gewürdigt, führte zahlreiche raffinierte Experimente zu den Effekten von Stimmung auf Kreativität durch. Üblicherweise wurden Personen in positive Stimmung gebracht, durch ein fröhliches Videoclip, Süßigkeiten, oder schlicht durch ein „Sie sehen heute wirklich prächtig aus!". Anschließend hatten sie knifflige Probleme zu lösen, beispielsweise den bekannt gewordenen Kerzentest von Duncker (Ashby, Valentin & Turken, 2002, 247). Personen wurde zu einer Kerze eine leere Kartonschachtel gegeben, Reißnägel sowie Streichhölzer; anschließend sollten sie die Kerze so an einer Wand befestigen, dass kein Wachs auf den Boden tropfen kann. Die richtige Lösung besteht darin, die Kartonschachtel mit den Reißnägeln an die Wand zu heften und die Kerze in diese hineinzustellen. Personen in froher Stimmung fanden diese häufiger und schneller (Isen, Daubman & Nowicki, 1987).

Glückliche Ärzte — schnellere Diagnosen. Wenn wir zum Arzt müssen, ist es für die Diagnose vorteilhaft, wenn dieser guter Laune ist. Isen, Rosenzweig und Young (1991) baten Medizinstudenten darum, bei (gestellten) Patienten mit Knötchen in der Lunge die Diagnose vorzunehmen. Eine Gruppe wurde zuvor durch positives Feedback über ihre Leistungen in glückliche Stimmung versetzt, die Kontrollgruppe nicht. Beide Gruppen stellten gleich viele richtige Diagnosen, aber den Studenten in guter Stimmung gelang dies doppelt so schnell, auch waren sie mehr an ihren (fiktiven) Patienten (Lebensgewohnheiten etc.) interessiert und schrieben konsistentere Protokolle. Estrada, Isen und Young (1997) konnten dies in einer Replikationsstudie bestätigen und erklärten das effizientere Diagnostizieren damit, dass Menschen in glücklicher Stimmung leichter zusätzliche Informationen integrieren und weniger stark auf bestimmte Gedanken fixiert sind. Als Erklärung hätte auch die Aufbau- und Erweiterungstheorie der positiven Emotionen (vgl. Kap. 7.2) herangezogen werden können.

Räumliches Vorstellungsvermögen verbessert sich in froher Stimmung. Dies zeigten Untersuchungen zum „Mozarteffekt", eine der am populärsten psychologischen Legenden der letzten Jahre. Thiompson, Schellenberg und Husain (2001) wiederholten das bekannt gewordene Experiment von Rauscher und Mitarbeitern, die im Jahre 1993 Studenten die räumlichen Aufgaben des Standford-Binet-Intelligenztestes lösen ließen, nachdem diese zuvor zehn Minuten Mozart gehört hatten. Sie schnitten um die zehn Punkte besser ab. Auch Thiompson, Schellenberg und Husain (2001) fanden, dass ihre Versuchspersonen ein besseres Raumvorstellungsvermögen an den Tag legten, nachdem sie Mozart gehört hatten – und nicht das schwermütige Adagio von Albinoni oder gar keine Musik. Doch der Mozarteffekt verschwand, sobald die Stimmung kontrolliert wurde: Die Mozarthörer fühlten sich im gleichen Ausmaß fröhlicher wie sie auch bei den Aufgaben besser abschnitten. Studenten, von Albinoni „bedrückt", zeigten weniger Raumvorstellungsperformanz. Nicht Mozart begünstigt Intelligenz, sondern frohe Stimmung – diese aber kann durch Mozart erhöht werden: Der nach ihm benannte Effekt greift also doch!

Einfluss von Stimmungen auf die Intelligenz. Intelligenz konkretisiert sich auch in sinnhafter Verknüpfung von Elementen. Staw und Barsade (1993) konfrontierten Manager mit dem Problem, wie Arbeitsschritte am effizientesten miteinander zu verbinden sind. Jene in gehobener Stimmung schnitten in den Augen von Experten besser ab. Gelegentlich beschäftigen wir uns, um die Zeit zu vertreiben, mit Anagramm-Aufgaben. Erez und Isen (2002) zeigten, dass Personen, in gute Stimmung versetzt und in positiver Erwartung auf das Gelingen, schneller und erfolgreicher sind, möglicherweise, weil ihr räumliches Vorstellungsvermögen stärker aktiviert wird (Mozart-Effekt). Menschen in glücklicher Stimmung können schneller addieren und dies bereits im Kindesalter (Bryan & Bryan, 1991).

Entscheidungen fällen, kann kreativ sein. Brauchen Personen in glücklicher Stimmung weniger lang, bis sie aus einem Katalog einen neuen Wagen ausgewählt haben? In der Tat! Isen und Means (1983) protokollierten, wie unterschiedlich gestimmte Personen aus fiktiven Angeboten von Pkws einen auswählten. Glückliche Kunden trafen, obschon sie zahlreiche Faktoren in Rechnung stellten, ihre Entscheidungen schneller, indem sie sich an Kriterien orientierten, jene in negativ induzierter Stimmung schauten gleiche Modelle immer wieder an. Hinzu kommt, dass glückliche Personen bei Entscheidungen eher eine zufriedenstellende als die bestmögliche Entscheidung anstreben – Perfektionismus ist dem Glück abträglich (Schwartz et al., 2002). Immer wieder vor komplexe Entscheidungen gestellt sind Manager. In einer experimentellen Studie replizierten Djamasbi, Remus und O'Connor (2003) wesentliche Ergebnisse von Isen und Means (1983): Froh gelaunte Manager fällten ihre Entscheidungen schneller, wiederholten verschiedene Varianten seltener und urteilten genauer. Sie empfehlen daher den Betrieben unerwartete Stimmungsaufheller: Ein kleines Präsent, eine unverhoffte Erfrischung etc.

Die Dopaminhypothese. Wie lassen sich die günstigen Effekte glücklicher Stimmungen auf kognitive Leistungsfähigkeit erklären? Ashby, Isen und Turken

(1999) verweisen auf die mittlerweile gut gesicherte „Dopaminhypothese" (Isen, 2004, 534f.). Wenn die Substantia Nigra bzw. das ventrale Tegmentum Dopamin ausschütten, wird im Gehirn das Belohnungssystem in Gang gesetzt und werden auch jene Areale aktiviert, die für Gedächtnis, Problemlösung, Assoziationen, Kreativität etc. zuständig sind. Ein schlagendes Beispiel ist der französische Philosoph und Dichter Jean Paul Sartre. Um seine Erblindung aufzuhalten, nahm er Amphetamine zu sich, die den Dopaminspiegel heben, und schrieb seine letzten Bücher in einem Schaffensrausch (Klein 2004, 120).

Aber: Trotz der geschilderten wünschenswerten Effekte von Glück auf Kreativität, Intelligenzleistung und Kognition: Ein vielbeachteter Aufsatz erhielt den Titel: „On being happy and mistaken" (Forgas, 1998), worauf im Folgenden näher eingegangen wird.

7.3.3 Wenn Glück soziale und kognitive Fertigkeiten reduziert

Der fundamentale Attributionsfehler. In einem bekannten Experiment bat Forgas (1998) Studierende um ihre Meinung, ob Essays über die Studiengebühren, die von Kommilitonen geschrieben waren und unbeliebte Ansichten enthielten (Gebühren in dieser Höhe seien gerechtfertigt), wirklich die Ansicht der Verfasser beinhalteten. Auch wurde ihnen entweder gesagt, das Thema sei von den Autoren frei gewählt oder es sei diesen vorgegeben worden. Personen in glücklicher Stimmung hielten häufiger dafür, die Texte artikulierten die wahren Ansichten der Verfasser, dies auch dann, wenn sie wussten, dass ihnen diese auferlegt worden waren. Sie fokussierten sich auf eine dispositionelle Sicht bzw. auf den Verfasser und übersahen die situativen Faktoren, in diesem Fall (subtilen) Zwang. Insofern begingen sie den fundamentalen Attributionsfehler (Ross, 1977), der darin besteht, dass das Verhalten eines Menschen primär auf dessen Persönlichkeit attribuiert wird, auch wenn es faktisch durch die Situation erzwungen wurde. Der fundamentale Attributionsfehler ist für unsere Interaktionen enorm relevant und kann oftmals schädlich sein, beispielsweise wenn ein Ehemann die Müdigkeit seiner Frau auf ihr Wesen zurückführt und übersieht, dass sie nach dem Job auch noch die Hausarbeit zu erledigen hat.

Ob gute Gefühle den fundamentalen Attributionsfehler begünstigen, wollte Mak (2006) wissen. Er legte einer Gruppe in guter Stimmung, einer in neutraler, eine Alltagsszenerie vor – einem Arbeiter stößt im Morgenstress ein Pech nach dem anderen zu – und ließ diese beurteilen, in der ersten Variante als von einer fremden Person erlebt („Jamie rutschte aus ..."), in der zweiten von sich selber („Ich fuhr über die Ampel ..."). Im zweiten Falle waren fundamentale Attributionsfehler seltener, wenn die Versuchspersonen gut gelaunt waren; erwartungsgemäß machten sie aber die fremde Person stärker für ihre Missgeschicke verantwortlich als sich selber bzw. die Personen in neutraler Stimmung, die sowohl sich selber als auch die Drittperson hinsichtlich ihrer „Schuld" gleich einschätzten.

Glücklichere Personen tendieren dazu, für eigene Missgeschicke situative Faktoren verantwortlich zu machen, was entlastend wirkt und den Selbstwert stärkt, für die Tollpatschigkeiten von anderen eher diese selber.

Stereotype, beispielsweise über Ausländer, sind wenig wünschenswert und können deren Diskriminierung begünstigen. Sind glückliche Personen dafür weniger anfällig? Wie Boderhausen, Kramer und Susser (1994) zeigten: Gerade nicht! Amerikaner, in unterschiedliche Stimmung versetzt, hatten zu beurteilen, ob eher ein Mann mit dem fremdländischen Namen Juan Garcia oder ein biederer John Garner kriminell sei: Glückliche tippten häufiger auf Ersteren, Personen in neutraler Stimmung gleichmäßig auf beide. Heitere Stimmung mache demnach anfällig für Stereotype (Bless et al., 1996), dies auch in einem weiteren Experiment, in dem Personen in unterschiedlicher Stimmung die Verspottung durch einen lateinamerikanischen Studenten zu bewerten hatten (Boderhausen, Kramer & Susser, 1994). Frohgestimmte neigten stärker zu Stereotypen, übrigens auch Versuchsteilnehmer, denen zuvor Ärger induziert worden war. Clore und Huntsinger (2007) werten dies als Bestätigung für die „Affekt als Information Theorie" von Schwarz und Clore (1983), gemäß der die Befindlichkeit in einer Situation auch ein Teil der kognitiven Information über sie ist. Fühlt sich eine Person in einer bestimmten Situation wohl, schwingt darin die Information mit, dass der aktuelle Zustand nicht verändert werden muss, auch nicht die entsprechenden Kognitionen. Auch wer sich ärgert, ist überzeugt, im Recht zu sein und seine Meinung nicht ändern zu müssen, sondern das Verhalten anderer. Clore et al. (2001) diagnostizieren denn auch das Paradox: Ärger wirkt auf kognitive Prozesse oft gleich wie Glück.

Heuristischer Denkstil. Aber sind glückliche Personen wirklich anfälliger für (fremdenfeindliche) Vorurteile? Clore und Huntsinger (2007) meinen: Nein! Glücklich Gestimmte würden einen anderen kognitiven Stil anwenden als Bedrückte, nämlich einen stärker heuristischen, an übergeordneten Schemas orientierten, für die – aktuell – kein Veränderungsbedarf besteht. Schwarz (2002) spricht von einem Top-down-Prozess, in dem wenig Veranlassung für detaillierte Analysen der jeweiligen Situation besteht, sondern der gewohnten Routinen folgt und sich an Strukturen orientiert, die sich in der Vergangenheit auch bewährten.

Schlechteres Gedächtnis durch Glück? Dass glücklich Gestimmte weniger auf Details achten, sondern sich an übergeordneten und breiteren Schemas orientieren – was mehr Flexibilität und Kreativität ermöglicht –, zeigt eine viel beachtete gedächtnispsychologische Studie. Storbeck und Clore (2005) spielten ihren Versuchspersonen entweder Mozarts anregende „Kleine Nachtmusik" (positive Stimmung) oder das schwer dahinziehende Adagietto aus Mahlers Fünften (negative Stimmung) vor – wobei zu bedenken ist, dass Mahlers Adagietto allerdings auch sehr beglücken kann. Anschließend lernten beide Gruppen Worte wie „Bett, Kissen, Ruhe, Traum" etc. auswendig und wurden abgefragt: Jene in „negativer" Stimmung nannten seltener falsche Begriffe, jene, die sich von Mozart hatten erheitern lassen, häufiger, und zwar speziell den übergeordneten Begriff „Schlaf", der in der zu lernenden Liste nicht enthalten war. Storbeck und Clore (2005) sehen darin eine Bestätigung für zwei parallel arbeitende Gedächtnisspuren, eine erste, auf der die präzise, objektspezifische Wahrnehmung gespeichert wird (in neutraler und negativer Stimmung häufiger), und eine zweite, auf der der allgemeine semantische Gehalt (Oberbegriff) eingeprägt wird (in guter Befindlichkeit häufiger).

Auch in weiteren kognitiven Tests schnitten heiter Gestimmte schlechter ab. So bei logischen Denkaufgaben, Syllogismen, die den Versuchsteilnehmern wenig vertraut waren. In neutraler und schlechter Stimmung wurde häufiger richtig deduziert (Melton, 1995). Positive Affekte beschleunigen zwar Informationsverarbeitungsprozesse, aber diese laufen weniger tief und gründlich ab und sind weniger auf die Details fokussiert. Zu erklären ist dies damit, dass negative Stimmung dem Subjekt signalisiert, dass etwas nicht in Ordnung ist und Veränderungsbedarf besteht, was eine präzise Analyse der Situation erfordert. Tatsächlich wird in schlechter Stimmung das Aufmerksamkeitsfeld eingegrenzt, verstärkt nach Gründen gefragt (oft bis zum Grübeln) und weniger abstrahiert (Schwarz, 2002).

Evolutionstheoretische Erklärung. Forgas (2005) erklärt sich die verschiedenen Denkstile in „positiver" und „negativer" Stimmung evolutionstheoretisch. Letztere sei ein Alarmsignal: Aus der Umgebung könnte Gefahr drohen, sodass die Aufmerksamkeit auf alle Details zu richten ist. Infolgedessen sind Denkprozesse in schlechter Stimmung tendenziell akkommodativ, solche in guter eher assimilativ. Dies ist auch neurophysiologisch bestätigt: Wenn Menschen spontan neue Strategien entwickeln und kreativ sind, ist die Tätigkeit im linken präfrontalen Kortex, wo die guten Gefühle sitzen (Davidson & Irwin, 1999), stärker. Wenn sie ein Problem analytisch durchchecken, zeigen bildgebende Verfahren eine stärkere Aktivität der rechten Seite, wo auch negative Emotionen verortet werden (Huppert, 2005).

Glückliche leichter zu überzeugen. In guter Stimmung sind Menschen eher in Gefahr, von schwachen Argumenten übertölpelt zu werden. In einer Reihe von Experimenten (Bless et al., 1990) ließ sich nachweisen: Personen, die in positive Stimmung versetzt wurden, ließen sich von schwachen Argumenten – beispielsweise weil ein freundlicher Experte so geurteilt habe – ebenso stark beeindrucken wie von starken. Personen in negativer Stimmung ließen sich von starken, auf den Sachverhalt fokussierten Argumenten stärker überzeugen und lehnten die schwachen ab.

Glückliche risikobewusst. Sind glückliche Personen eher gefährdet, besonders riskante Entscheidungen zu treffen, weil sie mögliche Folgen verharmlosen? Nach den bisherigen Ausführungen könnte man das vermuten. Die zahlreichen Studien, speziell zum Risikoverhalten in Glücksspielen, führten zu uneinheitlichen Befunden. Zwar fanden Yuen und Lee (2003), dass Personen, nachdem sie einen deprimierenden Film gesehen hatten, weniger bereit waren, eine riskante Entscheidung zu treffen als jene, die einen fröhlichen oder neutralen Stimulus gesehen hatten. Mehrheitlich zeigten die Experimente: Gutgelaunte sind eher zu einem Einsatz bereit, allerdings nur, wenn das Risiko gering ist. Ist der mögliche Verlust hoch, ist ihre Risikobereitschaft geringer als bei Personen in neutraler Stimmung. Isen und Patrick (1983) beglückten ihre Experimentalgruppe mit einem unerwarteten Geschenk. Beim anschließenden Roulettespiel setzten die „Beschenkten" umso weniger Chips ein, je höher das Risiko war. Wurde dieses mit 83 Prozent angegeben, schoben die Spieler in neutraler Stimmung mehr Chips hin. Auch Mano (1992) fand, dass Personen, die stark in Distress (schädlichem Stress) waren, mehr Geld für Lotterielose ausgaben, auch wenn die Gewinnchancen niedrig waren.

Glückliche wollen glücklich bleiben. Warum ist in positiver Stimmung die Risikobereitschaft offensichtlich geringer? Dass dem so ist, wiesen – im Kontext des alltäglichen Lebens und nicht beim Glücksspiel – Chaung und Kung (2005) nach, Kliger und Levy (2003) auf den internationalen Finanzmärkten. Erklärungskräftig ist die These der Stimmungsaufrechterhaltung (Isen, 2004, 533): Personen, die glücklich sind, wollen vermeiden, aus dieser Befindlichkeit herauszufallen, indem sie Verluste verkraften oder andere negative Konsequenzen bewältigen müssen.

Alles in allem: Glückliche Stimmungen wirken auf kognitive Prozesse unterschiedlich. Unbestritten ist jedoch, dass sie sich von Emotionen nicht trennen lassen (Damasio, 2002); vielmehr fungieren Letztere auch als Information (Schwarz & Clore, 1983). Und ebenfalls: Glückliche Menschen, die sich erinnern, Probleme lösen, Entscheidungen treffen, „malen mit breiteren Strichen", so Levine und Bluck (2004) im Titel ihres Aufsatzes. Sie belegen darin, dass Glückliche sich plastischer und lebendiger an Ereignisse erinnern, auch wenn ihnen dabei mehr Fehler unterlaufen. In Lernsettings, speziell Schulen, sollten, soweit möglich, positive Stimmungen erzeugt werden. Ein Lehrer, der in der Frühe seine Schüler freundlich anlächelt und als Erstes einen Witz erzählt, setzt das dopaminerge System eher in Gang und stimuliert Lernen (Caspary, 2006).

7.4 Glück begünstigt Moralität

„Du bist nicht auf Erden um glücklich zu sein, sondern um deine Pflicht zu tun", meißelten Steinmetzen noch zu Beginn des 20. Jahrhunderts über die Portale deutscher Schulhäuser, damit die Jungen und Mädchen „preußisches" Lebensgefühl Tag für Tag verinnerlichen konnten. Moralphilosophisch ließ sich dies mit Kant (1960, VIII, 505) begründen, demzufolge als Erstes die oft „saure Pflicht" zu erfüllen ist, worauf sich durchaus ein „Zustand von Seelenruhe und Vollkommenheit" einstellen mag, „den man gar wohl Glückseligkeit nennen kann." In ähnlicher Weise plädierte jüngst der frühere Leiter der bekannten Schlossschule in Salem, Bernhard Bueb (2006), dafür, Schüler seien wieder zur Disziplin anzuhalten, woraus – bestenfalls – Glück resultieren könne.

7.4.1 Glückliche handeln moralischer und altruistischer

Glückliche spenden mehr. Eine diametral entgegengesetzte Sicht des Verhältnisses Moralität – Glück legen Experimente nahe, in denen Personen in gute (oder schlechte) Stimmung versetzt wurden, worauf ihr Verhalten beobachtet wurde. Karras und Walden (2005) arbeiteten mit zwei Gruppen von Kindergartenkindern: Erstere wurden von der Erzieherin gelobt, freundlich angeschaut und beschenkt, Letztere erlebten eine ebenso lang dauernde, kühle soziale Situation ohne Lächeln und ohne Süßigkeiten. Danach wurde das Verhalten der Kinder gefilmt: Jene, die herzlich empfangen wurden, zeigten nicht nur häufiger ein fröhliches Gesicht, sondern nahmen auch mehr Sozialkontakte auf und waren friedlicher und altruistischer. Die anderen hingegen waren verschlossener oder gehässiger. In einem zu Beginn der 1970er Jahre durchgeführten Experiment gaben Moore, Underwood und Rosenhan (1973) Grundschulkindern 25 Cents für die Teilnahme an einem kurzen Hörtest. Sie sagten ihnen auch, dass leider nicht alle Schüler daran teilnehmen können, aber für diese Geld gesammelt werde. Nach dem Test wurde jeweils eine Gruppe gebeten, sich an glückliche Dinge zu erinnern, die andere an traurige. Danach verabschiedete sich der Versuchsleiter, wies auf die Spenderbüchse hin, die vor dem Kind stand, und verließ den Raum. Jungen und Mädchen, die an beglückende Dinge gedacht hatten, spendeten dreimal so viel.

Dieses „Feeling good, doing good" gilt innerhalb der Erforschung beglückender Affekte als eines der robustesten Ergebnisse (Lyubomirsky, King & Diener, 2005, 837) und ließ sich nicht nur bei Kindern nachweisen. Arbeiter in guter Stimmung sind hilfsbereiter und kollegialer (George & Brief, 1992). Glückliche sind eher bereit, Blut zu spenden (O'Malley & Andrews, 1983) und für einen kranken Freund einkaufen zu gehen (Krueger, Hicks & McGue, 2001). Stecken Personen in Konflikten, lösen sie diese kooperativer, wenn sie in guter Laune sind (Baron, 1990). Barsade et al. (2000) untersuchten Topmanager, die oft unter Stress stehen: Wer häufiger in guter Stimmung war, verstrickte sich seltener in Konflikte, verhielt sich altruistischer und kooperativer, was positiv auf ihn zurückkam: Er war beliebter und konnte, wenn nötig, eher auf Unterstützung zählen. Frohe Menschen machen dem Finanzamt seltener falsche Angaben (Helliwell, 2003, 341). Über moralische Verpflichtungen hinaus geht, wenn Menschen supererogatorisch (über das pflichtschuldige Maß hinaus) handeln, speziell freiwilliges Engagement für Bedürftige oder die Allgemeinheit. Jugendliche, die überdurchschnittlich glücklich waren, taten dies häufiger und erfuhren dabei auch mehr transpersonale Verbundenheit (Magen & Aharoni, 1991). Schon Kleinigkeiten können hilfreiches Handeln begünstigen: Personen, die bei einem Telefonautomaten „zufällig" eine Münze gefunden hatten, waren einem fremden Mann, der viele Bücher zu schleppen hatte, häufiger behilflich (Isen, 2005, 529).

Insgesamt kann man sagen: Menschen, die häufiger in glücklicher Stimmung sind, handeln moralischer und geraten seltener mit der Justiz in Konflikt, sogar bereits im Jugendalter (Windle, 2000).

Theorie des reziproken Altruismus. Aber warum handeln Glückliche moralischer? Salovey, Mayer und Rosenhan (1991) vermuten, dass sie ihre gute Stimmung aufrecht erhalten bzw. verhindern wollen, von Gewissensbissen geplagt zu werden, wenn sie eine gute Tat unterlassen. Tatsächlich zeigte sich, dass Personen weniger hilfsbereit waren, wenn sie fürchteten, dies könnte sich negativ auf sich auswirken (Schmidt-Atzert, 1996, 207). Eine weitere Erklärung besteht darin, dass glückliche Menschen in aller Regel empathischer und aufmerksamer sind für die Bedürfnisse anderer. Wer in Traurigkeit versunken oder gar depressiv ist, fokussiert stärker auf sich selbst und erhält weniger soziale Unterstützung, was eine Spiralbewegung nach unten auslösen kann (Mor & Winquist, 2002). Anders hingegen moralische und hilfsbereite Menschen: Sie werden als liebenswürdiger wahrgenommen, leben in stabileren sozialen Netzen und erhalten wahrscheinlicher Unterstützung (Lyubomirsky, King & Diener, 2005, 837), was an die Theorie des reziproken Altruismus denken lässt, der dem Überleben unserer Vorfahren förderlich war – und auch heute noch ist (Buss, 2004).

7.4.2 Urteilen Glückliche moralisch „besser"?

Moralische Gefühle. Eine lange philosophische Tradition besagt, im ethischen Urteilen müssten Emotionen, weil sie die Vernunft stören, zurückgehalten werden. Unser moralisches Urteilen hängt aber weit stärker von Affekten ab, positiven und negativen. Zumeist sind es Emotionen, die moralisches Nachdenken zuallererst auslösen. In seiner Theorie der sozialen Intuitionen zeigte Haidt (2001), dass moralische Empfindungen auch Information sind und moralische Reflexion stärker prägen als traditionell angenommen, speziell Ekel und Entrüstung. Die moralische Emotion sei gleichsam der Hund, die Reflexion bloß der Schwanz.

Ergebnisse der Moralpsychologie. Emotionen wurden auch in der weltweit bekannt gewordenen Moralpsychologie von Kohlberg (1995), zumindest anfänglich, vernachlässigt. Dieser beschrieb sechs Stufen in der Entwicklung des moralischen Urteils, die mit einem standardisierten Test (DIT) gemessen werden können. Präferieren glücklichere Menschen moralische Argumente, die höheren Stufen entsprechen? Die Befunde sind widersprüchlich. Oljenik und Asenanth (1980) fanden, dass Studenten, in positive Stimmung versetzt, höhere Werte erzielten. Zarinpoush, Cooper und Moylan (2000) hingegen konstatierten das Gegenteil: Studierende in schlechter und neutraler Verfassung erreichten höhere Stufen der moralischen Urteilsentwicklung. Wie kommen diese widersprüchlichen Ergebnisse zustande? Eine empirisch fundierte Erklärung (N = 264) bietet Agarstram (2006), indem er an die in der Moralpsychologie intensiv diskutierte Unterscheidung Moral der Fürsorglichkeit – Moral der Prinzipien anknüpft: Studierende in glücklicher Stimmung bevorzugten stärker Argumente, die einer an Wohlwollen und Fürsorglichkeit orientierten Moralität entsprechen, solche in neutraler bzw. negativer Stimmung präferierten stärker Prinzipienmoral. Wohlwollen ist emotional positiver eingefärbt als die Durchsetzung formaler ethischer Prinzipien.

Eine experimentelle Studie zu den Effekten positiver bzw. negativer Affekte auf das moralische Urteil sensu Kohlberg (1995) führte Blumenthal durch. Er versetzte seine Versuchsteilnehmer teils in positive, teils negative Stimmung und legte ihnen den DIT (moralische Urteilshöhe) vor, desgleichen zwei Alltagssituationen: Eine erste, in der ein Student zufällig Klausuraufgaben findet und diese einsteckt (unmoralische Bedingung), eine zweite, in der diese sofort zum Professor gebracht werden (moralische Bedingung). Die Stimmungen zeitigten auf die moralische Urteilshöhe keinen Effekt. Doch glücklich Gestimmte hielten den ehrlichen Finder für moralischer, den Betrüger für unmoralischer als die Betrübten.

Glückliche Richter urteilen milder. Wenn Personen einem Urteilsspruch entgegensehen, ist ihnen zu wünschen, dass die Richter in heiterer Stimmung sind. Forgas und Moylan (1987) zeigten Personen Filme, einer Gruppe einen fröhlichen, einer zweiten einen traurigen und einer dritten einen aggressiven. Anschließend hatten sie Strafurteile zu diversen Delikten abzugeben. Jene in fröhlicher Stimmung neigten zu milderen Urteilen.

> Glückliche Stimmungen zeitigen einen stärkeren Effekt auf moralisches Verhalten als auf die ethische Reflexion. Dies ist möglicherweise dadurch bedingt, dass, wie schon von Aristoteles (1952, 1103a 31) erkannt, moralisches Handeln der Reflexion vorausgeht: „Ebenso werden wir gerecht, indem wir gerecht handeln." Und: Einer gehbehinderten Frau die schwere Einkaufstasche zum Pkw zu tragen, beglückt mehr, als dies bloß zu imaginieren. Erzieherisch ergibt sich die Implikation, weniger Moral anzumahnen oder zu erzwingen – was Reaktanz auslöst –, sondern fröhliche Situationen zu arrangieren und heitere Interaktionen zu pflegen.

7.5 Glück begünstigt beruflichen Erfolg

Wenn Menschen bei ihrer Arbeit oft gelobt werden, neue Herausforderungen meistern, gut ins Team eingebunden sind und auf der Karriereleiter steigen, ist das ihrem Glück förderlich (Argyle 2001, 89ff.; vgl. Kap. 5.3). Aber könnte es nicht auch sein, dass Männer und Frauen im Job mehr Erfolg haben, weil sie zuvor schon glücklich waren und in der Früh stets fröhlich „Guten Morgen" sagen, bevor die Arbeit angepackt wird? Diese These wird seit gut acht Jahrzehnten rege untersucht, so in der bekannt gewordenen Hawthorne-Studie, die die These vom glücklichen *und* effizienten Arbeiter populär machte. Aufsehen erregten in den 1950er Jahren Brayfield und Crockett (1955) mit ihrer ersten Metaanalyse, die, wider Erwarten, nur schwache Zusammenhänge zwischen Arbeitszufriedenheit und Produktivität zu Tage brachte: r ~ .15 (zwei Prozent erklärte Varianz). Einer der Gründe dafür ist, dass Glück, Wohlbefinden, Produktivität, Arbeitszufriedenheit unterschiedlich operationalisiert wurden – für Letztere wurden bereits 1981 nicht weniger als 249 verschiedene Messvarianten nachgewiesen (Argyle, 1989).

Erhöht Glücksempfinden Produktivität? Diese Frage interessiert vor allem Arbeitgeber und die Wirtschaft. Verständlich, dass viel Forschungsarbeit geleistet wurde (Reviews: Boehm & Lyubomirsky, 2007; Judge et al., 2000). Gemäß der Metaanalyse von Pinquart und Sorenson (2000) begünstigt Glück bei der Arbeit beruflichen Erfolg enorm: Das Einkommen korreliert mit Wohlbefinden sogar stärker als mit der Ausbildung. In der umfassenden Metaanalyse von 312 Stichproben mit 54.417 Arbeitnehmern fanden Judge et al. (2000): Zufriedenheit im Job korreliert mit der Arbeitsleistung im Schnitt zu r = .30, wobei die Zusammenhänge bei weniger anspruchsvoller Tätigkeit geringer sind, bei abwechslungsreicher und kniffliger Arbeit stärker. Glück hängt mit Produktivität auch dann stärker zusammen, wenn Arbeitnehmer weniger Zwängen ausgesetzt sind bzw. freier sind, sich zu freiwilliger Mehrtätigkeit motivieren können und anderen beistehen (Borman et al., 2001). Glückliche Arbeiter sind in der Regel erfolgreicher, weil sie, zumeist auch extravertierter, besser ins Team integriert und beliebter sind (Taylor et al., 2003). Als solche erhalten sie mehr Unterstützung, werden von den Vorgesetzten häufiger gelobt und gefördert, sind resistenter gegen Stress und kaum in der Gefahr, auszubrennen (Iverson, Olekalns & Ertwin, 1998).

Kreativität ist beruflichem Erfolg förderlich und wird durch glückliche Stimmungen begünstigt. Wright (2003) operationalisierte berufliche Kreativität als das Einbringen neuer Ideen, die den Arbeitsfluss beschleunigen und Produktivität erhöhen. Vorgesetzte beurteilten diesbezüglich ihre Mitarbeiter, anschließend wurden bei diesen die aktuellen positiven Affekte (Watson, Clark & Tellegen, 1988) sowie ihre grundsätzliche Disposition zu Glück bzw. Depressivität (mit Items wie: „Wie oft fühlen Sie sich im allgemeinen deprimiert oder unglücklich?") gemessen. Korrelationsanalysen zeigten: Sowohl die aktuelle positive Befindlichkeit (state) als auch die längerfristige (trait) hängt mit beruflicher Kreativität signifikant zusammen.

Glückliche bewerben sich leichter. Querschnittstudien ermöglichen keine Kausalaussagen. Es sei denn, es steht eine Theorie zur Verfügung. Dass Freude die Arbeitsleistung erhöht, ist am angemessensten mit der Erweiterungs- und Aufbautheorie positiver Emotionen von Fredrickson (2001) zu erklären (vgl. Kap. 7.2; Wright & Cropanzano, 2004). Kausalaussagen werden ermöglicht durch longitudinale oder experimentelle Designs, die seltener sind. Burger und Caldwell (2000) maßen bei Collegestudenten kurz vor dem Studienabschluss positive und negative Affekte (Watson, Clark & Tellegen, 1988) und verfolgten, wie es ihnen in den nächsten drei Monaten bei der Jobsuche ging: Die Glücklicheren wurden nach kurzen Sondierungen häufiger zu ernsthaften Gesprächen eingeladen. Eine acht Jahre umfassende Längsschnittstudie zeigte, dass, wer im 18. Lebensjahr glücklicher war, als 26-Jähriger häufiger eine befriedigende Arbeit hatte und finanziell besser gestellt war (Roberts, Caspi & Moffitt, 2003). Diener et al. (2002) zeigten an einer Stichprobe von 13.000 jungen Amerikanern: Wer sich vor 16 Jahren als besonders glücklich und liebenswürdig eingeschätzt hatte, verdiente mehr.

Eine auf zwei Jahre angelegte Längsschnittstudie führte Wright (2002) mit kanadischen Managern durch. Wer zum Messzeitpunkt 1 häufiger positive Stimmungen erlebte und den Job toll fand, wurde von den Vorgesetzten zwei Jahre später als tüchtiger und produktiver eingeschätzt. Wright (2002) räumt zu Recht ein, eine monokausale Deutung Glück – Erfolg/Produktivität sei problematisch, weil auch mit dem umgekehrten Effekt und mit zahlreichen, nicht kontrollierten Variablen zu rechnen ist.

Können unglückliche Menschen nicht erfolgreich sein? Mitnichten. Kein geringerer als Johann Wolfgang von Goethe gestand Eckermann, er sei Zeit seines Lebens allenfalls vier Wochen wirklich glücklich gewesen. So prominente und verdienstvolle Männer wie Abraham Lincoln oder Winston Churchill waren mitunter klinisch depressiv. Bismarck, der Deutschland vereinigte, schätzte den Glücksanteil in seinem Leben auf 24 Stunden (aus Schneider, 2007, 41). „Gegenwärtig ist unser Verständnis, wie negative Emotionen Arbeitserfolg begünstigen, alles andere als klar, aber die Möglichkeit besteht, dass in bestimmten Situationen unglückliche Arbeiter … höhere Fertigkeiten an den Tag legen" (Boehm & Lyubomirsky, 2007). Doch dies entkräftet in keiner Weise, dass Glück (beruflichem) Erfolg förderlich ist, der wiederum auf dieses zurückwirkt. Verständlich, dass Unternehmer „individuell-subjektives Glücksempfinden als unternehmerischen Erfolgsfaktor" einkalkulieren (Kaiser & Ringlstetter, 2007), was jedoch ambivalent ist, weil Glück ein Wert in sich selbst ist (Wright, 2002).

7.6 Glück begünstigt beglückende Denk- und Verhaltensweisen

Dass die Dinge nicht so sind, wie sie sind, sondern wie wir sie wahrnehmen und denken, artikulierte schon der Philosoph Epiktet (2004). Auch Glück ist Interpretation und hängt von Denkstilen ab, die das Potenzial in sich haben, es zu steigern. Glückliche Menschen betrachten fröhliche Bilder länger als einen schwarzen Trauerzug (vgl. Kap. 7.6.1), sie vergleichen sich seltener mit der High

Society (vgl. Kap. 7.6.2) und grübeln seltener (vgl. Kap. 7.6.3). Auch sind sie nicht nur mit ihrem Fernsehgerät zufriedener, sondern auch mit ihren Mitmenschen, blicken (zu) zuversichtlich in die Zukunft (vgl. Kap. 7.6.4) und denken optimistisch (vgl. Kap. 7.6.5).

7.6.1 Glückliche interessieren sich für Beglückendes

Colleen Kelley, eine Studentin von Gordon Bower (1981), der die Theorie der Stimmungskongruenz entwickelte, führte ein geniales Experiment durch. Sie versetzte Personen teils in glückliche, teils in bedrückte Stimmung und zeigte ihnen Dias, fröhliche – lachende Menschen oder spielende Kinder –, und ernstere: Begräbnisse, Verkehrsunfälle etc. Die Bildbetrachter wussten nicht, dass sich die Psychologin nur für eines interessierte: Wie lange die Bilder betrachtet wurden. Sie fand: Glückliche schauten länger auf die lachenden Gesichter, Betrübte länger auf die schwarzen Regenschirme auf dem Friedhof (Bower, 1995).

Glück sucht Glück. Glückliche Menschen wünschen lieber die Gesellschaft von ebenso gestimmten, positiv denkenden Mitmenschen; anders hingegen depressiv Verstimmte. Swann (1992) und Mitarbeiter bildeten aufgrund von Persönlichkeitstests zwei Gruppen, eine mit Studenten, die zu Depression neigten, und eine mit psychisch Stabilen. Anschließend wurden jedem Teilnehmer drei Einschätzungen ihrer Persönlichkeit ausgehändigt, die von unterschiedlichen Autoren stammen würden: eine positive, eine unentschieden-neutrale und eine deprimierende. Als die Studenten gefragt wurden, welchen Psychologen sie am liebsten kennen lernen würden, nannten die Nicht-Depressiven mit absolutem Vorsprung jenen, der sich positiv über sie geäußert hatte, sodann den Verfasser der neutralen Beschreibung und überhaupt nicht denjenigen der negativen. Die Deprimierten wünschten zwar vereinzelt auch den Autor der aufbauenden Beschreibung kennen zu lernen, aber am allerhäufigsten jenen, der sich negativ über sie geäußert hatte. In der Tat: Glück zieht Glück an, Depression Depression.

Interesse ist Izard (1994, 253) zufolge eine fundamentale Emotion, die stark mit Freude, aber auch Überraschung zusammenhängt und enorme motivationale Potenziale in sich birgt. Studenten, von Cunnigham (1988) in positive Stimmung versetzt, gaben als ihr stärkstes Interesse an, mit Menschen zusammen zu sein, die sie mögen und ebenfalls glücklich sind, um mit ihnen Freizeitaktivitäten nachzugehen. In der Tat verbringen Menschen, die häufiger positive Affekte erleben, mehr Zeit gemeinsam mit Freunden; ihre Beziehungen seien qualitativ besser (Berry & Hansen, 1996), was positiv zurückwirkt: Glückliche werden als attraktiver, sympathischer und als voller Energie wahrgenommen (Schimnack et al., 2004).

Glückliche Personen interessieren sich nicht nur stärker für Erfreuliches und für heitere Menschen, sie sind generell interessierter, selbst an Politik (Klandermans, 1989). In einer älteren glückspsychologischen Studie zeigte Lebo (1953):

Pensionisten, die öfters glücklich waren, interessierten sich nicht nur für neue Hobbys, sondern auch für das Allgemeinwohl und die Politik, über die sie besser informiert waren. Anders als von Huxleys „Brave New World" suggeriert, sind glückliche Menschen nicht unkritisch und leicht manipulierbar wie die von der Glücksdroge „Soma" Vollgestopften. Gewiss ist Unzufriedenheit eine starke Triebfeder für politischen Protest. Klandermans (1989) legt aber dar, dass die mit häufigem Glückserleben einhergehende existenzielle Sicherheit sowie positive Kontrollüberzeugungen politisches Engagement verstärken können.

Interesse motiviert auch zu mehr Tätigkeit (Izard, 1994), speziell sozialer, aber auch zu Freizeitaktivitäten, die wiederum beglücken (Burger & Caldwell, 2000). Glückliche Menschen sitzen häufiger in ihrem Club, gehören häufiger Vereinen an und stehen einem Du gegenüber, mit dem sie sich nicht so vergleichen wie tendenziell Unglückliche.

7.6.2 Glückliche vergleichen sich seltener mit anderen

Im Alltag vergleichen wir uns unweigerlich mit anderen, beispielsweise ob Frau Müller weißere Zähne hat, Herr Zimmermann einen schnelleren Wagen fährt (Suls & Wills, 1991). Dem Glück abträglich ist, sich mit Menschen zu vergleichen, denen es besser geht, die mehr Geld haben, vieles besser können, erfolgreicher sind – dies verringert den Selbstwert, schürt Neid, stachelt Feindseligkeit (Aspinwall & Taylor, 1993). Glückliche sind vor solchen sozialen Vergleichen eher gefeit. Lyubomirsky und Ross (1997) rekrutierten mittels der Skala „Subjektives Glück" (vgl. Kap. 2.3.3) 25 Personen, die überdurchschnittlich glücklich waren, und ebenso viele, die die geringsten Werte auf dieser Skala erzielten. Anschließend wurden sie gebeten, ihre Fähigkeiten bei Anagrammaufgaben einzuschätzen, worauf sie, in Anwesenheit einer anderen Person, die das auch tat, eine solche zu lösen hatten. Waren die Versuchspersonen schneller, schätzten sie ihre Fähigkeiten höher ein, egal ob sie zur glücklichen oder eher traurigen Gruppe gehörten. Anders hingegen, wenn die andere Person früher fertig war: Glückliche stuften sich weiterhin als gleich geschickt ein wie zuvor, Unglückliche aber als deutlich weniger geschickt, was ihren Selbstwert mindert.

In einem zweiten Experiment war ebenfalls eine Geschicklichkeitsaufgabe zu lösen, dies in Anwesenheit einer anderen Person, die das Gleiche tat, sowie einem Mann, der Feedbacks gab. Sowohl Glückliche als auch Unglückliche fühlten sich besser, wenn sie erfolgreich waren und kein Feedback erfolgte. Anders hingegen, wenn die Aufgabe gemeistert wurde und die andere Person, ebenfalls erfolgreich, eine positivere Rückmeldung erhielt: Glückliche fühlten sich gleichwohl besser mit ihrer erbrachten Leistung, die Unglücklichen hingegen konnten sich nicht freuen, weil der andere mehr gelobt wurde, sondern wurden neidisch – Gift für Glück (Lyubomirsky, 2007, 131). Wurde die Geschicklichkeitsaufgabe nicht gemeistert, fühlten sich beide Gruppen weniger wohl, wenn kein Feedback ausgesprochen wurde. Weniger Glückliche fühlten sich aber signifikant besser, wenn die andere Person, die ebenfalls versagt hatte, eine deprimierendere Rückmeldung erhielt. Unglückliche neigen zu Schadenfreude, die aber nicht wirklich und nachhaltig beglückt.

Abwärtsvergleiche bewirken oft, dass wir uns besser fühlen, aber keineswegs immer (Michinov, 2001). Vergleichen sich Krebspatienten mit solchen, bei denen die Erkrankung weiter fortgeschritten ist, schürt dies die Angst, dass es einem auch bald so miserabel geht. Vergleiche mit Personen, denen es wirklich elend geht, können ein schlechtes Gewissen auslösen. Ob nach unten oder nach oben: Glücklichere Personen sind weniger anfällig für unwillkommene soziale Vergleichsinformationen, sondern nehmen sich selber, wie sie sind – und andere auch!

7.6.3 Glückliche grübeln seltener

„Warum ich?" Wenn ein Beamter damit rechnet, mit seiner Bewerbung für den Abteilungsleiterposten erfolgreich zu sein, dann aber erfährt, dass ihm Kollege X – den er ohnehin nie leiden mochte und der weniger tüchtig sei – vorgezogen wird, kann er unterschiedlich reagieren. Verärgert und zornig! Aber auch mit Grübeln: „Warum gerade ich?" Dabei kann sich ihm Vergangenes aufdrängen: „Hätte ich doch den Chef und seine Frau zum Grillen eingeladen wie X"; „Wäre ich doch in den Fortbildungskurs gegangen" etc. Er verfällt ins Grübeln (Rumination), dessen Psychologie in den letzten Jahren von der amerikanischen Psychologin Susan Nolen-Hoeksema einfalls- und facettenreich untersucht wurde (Nolen-Hoeksema, 2003; 2008, Nolen-Hoeksema, Wisco & Lyubomirsky, 2008).

Rumination – in Abgrenzung zu „Wiederkäuen" bzw. der ebenso genannten Essstörung als Grübelei verstanden – ist emotional negativ eingefärbte gedankliche Beschäftigung mit sich selbst, speziell mit der Vergangenheit, an der aber keine Sekunde geändert werden kann. Nolen-Hoeksema und Morrow (1991) entwickelten dafür eine 22 Items umfassende Skala („Ich sinne darüber nach, warum ich auf diese Weise reagiere"; „Ich denke darüber nach, warum es so schwer ist, mich zu konzentrieren"), die regelmäßig positiv mit Depressivität und Ängstlichkeit korreliert (Nolen-Hoeksema, 2000). Ins Grübeln geraten Menschen zumal dann, wenn ihnen Unerwartetes zustößt bzw. wenn sie eine Diskrepanz zwischen ihrer aktuellen und der erwünschten bzw. angestrebten Lage registrieren. Wenn Personen, wie von der Selbstregulationstheorie des Verhaltens angenommen (Carver & Scheier, 1998), sich aufraffen, die Kluft zu schließen, ist Rumination adaptiv. Häufiger ist jedoch, dass Grübelnde weniger willig sind, sich Aktivitäten hinzugeben, die Vergnügen bereiten und ablenken, selbst wenn ihnen solche angeboten werden (Lyubomirsky & Nolen-Hoeksema, 1993). Sie finden nicht die Kraft, ihre Probleme anzugehen, sondern halten diese für unlösbar und sehen vor lauter Bäumen den Wald nicht mehr (Lyubomirsky et al., 1999).

Häufig grübelnde Frauen suchten, nachdem sie bedrohliche Knoten in ihrer Brust bemerkt hatten, erst zwei Monate später den Arzt auf, während andere sich unverzüglich um einen Termin bemühten (Lyubomirsky & Wisco, 2008). Rumination, deren gehirnphysiologisches Korrelat verstärkte Tätigkeit in der Amygdala ist (Ray et al., 2005), vermindert die kognitive Leistungsfähigkeit (Lyubomirsky, Kasri & Zehm, 2003) und erschwert es, sich an glückliche Lebensereignisse zu erinnern, die die negative Stimmung aufhellen könnten (Lyubomirsky, Caldwell & Nolen-Hoeksema, 1998). Vielmehr durchleiden Grübelnde wieder, was sie in der Vergangenheit auch schon gekränkt oder gedemütigt hatte (Joormann & Siemer, 2004). Rumination ist ein vorzüglicher Prädiktor für das Abgleiten in Depression – das Gegenteil von Glück.

Ablenken. Glückliche Naturelle sind weniger auf sich selbst fixiert (Green et al., 2003) und geraten seltener ins Grübeln. Wenn ihnen dies doch widerfährt, sind sie leichter in der Lage, erfolgreich zu tun, wozu Lyubomirsky (2008, 133f.) rät: Sich ablenken, beispielsweise durch Joggen, Lesen, schöne Musik (Abbe, Tkach & Lyubomirsky, 2003, 397). Sie tendieren nicht, wozu grüblerische Personen neigen, etwa zu Eskapaden wie einem Vollrausch. Nolen-Hoeksema et al. (2007) fanden bei heranwachsenden Frauen signifikante Zusammenhänge zwischen Grübeln, Neigung zu Bulimie, schwerem Trinken und depressiver Verstimmung.

Sich sorgen. Häufiges Glückserleben bewahrt davor, sich Sorgen zu machen, etwa darüber, ob man in einem Jahr noch im Job und gesund ist und genug Geld hat. Sorge wird oft als Rumination erlebt, ist aber von dieser insofern verschieden, als sie sich auf die (ungewisse) Zukunft bezieht, Grübeln auf die beklagenswerte Vergangenheit. Dass Glück Besorgnis vermindert, belegte Rammstedt (2007) an der großen Stichprobe des Deutschen Sozioökonomischen Panels (N = 21.105). Sie differenzierte zwischen „materialistischen Sorgen" (generelle ökonomische Entwicklung), „postmateriellen" (Umwelt) und „persönlichen Sorgen" (gesundheitliche und berufliche Zukunft); bei Letzteren war der negative Zusammenhang mit Glück und Optimismus am ausgeprägtesten. Das heißt: Glücklichere Personen machen sich in etwa gleich viele Sorgen über die ökologische Gefährdung und die weltwirtschaftlichen Risiken wie neutrale oder unglückliche, aber weniger über ihre eigene Zukunft.

Insgesamt verwundert wenig, dass wiederholt hohe Zusammenhänge zwischen Glück und geistiger Gesundheit generell nachgewiesen wurden (Diener & Seligman, 2002) bzw. negative Korrelationen mit Psychosen, speziell Schizophrenie (Lu & Shih, 1997), Angststörungen (Kashdan & Roberts, 2004) und Depressionen (Seligman et al., 2005).

> Alles in allem: Ein Geheimnis glücklicher Menschen besteht darin, wenig an Glück und wenig an sich selbst zu denken, was kontraintuitiv erscheinen mag, aber empirisch gut abgesichert ist (Abbe, Tkach & Lyubomirsky, 2003, 394).

7.6.4 Glückliche sehen und denken positiver

Glückliche finden das gute Dessert noch besser. Dessertkarten können uns im Eiscafé lange grübeln lassen. Ist ein Coup Dänemark mit heißer Schokolade besser als „Heiße Liebe" mit warmer Himbeersauce? Lyubomirsky und Ross (1999) untersuchten, ob Menschen, die gemäß der Skala „Subjektives Glück" (Lyubomirsky & Lepper, 1999) überdurchschnittlich glücklich waren, mit Dessertwünschen anders umgingen als weniger Glückliche. Studenten wurden gebeten, zehn Desserts zu beurteilen: Wie gerne würden sie diese genießen, welches wäre das liebste? Anschließend wurde einigen Teilnehmern per Zufall das Lieblingsdessert ausgehändigt, anderen nicht, und es wurde verglichen, wie danach die Glücklichen bzw. weniger Glücklichen die ursprünglich gewählte Lieblingsnachspeise beurteilten. Wenn diese nicht gewährt worden war, geschah Folgendes: Weniger Glückliche beurteilten sie signifikant negativer, Glückliche jedoch fanden sie weiterhin genau gleich toll wie in der ersten Befragung. Wenn der Nachspeisefavorit verzehrt werden konnte: Glückliche fanden ihn noch schmackhafter, weniger Glückliche in etwa gleich. Glückliche Personen tendieren demnach dazu, Dinge, wofür sie sich entschieden haben, noch positiver zu sehen; auch sind sie davor gefeit, Dinge, die ihnen versagt bleiben, abzuwerten, wozu weniger Glückliche neigen.

Lyubomirsky und Ross (1999) sicherten diese Erkenntnis in einer Untersuchung mit Studierenden, die lange grübelten, an welcher Hochschule sie sich bewerben wollen. Glückliche Studenten stuften die favorisierte Universität, nachdem sie endlich ihre Wahl getroffen hatten, noch besser ein als zuvor. Als sie gefragt wurden, wie der akademische Ruf und das soziale Leben an denjenigen Hochschulen sei, für die sie sich nicht entschieden hatten, blieben ihre Wertungen gleich positiv. Anders die weniger Glücklichen: Nach ihrer Entscheidung für eine Uni änderte sich ihr Urteil über diese nicht, jedoch das über andere Standorte: Dort sei die akademische Qualität geringer, das soziale Leben fader. Lyubomirksy und Ross (1999) schlussfolgerten, die Welt des glücklichen Menschen strotze von attraktiven Möglichkeiten und Alternativen, die Welt des Unglücklichen sei voll von mittelmäßigen Alternativen und tröstlich sei einzig, dass die nicht gewählten Varianten noch schlechter seien.

Glückliche erinnern sich an Frohes. Glücksbilanzierungen hängen entscheidend davon ab, wie vergangene Lebensereignisse erinnert und dabei emotional eingefärbt werden. Eine unglückliche Ehefrau wird ihren Hochzeitstag nicht mehr so rosarot sehen, oder dann – zumal wenn er schon lange zurückliegt – als Kontrastfolie verklären (Strack, Schwarz & Gschneidinger, 1985). Wie Menschen, teils über-, teils unterdurchschnittlich glücklich, Lebensereignissee beurteilen, untersuchten Lyubomirsky und Tucker (1998). Nachdem sie die beiden Gruppen gebildet hatten, ließen sie die Studierenden einen Fragebogen ausfüllen, der die aktuelle Stimmungslage misst, bevorzugte kognitive Strategien, die Anzahl und Art kritischer Lebensereignisse sowie deren Einschätzung. Anders als Seidlitz und Diener (1993) registrierten sie bei ihren glücklichen Probanden *nicht* mehr positive bzw. weniger negative Lebensereignisse. Aber sie fanden: Glückliche beurteilten positive Vorkommnisse (noch) besser, negative weniger misslich, weil sie ihnen Gutes abgewinnen konnten. Eine der vorgegebenen ärgerlichen Situationen war, dass der Mitbewohner vergessen hatte, Telefonanrufe auszurichten, was kommunikative junge Leute wirklich verdrießen kann. Ein wenig Glücklicher sagte, er würde wütend und zöge sich ins Zimmer zurück, ein Glücklicher hingegen, er würde sofort recherchieren, wer sich gemeldet hatte, um zurückzurufen. Eindrücklich belegen Lyubomirsky und Lepper (1998) auch, dass glückliche Personen seltener denken, vor einem einschneidenden Lebensereignis (bspw. Trennung) sei es besser gewesen bzw. dass sie häufiger peinliche Ereignisse mit Humor nehmen (Argyle 2001, 54ff.) und dass sie bei glücklichen Vorkommnissen kaum über deren Gründe nachdenken, sondern sich an ihnen einfach freuen.

Auch ihre Zukunft sehen Glückliche positiver. Wright und Bower (1992) induzierten bei Männern und Frauen unterschiedliche Stimmungen (glücklich, neutral und deprimiert) und fragten diese, für wie wahrscheinlich sie es halten, zu erleben, dass auf der Welt Friede herrscht und ein Mittel gegen Krebs gefunden wird, aber auch , in einen Autounfall verwickelt zu werden bzw. einem Atomkrieg zum Opfer zu fallen. Glückliche schätzen die Möglichkeit der positiven Szenarien doppelt so hoch ein wie die in schlechter Stimmung; Letztere rechneten dagegen häufiger mit den Desastern. Dass glücklich Gestimmte optimistischer in die Zukunft blicken, bestätigten Forgas und Moylan (1987): Personen, die einen fröhlichen Film mit einem Happyend gesehen hatten, stuften die Wahrscheinlichkeit eines Atomkrieges deutlich niedriger ein als jene, die einen traurigen oder aggressiven Streifen angeschaut hatten.

Auch ihre Umwelt nehmen Glückliche positiver wahr, die räumlich-materielle ebenso wie die soziale. In ihrem klassisch gewordenen Experiment verteilten Isen et al. (1978) auf einer Einkaufspromenade zufällig kleine Werbegeschenke. Anschließend wurden die Beschenkten gefragt, wie zufrieden sie mit ihrem Auto, ihrem Fernsehgerät seien – deutlich stärker als die Kontrollgruppe. Tendenziell glückliche Studenten sahen in einem Video eine fremde Person und wurden gebeten, diese zu beurteilen: Positive Einschätzungen wie freundlich und sympathisch überwogen (Lyubomirsky und Tucker, 1998). In einem weiteren Experiment wurden Studenten zufällig mit einer anderen Person allein gelassen: Jene, die häufig positive Affekte erleben, fanden diese sympathischer und begannen auch wahrscheinlicher ein Gespräch (Berry & Hansen, 1996) – was wiederum glücklich machen kann. Kaum etwas verzehrt Menschen stärker als Feindseligkeit und Neid, der mit Glück nicht zusammengeht. Junge Frauen, die tendenziell glücklich sind, durchleben diese kräfteraubenden Emotionen seltener (Cowan et al., 1998). Glückliche Menschen haben auch ein positiveres Bild von den Personen in ihrem sozialen Nahbereich (Cooper, Okamura & Gurka, 1992).

Ohne weitere Ergebnisse auszubreiten: Die Befunde lassen sich als Bestätigung einer Top-down-Theorie des Glücks deuten (Lyubomirsky & Lepper, 1998). Anders als ein Bottom-up-Ansatz, gemäß dem sich das Glück eines Menschen aus der Summe der Zufriedenheit mit diversen Lebensbereichen ergibt (von unten nach oben), geht ein Top-down-Konzept davon aus, dass Glück jener Neigung entspringt, die Dinge positiv zu sehen und auch so zu erfahren (von oben nach unten) (Diener, 1984, 565; Rojas, 2006; Scherpenzeel & Saris, 1996).

Für diese Disposition zum Glück spricht eine bemerkenswerte Studie von Diener et al. (2000a). Wenn wir gefragt werden, wie glücklich wir im Urlaub waren, tendieren viele zu einem positiven Urteil. Werden die Fragen präziser – „Wie zufrieden waren Sie bei der Hinfahrt?" – kann, etwa aufgrund der Erinnerung an den zähen Stau, die Bilanzierung ungünstiger (und realistischer) ausfallen. Diener et al. (2000a) vermuten, dass sich in globalen Glücksurteilen eher Dispositionen niederschlagen, in spezifischen hingegen stärker reelle Erfahrungen. Wenn Menschen globale Bereiche positiver beurteilen, spezifische Konkreta hingegen realistischer, liege eine grundsätzliche Disposition zum Positiven vor, von der Diener et al. (2000a) vermuten, dass sie mit Glück und Lebenszufriedenheit hoch signifikant korreliert. In einer internationalen Vergleichsstudie mit 7.167 Studenten aus 41 Ländern zeigte sich: Je stärker diese Disposition, desto höhere Werte ergaben sich auf der Skala „Lebenszufriedenheit" nach Diener et al. (1985). Bei den Puerto-Ricanern war der Positivitätskoeffizient mit 0.48 am höchsten; sie erreichten einen Zufriedenheitswert von M = 25,3 (bei Punktwertspanne 5 bis 35); bei den Litauern war er am niedrigsten (– 0.44), und diese sind auch mit ihrem Leben im Allgemeinen signifikant weniger zufrieden (M = 18.71).

7.6.5 Glückliche attribuieren positiver

Zwei der stärksten Korrelate von Glück sind Selbstwert (Baumeister et al., 2003) und Optimismus (Seligman, 2005; Cummins & Nistico, 2002, 44). Glückliche Personen denken in aller Regel so, dass ihr Selbstwertgefühl nicht geschwächt wird, speziell bei ihren Kausalattribuierungen. Forgas, Bower und Moylan (1990) versetzten Studenten, die gespannt auf das Feedback eines wichtigen Testes warteten, in unterschiedliche Stimmung. Glücklich Gelaunte, als sie erfuhren, gut abgeschnitten zu haben, attribuierten dies auf ihre Kompetenz; jene, die eine schlechte Note erhielten, schützten ihren Selbstwert, indem sie den Test für zu schwierig oder unfair hielten. Anders die in negativer Stimmung: Die Erfolgreichen sagten häufiger, einfach nur Glück gehabt zu haben, oder der Test sei zu leicht gewesen; die mit schlechter Note attribuierten den Misserfolg auf sich selbst: Sie hätten wenig gelernt oder seien einfach zu dumm.

Diesem Attributionsstil entspricht eine glücksbegünstigende Strategie, die Seligman (2005, 144ff.) darlegt: Er unterscheidet Attributionen danach, ob sie temporär/situativ („Ich habe eine gute Note, weil der Test ausnahmsweise sehr leicht war.") oder permanent („Ich habe eine gute Note, weil ich immer intelligent bin.") sind. Glückliche Menschen erklären sich unerwünschte Vorkommnisse temporär, positive hingegen permanent; pessimistische Menschen hingegen attribuieren Pech und Missgeschick mit permanenten Faktoren („Ich habe immer Pech"), Erfreuliches hingegen temporär („Ein blindes Huhn findet auch einmal ein Korn"). Ausführlicher wird optimistisches Denken in Kapitel in 8.4 erörtert.

7.6.6 Sind glückliche Menschen realitätsblinde Fantasten?

Depressiver Realismus. Nach diesen Ausführungen drängt sich unvermeidlich die Frage auf: Täuschen sich die Glücklichen? Betrachten sie die Welt durch eine rosarote Brille, die die oft deprimierende Wirklichkeit verfälscht? Sind nachdenkliche, zu Depression neigende Menschen nicht objektiver, wie dies die Verfechter des „depressiven Realismus" annehmen und empirisch bestätigten. Alloy und Abramson (1979) bejahten die in ihrem Aufsatz gestellte Frage: „Sadder but wiser?", nachdem sie festgestellt hatten, dass depressive Studenten in einem Experiment treffsicherer prognostizierten, sowohl dann, wenn sie dessen Ausgang kontrollieren konnten, als auch, wenn dieser rein zufällig war (Glückliche hingegen wähnten Kontrolle zu haben, auch wenn faktisch keine da war).

Relative Überlegenheit. Ob Glück die mitunter graue Welt in Rosarot taucht, fragten sich die Glücksforscher Headey und Veenhoven (1989). Menschen neigen mehrheitlich dazu, sich für glücklicher als andere zu halten, genau gleich, wie eine Mehrheit von 17.000 befragten Europäern wähnt, besser Auto zu fahren als der Durchschnitt (Karlaftis et al., 2003). Bereits Ende der 1970er Jahre beschrieb Weinstein (1980) „unrealistischen Optimismus", der umso stärker war, je glücklicher sich die Befragten fühlten: Die meisten jungen Männer und Frauen schätzten die Wahrscheinlichkeit, ihre Ehe könnte scheitern, als unterdurchschnittlich ein, waren aber überzeugt, einen überdurchschnittlichen Job zu erhalten. Headey und Wearing (1989) bezeichneten dieses Phänomen, gemäß dem mitunter 90 Prozent der Menschen über dem Durchschnitt liegen, als „Gefühl der relativen Überlegenheit", das subjektives Wohlbefinden erhöht und die Mechanismen der Self-fulfilling Prophecy in Gang setzen kann, die empirisch gut gesichert sind (Madon, Jussim & Eccles, 1997).

Sind glückliche Menschen realitätsferne Optimisten, die letztlich sich selbst belügen? Headey und Veenhoven (1989) fanden in einem australischen Panel mit mehr als 900 Personen keine signifikanten Zusammenhänge mit der Lügenskala. Auch verweisen sie darauf, dass Scheier, Weintraub und Carver (1986) bei Optimisten, die stark gestresst waren, realistischere Copingstrategien fanden. Wie immer dem sei: *Die Kognitionen (und Emotionen) eines Menschen sind seine Wirklichkeit,* auch die von Cummins und Nistico (2002) beschriebenen, dem Menschen eigentümlichen „positiven kognitiven Neigungen", die erklären könnten, warum sich regelmäßig mehr als 70 Prozent der Menschen für (sehr) zufrieden einschätzen. Und: Vielleicht hat die Evolution in der Tat dafür gesorgt, dass sich Lebewesen mehrheitlich wohl fühlen, bevor sie von den Eckzähnen anderer gerissen werden oder – so wir Menschen – oft nach bitteren Schmerzen den letzten Atemzug tun. Aber zuvor haben wir unzählige davon in guter Stimmung getan.

7.7 Der evolutionäre Nutzen von Glück

Aus den bisherigen Ausführungen lassen sich die Funktionen von Glück in der Evolution leicht erschließen: Es war und ist die Belohnung für Verhaltensweisen und Ereignisse, die der inklusiven Fitness förderlich waren – und sind.
Die Evolutionspsychologie bemüht sich, menschliches Verhalten und Erleben aus der Stammesgeschichte zu erklären. Ausgewiesener Experte ist David Buss (2004), der auch den komprimierten Aufsatz „Evolution des Glücks" veröffentlichte (Buss, 2000). Gerade bei Emotionen, die wir mit den höheren Primaten gemeinsam haben – Schimpansen können ebenso grimmig in die Welt schauen wie ein verärgerter Chef, aber auch ebenso fröhlich wie eine frisch Verliebte – ist ein evolutionspsychologischer Zugang angemessen. Nesse (1998, 398) zufolge stimmen dem die meisten Emotionspsychologen zu, wenngleich bisher die negativen Emotionen intensiver untersucht wurden (Schwab, 2004, 185).

Wann regten sich in der Evolution die ersten Glücksgefühle. War ein Tyrannosaurus Rex glücklich, wenn er einem Stegosaurus die Zähne ins Genick gebohrt hatte? Durchaus möglich! Erwiesen aber ist, dass Säugetiere Emotionen erleben wie wir Menschen auch, negative und positive, und dass deren Geschichte hunderte Millionen Jahre zurückreicht (Panksepp, 1998). Evolutionspsychologisch sind Emotionen nicht isoliert zu betrachten, sondern stets in den Situationen, in denen sie üblicherweise auftreten (Nesse, 1998). So lässt sich am ehesten rekonstruieren, welche adaptive Funktion sie erfüllten, Nesse (1998) zufolge selbst die Depression, deren Sinn es sei, dem Menschen Disengagement zu erleichtern, wenn er registriert, ein Ziel nicht erreichen oder eine Aufgabe nicht erfüllen zu können.

Was war evolutionär für Glück vorausgesetzt? Grinde (2002, 337f.) zufolge zunächst ein Nervensystem, sodann die Fähigkeit, Stimuli als belohnend oder gefährlich wahrnehmen zu können, die alle Wirbeltiere entwickelt haben, schließlich ein Bewusstsein für angenehme und unangenehme Empfindungen, das auch einer Eidechse zugeschrieben werden kann, wenn sie sich in der Abendsonne auf einem warmen Stein räkelt, und schließlich die Evolution von Selbstbewusstsein, welches ermöglicht, sich selbst glücklich zu fühlen, das nur den Menschen und gewissen Primaten vorbehalten ist, die sich im Spiegel erkennen.

Glück als Lohn. Gemäß dem an Darwin orientierten Glückskonzept von Grinde (2002) fließt Glück aus dem Belohnungssystem des Gehirns, und zwar dann, wenn der Organismus Tätigkeiten verrichtet (hat), die der inklusiven Fitness, die die genetisch Nahestehenden mit einschließt, förderlich sind. Der intensivste Lohn, den das Gehirn gewähren kann, ist denn auch beim Sex (Grinde, 1996, 255) bzw. wenn die Reproduktionsaufgaben angegangen und erfüllt werden. Wenig kann eine werdende Mutter tiefer beglücken, als in das fertig eingerichtete Kinderzimmer zu schauen und in der Gewissheit tief durchzuatmen, dass ihr Mann weiterhin gut verdienen, ihr treu bleiben und sich intensiv um das Baby kümmern wird (Buss, 2004). Eine weitere evolutionäre Funktion von Glücksgefühlen besteht darin, altruistisches Handeln zu begünstigen. „Wir helfen einander, weil uns das Gehirn belohnt, wenn wir dies tun" (Grinde, 1996, 258). Die Theorie des reziproken Altruismus ist in der Evolutionspsychologie gut gesichert; er brachte Freundlichkeit in eine sonst grausame Welt (Barber, 2004). „Tit for Tat" – Wie du mir, so ich dir – hat sich besser bewährt als reiner Egoismus oder als ein solcher Kollektivismus, in dem der Einzelne seine Bedürfnisse nicht befriedigen kann. Der inklusiven Fitness förderlich erwies sich auch das dopaminerge System, das den Menschen schon mit Glücksgefühlen beschenkt, wenn er sich zu Tätigkeiten entschließt, die der Erhaltung der Art förderlich sind.

Auch Nesse (2004) sieht die evolutionäre Funktion von Glück darin, dass dieses von Menschen als Belohnung erlebt wird, wenn sie Ziele erreicht haben, die der inklusiven Fitness förderlich sind. Er verweist zusätzlich auf mögliche schädliche Effekte glücklicher Hochstimmung, etwa wenn diese durch Drogen ausgelöst und nicht verdient ist (Roth, 2003, 364), oder sich eine Frau, Hals über Kopf verliebt, einem Fremden hingibt, der sie ausnützt und schädigt. Zusätzlich unterstreicht er, dass in der Evolution die negativen Emotionen eine ebenso wichtige Rolle spielten, speziell die Angst vor Raubtieren, Rivalen, Naturgewalten. Menschen mit Schädigungen der Amygdala, etwa aufgrund von Kalkablagerungen wie im Urbach-Wiethe-Syndrom, erkennen kaum Gefahren (Damasio, 2002, 81f.). Als Evolutionspsychologe verweist er zudem darauf, dass sich unser Organismus physiologisch seit der Cro-Magnon-Zeit kaum verändert hat, jedoch in einem gigantischen Ausmaß die Lebenswelt. So sei das Gehirn vor allem auf das Erreichen greifbarer Ziele eingestellt, etwa Essen oder Sex, nicht aber auf ferne Ziele wie ein erst in vielen Jahren zu erreichender Studienabschluss. Dies erkläre auch die vielfach nachgewiesene Unzufriedenheit in einem Zeitalter des Überflusses.

Insgesamt: „Die Evolution bevorzugte eine angenehme Gefühlsbasis, und es ist wahrscheinlich im Interesse der Gene, sich in einem zufrieden stellenden Zustand aufzuhalten; gute Stimmung spornt wahrscheinlicher zu Fortpflanzung und zu lebenserhaltenden Tätigkeiten an, zumindest im Vergleich zu einem depressiven Zustand." (Grinde, 2002, 344) Demnach ist – anders als von Freud (1974, 2089) angenommen – Glück im Plane der Schöpfung doch enthalten. Aufgrund der enorm günstigen Effekte von Glück ist auch zu verstehen, dass die Menschen seit dem Beginn der Kultur bewusst nach Wegen gesucht haben, um dieses zu steigern.

Teil IV   Lässt sich Glück erhöhen?

„Nur diejenigen sind glücklich, die an etwas anderes als ihr eigenes Glück denken, an das Glück anderer, die Verbesserung der Menschheit, oder an irgendein Streben, nicht als Mittel, sondern als Zweck in sich selbst." John Stuart Mill, aus Martin (2008, 172)

Gemäß der bekanntesten glückspsychologischen Studie müsste man folgern: Nein, Glück lässt sich nicht erhöhen. Lotteriegewinner waren, einige Zeit nach den sechs Richtigen, zwar geringfügig glücklicher als querschnittgelähmte Unfallopfer, aber gleich glücklich wie eine neutrale Kontrollgruppe (Brickman, Coates & Janoff-Bulman, 1978). Oswald und Powdthavee (2006) analysierten Längsschnittdaten zur Lebenszufriedenheit von 14.000 Briten und richteten ihr Augenmerk auf diejenigen, die arbeitsunfähig wurden (N = 315). Auf einer Skala von 1 (sehr unzufrieden) bis 7 (sehr zufrieden) verzeichneten sie ein Jahr vor der Invalidität einen Mittelwert von 4,3. Dieser sank während des kritischen Lebensereignisses auf 3,9, stieg ein Jahr später auf 4,0 an, um wiederum ein Jahr später den ursprünglichen Wert zu erreichen.

Oswald und Powdthavee (2006) erklären dies mit der hedonistischen Adaption (Helson, 1964; Frederick & Loewenstein, 1999; Lucas et al., 2003). Der Mensch sei auf einen individuellen, zu 50 Prozent genetisch festgelegten Glücksrichtwert eingestellt (Lykken und Tellegen, 1996). Auf diesen komme er unweigerlich zurück, sei es von oben, nachdem er himmelhoch jauchzte, sei es von unten, nachdem er bitter betrübt war. Dafür wurden eindrückliche Belege vorgelegt:

► Nach einiger Zeit waren Insassen eines Gefängnisses ebenso glücklich wie ihre Wärter (Sprott, 2005, 25);
► nach drei Monaten hatten sich die Effekte besonders beglückender Ereignisse verflüchtigt (Suh, Diener & Fujita, 1996);
► nach spätestens zwei Jahren war der Honeymoon abgeklungen und das Glück der Ehepartner wieder weitgehend gleich wie in der Zeit vor dem Standesamt (Lucas & Clark, 2006);
► Herzpatienten gewöhnten sich an ihre Beschwerden bei gleich bleibendem Level ihres subjektiven Wohlbefindens, nachdem dieses nach der ersten Attacke kurzfristig abgesunken war (Wu, 2001).

Die Theorie der hedonistischen Adaption hat etwas Deprimierendes. Ob wir uns verlieben, heiraten, in unser Eigenheim einziehen, das erste Kind in den Armen wiegen, im Lotto gewinnen – wir scheinen dazu verurteilt, dass die dadurch ausgelösten Glückseuphorien wieder auf den ursprünglichen Pegel zurücksinken. Befinden wir uns in einer „hedonistischen Tretmühle", wie ein Hamster, der hechelnd nach oben tritt und tritt, und doch auf gleicher Höhe bleibt? „Die Adaption verurteilt den Menschen, stets neue Höhen der Stimulation anzustreben, nur um sich auf den alten Levels des persönlichen Wohlbefindens halten zu können und nie permanentes Glück zu erreichen." (Brickman & Campbell, 1971, 289) Jede glückliche Erfahrung – „leidenschaftliche Liebe, ein spirituelles Hoch, die Freude an neuem Besitz, die Heiterkeit im Erfolg – ist nur vorübergehend" (Myers, 1993, 53).

Die Adaptionstheorie des Glücks hat aber auch etwas Tröstliches: Ob wir von einer geliebten Person verlassen werden, den Job verlieren, die Amputation eines Beines verkraften müssen, ins Gefängnis gesteckt werden – gemäß dieser Theorie können wir nicht nur darauf hoffen, sondern damit rechnen, dass wir wieder glücklich lächeln und ebenso zufrieden sein werden wie zuvor.

Sind wir in der Tat auf einen Glücksrichtwert eingestellt, der sich allenfalls kurzfristig verändern lässt? In einem Grundsatzartikel im „American Psychologist" gelangen Diener, Lucas und Scollon (2006) zum Schluss: „Nur bedingt". Menschen, die arbeitslos werden oder ihren Lebenspartner verlieren, erreichen in der Regel nicht mehr den früheren Glückslevel (vgl. Kap. 5.1.2 und 5.2.2). Hinzu kommt, dass die Adaption nach einschneidenden Lebensereignissen, seien sie positiv oder negativ, interindividuell unterschiedlich verläuft, abhängig von den Copingstrategien. Diener, Lucas und Scollon (2006, 312) sind der Ansicht, Interventionen zur Glückssteigerung könnten effektiv sein und verweisen auf Experimente von Lyubomirsky (2007). Diese legt plausibel dar, dass 50 Prozent des individuellen Glückserlebens genetisch festgelegt sind, weitere 10 Prozent durch die Lebensumstände, und dass immerhin 40 Prozent veränderbar seien (Lyubomirsky, 2007, 31), weniger durch Änderungen in den Lebensumständen als vielmehr im Aktivitätsspektrum.

„Change your actions, not your circumstances" ist denn auch die Losung von Sheldon und Lyubomirsky (2006). Sie maßen bei Studierenden positive und negative Affekte sowie das subjektive Lebensglück (Lyubomirsky & Lepper, 1999) und baten sie danach, zu beschreiben, wie sich in der letzten Zeit entweder ihre Lebensumstände verändert oder ob sie neue Aktivitäten aufgenommen hätten. Erstere schilderten beispielsweise, wie sie im Studentenheim einen neuen Mitbewohner bekamen, Letztere, dass sie regelmäßig eine religiöse Gemeinschaft besuchten, joggten, täglich zwei Stunden lernten etc. In der Postmessung zeigte sich: Jene, die neue Tätigkeiten aufgenommen hatten, waren signifikant glücklicher – ein Effekt, der auch nach zwölf Wochen noch nachzuweisen war.

Dieser Teil des Buches besteht aus zwei Kapiteln: Bewährte, d. h. empirisch fundierte Strategien zur Steigerung des Glücks im Alltag (Kapitel 8), sodann solche, wie sie in therapeutischen Settings eingesetzt werden (Kapitel 9). Allerdings ist die Trennung Alltag – Therapie heuristisch; vielmehr wird in Therapien oft instruiert, was glücksbegabte Menschen im Alltag schon immer getan haben, beispielsweise dankbar sein, auch für unscheinbare Dinge.

8 Glücksteigerungsstrategien im Alltag

„Wer Glück erfuhr, soll mit Beglückung niemals geizig sein." Sophokles

Was tun Menschen, um sich in glückliche Stimmung zu bringen? Eine Tafel Schokolade öffnen? Beethovens Neunte auflegen? Dies lässt sich empirisch untersuchen (vgl. Kap. 8.1). Seit jeher nahmen Menschen Substanzen ein, um ihre Stimmung zu heben, sei es ein Glas Beaujolais, seien es dezidierte Glücksdrogen wie Ekstasy oder Prozac. Lässt sich Glück, wie Proponenten der Bio-Happiness glauben (Walker, 2006), chemisch nachhaltig erhöhen (vgl. Kap. 8.2)? Als Begründer der empirischen Glückssteigerungswissenschaft gilt Fordyce (1977; 1983; 2000): Er entwickelte 14 Glückselemente, die sich im Alltag gut anwenden lassen (vgl. Kap. 8.3). Positive Psychologen erarbeiteten zahlreiche Strategien, um den Glückslevel zu heben, und zwar längerfristig (vgl. Kap. 8.4). Und nicht zuletzt gibt es Denkstile, die dem Glück förderlich sind (vgl. Kap. 8.5), und solche, die es vergiften – Letzteres, wenn oft im Konjunktiv gedacht wird: „Hätte oder wäre ich doch!" (vgl. Kap. 8.6).

8.1 Subjektive Glücksteigerungsstrategien

Was tun Menschen, wenn sie niedergeschlagen sind, um glücklicher zu werden? Eine Erzieherin antwortete, sie esse Schokolade; eine andere: „Setze mich in mein Zimmer, zünde Kerzen an, höre leise Musik und schaue mir Gartenbücher an oder lese ein gutes, positives Buch."

Regan (2004) berichtet, welche Glücksstrategien repräsentativ befragte Amerikaner einzusetzen pflegen, wenn sie bedrückt sind und ihre Stimmung heben wollen (siehe Tabelle 8.1).

Mit ihren Glücksstrategien stimmen die Befragten gut mit den Ergebnissen der Glücksforschung überein. Glück wird begünstigt durch Freunde und Tätigkeit und weniger durch hedonistisch-materielle Faktoren.

Zu einem ähnlichen Ergebnis gelangte Frank (2007a), die bei 172 Personen zwischen 16 und 87 Jahren in Erfahrung bringen wollte, wie sie jeweils ihr *körperliches* Wohlbefinden heben (Glück wird ja auch körperlich erlebt, mitunter als regelrechtes Schmetterlingsgefühl im Bauch). Am häufigsten ist der Faktor „Partnerschaft", sodann „Anregung/Geselligkeit", „Entspannung/Rückzug", seltener jedoch „Konsumgenuss", etwa Schokolade essen, bei Frauen häufiger als bei Männern. Mehr körperliches Wohlbefinden wird auch in der Familie und in aktiver Betätigung gesucht, etwa Joggen, seltener vor dem Fernsehen oder bei körperbezogenen Maßnahmen, etwa Duschen oder ein Bad nehmen.

Tabelle 8.1. Glücksstrategien von Amerikanern, wenn sie bedrückt sind

	Frauen	Männer
Mit einem Freund oder Familienangehörigen sprechen	63	51
Musik hören	55	52
Beten/Meditieren/Nachdenken	51	38
Menschen helfen, die es nötig haben	45	39
Ein Bad oder eine Dusche nehmen	47	35
Sich mit einem Haustier beschäftigen	38	30
Sport/draußen arbeiten	24	30
Mit Freunden ausgehen	29	27
Essen	24	25
Mit dem Auto eine Spritztour machen	20	21
Sex	18	25
Shoppen	22	11
Alkohol trinken	4	12

Ärzte üben einen stressreichen Beruf aus und seien – so Smith (2001) – unterdurchschnittlich glücklich. Was tun Mediziner, um ihr Wohlbefinden zu heben? Dies erfragten Weiner et al. (2001) bei 300 Allgemeinpraktikern. Die offenen Antworten ordneten sie fünf Kategorien zu:

(1) Beziehungen pflegen: „Die Zeit allein mit meiner Frau. Alle zwei, drei Monate machen wir am Wochenende einen gemeinsamen Trip."

(2) Religion oder Spiritualität: „In meiner Kirche engagiert sein, administrative Verantwortung und Bibelgruppen sind sehr wichtig für mein emotionales und spirituelles Wohlbefinden."

(3) Selbstpflege, speziell durch Freizeitaktivitäten „Ich mache Sport und esse gemäßigt. Halte Ausschau nach neuen Projekten, lerne Panflöte und steigere meine Computerkenntnisse."

(4) Arbeit, sei es, dass sie reduziert oder intensiviert wird.

(5) Lebensphilosophien und -strategien: „Im letzten Jahr unternehm ich viele Anstrengungen, um mein Leben zu vereinfachen: Kein Fernsehen, Radio und keine unnötigen Verpflichtungen."

Auch wenn diese Kategorien nicht sonderlich präzise sind: Die befragten Ärzte favorisieren Glücksstrategien, die sowohl eine lange philosophische Tradition haben als auch empirisch gut abgesichert sind. Nur vereinzelt wurden dysfunktionale Verhaltensweisen wie „sich betrinken", „den Ärger in sich hineinfressen" genannt. Weiner et al. (2001) legten ihren Informanten auch den Fragebogen zum psychologischen Wohlbefinden von Ryff (1989; vgl. Kap. 2.3.6) vor und fanden: Ärzte, die der Kategorie fünf (Lebensphilosophie) zugeordnet wurden, hatten geringfügig höhere Mittelwerte.

Auch in unserer Befragung von 227 Männern und Frauen wurden diese gebeten, folgende Frage zu beantworten: „Was pflegen Sie jeweils zu tun, um sich in eine glücklichere Stimmung zu bringen?" Erwartungsgemäß sind die Antworten mannigfaltig: „Mit Freunden treffen und sprechen", „Manchmal esse ich eine Tafel Vollmilchschokolade", „Kuscheln", „Lesen". Gebildet wurden 12 Kategorien (siehe Abbildung 8.1).

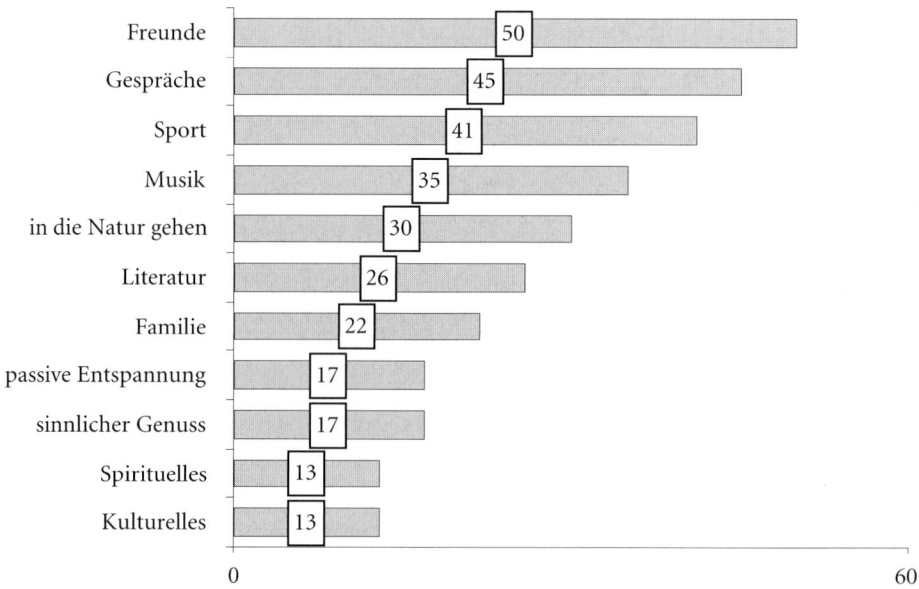

Abbildung 8.1. Strategien um glücklicher zu werden

Am häufigsten treffen und bereden sich die Befragten mit Freunden, ohne die schon für Aristoteles (1952) Glück nicht denkbar ist: „Wenn ich mal wirklich bedrückt bin, ist meine Freundin für mich da, bei ihr kann ich mich ausheulen!". Sodann werden Gespräche geführt, am häufigsten mit dem Partner. Auch Sport bewährt sich als Glücksstrategie für viele: „Sport, Bewegung, um mich abzulenken!" Mehr als ein Drittel lässt sich durch Musik in bessere Stimmung bringen, die ohnehin ein vernachlässigter Glücksfaktor ist: „Verweile zuerst in der Traurigkeit, heule los und lasse mich fallen, suhle in meiner Schwermut, dann aber Musik, Singen und Tanzen, das zieht mich aus dem Sumpf." Das Genießen von als beglückend eingeschätzter Musik verstärkt die Tätigkeit im paralimbischen System sowie im linken präfrontalen Kortex, dem Sitz der positiven Gefühle (Schmidt & Trainor, 2001). Beglücken kann ein Spaziergang – „Ich betrachte die Natur, schaue die Bäume an und in den unendlichen Himmel" –, aber auch ein gutes Buch. Vergleichsweise selten sind kulturelle Tätigkeiten, speziell Theater oder Kino, ebenfalls religiös-spirituelle Strategien: „Hilfe durch Gebet, gibt mir immer Zuversicht. Gott gibt mir die Kraft in jeglicher Situation."

Eine Faktorenanalyse zeigte: Auf den ersten Faktor fielen die Kategorien „Gespräche", „Familie" und „Freunde"; auf den zweiten „Literatur", „Entspannung" und „Kultur". Wer in bedrückter Stimmung betet oder meditiert, tendiert seltener dazu, sich einen Sinnesgenuss zu leisten, etwa Schokolade zu essen. Signifikant korrelieren auch die Kategorien „Natur" und „Sport". – Auch diese Glückssteigerungsstrategien entsprechen, wie die von den anderen erwähnten Studien rekonstruierten, weitgehend gut gesicherten glückspsychologischen Erkenntnissen.

8.2 Glück durch chemische Substanzen

Permanent „glücklich" sind die Menschen in Aldous Huxleys „Brave New World". Sie schlucken Soma, ursprünglich ein in den Heiligen Schriften der Inder (Rig-Veda) erwähnter Rauschtrank der Götter, der in euphorische Glücksgefühle versetzt. In allen spirituellen Traditionen nahmen Menschen Substanzen ein, um in veränderte, idealiter beglückende Bewusstseinszustände zu gelangen, so Psilocybin, ein in Pilzen enthaltenes Halluzinogen, oder Meskalin, das aus dem Peyote-Kaktus gewonnen und von lateinamerikanischen Indianerstämmen als Inspirationsdroge verwendet wurde. Die Palette an psychoaktiven Substanzen, die Menschen bisher gefunden haben, ist enorm; ihre Wirkungen unterscheiden sich massiv, von leicht erheiternd wie ein Glas Wein bis hin zum Heroinrausch.

Bürgerliche Drogen. Ist ein Raucher, der gelegentlich genüsslich an seiner Marlboro zieht, glücklicher als ein Nichtraucher? Veenhoven (2003a) präsentiert repräsentative Daten aus Dänemark: Wer gar nicht oder pro Tag allenfalls bis zehn Zigaretten rauchte, war gleich glücklich; wer bis zu zwanzig ansteckte, erreichte auf einer zehnpunktigen Glücksskala einen um einen halben Punkt verringerten Mittelwert. Am wenigsten glücklich waren die schweren Raucher, wobei die Studie die Gründe offen lässt: Gesundheitliche Beeinträchtigungen, massiver Stress?

Macht ein behaglich getrunkenes Glas Beaujolais glücklich? Geringfügig ja! Dänen schätzten ihr Leben am glücklichsten ein, wenn sie in der letzten Woche zwischen drei und acht Alkoholika konsumiert hatten. Abstinenzler und häufige Trinker waren gleich glücklich. Im internationalen Vergleich zeigte sich kein Zusammenhang zwischen dem auf einer vierpunktigen Skala eingeschätzten Lebensglück und Alkoholkonsum: Türken, die pro Jahr nicht einmal einen Liter reinen Alkohol konsumieren, erreichten einen Mittelwert von 3,2, Dänen, mit zehn Liter pro Jahr, den genau gleichen (Veenhoven, 2003a).

Ekstasy ist eine der bekanntesten und am häufigsten konsumierten Glückssubstanzen (Methylendioxyamphetamin, MDE oder MDA abgekürzt), wurde bereits 1914 patentiert und 1965 von Alexander Shulgin in seinem Labor hergestellt und an sich selbst getestet. Er geriet in eine „angenehme lockere Stimmung" und verspürte einen Drang nach beglückender Aktivität (Shulgin & Shulgin, 1998). In der New York Times beschrieb Matthiew Klam die Wirkung von Ekstasy so: „Das erste Mal nahm ich Ekstasy in einem Raum in der Sigma Bela Bruderschaft. Meine Freundin Carol und eine Handvoll Bekannte waren zusammen gekommen, um es auszuprobieren. Wir legten das ‚Weiße Album' der Beatles auf und schluckten die Pillen. Nach einer Weile setzte die Wirkung ein. Ich fühlte mich glücklicher. Eine halbe Stunde später überkam mich ein Gefühl, das zwischen der Befriedigung aufgrund erfolgreich verbrachter Arbeit und der Euphorie liegt, wenn man den Pulitzer Preis gewonnen hat. … Mein Geist war klar … ‚Ich bin so glücklich', dachte ich. Ich fühlte mich auch nicht bekifft oder wie in einem Tagtraum. Und es beeinträchtigte auch die Sinneswahrnehmung nicht, außer dass sich weiche Dinge noch weicher anfühlten und die Musik noch schöner klang. … Es war ein überwältigendes Gefühl." (Walker, 2006).

Viele Jugendliche und Erwachsene erleben MDA als Umarmungsdroge, während Alkohol oft bewirkt, dass Fäuste geballt werden. Die entaktogene Wirkung von Ekstasy besteht in einer massiven Ausschüttung von Serotonin, was Glücksgefühle auslöst und geselliger und liebenswürdiger macht. Allerdings lässt die Euphorie nach gut 90 Minuten nach; die Glücksgefühle können aber noch stundenlang anhalten, ebenso das Gefühl, über mehr Energie zu verfügen. Nach gut 48 Stunden kommt es zur Ernüchterung, weil MDA kein neues Serotonin produzieren kann, sondern das vorhandene aufpeitscht und verbraucht. Hinzu kommen – ähnlich wie bei Alkohol – Gewöhnungseffekte, sodass die Dosen, um die gleiche Wirkung zu erzielen, kontinuierlich erhöht werden müssen (Walker, 2006). Nachhaltig lässt sich Glück mit Ekstasy nicht steigern, auch nicht mit Substanzen wie Marihuana, Psilocybin und LSD; produzieren lassen sich allenfalls befristete Glücksepisoden. Seit 1986 ist die Glücksdroge Ekstasy, vor allem in der jugendlichen Technoszene beliebt, in der Bundesrepublik verboten. Schlimmstenfalls ist ein natürliches Wohl- und Glücksgefühl nicht mehr möglich und das Risiko dauerhafter Depressionen nicht auszuschließen (Kuntz, 2001).

Die „Glücksdroge" Prozac machte in den 1990er Jahren Furore (Kramer, 1995). Hierzulande auch als „Fluctin" bekannt und den Wirkstoff Fluoxetin enthaltend, gehört sie zu den „Selektiven Serotonin Wiederaufnahmehemmern", welche die Serotoninkonzentration in der Gewebeflüssigkeit des Gehirns erhöhen. Als Antidepressivum wurde Prozac millionenfach verschrieben. Kramer (1995) beschreibt beeindruckende Erfolgsgeschichten, so die von Tess, die, als Kind sexuell missbraucht, mit 17 in eine unglückliche Ehe schlitterte und schwer depressiv in seine Praxis kam. Klassische Antidepressiva wie Imipramim hellten nur kurz auf. Anders als sie einige Tage lang Prozac eingenommen hatte: Aus dem verschüchterten Mauerblümchen wurde eine glückliche, attraktive Frau, nach der sich auf der Straße die Männer umdrehten. Sie befreite sich aus den Zwängen ihrer Ehe, ging zahlreiche Beziehungen ein und begrüßte auf der Straße ihren Therapeuten begeistert, um ihm zu sagen, sie nenne sich jetzt „Frau Fluctin" (Kramer, 1995, 32). Auch viele andere Patienten, überwiegend in milderen Formen der Depression, seien durch die Designerdroge nachhaltig glücklich geworden und hätten nicht das Gefühl, unter Medikamenten zu stehen, weil die Nebenwirkungen viel geringer seien als bei früheren Antidepressiva.

Auch Haidt (2007, 64f.), der Verfasser des schönen Buches „Die Glückshypothese", experimentierte als junger Assistenzprofessor mit Fluoxetin. Anfänglich verspürte er vor allem Nebenwirkungen: Übelkeit, Durchschlafschwierigkeiten, das Gehirn habe sich „trocken" angefühlt. Doch eines Morgens habe die Welt ihre Farbe gewechselt, sei er begeistert aufgewacht, habe ihn weder Arbeitsüberlastung noch die unsichere berufliche Zukunft bekümmert. Allerdings um den Preis einer „verheerenden Nebenwirkung": Einem viel schlechteren Gedächtnis, erklärbar damit, dass Fluoxetin den Spiegel eines nervalen Wachstumshormons im Hippokampus erhöht, der für das autobiografische Gedächtnis und das Lernen ganz entscheidend ist.

Wie immer dem sei: Fluoxetin wirkt, auch wenn „wir nicht wissen, wie" (Haidt, 2007, 65). Schon wenige Jahre nach der Einführung führten Greenberg et al. (1994) eine Metaanalyse jener Studien durch, in denen die Effekte von Fluoxetin in Experimental- und Kontrollgruppen (Placebo) überprüft wurden. Sie fanden eine Effektstärke von 0.4, d. h. zwei Drittel der Behandelten fühlten sich danach besser. Schatzberg, Cole und DeBattista (2003) bestätigten dies und stellten einen durch Prozac bewirkten Rückgang an Depressionen, Angststörungen, Panikattacken sowie bei einigen Ess- und Zwangsstörungen fest.

Kann man Glück schlucken? Gleichwohl ist Prozac nicht der Königsweg zu nachhaltigem Glück, auch wenn es in akuten Depressionen heilsamer wirkt als Antidepressiva der früheren Generation, etwa Trizyklide oder Monoamin-Oxidase-Inhibitoren (MAOI). Auch Prozac zeigt Nebenwirkungen, von denen 54 Prozent der Patienten berichteten: Reduktion der sexuellen Libido (30 Prozent), Übelkeit und Kopfschmerzen (20 Prozent) und jeder siebte litt an Schlafstörungen (Argyle, 2001, 213). Und: Wenn Prozac abgesetzt wird, kehren depressive Verstimmungen oft wieder, was Argyle (2001, 213) zum Schluss veranlasste, es sei, wie andere psychoaktive Substanzen auch, kein geeigneter Weg, die Welt glücklicher zu machen. Freilich, die Biotechnologie schreitet zügig voran und nicht nur Walker (2006) träumt von chemischen Substanzen, die Menschen beglücken, ohne sie mit Nebenwirkungen wie Verstopfung zu belasten. Gleichwohl: Selbst erarbeitetes Glück ist qualitativ anders als ein geschlucktes, und die Evolution hat den Menschen so geschaffen, dass er nicht stets in Euphorie schweben kann (Barkow, 1997).

8.3 Die Glückssteigerungswissenschaft von Fordyce

„Wenn Du wie glückliche Menschen sein kannst, dann kannst auch Du glücklich sein", schrieb der neuseeländische Psychologe Fordyce (2000) in seinem Online-Buch „Human happiness – its nature and its attainment". Er gilt als Begründer einer eigentlichen Glückssteigerungswissenschaft, nachdem er vor mehr als 30 Jahren die Ergebnisse seiner Interventionen veröffentlichte, deren Ziel es war, subjektiv eingeschätztes Glück nachhaltig zu erhöhen (Fordyce, 1977). In mehreren Sitzungen wurden die 14 Glückselemente (Fundamentals) erörtert, die aus glückpsychologischer Forschung abgeleitet sind (ausführlich Fordyce, 2000):

(1) „Sei aktiver und stets beschäftigt“: Glückliche Menschen vermögen in einen gewöhnlichen Tag sehr viele Aktivitäten unterzubringen, seien stets „auf Achse“, ihnen sei kaum langweilig, auch die Qualität ihrer Beschäftigung – oft in Flow – sei intensiver als in der Durchschnittsbevölkerung (Veenhoven, 1991).

(2) „Verbringe mehr Zeit in guter Gesellschaft“: Warme soziale Bande würden am meisten zu Glück beitragen, mehr als Einkommen und Erfolg.

(3) „Sei in sinnvoller Arbeit produktiv“: Wenig könne, so ein Kardiologe, stärker beglücken, als eine schwierige Operation durchzuführen, hernach den Dank im Gesicht des erleichterten Patienten und in den Augen der Angehörigen zu sehen (vgl. Kap. 5.3).

(4) „Sei gut organisiert und plane wohldurchdacht“: Glückliche Menschen würden ihr Leben detailliert planen und die gemachten Vorsätze in die Tat umsetzen, was sich in einer älteren glückspsychologischen Studie zeigte (Watson, 1930). Tendenziell unglückliche Personen seien oft zerstreut, leicht abzulenken und zu irritieren sowie chronische Zauderer.

(5) „Beende die Besorgnis“, denn diese sei der „Erzfeind des Glücks“ (Fordyce, 2000). Glücklichen Personen gelinge es leichter, Gedanken über die mögliche negative Zukunft abzuschalten, wozu vor allem stärker neurotische Personen neigen (Costa & McCrae, 1980).

(6) „Reduziere deine Erwartungen und Aspirationen“: Dieses Element sei das umstrittenste (Fordyce, 2000), möglicherweise weil die westliche Mentalität generell Steigerung und nicht Zurücknahme anzielt. Das „Zwei-Prozess-Modell“ von Brandstätter und Renner (1992) belegt jedoch plausibel, wie sehr Menschen emotional profitieren, wenn sie ihre Ansprüche reduzieren können (akkommodatives Coping), nachdem assimilatives Coping (die Situation ändern wollen) an ihre Grenze gestoßen ist. „Glückliche Personen erhalten, was sie wollen, weil sie wollen, was sie bekommen“ (Fordyce, 2000).

(7) „Entwickle optimistisches, positives Denken“: Dies sei der Königsweg zu persönlichem Glück. Glückliche Personen sehen das Glas halbvoll und nicht halbleer und können auch ungünstigen Widerfahrnissen Positives abgewinnen: „Herrlich, dieses Regenwetter, da arbeitet es sich im Büro viel leichter“.

(8) „Sei im Hier und Jetzt“: Fordyce (2000) unterscheidet fünf mögliche Positionierungen des Menschen im psychologischen Zeiterleben: Fokussierung auf die Vergangenheit, sie entweder beklagend (1) oder verklärend (2); Vorgriff auf die Zukunft, diese entweder düster entwerfend („Es wird alles noch schwieriger“) (3) oder sie irreal überhöhend („Eines Tages bin ich

Millionär") (4). Am beglückendsten sei Fokussierung auf die Gegenwart, was durch Übungen der Achtsamkeit und Meditation, die erwiesenermaßen mit Wohlbefinden positiv korrelieren, gestärkt werden kann (Heidenreich, Junghanns-Royack & Michalak, 2007). In der Tat: Wir „veräppeln" uns weniger, wenn es gelingt, im Moment zu leben, was Boyd-Wilson, Walkey und McClure (2002) empirisch bestätigten.

(9) „Arbeite an einer gesunden Persönlichkeit", indem folgende fünf Verhaltensweisen realisiert werden: „Mag dich, akzeptiere dich, erkenne dich selber, hilf dir, sei du selbst" (Fordyce, 2000).

(10) „Entwickle eine aufgeschlossene und soziale Persönlichkeit", konkret durch häufigeres Lächeln, freundliches Grüßen, anderen in die Augen schauen, aber nicht zu lange, was als aufdringlich empfunden werden kann, wohlwollendes und interessiertes Zuhören, Verzicht auf penetrante Gebärden, speziell mit dem Finger auf andere zeigen.

(11) „Sei du selber": Glücklichere Menschen seien auch authentischer und vermeiden es, sich so zu präsentieren, wie andere es angeblich von ihnen erwarten.

(12) „Eliminiere negative Gefühle", ohne sie zu verdrängen, sondern indem die sie verursachenden Probleme – etwa in der Arbeit, in der Ehe – konstruktiv angegangen werden.

(13) „Enge Beziehungen sind das Wichtigste", was die Glückspsychologie immer wieder nachgewiesen hat (bspw. Blais et al., 1990; Kamp Dush, Taylor & Kroeger, 2008; Orden & Bradburn, 1968; vgl. Kap. 5.2).

(14) Dieses Element sei das „geheime" und wird erst gegen Ende des umfangreichen Internetbuches gelüftet: „VALHAP: value happiness". Glücklichere Personen würden Glück mehr wertschätzen und höher gewichten als die Durchschnittsbevölkerung (Fordyce, 2000).

Fordyce (2000) räumt ein, einige der Elemente würden bestimmten Personen besonders liegen, so das zehnte extravertierten Persönlichkeiten, andere hingegen weniger. Es sei nicht erforderlich, alle umzusetzen, um glücklicher zu werden. Aber leisten sie dies wirklich? In sieben quasiexperimentellen Studien verglich Fordyce (1977; 1983) Personen, die sich in Seminaren mit den Fundamentals auseinandergesetzt hatten, mit Kontrollgruppen. Regelmäßig verzeichneten die Angehörigen der Experimentalgruppe danach bei Wohlbefindensvariablen höhere Werte und geringere bei Angst, Depressivität, Feindseligkeit. Fordyce (1983) hält zusammenfassend fest, in allen sieben Studien, an denen insgesamt 338 Studenten teilnahmen, seien – ihrer Selbsteinschätzung nach – 81 Prozent glücklicher geworden, 38 Prozent sogar viel glücklicher – was insofern verständlich ist, als sich das Engagement auch auszahlen soll. Ein Blick in die Statistiken zeigt jedoch, dass die Effekte realistisch zu sehen sind. In einem Experiment gaben sich in der Kontrollgruppe 60 Prozent als glücklich aus, jene, die einen Teil der Glücksfundamentals behandelt hatten, waren dies zu 65 Prozent (Fordyce, 1983, 490). Auch fand der Psychologe, dass die Effekte des gesamten Treatments nicht stärker sind, als wenn nur Teile zur Sprache kamen. Eine mögliche Erklärung sind Transfereffekte.

Menschen können, wenn sie sich – kognitiv – mit Glück beschäftigen, durchaus glücklicher werden, Fordyce (1983) zufolge, weil: „Wer Glück versteht, hat die beste Chance, dieses auch zu erlangen!" Kritisch ließe sich einwenden, dass „das isolierte Drehen an der Glücksschraube" verkürzt ist (Mayring, 1991, 170).

Einen anderen Weg beschreiten Positive Psychologen, die in ihren Experimenten Glück nicht direkt anzielen, sondern Menschen zu bestimmten Tätigkeiten ermuntern, von denen sie annehmen, dass sich Glück als Nebeneffekt einstellt. Bevor diese Strategien erörtert werden, ist noch der Effekt (selbst-)induzierter positiver Emotionen anzusprechen.

„Ich bin glücklich!" – Werde ich es dadurch? In vielen glückspsychologischen Experimenten wurden Probanden in positive Stimmung versetzt, sei es durch ein kleines Geschenk, einen lustigen Videoclip, ein Kompliment. Bereits in den 1960er Jahren empfahl Velten (1968), sich selbst in frohe Stimmung zu bringen, indem man insgesamt 60 Sätze wie „Ich fühle mich wirklich gut" oder „Ich bin erfreut an allem" liest und diese auf sich wirken lässt. Gemäß der Metaanalyse von Westermann et al. (1996), die 46 Studien einbezog, beträgt die Effektstärke der nicht unumstrittenen Veltenmethode .38. Damit ist sie geringer als bei der emotionalen Wirkung von Filmen (.53), aber gleich stark wie die von Musik, die unsere Emotionen massiv beeinflussen kann (Juslin & Sloboda, 2001). Ein schwerwiegendes Problem (selbst-)induzierter froher Stimmungen ist, dass sie nicht lange anhalten, gemäß Argyle (2001, 200) um die fünfzehn Minuten, sodass Glück nicht nachhaltig erhöht wird, davon abgesehen, dass intensionales Glücklich-Werden-Wollen genau den gegenteiligen Effekte zeitigen kann (vgl. Kap. 8.6.1).

8.4 Ausgewählte Glücksstrategien der Positiven Psychologie

Traditionellerweise intendierte die Klinische Psychologie, beeinträchtigtes psychisches Verhalten und Erleben zu beschreiben und zu erklären, sodann dieses in den Normalbereich zu therapieren. Anders die Positive Psychologie (Auhagen, 2004; Snyder & Lopez, 2005; Vopel, 2003): Sie zielt weniger an, aus minus fünf wieder ein Null zu machen, sondern einen Zustand Null auf plus fünf zu erhöhen. In der Paartherapie: Nicht eine schlechte Ehe in eine erträgliche transformieren, sondern durchschnittliche Ehen in beglückendere Lebensgemeinschaften (Seligman, 2005, 311).

Positive Psychologie, auf erfreuliche Emotionen und die menschlichen Stärken und Tugenden fokussiert (Aspinwall & Staudinger, 2002), zielt Glück nicht direkt an. „Wie kann ich glücklich werden?" sei eine falsche Frage; angemessen sei vielmehr, wie schon von Aristoteles (1952) aufgeworfen: „Was ist das gute Leben?" (Seligman, 2005, 202). Ein tugendhaftes Leben! Ein Team um Seligman (2005) identifizierte, nach der Lektüre philosophischer und spiritueller Klassiker und vielen Gesprächen mit Experten aus unterschiedlichsten Disziplinen, sechs Tugenden, von denen angenommen wird, dass sie überall und zu allen Zeiten gelten: „Weisheit und Wissen, Mut, Liebe und Humanität, Gerechtigkeit, Mäßigung, Spiritualität und Transzendenz" (Peterson & Seligman, 2004). Diesen Tugenden wurden insgesamt 24 menschliche Stärken zugeordnet, von denen etliche enorm glücksbegünstigend sind und im Folgenden, mit Schwerpunkt auf empirische Fundierung, näher erörtert werden: Dankbarkeit (vgl. Kap. 8.4.1), vergeben können (vgl. Kap. 8.4.2), „gut" handeln (vgl. Kap. 8.4.3), vielfältige Aktivitäten, auch spirituell-meditative Praxis (vgl. Kap. 8.4.4), Hoffnung und Optimismus (im Unterkapitel über beglückende Denkweisen: vgl. Kap. 8.5). Da Menschen, wenn sie glücklich sind, zu genau diesen Handlungen und Einstellungen neigen, ist, um Redundanzen zu vermeiden, gelegentlich auf Kapitel 6 (Religiosität, Spiritualität) sowie 7 (Effekte des Glückserlebens) zu verweisen.

8.4.1 Dankbarkeit beglückt

Danken macht glücklich, wurde in Kapitel 6.3.3, fokussiert auf das Sich-Bedanken bei unseren Mitmenschen, bereits ausgeführt. Im Folgenden geschieht eine Erweiterung auf die Haltung der Dankbarkeit generell. Schon 1924 schrieb Chesteron, Dankbarkeit bewirke die freudigsten und glücklichsten Momente, die ein Mensch erleben könne (Emmons & McCullough, 2003, 378). Und: Glückliche Menschen tun sich leichter, aufrichtig zu danken. Ist Dankbarkeit aber auch ursächlich für besseres Wohlbefinden? Dies untersuchten Emmons und McCullough (2003) in drei Experimenten, in denen die Experimentalgruppen gebeten wurden, in Tagebüchern jene Momente und Vorkommnisse aufzuschreiben, für die man dankbar sein könne. Einige schrieben: „dass ich diesen Morgen aufwachen durfte", „für meine wunderbaren Eltern" etc. Die Studenten in der ersten Kontrollgruppe wurden gebeten, in ihre Tagebücher den lästigen Alltagskram festzuhalten, beispielsweise keinen Parkplatz gefunden zu haben, dass in der WG niemand die Küche reinigen wollte etc. Die zweite Kontrollgruppe schrieb über neutrale Vorkommnisse. Nach zwei Wochen zeigte sich: Studenten, allabendlich dankend, waren mit ihrem Leben als Ganzem zufriedener, sie waren optimistischer bezüglich der nächsten Woche, verzeichneten weniger körperliche Beschwerden wie Kopfschmerzen oder Verdauungsprobleme, und trieben sogar mehr Sport. Am negativsten waren jene Studenten, die am Abend jeweils aufschrieben, was sie verärgert hatte. McCullough und Emmons (2003) ziehen den Schluss, dass praktizierte Dankbarkeit Glück ursächlich erhöht und auf weitere Bereiche abfärbt, beispielsweise Vitalität, was sie sich mit der Aufbau- und Erweiterungstheorie positiver Emotionen von Fredrickson (2000) erklären.
Positive Effekte. Auch McCullough, Tsang und Emmons (2004) motivierten ihre Probanden, drei Wochen lang ein Tagebuch mit Fokus auf dankenswerte Vor-

kommnisse zu führen: Je häufiger, je aufrichtiger und je mehr Menschen sie dankten, umso mehr zufrieden mit ihrem Leben (r = .53), glücklich, (r = .53), optimistisch (r = .51), hoffnungsvoll (r = .67) und geneigt zu positiver Emotionalität, aber auch umso spiritueller (r = .28) und – bei den Big Five – umso wahrscheinlicher extravertiert (r = .32) und von angenehmer Wesensart (r = .41) bzw. umso weniger neurotisch (r = –.42) waren sie. In einer weiteren Studie zeigten Smith et al. (1999), dass dankbare Menschen signifikant seltener neidische Ressentiments verspüren, wenn andere erfolgreicher oder begüterter waren (r = –.39). Die Neigung zu Neid korrelierte jedoch mit einem schwächeren Selbstwert (r = –.65), mehr Neurotizismus (r = .41) und weniger Glück (r = –.35).

Das Schreiben eines Dankbarkeitstagebuches erfordert Zeit. Sheldon und Lyubomirsky (2006) zeigten, dass die geschilderten Effekte von Dankbarkeit mit einem erheblich geringeren Aufwand erzielt werden können. Sie baten eine Gruppe von Studierenden, jeden Tag die kleineren und größeren Anlässe, für die man dankbar sein dürfe, einfach nur zu zählen. Die Postmessung ergab, dass die positiven Affekte (Watson, Clark & Tellegen, 1988) geringfügig häufiger waren als in einer Kontrollgruppe. Deutlich stärker war der Glückseffekt von Dankbarkeit, je mehr sich die Studierenden mit den Dankbarkeitsübungen identifizierten, ein Beleg für die Theorie der selbstkonkordanten Motivation, die Wohlbefinden generell begünstigt (Sheldon & Houser Marko, 2001).

> Was die meisten religiösen und spirituellen Traditionen schon immer geraten haben, ist empirisch bestätigt: Dankbar sein – nicht nur unseren Mitmenschen, wenn sie uns etwas Gutes getan haben, sondern auch für die kleinen unscheinbaren Dinge, beispielsweise eine Blume am Wegrand – es beglückt.

8.4.2 Vergebung erleichtert und macht froh

Hass schädigt. Konflikte sind unausweichlich und immer wieder werden Menschen aneinander schuldig, indem sie sich kränken – oft unabsichtlich –, einander betrügen und sich wehtun. Viele Menschen verzehren sich in Groll auf jene, die sie verletzten, übersahen, betrogen, und sie realisieren kaum, dass Hass sie am meisten schädigt. Buddha sagte: „An Ärger festzuhalten ist wie ein glühendes Stück Kohle festzuhalten, um es nach jemandem zu werfen. Der einzige, der sich dabei verbrennt, bist du selber" (Lyubomirsky, 2008, 186). Oft ist Verzeihen der einzige Weg, Hassgefühle zu dämpfen und zerrüttete Beziehungen zu retten. Vergebungsbereitschaft korreliert positiv mit physischer Gesundheit, sozialer Unterstützung, psychologischem Wohlbefinden nach Ryff (1989), aber auch hedonistischen Gefühlen, d. h. Verzeihen begünstigt Lust (Lawler-Row & Piferi, 2006). Menschen, die zur Vergebung nicht in der Lage sind – bei Männern häufiger –, sind eher gefährdet, zu erkranken, speziell kardiovaskulär (Harris & Thoresen, 2005).

Sich verzeihen. Zusätzlich zu den in Kapitel 6.3.2 bereits genannten positiven Effekten von Verzeihen ist anzumerken, dass Verzeihen nicht nur intrapersonal erfolgen kann, sondern auch interpersonell: Wenn sich Menschen ihre Fehler, die sie belasten, selber verzeihen. Wie Ingersoll-Dayton und Krause (2005) empirisch bestätigten, kann Sich-selbst-verzeihen enorm erleichtern und die Selbstakzeptanz stärken, die eine zentrale Komponente psychischen Wohlbefindens ist.

Ratschläge. In der Positiven Psychologie werden zahlreiche empirisch fundierte Ratschläge gegeben, die Verzeihen erleichtern und damit Glück begünstigen (Harris & Thoresen, 2006; Vopel 63 ff.). Enorm hilfreich ist allein schon die innere Imagination des Verzeihens, die den Blutdruck senken kann und die faktische Ausführung erleichtert (Witvliet, Ludwig & Vander Laan, 2001). Aber auch, dem Aggressor einen Brief zu schreiben, indem ihm verziehen wird: „Ihnen, Frau Lehrerin, habe ich verziehen, dass Sie die Mitschüler aufforderten, mich auszulachen." Ratsam ist, nicht über die erlittenen Demütigungen zu grübeln und gleichsam an den alten Wunden zu lecken, was Rachegefühle stärkt und Vergebung – oft das einzige mögliche Mittel seelischer Linderung – entsprechend erschwert (McCullough et al., 2001). Nelson Mandela soll auf die Frage, wie er seinen Gefängniswächtern verzeihen konnte, geantwortet haben: „Als ich zum Gefängnistor hinausging, wusste ich, wenn ich diese Menschen weiter hasse, dann bleibe ich im Gefängnis" (Lyubomirsky, 2008, 193). Verzeihen macht frei – und glücklich!

8.4.3 Gute Taten beglücken – allein schon wenn sie gezählt werden

Werden Menschen glücklicher, wenn sie über eine Woche lang jeden Tag ihre freundlichen und gütigen Taten zählen? Sie werden es! Otake et al. (2006) erhoben bei 71 japanischen Studentinnen (und bei einer Kontrollgruppe) subjektiv eingeschätztes Glück (Lyubomirsky & Lepper, 1999) und instruierten die jungen Frauen, fortan eine Woche lang jeden Tag ihre guten Taten zu zählen. Einen Monat später wurde die Glücksmessung wiederholt, dies auch in der Kontrollgruppe, bei der die Intervention unterblieb. Beim ersten Messzeitpunkt deckten sich die Mittelwerte in beiden Gruppen (M = 4,5 bei Punktwertspanne 1 bis 7), aber bei der zweiten Messung erreichten jene, die ihre Freundlichkeiten gezählt hatten, einen höheren Mittelwert (M = 5,0, p < .05); in der Kontrollgruppe blieb er konstant. Auch wenn die Autoren einräumen, ihre Stichprobe sei klein, das Experiment nur quasi experimentell (vielleicht haben sich in der Experimentalgruppe mehr Studentinnen verliebt), wagen sie den Schluss, Freundlichkeit könne Glück auslösen und dieses steigern. Sie erklären dies mit der Aufbau- und Erweiterungstheorie positiver Emotionen von Fredrickson (2001; vgl. Kap. 7.2.1). Personen, wenn sie glücklicher sind, handeln häufiger so, dass sie noch glücklicher werden. Otake et al. (2006) ziehen zu Recht das Bild einer Aufwärtsspirale des Glücks heran.

Gutes tun und registrieren. Eine ähnliche Studie führten Lyubomirsky, Sheldon und Schkade (2005) durch. Sie motivierten Studierende, über einen Zeitraum von anderthalb Monaten hinweg jede Woche freiwillig fünf gute Taten zu verrichten. Eine Gruppe wurde instruiert, diese an einem einzigen Tag auszuführen, eine zweite, diese über die Wochentage aufzuteilen, und beide wurden gebeten, jeweils am Sonntag aufzuschreiben, was sie getan hatten: Blut gespendet, ein Altersheim besucht, einem Obdachlosen 20 Euro gegeben etc. Nach der Intervention schnitten die Experimentalgruppen im Vergleich zur Kontrollgruppe auf einer Glücksskala signifikant besser ab, jene, die die guten Taten an einem einzigen Tag verrichteten, deutlich stärker als jene, die sie über die Woche aufteilten. Eine mögliche Erklärung ist, dass fünf gespendete Wohltaten an einem einzigen Tag stärker vom normalen Alltag abweichen und einen nachhaltigeren Effekt hinterlassen.

Sind gute Taten die Ursache von mehr Wohlbefinden? Oder sind sie nicht – im Sinne des „feeling good, doing good" (vgl. Kap. 7.4) – Effekte positiver Stimmung? Eine aufschlussreiche Langzeitstudie (zwei Jahre, drei Messzeitpunkte) führten Schwartz und Sendor (1999) mit Frauen durch, die an Multipler Sklerose erkrankt waren. Fünf von ihnen wurden instruiert, wie man aktiv und mitfühlend zuhören und andere Patienten psychisch aufbauen kann; weitere 60 Patientinnen erhielten im Rahmen von Gruppensitzungen Ratschläge, wie mit der Krankheit umzugehen sei. Nach drei Jahren hatten sich die fünf Frauen, die regelmäßig anderen beistanden, geradezu dramatisch verändert. Im Vergleich zu ihren Mitpatientinnen, die in der Gruppe Unterstützung erhielten, waren sie glücklicher und mit ihrem Leben zufriedener – auch wenn selber an MS erkrankt waren–, sie fühlten sich autonomer, selbstwirksamer, empathischer: „Ich kann zuhören und bin so interessiert, was die andere sagt. Das ist anders geworden. Und deswegen spüre ich tiefe Ruhe in meiner Seele." Zumindest bei diesen fünf Frauen war wohltätiges Handeln eindeutig Ursache für ein enorm verbessertes Wohlbefinden.

Warum beglücken gute Taten? Sie erhöhen die Wahrscheinlichkeit, dass man, wenn man selber der Hilfe bedürftig ist, auch von solchen beschenkt wird. Und: Gute Werke bringen zumeist Dank und Anerkennung. Aber erklärungskräftiger ist, dass sich Wohltäter – ganz im Sinne der Aufbau- und Erweiterungstheorie positiver Emotionen (vgl. Kap. 7.2) – dabei neue Kompetenzen aneignen und ihr Bewusstsein über das eigene Ego hinaus erweitern, hin zu den Mitmenschen, die die größten Glücksverstärker sind (Berscheid, 2002).

8.4.4 Aktivitäten beglücken

Primär Änderungen im Verhalten ermöglichen es, der hedonistischen Tretmühle zu entrinnen, speziell – wie eben dargelegt – altruistisch-soziales Handeln, aber auch religiös-spirituelles, Freizeittätigkeiten, Sport etc.

Meditation. Mochon, Norton und Ariely (2007) ließen 224 Personen angeben, wie glücklich und zufrieden sie mit ihrem Leben waren, bevor sie begannen, regelmäßig Gymnastik zu betreiben oder Yoga zu üben. Einen Monat später stellten sich beide Gruppen als signifikant glücklicher heraus, die Yogagruppe noch stärker als die Turner. Die Autoren konstatieren ein Paradox: Viele Studien zeigten, dass einschneidende Lebensereignisse das Wohlbefinden mittelfristig kaum verändern, nicht einmal Paraplegie (Brickman, Coates & Janoff-Bulman, 1978), hingegen sehr wohl geringfügig erscheinende Veränderungen, sofern sie *regelmäßig* vollzogen werden. Die glücksbegünstigenden Effekte von Meditation sind gut gesichert (Shapiro, Schwartz & Santerre, 2005; vgl. Kap. 6.3.4), auch in den wenigen Studien, die bisher im deutschen Sprachraum durchgeführt wurden (Ott, 2005). Wer sich entschließen kann, täglich einige Minuten die Augen zu schließen, tief durchzuatmen, an etwas Bestimmtes (beispielsweise das Antlitz eines geliebten Menschen) oder gar nichts zu denken, verändert sein Leben nachhaltig und wird glücklicher – zumal dann, wenn er gerade nicht um des Glückes willen in die Meditation eintritt, sondern um ihrer selbst willen: „Der beste Weg in der Meditation, Ziele zu erreichen, ist diese loszulassen" (Kabat-Zinn, 1995, 317).

Sport. „Smile" nannten Physiologen von der Universität Standford eine Studie, in der psychologischen Effekten von regelmäßigem Radfahren nachgegangen wurde. Eine Gruppe von klinisch depressiven Personen sollte pro Woche mindestens dreimal 40 Minuten radeln, eine zweite Gruppe erhielt ein Antidepressivum und eine dritte sollte radeln und Pillen schlucken. Nach vier Monaten zeigte sich in allen drei Gruppen ein signifikanter Rückgang der Depressivität. Regelmäßige körperliche Bewegung wirkt infolgedessen gleich stark wie Antidepressiva, ja noch nachhaltiger: Bei den Radelnden war, nach zehn Monaten, die Rückfallquote erheblich niedriger (Blumenthal et al., 1999). Sport stärkt nicht nur Muskeln und Knochen, reduziert den Blutdruck und das Risiko karzinomer Erkrankungen; er verringert auch Angst und macht glücklich, weil sich Menschen als dessen Subjekt erfahren, was den Selbstwert stärkt (Biddle, Fox & Boutcher, 2000). Vielfach münden sportliche Aktivitäten in Flow: Wenn ein Marathonläufer nicht mehr weiß, dass er läuft. Dabei werden stimmungsaufhellende Hormone ausgeschüttet, was auch in der ganz anders gelagerten Meditation geschieht, die ähnliche physiologische Effekte zeitigt wie ein Marathon (Harte, Eifert & Smith, 1995).

Oder anders ausgedrückt: „Was wir nicht selber mitgestalten, kann unser Glück niemals werden.", schreibt Höhler (1981, 296) in ihrem schönen Buch „Das Glück. Analyse einer Sehnsucht".

8.5 Beglückende Denkweisen

Erörtert wird zunächst optimistisches Denken, weil dieses in aller Regel emotional positiv eingefärbt ist (vgl. Kap. 8.5.1), sodann positive Imaginationen, deren heilendes Potenzial bereits im Schamanismus bekannt war und in der neuen Medizin vermehrt genutzt wird (Achterberg, 1987); auch Gehirnforscher würdigen die Macht der inneren Bilder (Hüther, 2004).

8.5.1 Optimistisch denken

Abwärtsspiralen. Seligman (2005, 332f.) erzählt von Joyce, einer Sekretärin, die morgens um vier aufwacht und daran denkt, dass sie ihren Quartalsbericht noch nicht abgegeben hat. Als nächstens denkt sie an das saure Gesicht des Chefs, der letzthin von Personalabbau sprach. Und der nächste Gedanke: *Sie* könnte gekündigt werden. Der nächste: Sie müsste ihren Töchtern sagen, dass der Urlaub ans Meer ins Wasser fällt … Ein überbesorgter Vater erzählte mir von schulischen Schwierigkeiten seiner Tochter und fürchtete, sie werde nie einen Job finden, möglicherweise kriminell werden …. Solche Abwärtsspiralen negativer Gedanken ziehen den Magen zusammen, führen in depressive Verstimmungen und verursachen schlimmstenfalls klinische Depressionen (Beck, 2001).

Aufwärtsspiralen sind im Interesse der Positiven Psychologie: Fredrickson und Joiner (2002) maßen bei 138 Studenten positive und negative Affekte (Watson, Clark & Tellegen, 1988) und baten sie, darüber nachzudenken, wie sie mit dem schwierigsten Problem umgegangen seien, das sie im vergangen Jahr belastet hatte, woraufhin ihre Copingstile gemessen wurden. Fünf Wochen später wiederholten sie die Messungen und fanden aufschlussreiche Zusammenhänge: Studierende, die beim Messzeitpunkt 1 mehr positive Affekte angegeben hatten, artikulierten bei der zweiten Messung noch adaptivere Copingstile und äußerten sich optimistisch, künftige Probleme meistern zu können. Junge Männer und Frauen, die bei der ersten Messung ein breites Repertoire an Copingstrategien unter Beweis stellten, waren bei der zweiten Messung signifikant glücklicher. Das heißt: Positive Stimmung, in die optimistisches Denken stets getaucht ist, und flexible, zuversichtliche Denkweisen können sich regelrecht aufschaukeln. Als klinische Implikation empfehlen Fredrickson und Joiner (2002), depressiv Verstimmte – bevor mit ihnen reflektiert wird, wie die Probleme gelöst werden könnten – in positive Stimmung zu versetzen, etwa indem sie eingeladen werden, von den schönsten Zeiten ihres Lebens zu erzählen.

„Ich bin immer gut!" Optimistisches Denken besteht auch darin, Kausalattribuierungen vorzunehmen, die dem Selbstwert – und damit auch seinem stärksten Korrelat, dem Glück – förderlich sind (Seligman, 2005, 144ff.). Optimistisch denkt, wer unerwünschte Vorkommnisse auf temporäre, situative Ursachen zurückführt („Heute hatte ich ausnahmsweise Pech!"), positive hingegen auf permanente („Meine Vorträge kommen immer gut an"). Pessimisten hingegen attribuieren positive Ereignisse temporär-situativ, unerwünschte hingegen auf permanente. Die erzieherischen Implikationen sind enorm! Wie oft hören Kinder: „Du räumst nie dein Zimmer auf!", anstatt: „Ich verstehe, dass du heute keine Zeit hattest für das Zimmer, weil du so lange draußen warst." Übergeneralisierende Botschaften sind, wenn sie negativ sind, Seelengift für Kinder (Bucher, 2008) – und für Erwachsene auch.

Optimistisches Denken ist in die Zukunft gerichtet. Neuropsychologen wiesen nach, dass dabei gleiche Gehirnareale aktiv sind wie dann, wenn Vergangenes erinnert wird (Sharot et al., 2007); Personen mit beeinträchtigtem Hippokampus tun sich denn auch schwer, mögliche Zukunftsszenarien vorzustellen.

> Aufgrund der Stimmungskongruenz ergibt sich: Optimistisches Denken wird begünstigt, wenn jeweils positive vergangene Lebensereignisse memoriert werden (Lyubomirsky & Tucker, 1998; Lyubomirsky, Sousa & Dickerhoof, 2006). Und: Optimismus, eine der „pleasures of mind" (Kubovy, 1999), motiviert eher dazu, die vorgenommenen Ziele auch anzugehen und zu verwirklichen (Segerstrom, 2001).

8.5.2 Positive Imaginationen

Die Macht innerer Bilder. Wer beim Antritt seines Studiums grässliche Bilder in sich erstehen lässt – mündliche Prüfungen, während denen die Stimme zu stocken beginnt, unbewältigbare Wälzer – wird wahrscheinlicher ein unglücklicher Student. Anders hingegen, wer in sich erstehen lässt, wie Vorlesungen begeistern und ein Vortrag in einem Seminar optimal gelingt: Ein glücklicher Student. Die „Macht der inneren Bilder" ist – so der Gehirnforscher Hüther (2004) – nicht zu unterschätzen, sie könne das Gehirn, den Menschen und letztlich die Welt verändern – und auch das Glück. Empirisch ließ sich dies mehrfach bestätigen.

Sheldon und Lyubomirsky (2006) baten 67 Studierende, täglich Folgendes zu tun: „Denken Sie über ihr bestmögliches Selbst, d. h. stellen Sie sich in der Zukunft vor, nachdem alles optimal verlaufen ist. Sie haben hart gearbeitet und erfolgreich Ihre Lebensziele erreicht …" Nach vier Wochen gaben die Teilnehmer signifikant häufiger positive Affekte und seltener negative Stimmungen an als eine Kontrollgruppe, aber auch als sie selber vor dem Treatment. Positive Gedanken stimmen nicht nur heiter, sondern motivieren auch dazu, dergestalt imaginierte Lebensziele anzugehen, was oftmals mehr beglückt als sie zu erreichen (Brunstein, 1993).

Schreiben heilt. Eine ähnliche Studie führte King (2001) durch, die an die pionierhaften Arbeiten von James Pennebaker (1990) anknüpfte. Dieser motivierte

Menschen, die ein schweres Trauma durchlitten hatten (auch KZ), dazu, dieses einfach zu beschreiben, ohne auf Stil oder Rechtschreibung zu achten. Danach wurden zahlreiche Variablen wieder gemessen: Arztbesuche wurden seltener und das Immunsystem stärker (Cameron & Nicholls, 1998), das subjektive Wohlbefinden stieg, und dies mit nachhaltiger Wirkung. King (2000) fragte sich, ob sich diese günstigen Effekte auch dann erzielen lassen, wenn Personen nicht über Vergangenes schreiben, sondern über ihre bestmögliche Zukunft. Eine erste Gruppe wurde instruiert, in vier Sitzungen von je zwanzig Minuten über ihr schlimmstes Lebensereignis zu schreiben, eine zweite über ihr bestmöglichstes zukünftiges Selbst, und die Kontrollgruppe über etwas Neutrales. Selbst drei Wochen nach dem Treatment schätzten sich die Studierenden der beiden Experimentalgruppen glücklicher ein, und fünf Monate später zeigte sich, dass sie seltener einen Arzt aufsuchen mussten als jene, die über neutrale Begebenheiten geschrieben hatten.

8.6 „Falsche" Glücksstrategien

Den meisten Glücksstrategien der Positiven Psychologie ist gemeinsam, dass sie Glück nicht direkt anstreben, sondern als Beiprodukt eines guten Lebens bzw. tugendhaften Handelns erhoffen. Glück direkt anzuzielen, ist eine der „falschen" Glücksstrategien, mit denen dieses Kapitel schließt.

8.6.1 Glück sei zu suchen, anzustreben und zu finden

Der Münchner Glücksforscher Bernd Hornung präsentierte in seinem Buch „Die Geheimnisse des glücklichen Lebens" (2000, 217) „100 erprobte Tipps und Tricks". Der erste lautet: „Ab jetzt wird gewonnen, gesiegt und triumphiert. Dabei ist deine erste Pflicht, dich selbst glücklicher zu machen. … Räume deinem Glück – vor allem anderen, an erster Stelle – die oberste Priorität in deinem Leben ein."

Anders sah dies der französische Feuilletonist Alain (1982): Wer Glück willentlich anstrebt, verfehlt es. Die empirischen Fakten sprechen für den Literaten und nicht für den Glücksforscher.

Glücklich werden wollen? Schooler, Ariely und Loewenstein (2003) baten die Teilnehmer eines Experiments, zunächst ihr Glück subjektiv einzuschätzen. Danach wurde eine erste Gruppe gebeten, Musik von Stravinski zu hören, ohne dass eine zusätzliche Instruktion erfolgte; eine zweite Gruppe sollte willentlich versuchen, beim Musikhören glücklicher zu werden, eine dritte, ihr Glück, wie während den Akkorden erlebt, auf einem Monitor anzuzeigen, und eine vierte, sowohl glücklicher zu werden als auch die aktuelle Stimmung anzugeben. In der ersten Gruppe, die einfach nur den Klängen lauschte, stieg der Glückslevel an, in der zweiten Gruppe, die sich willentlich vornahm, glücklicher zu werden, sank er, in der dritten blieb er konstant, wohingegen in der vierten Gruppe (gleichzeitig glücklicher werden wollen und die Befindlichkeit anzeigen) der Einbruch am stärksten war.

Schooler, Ariely und Loewenstein (2003) wenden selbstkritisch ein, die Befindlichkeit in den Gruppen zwei und vier könnte schlechter geworden sein, weil sich die Teilnehmenden von den Leitern unter Druck gesetzt fühlten. Um dies auszuschließen, mailten sie in den letzten Tagen des 20. Jahrhunderts 475 Personen an und fragten, eine wie große Fete sie für die Neujahrsnacht des Jahrtausendwechsels planen, wie sehr sie sich auf diese freuen und wie viel Zeit und Geld sie dafür investieren. Zwei Monate später wurden sie gefragt, wie sie die Neujahrsnacht faktisch erlebt hatten. Je aufwendiger die Vorbereitungen und je höher die Erwartungen, desto mehr Enttäuschung, die dann konstatiert wurde, wenn die retrospektiven Angaben unter den in den letzten Dezembertagen gegebenen prospektiven Erwartungen lagen (83 Prozent). „Das explizite Streben nach Glück kann zerrüttend (disruptive) sein, sowohl wenn es von außen angestoßen wird, als auch dann, wenn sich die Person selbst damit identifiziert" (Schooler, Ariely & Loewenstein, 2003, 61).

Von daher kann die Beschäftigung mit Glück grundsätzlich problematisch sein. Wer ein Buch wie dieses liest, um dadurch glücklicher zu werden, sollte beherzigen, was Belliotti (2004, xi) in seinem Buch „Das Glück ist überbewertet" formulierte: „Wir sollten Glück nicht direkt anstreben, sondern ein wertvolles, sinnvolles, nützliches und vorbildliches Leben. Wenn wir darin erfolgreich sind, mag Glück folgen. Wenn nicht, können wir noch immer stolz und zufrieden sein, recht zu leben." Ein Buch wie das Ihnen vorliegende lesen? Wenn schon, um unser Wissen zu erweitern und zu vertiefen und dieses anderen zugute kommen zu lassen.

Glück wird – von zahlreichen (Bestseller-)Autoren – versprochen, wenn wir nur entsprechend denken würden. „Der glückliche Habitus ergibt sich, wenn wir einfach nur positiv denken" (Peale, 2003). Aber: Wer willentlich denkt, positiv zu denken, tut dies zumeist gerade nicht.

8.6.2 „Warum wir nicht wählen, was uns glücklich macht"

So betitelten Hsee und Hastie (2006) einen instruktiven Aufsatz, in dem sie glücksrelevante Erkenntnisse der Verhaltensentscheidungstheorie zusammenstellten. Viele Menschen treffen Entscheidungen, von denen sie nachhaltiges Glück erhoffen, ein Bekannter von mir die, nach der Pensionierung in ein mühsam verdientes Haus am kroatischen Adriastrand überzusiedeln – ein Jahr später war er wieder nördlich der Alpen. Vielfach überschätzen Menschen die Wirkung eines erhofften Ereignisses, weil sie viele andere Faktoren nicht bedenken, Eltern mit ihrem ersten, lang herbeigesehnten Kind beispielsweise nicht, dass dieses mit seiner Mittelohrentzündung stundenlang schreit. Eingefleischte Fußballfans prognostizieren, nach dem Sieg ihrer Mannschaft happy zu sein – aber sie kalkulieren nicht die vielen anderen Faktoren, die ihren Zustand nach dem Siegestor beeinflussen werden, beispielsweise dass ein unbekannter Autofahrer auf dem Parkplatz vor dem Stadion an seinem Auto eine ärgerliche Delle verursacht hat (Wilson et al., 2000).

Emotionale Erinnerungsfehler. Wenn wir etwas als beglückend anstreben, lassen wir uns unweigerlich von Erinnerungen leiten, die aber trügerisch sind, emotional vor allem vom Höhepunkt und dem Ende der memorierten Episoden eingefärbt (Fredrickson, 2000). Dies belegten Kahneman et al. (1993) in einem klassischen Experiment, in dem sich die Teilnehmer zwei schmerzvollen Prozeduren unterzogen, eine erste, in der sie ihre Hände 60 Sekunden lang in klirrend kaltes Wasser hielten, und eine zweite, in der sie die Hände ebenso lang in die kalte Flüssigkeiten tauchten, danach 30 Sekunden in laueres Wasser. Vor die Wahlgestellt, eine der beiden Prozeduren noch einmal aushalten zu müssen, entschieden sich zwei Drittel für die zweite, obschon die schmerzhafte erste Phase gleich lang dauerte. Dass die zweite Prozedur als angenehmer eingeschätzt wurde, liegt daran, dass wir das Ende eines Vorkommnisses stärker erinnern. Dass vor allem emotionale Endpunkte erinnert werden, lässt sich positiv nutzen, indem eine Kindergeburtstagsparty beendet wird, wenn sie am schönsten und lustigsten ist. Für Fredrickson (2000) ist die Optimierung vom Ende eine empfehlenswerte Strategie, um Glück zu erhöhen. Versierte Zahnärzte beenden die Sitzungen, indem die Patienten zum Schluss positive Empfindungen genießen können.

Antizipation von Glück. Antizipieren wir zukünftige Glückszustände, tun wir dies stets aus der aktuellen Befindlichkeit heraus. Wer, sehr hungrig, das Vergnügen antizipiert, das von einem mehrgängigen Galadinner beschert wird, neigt dazu, dieses zu überschätzen (Read & van Leeuwen, 1998). Viele Ehemänner bereuen später, ihre Frauen verlassen zu haben, als sie in eine jüngere heiß verliebt waren und wähnten, das Schmetterlingsgefühl im Bauch werde nicht vergehen.

8.6.3 Nicht das Beste und Perfekteste anstreben

Es gibt Personen, die im Restaurant mit gerunzelter Stirne lange in der Speisekarte blättern und sich kaum entscheiden können, welche Pizza sie wählen wollen. Die Wahrscheinlichkeit ist hoch, dass solche Gäste, die die beste Wahl treffen wollen, weniger glücklich sind als jene, die dem Kellner ihren Essenswunsch mitteilen, bevor er die Speisekarte gebracht hat. In einer Reihe von Experimenten untersuchten Schwartz et al. (2002) die Effekte von Maximierung, die darin besteht, dass Personen jeweils die beste Wahl treffen wollen, im alltäglichen Konsumverhalten ebenso wie hinsichtlich ihrer Lebensgestaltung. Dafür entwickelten sie eine Skala (α = .71) mit Items wie: „Beim Einkaufen brauche ich lange, bis ich gefunden habe, was ich wirklich mag" „Wie immer ich mit meinem jeweiligen Job zufrieden bin – ich halte stets Ausschau nach einem besseren". Maximierer stehen in der Gefahr, ihre Entscheidung zu bereuen, weil vielleicht eine noch perfektere möglich gewesen wäre. Auch zu diesem Bedauern entwickelten Schwartz et al. (2002) eine Skala mit Items wie: „Wenn immer ich eine Entscheidung getroffen habe, bin ich neugierig, was wohl gewesen wäre, wenn ich anders gewählt hätte"; sie korreliert mit Maximierung sehr hoch (r = .61).

Maximierung und Lebenszufriedenheit. Aufschlussreich sind die Korrelationen dieser Skalen mit Befindlichkeitsvariablen. In mehreren Samples ließen sich signifikant negative Zusammenhänge mit Glück und Lebenszufriedenheit nachweisen, die bei „Bedauern" noch stärker waren als bei „Maximierung". Auch neigen Maximierer zu depressiver Verstimmung. Personen, die ihre Entscheidungen oft bedauern bzw. das Item: „Habe ich einmal eine Entscheidung getroffen, blicke ich nicht zurück" verneinten, tun dies noch stärker (r = .46). Wer stets die perfekteste Wahl treffen will, dürfte sich wahrscheinlicher mit anderen vergleichen: „Hat er oder sie das Bessere gewählt?" In der Tat fanden Schwartz et al. (2002) signifikante Zusammenhänge mit sozialen Vergleichen, zu aufwärtsgerichteten stärker als zu abwärtsgerichteten. Letztere verbesserten, im Unterschied zu anderen Studien (Aspinwall & Taylor, 1993), die Befindlichkeit nicht; Erstere hingegen waren erwartungsgemäß glücksmindernd.

Wahlfreiheit und Zufriedenheit. Maximierer neigen – wenig überraschend – zu mehr Produktvergleichen. „Wahlfreiheit" ist zwar ein positiv besetztes Wort. Faktisch aber kann sie, wenn sie geradezu immens wird, Zufriedenheit auch senken. Iyengar und Lepper (2000) ließen eine Gruppe von Männern Konfitüre bzw. Schokolade auswählen, eine erste Gruppe aus sechs Angeboten, eine zweite aus dreißig; Erstere waren mit ihrer Wahl zufriedener. Ähnlich Studenten, die einen Essay zu schreiben hatten: Jene, denen man sechs Themen vorlegte, waren zufriedener als die mit dreißig Themen, obschon dies den Eindruck von mehr Freiheit erweckt; auch schrieben sie bessere Arbeiten. Die regelrechte Explosion von Konsumartikeln, aus denen in langen Warenhausregalen gewählt werden kann, erweist sich bezüglich der Zufriedenheit als ambivalent. Zusehends wird es schwieriger, sich ausreichende Informationen über alle Marken zu verschaffen, und das Risiko des Bedauerns, doch in das falsche Produkt investiert zu haben, steigt. Der Ideologie, mehr sei besser, hält Schwartz (2006) in seinem Buch „Anleitung zur Unzufriedenheit" entgegen: „Warum weniger glücklich macht."

Von den Maximierern unterscheiden Schwartz et al. (2002) diejenigen Personen, die ausdrücklich nicht die beste Wahl anstreben, sondern eine, die sie zufrieden stellt. Erwiesenermaßen sind diese glücklicher, weniger von sozialen Vergleichen abhängig und seltener depressiv. Sie sagen eher: „Es ist, wie es ist".

Zusammenfassend

Das Kapitel begann mit dem häufig artikulierten Verdikt der Adaptionstheorie: Glück lässt sich nicht erhöhen. Mit Galileo Galilei könnte man sagen: „Es bewegt sich doch!" Und zwar dann, wenn wir uns bewegen bzw. aktiv sind. Der Anspruch liegt allerdings fern, alle möglichen Glücksstrategien aufgeführt zu haben (Haidt, 2007; Lyubomirsky, 2008). Sechs Milliarden Menschen – sechs Milliarden mögliche Wege zum Glück!

9 Glückssteigerung in Therapie und Beratung

„Glück besteht in der Kunst, sich nicht zu ärgern, dass der Rosenstrauch Dornen trägt, sondern sich zu freuen, dass der Dornenstrauch Rosen trägt." Arabisches Sprichwort

Mitte der achtziger Jahre des 19. Jahrhunderts behandelten Breuer und Freud die legendär gewordene Anna O. Für sie, die an Hysterie litt, wäre – schrieb der Begründer der Psychoanalyse – schon viel erreicht, wenn es gelänge, „neurotisches Elend in gemeines Unglück zu verwandeln" (Shlien, 1994, 37). Zwar hatten Parloff, Kelman und Comfort (1954) bereits vor mehr als einem halben Jahrhundert vorgeschlagen, die Kriterien erfolgreicher Therapie in der Steigerung des Wohlbehagens sowie in der Stärkung des Ich zu bestimmen. Gleichwohl: In renommierten und einflussreichen Standardwerken der Psychotherapie avancierten „Glück", „Wohlbefinden" und „Freude" lange nicht zu einem Thema, beispielhaft Bergin und Garfield (1994) und Corsini (1994).

Fava (1999), der Begründer einer mehr und mehr beachteten Wohlbefindenstherapie, diskutiert drei Gründe für diese Marginalisierung von Glück:
(1) Die Konzeptualisierung von psychischer Gesundheit als Absenz von Störungen.
(2) Das Fehlen eines überzeugenden Konzepts von psychischem Wohlbefinden, das emotionale Überschüsse enthält; „Salutogenese" nach Antonovsky sei ein erster Schritt in die richtige Richtung gewesen.
(3) In der Therapie seien kaum Techniken bekannt, um Wohlbefinden zu heben, weil das Methodenrepertoire auf Notfälle (Depressionsschübe) fokussiert sei.

Psychische Gesundheit heute. Mehr als hundert Jahre nach Freud setzt sich Psychotherapie, mittlerweile in hunderte Richtungen verästelt und ein enormer Wirtschaftsfaktor, ambitiösere Ziele. Nicht nur Befreiung von belastenden Syndromen bzw. das Beheben psychischer Defizite, sondern – so Positive Psychologie (Seligman & Peterson, 2003) und Positive Psychotherapie (Peseschkian, 1985; Rashid & Seligman, 2007) – mehr Wohlbefinden, Glück und Glücksfähigkeit. Dies entspricht einer Sicht von psychischer Gesundheit, wonach diese mehr ist als Absenz von Melancholie, Psychose etc., sondern freudiges Wohlbefinden einschließt, was auch von der Weltgesundheitsorganisation WHO in ihrer Präambel aus dem Jahre 1946 favorisiert wird. Glück gewinnt in der Psychotherapie an Renommee, auch hierzulande (Sonnenmoser, 2007): In Wiesbaden etablierte sich eine „Deutsche Gesellschaft für Positive Psychotherapie"; die Zeitschrift „Die Psychotherapeutin" (Heft 12) widmete dem Glück ein eigenes Themenheft, der Hamburger Psychotherapeutentag 2006 begab sich auf die „Suche nach einem großen Gefühl: Glück" und Frank (2007) plädierte, mit zahlreichen Autoren, für das „Therapieziel Wohlbefinden".

Als Erstes ist zu fragen, ob Psychotherapie das ambitiöse Ziel, das Glück von Menschen zu erhöhen, überhaupt anstreben soll (Dick, 2007) (vgl. Kap. 9.1). Sodann werden therapeutische Konzepte besprochen, die „Glück" direkt anzielen und dieses auch explizit zur Sprache bringen (Überblick Mayring, 1991, 167 ff.), obschon davon verschiedentlich abgeraten wurde, vom Philosophen Kierkegaard ebenso wie von Frankl (1976, 109) – „Wer nach dem Glück jagt, der verjagt es auch schon" – und Lelord (2004, 46): „Der erste große Irrtum ist zu glauben, Glück wäre das Ziel" (vgl. Kap. 9.2). Anschließend (vgl. Kap. 9.3) kommen therapeutische Strategien zur Sprache, die Glück und Wohlbefinden eher als Beiprodukt auffassen, u. a. Entspannungsverfahren, meditative Praktiken, Mobilisierung von Ressourcen etc.

9.1 Soll Therapie Glück anzielen?

Kann Therapie Glück anzielen? Grundsätzlicher: Soll sie es? Renommierte Stimmen meinen: Nein! Zumindest nicht direkt. In der Vorschau auf einen Psychotherapeuten-Kongress, der im Jahre 1989 der Frage „Macht Therapie glücklich?" nachging, legte Groskurth (1988) dar, Glück könne „nicht direkt angestrebt werden", sondern bestehe in einer „Transformation des Selbst". Shlien (1994, 32), klientenzentrierter Therapeut, insistiert darauf, „dass, wenn Glück überhaupt eine Konsequenz ist, es keine *direkte* Konsequenz der Therapie ist. Therapie *schafft* nicht Glück. Der Klient mag es *kreieren* als nachgeordnetes Phänomen." Ziel der Therapie sei vielmehr ein tugendhaftes Leben, das gemäß Philosophen wie Sokrates und Aristoteles Glück befördert. Die empirische Forschung zum eudaimonistischen Glück hat dies hinreichend bestätigt (vgl. Kap. 2.3.6), aber auch, dass psychologisches Wohlbefinden im Sinne von Ryff (1989) – Autonomie, persönliches Wachstum etc. – hedonistisches Glück (Lust) nicht ausschließt, sondern, im Gegenteil, begünstigt.

LeBon (1994) plädiert in seinem Statement „Therapeutic Happiness" dafür, Psychotherapie solle Glück anzielen. Er begründet dies mit dem im angelsächsischen Raum vorherrschenden Utilitarismus, gemäß dem Handeln ethisch dann legitim ist, wenn es das größtmögliche Glück so vieler Menschen als möglich anstrebt, warnt aber davor, wenn Psychotherapeuten subtil eigene Glücksvorstellungen in das Treatment einfließen lassen. Vielmehr sei im ersten Schritt zu klären, was die Klienten von ihrem Leben wirklich wollen (Existenzanalyse: van Deurzen-Smith, 1988) und was sie glücklich macht. In einem zweiten Schritt sei ihnen zu erleichtern, auch zu erreichen, wonach sie streben, indem sie eigene Ressourcen mobilisieren. Glücks- und Wohlbefindenstherapien sind, wie die Positive Psychotherapie generell, konsequent ressourcenorientiert (Dick, 2003; Fieder, 2007) – letztlich sind es immer die Klienten, die Therapie zum Wirken bringen (Bohart & Tallmann, 2003).

Die günstigen Effekte von Glück auf physische, psychologische und gesellschaftliche Variablen sind das stärkste Argument für das „Therapieziel Wohlbefinden" (Frank, 2007). Glücklichere Menschen sind gesünder, leben länger, bewältigen Stress adaptiver, denken flexibler, sind sozialer, handeln eher altruistisch etc. (vgl. Kap. 7). Der mögliche Einwand, Glückstherapie verführe zu einem hedonistischen Lebensstil (Veenhoven, 2003a), sticht deswegen nicht, weil häufiges Vergnügen auch dem eudaimonistischen Glück im Sinne von Ryff (1989) förderlich ist (vgl. Exkurs im Kap. 2.3.6).

9.2 Explizite Glückstherapien

9.2.1 Ältere Ansätze

Kognitives Refraiming. Wer sich stets, oft zwanghaft und automatisch einredet, „alles ist fad", vertritt eine Grundüberzeugung, die glückshinderlich ist; wem stets in den Kopf schießt, „das Leben ist herrlich!", eine, die Glück fördert. Lichter, Haye und Kammann (1980), Psychologen in Neuseeland, waren überzeugt, rational-emotive Therapie (Schwartz, 2007) ermögliche, Anti-Glück-Überzeugungen als irrational zu durchschauen und durch Pro-Glück-Überzeugungen zu ersetzen (cognitive reframing). Zu Letzteren rechneten die Psychologen: „Ich stehe zu meinen Emotionen und Gefühlen", „Ich fühle mich gut in meiner Haut", „Ich freue mich über die Gegenwart" etc. Glückshinderlich seien: „Ich habe Sorgen über die Zukunft oder kommende Ereignisse", „Ich nörgle an anderen Menschen herum", „Ich verlange Gerechtigkeit und Fairness " – ob Letzteres dem Glück abträglich ist, ist allerdings mehr als zweifelhaft. In acht Sitzungen wurden diese Überzeugungen erörtert, was den Glückslevel der Teilnehmer deutlich hob, von M = 7.8 (bei Punktwertspanne 1 bis 10) auf M = 8.6 (in der Kontrollgruppe blieben die Mittelwerte gleich) (Veenhoven, 2003). Solche Interventionen wirken stärker, wenn die kognitive Einsicht von entsprechenden Emotionen durchdrungen ist. Schon Spinoza erkannte, ein Gefühl könne erst entfernt oder ersetzt werden, wenn ein anderes, ebenso starkes Gefühl da ist (Greenberg, 2008). Emotionen haben ein stärker transformatorisches Potenzial als nüchterne Kognitionen.

Ansprüche reduzieren. Subjektiv eingeschätztes Glück will auch die kognitiv-motivationale Glückstherapie von Houston (1981) erhöhen, und zwar durch Senkung der Ansprüche, indem angestrebt bzw. gewünscht wird, was auch zu erreichen ist. Dem entspricht eine Theorie des Glücks, wonach dieses in der Balance von Erwartungen und Befriedigungen besteht. Weiter empfiehlt Houston (1981) Selbstbeschränkung. In der Tat schmeckt ein Weizenbier besser, wenn das erste nicht vor dem Abend getrunken wird, und nicht den Tag über schon sechs oder sieben. Wer einen Monat lang keinen Sex hat, wird diesen wieder überwältigend finden. Houston (1981) ist überzeugt, die gleichförmige Homogenisierung des Lebens, zumal im Überfluss, dämpfe auch die Intensität von Glückserlebnissen. In der Deprivation hingegen würden Wünsche wieder stärker lebendig, deren Erfüllung dann umso glücklicher mache.

Daran ist freilich problematisch, dass die Erfüllung von Wünschen in aller Regel nur kurz und weniger beglückt, als wenn der Mensch dorthin unterwegs ist. Erwiesenermaßen wird in der freudigen Erwartung auf ein Ziel mehr Dopamin ins Belohnungssystem des Gehirns ausgeschüttet als dann, wenn dieses erreicht ist (Davidson & Irwin, 1999). Haidt (2007, 121) zitiert Shakespeare: „Ahnung ist Lust, doch im Genuss erstorben."

Beglückende Lebensexperimente. Eine komplexere Glückssteigerungstherapie, die auf die Ressourcen der Klienten setzt, entwickelte Shelly (1978), der in den USA Kurse zum Glücklichwerden anbot. Männer und Frauen werden motiviert, sich in Lebensexperimente hineinzubegeben, um in diesen herauszufinden, welches die geeigneten Strategien sind, um glücklicher zu werden. Konkret wird geraten, beispielsweise schöne Plätze aufzusuchen, das Verhaltensrepertoire zu erweitern, programmiert in den Tag hineinzuträumen, ein anspruchsvolles Ziel zu erreichen. Glück wird jeweils zuvor und danach gemessen, sodass die einzelnen Maßnahmen hinsichtlich ihrer Glückswirkung verglichen werden können.

9.2.2 Die Wohlbefindenstherapie von Fava

Eine dezidierte Wohlbefindens- bzw. Glückstherapie entwickelte in den letzten Jahren der italienische Psychiater Giovanni Fava (1999). Eine solche hält er für erforderlich, weil zumal bei depressiven Patienten die Rückfallquote hoch ist, wenn es ihnen nicht gelingt, in eine bessere Befindlichkeit zu kommen bzw. mehr „psychologisches Wohlbefinden" im Sinne von Ryff (1989) aufzubauen, das erwiesenermaßen Resilienz steigert. Fava und Ruini (2003, 46) berichten von einer prospektiven Studie (zwei Jahre), in der sich zeigte: Klinisch depressive Patienten sprachen in den ersten sechs Monaten zu 70 Prozent auf die pharmakologische Behandlung an, aber gut die Hälfte erlitt in den folgenden Monaten einen Rückfall.

Acht Sitzungen. Die Wohlbefindenstherapie ist eine Kurzzeitintervention, die acht Sitzungen umfasst. In den ersten Treffen werden die Klienten gebeten, Lebenssituationen zu schildern, in denen sie besonders glücklich sind. Besonders hilfreich ist das gleichzeitige Führen eines Glückstagebuches, wozu, in seinem viel beachteten Aufsatz „Hedonic capacity", schon Meehl (1975) geraten hatte. Ein Patient erzählte: „Ich war glücklich, meine Neffen besucht zu haben, die mich enthusiastisch und freudig empfingen." In den weiteren Sitzungen werden die Klienten gebeten, die Gedanken zu nennen, welche sie jeweils aus der fröhlichen Stimmung herausreißen. Im erwähnten Beispiel: „Sie waren nur froh, weil ich Geschenke brachte." Die Ähnlichkeit mit dem in der Rational-emotiven Therapie üblichen Aufsuchen irrationaler und automatischer Gedanken ist evident

(Ellis & Becker, 1982). Der Therapeut bemüht sich, diese Kognitionen zu hinterfragen, etwa indem er fragt: „Was ist der Beweis für diese Idee?"

In den abschließenden Sitzungen werden die sechs Dimensionen des psychologischen Wohlbefindens nach Ryff (1989) unter der Fragestellung angesprochen, welche Verhaltensänderungen im konkreten Alltag sie nach sich ziehen sollten. Favas Wohlbefindenstherapie entspricht somit der kognitiven Verhaltenstherapie (Fava, 1999, 176). Intendiert wird eine bessere „Bewältigung der äußeren Lebensumstände", bezüglich derer Patienten oft darunter leiden, keine oder zu wenig Kontrolle zu haben; sodann persönliches Wachstum, wie es in depressiver Verstimmung nicht mehr realisiert wird; Lebenssinn und -ziel (wenn keine Pläne mehr motivieren), sodann Autonomie. Fava und Ruini (2003, 53) berichten von einem Angestellten, der in eine klinische Depression geriet. In den Gesprächen stellte sich heraus, dass er der Überzeugung war, im Job stets den anderen behilflich sein zu müssen, um so glücklich zu werden. Als er erkannte, dass er faktisch darunter litt, ausgenützt zu werden, änderte er seine Einstellung und sein Verhalten, auch wenn ihn die Kollegen anfänglich deswegen brüskierten – aber die Depression verschwand. Bei Bedarf werden auch Selbstakzeptanz sowie positive Beziehungen mit anderen angesprochen, von denen viele Patienten zu wenige haben oder an die zu hohe Erwartungen gerichtet werden, beispielsweise von einer Patientin in ihrer Ehe, in der sie anfänglich stets enttäuscht war – bis sie in der Therapie ihre Ansprüche als irreal hoch durchschaute und zurücksetzte.

Wirkt die Wohlbefindenstherapie? Und wenn ja, wie? Die „objektive" Erforschung von Therapieeffekten (nach wie vor: Grawe, 1998), speziell unterschiedlicher Schulen, ist enorm schwierig, weil mit so vielen intervenierenden Variablen zu rechnen ist. Im Unterschied zu den vielfach üblichen Kasuistiken unterzogen sich Fava et al. (1998) der Mühe, die Wirksamkeit ihrer „neuen" Therapieform empirisch nachzuweisen, wenngleich an einer geringen Stichprobe (N = 20). Die depressiven Patienten wurden in zwei Gruppen aufgeteilt, eine, die traditionelle kognitive Verhaltenstherapie erhielt, und eine, die mit der Wohlbefindenstherapie behandelt wurde. Fava et al. (1998) maßen nach dem Treatment in beiden Gruppen die Stärke der Depression sowie die Ausprägungen der sechs Komponenten des psychologischen Wohlbefindens (Ryff, 1989). Die nach Fava (1999) Therapierten waren weniger depressiv, fühlten sich autonomer, hatten die Umwelt besser im Griff und registrierten persönliches Wachstum. – In einer weiteren Studie mit Angstpatienten (massive Agoraphobie) verloren diese, nachdem sie sich der Wohlbefindenstherapie unterzogen hatten, die Furcht, über weite Plätze zu schreiten (Fava et al., 1997).

Einsatzbereiche der Wohlbefindenstherapie. Fava und Ruini (2003) sind überzeugt, die Wohlbefindenstherapie sei bei mannigfaltigen Beeinträchtigungen induziert: Nicht nur bei Depressionen und weiteren affektiven Störungen, sondern auch bei irrationalen negativen Gedanken über die körperliche Erscheinung, im psychosomatischen Bereich – weil mehr psychologisches Wohlbefinden heilsam ist (Ryff, Singer & Love, 2004) – sowie bei zwanghaften Impulsen. Ruini et al. (2006) zeigten, dass Favas Therapie auch bei Jugendlichen eingesetzt werden kann und sich auf deren schulisches Wohlbefinden gleich günstig auswirkt wie kognitiv-verhaltenstherapeutische Interventionen.

Warum wirkt die Wohlbefindenstherapie? Fava und Ruini (2003, 54f.) diskutieren zwei mögliche Gründe: Sie könne Resilienz steigern bzw. Vulnerabilität verringern. Häufigere positive Affekte würden zudem negative reduzieren (obschon bereits Bradburn (1969) festgestellt hatte, dass dazwischen keine negative Korrelation besteht). Als Erklärung bietet sich auch die Aufbau- und Erweiterungstheorie positiver Emotionen von Fredrickson (2001) an (vgl. Kap. 7.2).

Frank (2007b), im Vorwort des von ihr herausgegebenen Sammelbandes „Therapieziel Wohlbefinden", verweist anerkennend auf Favas Wohlbefindenstherapie, weil sie wirksamer sei „als eine rein kognitive Verhaltenstherapie". Es bleibt abzuwarten, wie diese auch im deutschen Sprachraum rezipiert wird. Dass sie auch hier vermehrt eingesetzt wird, ist wünschenswert.

9.3 Indirekte Verfahren der Glückssteigerung

Die therapeutischen Verfahren und Interventionen, die Glück steigern können, ohne dass dieses explizit genannt wird, sind mannigfaltig und kaum zu überschauen. Erörtert werden zunächst Verfahren, die das Aktivitätsspektrum von Männern und Frauen steigern, sodann (meditative) Entspannungsverfahren und schließlich einige vielversprechende experimentelle Untersuchungen, die im Rahmen der Positiven Psychotherapie durchgeführt wurden.

9.3.1 Therapeutisch zu mehr Aktivität motivieren

Glück aus Aktivitäten. Menschen in Depressionen leiden darunter, dass sogar das Zähneputzen zu einem Kraftakt wird und sie sich zu nichts mehr aufraffen können. Dadurch wird die Aktivität des Gehirns noch mehr reduziert und das Elend zu einem „Selbstläufer" (Klein, 2004, 207f.). Eines der wirksamsten Gegenmittel ist Aktivität. Bereits Skinner erklärte sich Depression als Verringerung von „gesundem" Verhalten, worauf entsprechend weniger positive Bekräftigung erlebt wird (Hopko et al., 2003, 700). Verhaltenstheoretisch orientiert waren auch Lewinsohn und Graf (1973) in ihrem *therapeutischen* Ansatz zur Linderung von Depressivität bzw. – ausdrücklich – auch Steigerung von Glück. Sie motivierten Personen in milderen Formen der Depression, ihre täglichen Aktivitäten zu protokollieren und anzugeben, wie wohl sie sich dabei fühlen. Aus den insgesamt 320 Tätigkeiten wählten sie jene 49 aus, die sich als am beglückendsten erwiesen:
- ▶ 21 aus dem Bereich „soziale Interaktionen": „Mit glücklichen Menschen zusammensein", „küssen", „mit Freunden einen Kaffee trinken";
- ▶ 16 Tätigkeiten, die der Depression entgegengesetzt seien: „Lachen", „an etwas Schönes in der Zukunft denken", „Leute anlächeln";

▶ 9 Tätigkeiten, in denen Selbstwirksamkeit erfahren wird: „Etwas Neues lernen", „geschickt autofahren", „für etwas, was ich geleistet habe, ein Kompliment erhalten";

▶ 3 vermischte: „Gut essen", „mit Tieren zusammen sein".

Wenn sich deprimierte Personen zu solchen Tätigkeiten aufraffen können, leisten sie eine der effizientesten Copingstrategien und verbessert sich ihre Befindlichkeit nachhaltig, was auch die Metaanalyse von Lewinsohn und Gotlib (1995) zeigte.

Ans Licht gehen. Viele Menschen fühlen sich schlechter, wenn im Spätherbst die langen Abende kommen, und vermissen das Licht, welches Leben ist; viele geraten in saisonal abhängige Depression. Brown et al. (2001) entwickelten eine mehrfache Intervention, um Frauen, die an depressiven Symptomen litten (N = 112), aus ihrer Seelenfinsternis herauszuholen. Nachdem diverse Befindlichkeitsvariablen gemessen worden waren (u.a. Oxford-Glücksinventar, vgl. Kap. 2.3.2), gingen die Frauen bewusst und häufiger an die Sonne, liefen jeden Tag 20 Minuten und nahmen Vitaminpräparate zu sich. Im Vergleich zur Kontrollgruppe waren sie einige Wochen später signifikant glücklicher bzw. weniger depressiv. Eine Erklärung ist die, dass Photonen, die Bausteine des Lichts, die Ausschüttung von glücksbegünstigendem Serotonin und Dopamin fördern (Zulley & Wirz-Justice, 1999). Die Autoren sehen in ihrem Programm eine allgemein zugängliche Alternative der Glückssteigerung, die viel kostengünstiger ist als langwierige Therapien – zu kaufen ist allenfalls gutes Schuhwerk.

Aktivität beglückt. Verhaltenstherapeutische Maßnahmen galten innerhalb des kognitiven Paradigmas, auch der Depression (Beck, 2001), als verkürzt. Gewiss, Aktivitäten sind nicht an sich vergnüglich, sondern nur, wenn sie so gedeutet und erfahren werden (Rose & Staats, 1988); Therapeuten müssen sich hüten, eigene Glückserfahrungen in ihr Klientel zu projizieren. Nichtsdestoweniger ist in der Behandlung von Depression – das Gegenteil von Glück – Aktivität heilsam, dies umso mehr, wenn dabei Kontrolle erfahren werden kann (Fredrickson, 2000). Hopko et al. (2003) entwickelten ein Kurztreatment für Verhaltensaktivierung, das mit depressiven Patienten über 8 bis 15 Sitzungen hinweg durchgeführt wird. Dieses intendiert, deprimierende Verhaltensweisen, zu löschen, und qua positive Verstärkung zu solchen zu ermuntern, die die Befindlichkeit verbessern, ohne dass lange über die damit einhergehenden Kognitionen geredet wird. Die Gehirnforschung hat gezeigt, dass neuronale Tätigkeit durch Bewegung und Aktivität stimuliert wird (Spitzer, 2002). „Trägheit macht traurig" (Thomas von Aquin, aus Klein, 2004, 185) und ist eine der sieben Todsünden.

9.3.2 Ressourcen mobilisieren

Zu mehr Aktivitäten lassen sich Menschen motivieren, wenn sie ihre inneren Ressourcen mobilisieren, speziell in der Freizeit. In den USA, mittlerweile eine regelrechte Therapiegesellschaft, engagieren sich Psychologen auch in der therapeutischen Rekreation, indem sie ihren Klienten Hilfestellungen geben, ihre Freizeitgestaltung zu optimieren, um ihr Wohlbefinden zu heben (Deyell, 2007; Frisch, 2006; Sylvester, Voelkl & Ellis, 2001). Rekreations- bzw. Wohlbefindenstherapeuten wollen ihren Klienten helfen, sich ihrer eigenen Stärken und Ressourcen bewusst zu werden. Erst dann seien Interventionen angezeigt, wobei diese bei Deyell (2007) eher vage bleiben. Klienten müssten im Prozess ihrer Selbstentdeckung unterstützt werden, sie könnten lernen, ihre Kapazitäten zu bewerten und solche Freizeitaktivitäten zu wählen, die ihre Fähigkeiten weiterentwickeln.

In ähnlicher Weise rät auch Dick in seiner aufschlussreichen Monographie „Psychotherapie und Glück" (2003, 95) dazu, im therapeutischen Prozess die Klienten zu ermutigen, ihre bisher verborgenen Talente offenzulegen und bestenfalls zu entfalten, aber auch zu ihren insgeheimen Freizeitwünschen zu stehen, beispielsweise sich auf eine Weltreise zu begeben. Allerdings, wer sein Glück zu sehr an ein bestimmtes Vorhaben knüpft, unterliegt der Gefahr der Fokalisierung und Täuschung (vgl. Kap. 8.5.2).

Ressourcen-Checkliste. Dick (2003) unterscheidet zwischen sozialen/umweltbezogenen und persönlichen Ressourcen und hat eine Ressourcen-Checkliste erarbeitet, die aus 50 Items besteht, welche unter zwei Gesichtspunkten durchgegangen werden: 1. Besitzen Klienten diese Ressourcen? 2. Wie wichtig sind sie ihnen? Die umweltbezogenen und sozialen Ressourcen werden von 16 Items erfragt, konkret: soziale Nahbeziehungen (bspw. „Ich besitze ein erfülltes Sexualleben"), Familie/Freunde, Beruf, Einkommen, Lebensstandard (bspw. „ein guter Ausgleich zwischen Arbeits- und Freizeit"), Freizeit und Wohnsituation. Umfangreicher sind die persönlichkeitsbezogenen Ressourcen, beginnend mit Gesundheit und Ausgeglichenheit, sodann Selbstwert, soziale Kompetenz, Liebesfähigkeit, Mut und Willenskraft, Kreativität, Kontrolle, Gelassenheit und schließlich Spiritualität, die Glück erwiesenermaßen steigern und vertiefen kann (vgl. Kap. 6).

Wohlwollende Beziehung zum Klienten. Aufgabe des Therapeuten ist es, den Ratsuchenden in der Haltung von „Aloha" zu begegnen, ein hawaiianisches Wort, das zahlreiche Bedeutungen hat: Liebe, Verständnis, Vertrauen, Verbundenheit, Harmonie, Humor (Dick, 2003, 132f.). Sobald eine entsprechende Beziehung aufgebaut und der Therapeut eine „direkte Quelle von Wohlbefinden" geworden ist (Dick, 2003, 131) – der Erfolg einer Therapie hängt der bekannten Metaanalyse von Lambert (1992) zufolge zu 30 Prozent von der Qualität der therapeutischen Beziehung ab und nur zu 15 von der Schulrichtung – kann die Ressourcenliste durchgegangen und der Klient ermutigt werden, sich Ziele zu setzen, wo Diskrepanzen zwischen faktischen und erwünschten Bedingungen registriert werden. Beispielsweise „engere soziale Beziehungen pflegen" oder „seine Freizeit besser nutzen", wofür nützlich ist, über eine Woche hinweg im Abstand von zwei Stunden festzuhalten, was man jeweils getan hat (Dick, 2003, 95). Auf dieser Datenbasis lasse sich treffsicherer entscheiden, wo Änderungen in der Lebensgestaltung sinnvoll sind.

Die vereinbarten Ziele sollten zum einen realisierbar sein. Auch sollten die Klienten „von Anfang an kleine reale Veränderungsschritte in die … erwünschte Richtung" realisieren können (Dick, 2003, 142), was positiv verstärkt. Zum andern sollten sie, nicht zu niedrig angelegt, auch herausfordern und Frustrationen ausschließen. Eindrücklich exemplifiziert dies Dick (2003) am Protagonisten von Eichendorffs „Aus dem Leben eines Taugenichts", der die Mühle seiner Eltern verlässt, in die Welt hinauswandert, in seiner Suche nach der „hohen schönen Frau" herbe Enttäuschungen erlebt, aber am Schluss mit einem einfachen Mädchen sein Glück findet.

Blockierungen lösen. Eine weitere Aufgabe des Therapeuten besteht darin, bei seinen Patienten mögliche Blockierungen von Grundbedürfnissen zu erkennen und aufzubrechen. Dick (2003, 157f.) verdeutlicht dies an einem 33-jährigen Universitätsassistenten, der in einer Depression zusammenbrach, nachdem er sich, von Perfektionismus angetrieben, bei der Arbeit zu sehr verausgabt hatte. Der Therapeut verortete dahinter ein verletztes menschliches Grundbedürfnis: bedingungslos geliebt und angenommen zu werden. Nachdem ihn wiederholt gekränkt hatte, von Frauen zurückgewiesen worden zu sein, entwickelte sich ein verhängnisvoller Teufelskreis: Um Anerkennung zu finden, zwang er sich zu noch mehr Perfektion, an der Universität ebenso wie im Bett, sodass er auf andere weniger liebenswürdig wirkte und von diesen infolgedessen weniger Wärme spürte, was ihn zu noch mehr Bestleistungen nötigte – bis er in der Depression zusammenbrach. Diese war der erste Schritt der Heilung, im Rahmen derer er seine Perfektionsansprüche lassen konnte und ein glücklicher und zufriedener Mensch wurde.

In der Therapie Ressourcen entfalten. Die Monographie von Dick (2003) vermittelt zahlreiche Anregungen, wie (gesprächs-)therapeutisch Ressourcen mobilisiert werden können. Entscheidend ist immer, dass die ratsuchenden Männer und Frauen dies selber tun; Therapeuten können Anregungen geben, nicht mehr – und nicht weniger (Dick, 2003, 85).

Auch der Sammelband von Frank (2007) enthält viele praktikable Hinweise, wie in therapeutischen Settings Ressourcen entfaltet und gesteigert werden können. Flückiger und Holtforth (2007) beschreiben Dimensionen prozessgestalteter Ressourcenaktivierung, die dem Therapeuten ein hohes Maß an Aufmerksamkeit und Sensibilität abverlangen: „Was macht es aus, dass der Patient beim Erzählen ‚strahlt'? Wo erlebt sich der Patient als kompetent?" Zwingmann (2007) plädiert dafür, sich in der (systematischen) Familientherapie nicht an Vermeidungszielen zu orientieren – beispielsweise die Gattin *nicht* zu deprimieren –, sondern vielmehr an aktiven Annäherungszielen: z. B. meine Frau mit einem Blumenstrauß überraschen etc. Handeln beglückt!

9.3.3 Entspannungstechniken

Als Inbegriff eines glücklichen Menschen gilt Buddha: Entspannt und erhaben, nachdem er jahrelang meditiert hatte. Entspannungsverfahren, die in einer zusehends beschleunigten Lebensumwelt notwendiger und notwendiger werden – weil unsere Sinnesorgane genau gleich beschaffen sind wie vor 30.000 Jahren, als der Cro-Magnon-Mensch die Bühne der Weltgeschichte betrat – sind dem Wohlbefinden förderlich (Heidenreich, Junghanns-Royack & Michalak, 2007).

Entspannungsverfahren (dazu das Praxishandbuch von Vaitl & Petermann, 2004) werden auch in therapeutischen Settings eingesetzt, um Menschen in positive Stimmungen zu bringen, die ihrer Weiterentwicklung förderlich sind. Ein Mensch kann – so die Begründerin der Aufbau- und Erweiterungstheorie positiver Emotionen, Fredrickson (2000) – nicht in behagliche Zufriedenheit gelangen, weil er das gerade will, sondern nur auf Umwegen.

Aktive Imagination ist einer dieser Wege. Im kognitiv-verhaltensmäßigen Entspannungstraining nach Smith (1990) werden die Klienten ermuntert: „Stellen Sie sich, so lebendig und real als irgendwie möglich, einen ruhigen Strand vor, oder eine fruchtbare Ebene" – gerade Naturmotive, lebendig imaginiert, zeitigen günstige Effekte (Kaplan, 1995). Menschen, die mit geschlossenen Augen imaginieren, wie die Sonne ins Meer versinkt, werden ruhiger und heiterer. Petermann und Kusch (2004) legen dar, dass zumal das Imaginieren unterschiedlicher emotionaler Zustände der emotionalen Intelligenz besonders förderlich ist.

Progressive Muskelentspannung ist ein weiterer Weg. Sie wurde bereits 1938 von Jacobson eingeführt, um Menschen aus ängstlichen Anspannungen zu befreien (Hamm, 2004). Dabei werden Personen instruiert, beispielsweise die Muskeln der rechten Hand und des rechten Unterarms anzuspannen, indem die Faust geballt wird, um sie einige Sekunden später ganz locker zu lassen. „Vergleichen Sie im Geiste die Gefühle der Anspannung, die Sie vor wenigen Sekunden in Ihrer rechten Hand und in Ihrem rechten Unterarm erlebt haben, mit dem Gefühl der Entspannung, welches sich allmählich einstellt." (Hamm, 2004, 198). Zahlreiche Studien überprüften die physiologischen Auswirkungen progressiver Muskelentspannung. Gut gesichert ist Linderung von Spannungskopfschmerzen, die Menschen den ganzen Tag verdrießen können, aber auch die Senkung von Blutdruck; Hypertonie geht mit weniger Glück einher (Blanchflower & Oswald, 2008). Und nicht zuletzt können Übungen mit bestimmten Gesichtsmuskeln entsprechende Emotionen hervorrufen oder zumindest verstärken, positive, wenn die Augenbrauen gehoben und die Lippen seitwärts hochgezogen werden (Levenson, Ekman & Friesen, 1990). Der Ratschlag, sich am Morgen im Spiegel fröhlich anzuschauen und sich anzulachen, liegt nicht daneben.

Achtsamkeit. Eines der bekanntesten Entspannungsverfahren, das intendiert, Menschen glücklicher zu machen, ist das auf Achtsamkeit basierende Stressreduktionsprogramm von Kabat-Zinn (1995; vgl. Heidenreich, Junghanns-Royack & Michalak, 2004). In diesem Programm werden – üblicherweise in Gruppen bis zu 30 Personen – einmal wöchentlich ein- bis zweistündige Achtsamkeitsaufgaben durchgeführt, die zu Hause fortgesetzt werden: Meditation, bewusstes Atmen und Kommunizieren etc. In einer der wenigen im deutschen Sprachraum durchgeführten Effektivitätsstudien zeigte sich: Depressiv verstimmte und überbesorgte

Studenten fühlten sich hernach glücklicher (Majumar, 2000). Die hohe therapeutische Relevanz von Achtsamkeit wird im Sammelband „Mindfulness and Psychotherapy" (Germer, Siegel & Fulton, 2005) hinreichend belegt.

Meditation, mehr und mehr auch in therapeutischen Settings angewandt (bereits Bogart 1991), zeitigt nicht nur wünschenswerte Wirkungen auf physiologische Variablen (Bludruck, weniger Kortisol etc.), sondern auch auf das psychische Wohlbefinden. Smith, Compton und West (1995) setzten das bereits erwähnte Glückssteigerungsprogramm von Fordyce (1983) (vgl. Kap. 8.2) bei zwei Gruppen von Erwachsenen ein, wobei eine davon zusätzlich in Meditation instruiert wurde und diese über einen Zeitraum von zwei Monaten praktizierte. Im Nachtest zeigte sich, dass die Angehörigen dieser Gruppe auf der Glücksskala von Fordyce (1988) deutlich höhere Werte aufwiesen und dass die Depressivitätsneigung, gemessen nach Beck (2001), niedriger war. Auch Meditation ist dem Glück förderlich und unterstützt nachhaltig Programme, dieses zu erhöhen.

9.3.4 Positive Psychotherapie

Seligman, Rashid und Parks (2006) halten es für eines der am wenigsten hinterfragten Axiome des letzten Jahrhunderts: dass es heilsam sei, wenn Menschen ihre Probleme bereden, sei es in Psychoanalysen oder in Therapien, etwa des inneren Kindes, wenn Männer und Frauen, oft weinend, noch einmal durchleiden, was ihnen in den ersten Lebensjahren alles angetan worden war. Gemäß der Theorie der Stimmungskongruenz ist dies dysfunktional und verstärkt die bejammernswerte Stimmungslage – was mögliche kathartische Effekte nicht ausschließt.

In ihrer Positiven Psychotherapie der Depression – die das Gegenteil von Glück ist – beschritten Seligman, Rashid und Parks (2006) einen entgegengesetzten Weg. Anstatt Traumas oder melancholische Stimmungen zu bereden, orientierten sie sich an der Theorie des glücklichen Lebens nach Seligman (2005), gemäß der dieses „genussvoll, engagiert und sinnvoll" ist. Im Rahmen einer quasi-experimentellen Interventionsstudie mit 40 Studenten, die aufgrund depressiver Verstimmungen psychologische Beratung aufgesucht hatten, instruierten sie diese, ausgewählte Übungen der Positiven Psychotherapie durchzuführen:

(1) Den Fragebogen der persönlichen Stärken bearbeiten (Seligman, 2005) und reflektieren, wie die fünf ausgeprägtesten Stärken im Alltag noch besser zu realisieren sind.

(2) Jeden Abend drei erfreuliche Dinge des vergangenen Tages aufschreiben.

(3) Imaginieren, welche erfreulichen Dinge und persönlichen Stärken in einem Nachruf unbedingt verlesen werden müssten.

(4) Dankbarkeitsbesuch: An jemanden denken, dem gegenüber tiefe Dankbarkeit empfunden wird; diese in einem Brief ausdrücken und ihn vorlesen, sei es am Telefon, besser noch bei einem Besuch.

(5) Positiv reagieren, wenn jemand eine gute Nachricht erzählt.

(6) Verweilen: Einmal pro Tag sich für eine Tätigkeit hinreichend Zeit nehmen und diese in voller Achtsamkeit ausüben, etwa Essen oder Duschen; hernach die dabei empfundenen Gefühle niederschreiben und damit vergleichen, wie diese Tätigkeiten unter Stress abgewickelt werden (Bryant & Veroff, 2006).

Zu Beginn der Intervention verzeichneten die jungen Männer und Frauen bei der Skala „Lebenszufriedenheit" nach Diener et al. (1985) einen Mittelwert von 12.2, was deutlich unter dem Durchschnitt liegt (vgl. Kap. 2.3.5). Nachdem sie sechs Wochen lang täglich ihre Stärken reflektiert, gedankt, positiv imaginiert hatten etc., war ihre Depression, gemessen nach Beck (2001), niedriger, auch im Vergleich zu einer Kontrollgruppe, und ihre Lebenszufriedenheit war deutlich höher, auch in der ein Jahr später durchgeführten Follow-up-Messung: M = 23,8 („durchaus zufrieden, entspricht dem Durchschnitt").

In einer zweiten Studie arbeiteten Seligman, Rashid und Parks (2006) mit klinisch depressiven Patienten, die im Rahmen kognitiver Verhaltenstherapie schon exzessiv ihre betrübten Stimmungen und negativen Gedanken beklagt hatten, was nach der Psychologin Nolen-Hoeksema (2008) noch tiefer in die Depression hinunterzieht als aus dieser befreit. Die – allerdings kleine (N = 12) – Experimentalgruppe wurde gebeten, sich zuerst an die glücklichsten Ereignisse ihres Lebens zu erinnern, von diesen zu erzählen und dabei zu schildern, welche Stärken sie damals entfaltet hatten. Sodann wurden sie zu den geschilderten Übungen der Positiven Psychotherapie ermuntert. Nach 14 Sitzungen waren ihre Werte auf einer Depressionsskala signifikant geringer als zuvor, niedriger auch als in einer Kontrollgruppe, die ein traditionelles kognitiv-verhaltenstherapeutisches Treatment erhalten hatte und zusätzlich medikamentös behandelt wurde; auch fühlten sie sich glücklicher und funktionsfähiger.

Seligman, Rashid und Parks (2006) sind sich – auch wegen der kleinen Stichprobe – der Vorläufigkeit ihrer Ergebnisse bewusst. Für diese aber spricht, dass sie an eine Theorie zurückgebunden sind, die empirisch hinreichend überprüft wurde: die Aufbau- und Erweiterungstheorie positiver Emotionen nach Fredrickson (2001). Bisherige Erkenntnisse der Positiven Psychologie integrierend, schlugen sie ein idealisiertes Sitzungsmodell Positiver Psychotherapie vor, dessen Ziel darin besteht, Glück zu heben, allerdings nicht, indem es direkt angezielt wird:

(1) Vereinbarungen zwischen Therapeut und Klient, der die Hausaufgabe erhält, eine Geschichte zu schreiben, in der seine Charakterstärken manifest werden.

(2) Therapeut und Klient besprechen die Charakterstärken, auch auf der Basis des Fragebogens von Seligman (2005; Peterson & Seligman, 2004).

(3) Vorsätze für konkrete Verhaltensmaßnahmen im Alltag, um die persönlichen Stärken zu optimieren; Beginn eines Blessing-Tagebuchs.

In den folgenden Sitzungen sei zu erörtern, welches die Effekte positiver und negativer Erinnerungen sind, sodann die heilsamen Auswirkungen von Vergebung und Dankbarkeit, bevor in der siebten Sitzung eine Zwischenbilanz gezogen wird: Wie wirkte sich das Führen eines Dankbarkeitstagebuches bisher aus? etc. Die zweite Hälfte der Therapie beginnt mit Gesprächen, wie glücksmindernde Perfektionierungsstrategien überwunden und durch solche ersetzt werden können, die Zufriedenheit anzielen (vgl. Kap. 8.6.3), aber auch über die Effekte von Optimismus, Hoffnung, Liebe und Sinn. In den letzten Sitzungen reflektieren Therapeut und Klient Strategien des (genussvollen) Verweilens, die im Alltag zu erproben sind. Anschließend erklären sich die Männer und Frauen bereit, jemandem ausreichend von ihrer Zeit zu schenken, worauf in der letzten Sitzung verschiedene Variablen (Glück, Depression etc.) gemessen und geprüft wird, welche Veränderungen sich durch die insgesamt 14 Treffen ergeben haben.

Auch wenn die empirischen Indizien für die Wirksamkeit dieser Positiven Psychotherapie noch spärlich sind – sie scheint Zukunft zu haben und wird zunehmend auch im deutschen Sprachraum beachtet, nachdem Peseschkian (1985) diesbezüglich eine Vorreiterrolle gespielt und eine „Deutsche Gesellschaft für Positive Psychotherapie" begründet hat. Diese orientiert sich an einem Bild des Menschen, wonach jeder nicht nur mit „Erkenntnisfähigkeit", sondern auch mit „Liebesfähigkeit" begabt ist. Als „positiv" versteht sich diese Psychotherapie weniger in einem wertenden Sinn als vielmehr gemäß der ursprünglichen Bedeutung des Lateinischen „positium": Das Vorgegebene und Tatsächliche (Peseschkian, 2005, 23) bzw. das „Es ist wie es ist", wie der Dichter Erich Fried formulieren würde. Krankheiten, körperlich wie psychisch, werden nicht als defizitär beklagt, vielmehr wird eruiert, welches ihre Funktionen sein könnten, worauf in einem fünfstufigen Verfahren gefragt wird, „woher sich Ressourcen erschließen lassen, welche uns helfen, sich mit der Krankheit auseinanderzusetzen, sie zu überstehen, mit ihr zu leben und darüber hinaus durch die Entwicklung bislang unerkannter Möglichkeiten einen ganz persönlichen Sinn in dieser Krankheit zu finden." (Peseschkian, 2005) Wiederum: „Was wir nicht selber mitgestalten, kann unser Glück niemals werden." Höhler (1981, 296).

Abschließend. Glück ist ein sehr facettenreiches Phänomen. Letztlich kann (fast) jede Therapierichtung dazu beitragen, dass sich Menschen dieser „Sehnsucht", die nicht stirbt (Marcuse 1996, 11), annähern können. Dick (2007, 49) hat dies beeindruckend zusammengestellt (s. Tabelle 9.1.).

Menschen, die in sicheren Bindungen aufgewachsen sind, haben solche glücksbegünstigenden Tätigkeiten schon immer ausgeübt, ohne von Therapeuten entsprechend instruiert worden zu sein. Aber Therapie kann helfen, dass Männer und Frauen dazu motiviert werden, wozu die Glücksphilosophie bereits in den Tagen des Aristoteles (1952) geraten hatte.

Tabelle 9.1. Zusammenstellung von das Glück begünstigenden Therapieformen nach Dick (2007)

Beglückende psychische Heilungsprozesse	Therapeutische Techniken
Sich selbst annehmen und bejahen	Empathie, Zuwendung, Anerkennung
Menschen akzeptieren, wie sie sind	Förderung von Perspektivenübernahme, Vergebung, Transaktionsanalyse
Realität, wenn sie nicht veränderbar ist, akzeptieren und Sinn finden	Logotherapie, Daseinsanalyse, Achtsamkeitsprogramme
Grenzen überwinden und Selbstvertrauen gewinnen	Verhaltenstherapie, Selbstsicherheitstraining
Zwischenmenschliche Zuwendung gewinnen und Beziehung vertiefen	Gute Therapeut-Klientbeziehung, Paar-, Familien- und Gruppentherapien
Sich im Körper wohl fühlen	Körperzentrierte Therapien, Fitness, Meditation, Entspannungstherapien
Schöpferische Aktivität	Kreativitätstherapien, Katathymes Bilderleben
Glückshinderliche Überzeugungen ausschalten	Rational-emotive Therapie
Sich einer höheren Macht anvertrauen	Meditation, Spiritualität

Rückblick und Ausblick

Viele Leser von Glücksbüchern erwarten sich in erster Linie Ratschläge für ein glücklicheres Leben. Ist es ratsamer, mit regelmäßigem Nordisch Walking zu beginnen? Oder eines der vielen Glücksseminare zu besuchen? Oder fortan anders zu denken, positive Vorkommnisse auf eigene Fähigkeiten zu attribuieren, negative hingegen unglücklichen Umständen anzulasten (vgl. Kap. 7.6.5)? Oder sollte nicht endlich der Flug nach Nepal gebucht werden? Oder wäre zu beherzigen, wozu der Dichter Gottfried Benn riet: „Ach, vergeblich das Fahren! Spät erst erfahren Sie sich: bleiben und stille bewahren das sich umgrenzende Ich."

Dieses Buch hielt sich mit Ratschlägen zurück. Vielmehr versteht es sich als Bestandsaufnahme der empirischen glückspsychologischen Forschung. Solche fragt unter anderem: Wie wirken die in den diversen Glücksbüchern erteilten Ratschläge? Dabei zeigte sich: Wer dazu rät, in der Freizeit ehrenamtlich Senioren Essen auf Rädern zu bringen, liegt gar nicht so daneben, jedenfalls weniger, als wer Frauen empfiehlt, sich die Brust vergrößern zu lassen, oder Männern, für einen Porsche einen Kredit aufzunehmen.

Glücksforschung, speziell psychologische, ist in den letzten Jahren gewaltig expandiert. Der Anspruch auf Vollständigkeit liegt diesem Buch fern! Dennoch zeigte sich, wie mannigfaltig das Phänomen Glück ist, speziell in den qualitativen Studien (vgl. Kap. 1). Diese brachten enorm vielfältige Konzeptionen von Glück zu Tage, sodass es auch nicht verwunderlich ist, dass es das konsensuelle Glücksmessinstrument nicht gibt und wohl auch nie geben wird (vgl. Kap. 2). Man mag das aus wissenschaftlichen Gründen bedauern, kann es aber auch positiv sehen: Auch zukünftige Generationen von Psychologen können ihren Scharfsinn und ihren Einfallsreichtum darauf verwenden, um angemessenere Instrumente zu entwickeln und die teils gravierenden Glücksmessfehler zu reduzieren. Glück wird – in quantitativen und qualitativen Studien – bald mit Wohlbefinden gleichgesetzt oder mit Zufriedenheit, bald als Gipfelerfahrung über diese gestellt. Bald wird es auf leidenschaftliche Liebe zurückgeführt, bald auf eine Tafel Schokolade, einen Lottogewinn oder ein lobendes Wort des Chefs. Noch mannigfaltiger sind die konkreten Glücksepisoden, die sich bald auf einem Berggipfel abspielen oder im Kreißsaal, im Büro, am Strand von Cavallino oder im Café, wenn es als wunderbar erlebt wird, dass eine Kellnerin einfach freundlich lächelt.

Klein (2004, 281) bringt es auf den Punkt: „Sechs Milliarden Wege zum Glück!" Aber dieses *ist*! Und, anders als von Freud (1974, 218) behauptet, ist es „im Plane der Schöpfung" durchaus enthalten, weil es in der Evolution die Weitergabe des Lebens förderte. Schon der Homo habilis, vor gut zwei Millionen Jahren, war vermutlich auch von der Sehnsucht nach Glück beflügelt – und nicht nur von Angst getrieben. Geradezu poetisch schildert Gertrud Höhler (1981, 307) die Allgegenwart und zugleich Unbegreiflichkeit von Glück: „Vogelfrei wie eh und je, keiner Ideologie verpflichtet, keiner Theorie des Schönen untertan, blüht es am Wege, weht in den Wipfeln, tanzt mit den Wellen, singt mit den Winden, tropft auf Kinderköpfe wie süßer Honig, setzt sich zu uns in unser Zimmer wie ein verflogener Schmetterling."

Glück, so zeigte sich immer wieder, ist subjektiv. Menschen können in Situationen glücklich sein, wo andere dies nicht für möglich halten. Meine älteste Tochter strahlte vor Glück, als die lange ersehnte Ratte auf ihrer Schulter herumkrabbelte, geringelter Schwanz neben blond gelocktem Haar – für mich: ein Horror. Gerade diese Subjektivität des Glücks macht Ratschläge so schwierig – und fehleranfällig.

Wie glücklich sich ein Mensch in seinem Leben fühlt, hängt – wie sich in Kapitel 3 zeigte – beträchtlich von der genetischen Lotterie bei der Zeugung ab. Aber: Mit seinen gehirnphysiologischen Strukturen (dopaminerges Belohnungssystem) wird jeder Mensch als glücksfähig geboren. Wie sehr er dies aber wird, hängt – so Kapitel 4 – weniger davon ab, ob er ein XX- oder XY-Chromosom hat, auf dem Lande oder in der City wohnt, noch auf dem Dreirad fährt oder im Rollstuhl geschoben wird, zwanzig Euro oder eine Million davon auf dem Konto hat, die Pflichtschule abbricht oder drei Doktorate erwirbt. Weit entscheidender ist – so Kapitel 5 – der soziale Nahbereich: Wenig beglückt stärker, als gestreichelt zu werden, jemandem seine persönlichsten Geheimnisse anvertrauen zu können, am Morgen voller Lust zur Arbeit zu fahren, bei der, im Flow, die Zeit vergessen wird, als Chirurg mit dem Skalpell verschmolzen, als Lektor ganz im Text aufgehend oder tief durchzuatmen und Tee zu trinken, nachdem die Ziellinie des Marathons überschritten ist.

Psychologie kritisierte vielfach Religiosität und Spiritualität oder tabuisierte die Religionen, die ursprünglich für die kulturellen Glücksvorstellungen zuständig waren. Mittlerweile ist gut gesichert: Religiös-spirituelle Einstellungen, mehr noch Verhaltensweisen können enorm beglücken (vgl. Kap. 6). In der Tat: Geben ist seliger als nehmen, Dankbarkeit ist die Mutter der Tugenden und eine Quelle von Glück, das dann absolut verdichtet wird, wenn Menschen, im Licht der Mystik, mit dem Einen verschmelzen.

Traditionellerweise wurde gefragt: „Was macht glücklich?" Und weniger: „Was bewirkt Glück!" Enorm viel (vgl. Kap. 7)! Glückliche Menschen verstehen Witze schneller und kreieren solche einfallsreicher, weil das Gehirn, in guter Laune, leichter neue Synapsen verknüpft. Menschen in guter Laune werden noch glücklicher, wenn sie einem von rechts kommenden Autofahrer Vorrang gewähren – in schlechter Stimmung hätten sie sich an das Heck des vorausfahrenden Wagens gehängt. Der moralischen Erziehung kann es förderlicher sein, wenn Lehrer ihre Schüler freundlich anschauen und anlächeln, als wenn sie ihnen den Drohfinger zeigen: „Feeling good, doing good!" Glückliche Menschen erweitern – so die faszinierende Aufbau- und Erweiterungstheorie positiver Emotionen – ihr Bewusstseins- und Aktivitätsspektrum und stärken ihre Ressourcen, so dass auch Schläge wie der 11. September besser bewältigt werden können.

Werden Menschen gefragt, was sie tun, um sich in glücklichere Stimmung zu bringen, nennen sie mehrheitlich Tätigkeiten, zu denen auch die bedeutendsten Glücksphilosophen rieten, beispielsweise Aristoteles (1952): „Tätigkeit der Seele um ihrer selbst willen", oder mit Freunden reden, joggen gehen, die Lieblingssonate hören (vgl. Kap. 8). Mehr und mehr setzt sich auch hierzulande durch: Psychotherapie hat nicht nur das Potenzial in sich, „neurotisches Elend in gemeines Unglück" zu verwandeln (Freud), sondern Glück nachhaltig zu steigern, weniger indem dieses direkt angestrebt wird, sondern indem Menschen dazu motiviert werden können, jeden Tag bewusst drei gute Werke zu verrichten oder einem lieben Menschen den lange fälligen Dankesbrief zu schreiben (vgl. Kap. 9).

Mehrheitlich stammen die in diesem Buch verarbeiteten empirischen Studien aus dem angelsächsischen Raum. Das hat auch historische Gründe. In der amerikanischen Unabhängigkeitserklärung von 1776 wurde „the pursuit of happiness" als individuelles Grundrecht verankert, während gleichzeitig der Philosoph Immanuel Kant Glück als moralisches Motiv ausschied und die Pflicht anmahnte. Aber: Nicht zuletzt aufgrund der in diesem Buch hinreichend belegten günstigen Effekte von Glückserleben sollten die psychologischen Bemühungen an dieser Sehnsucht, die nicht altert, intensiviert werden, empirisch, aber auch in der klinisch-psychologischen Praxis. Es ist bedrückend, dass in einem mehr als 1000 Seiten umfassenden Lehrbuch der Klinischen Psychologie (Baumann & Perrez 1998) „Glück" und „Freude" keine Themen sind.

Eine Erkenntnis hat sich dem Verfasser während der monatelangen Arbeit an diesem Buch bekräftigt. Wird dem Glück direkt nachgestrebt, wird es verfehlt. Wer ein Buch wie dieses schreibt – oder liest –, um glücklicher zu werden, wird es aller Voraussicht nach nicht. Anders hingegen, wer es um des Lesens willen liest oder um des Schreibens willen schreibt. Glück ist ein Geschenk von Aktivität. Der betagte Voltaire hatte offensichtlich Recht, als er am Schluss seines Romans „Candide" den Protagonisten sagen ließ: „Wir müssen nur unseren Garten bestellen!"

Ein Letztes: Glückliche Menschen erkennt man auch daran, dass sie selten den Konjunktiv gebrauchen: „Wäre ich doch …", „Hätte ich doch…". Sie sagen eher: „Es ist, wie es ist!". Im bekannten Gedicht von Erich Fried sagt dies die Liebe.

Literatur

Abbe, A., Tkach, C. & Lyubomirsky, S. (2003). The art of living by dispositionally happy people. Journal of Happiness Studies, 4, 385–404.

Abdel-Khalek, A.M. (2006). Measuring happiness with a single-item scale. Social Behavior and Personality, 34, 139–150.

Abele, A. & Becker, P. (1994) (Hrsg.). Wohlbefinden. Theorie – Empirie – Diagnostik (2. Aufl.), Weinheim & München: Juventa.

Achterberg, J. (1987). Die heilende Kraft der Imagination. Heilung durch Gedankenkraft, Bern: Scherz.

Adelmann, P.K. (1994). Multiple roles and psychological well-being in a national sample of older adults. Journal of Gerontology, 49, 277–285.

Adelmann, P.K. (1987). Occupational complexity, control, and personal income. Their relation to psychological well-being in men and women. Journal of Applied Psychology, 72, 529–537.

Adolphs, R. & Damasio, A. (2001). The interaction of affect and cognition: A neurobiological perspective. In J.P. Forgas (Ed.), The Handbook of Affect and Social Cognition, Mahwah: Erlbaum 27–49.

Aellig, S. (2003). Über den Sinn des Unsinns. Flow-Erleben und Wohlbefinden als Anreize für autotelische Tätigkeiten. Eine Untersuchung mit der Experience Sampling method (ESM) am Beispiel des Kletterns, Diss phil. Zürich.

Agerström, J. (2006). Moral reasoning: The influence of affective personality, dilemma content and gender. Social Behavior and Personality, 34, 1259–1276.

Alain (1982). Die Pflicht, glücklich zu sein, Frankfurt/M.: Suhrkamp.

Alden, A.L., Dale, J. & DeGood, D.E. (2001). Interactive effects of the affect quality and directional focus of mental imagery on pain analgesia. Applied Psychophysiology and Biofeedback 26 (23), 117–126.

Alesina, A., DiTella, R. & MacCullock, R. (2001). Inequality and happiness: Are Europeans and Americans different? Journal of Public Economics, 88, 2009–2042.

Alexandrova, A. (2005). Subjective well-being and Kahneman's ‚objective happiness'. Journal of Happiness Studies, 6, 301–324.

Alloy, L.B. & Abramson, L.Y. (1979). Judgment of contingency in depressed and non depressed students: Sadder but wiser? Journal of Experimental Psychology, General 108, 441–485.

Allport, G.W. (1970). Gestalt und Wachstum der Persönlichkeit, Meisenhain am Glan: Hain.

Amelang, M. & Bartussek, D. (2001). Differentielle Psychologie und Persönlichkeitsforschung (5. Aufl.), Stuttgart: Kohlhammer.

American Fitness (2000). Exercise and depression. American Fitness, 18, 38–42.

Andresen, J. (2000). Meditation meets behavioural medicine. The story of experimental research on meditation. In J. Andresen & R.K. Forman (Eds.), Cognitive models and spiritual maps. Charlottesville: Imprint Academic, 17–73.

Andrews, F. & Robbinson, J. (1991). Measures of subjective well-being. In J. Robinson et al. (Eds.), Measures of personality and social psychological attitudes, London: Academic Press, 61–114.

Andrews, F.M. & Withey, S.B. (1976). Social indicators of well-being. Americans' perceptions of life quality, New York & London: Plenum Press.

Anger, E. (2005). Is it possible to measure happiness? The measurement-theoretic argument against subjective measures of wellbeing. www.dpo.uab.edu/~angner/pdf/WelfareMeasurement.pdf (Stand: 9.9.2008).

Ardelt, M. (2003). Effects of religion and purpose in life on elders' subjective well-being and attitudes toward death. Journal of Religious Gerontology, 14, 55–77.

Argyle, M. (1989). Do happy workers work harder? The effect of job satisfaction on work performance. In R. Veenhoven (Ed.), How harmful is happiness? Consequences of enjoying life or not, Rotterdam, Universitaire Pers, 94–105.

Argyle, M. (1999). Causes and correlates of happiness. In D. Kahneman, E. Diener & N. Schwarz (1999) (Eds.), Well-being. The foundation of hedonic psychology, New York: Russel Sage Foundation, 353–373.

Argyle, M. (2001). The psychology of happiness (2. Aufl.), London & New York: Routledge.

Argyle, M. & Crosslands, J. (1987). Dimensions of positive emotions. British Journal of Social Psychology, 26, 127–137.

Argyle, M. & Hills, P. (2000). Religious experiences and their relations with happiness and personality. The International Journal for the Psychology of Religion, 10, 157–172.

Argyle, M. & Lu, L. (1990). The happiness of extraverts. Personality and Individual Differences, 11, 1011–1017.

Argyle, M., Martin, M. & Crossland, J. (1989). Happiness as a function of personality and social encounters. In J.P. Forgas & J.M. Innes (Eds.), Recent advances in social psychology: An international perspective, North-Holland: Elsevier 189–203.

Aristoteles (1952). Nikomachische Ethik. Übersetzt und mit einer Einleitung versehen von Olof Gigon, Zürich: Artemis.

Asakawa, K. (2004). Flow experience and autotelic personality in Japanese college students: How do they experience challenges in daily life. Journal of Happiness Studies, 5, 123–154.

Ashby, F.G., Isen, A.M. & Turken, A.U. (1999). A neuropsychological theory of positive affect and its influence on cognition. Psychological Review, 106, 529–550.

Ashby, F.G., Valentin, V.V. & Turken, A.U. (2002). The effects of positive affect band arousal on working memory and executive attention. In S. Moore & M. Oaksford (Eds.), Emotional cognition: From brain to behaviour, Amsterdam: John Benjamins Press, 245–287.

Aspinwall, L.G. (1998). Rethinking the role of positive affect in self-regulation. Motivation and Emotion, 22, 1–32.

Aspinwall, L.G. & Staudinger, U.M. (2002) (Eds.). A psychology of human strengths. Fundamental questions and a future direction for a positive psychology, Washington DC: American Psychological Association.

Aspinwall, L.G. & Taylor, S.E. (1993). Effects of social comparison direction, threat, and self-esteem on affect, self evaluation, and expected success. Journal of Personality and Social Psychology, 64, 708–722.

Auhagen, E. (2004). Positive Psychologie. Anleitung zum „besseren" Leben, Weinheim: BeltzPVU.

Austin, E.J., Saklofske, D.H. & Egan, V. (2005). Personality, well-being and health correlates of trait emotional intelligence. Personality and Individual Differences, 38, 547–558.

Babisch, W. et al. (2005). Traffic noise and risk of myocordial infarction. Epidemiology, 16, 33–40.

Bachmann, J.G., Johnston, L.D. & O'Malley, P.M. (1980). Monitoring the future: Questionnaire responses from the Nations' high school seniors, Ann Arbot: Survey Research Center.

Badura, B. et al. (1987). Leben mit dem Herzinfarkt, Berlin: Springer.

Bagaric, M. & McConvill, J.A. (2005). Goodbye justice, hello happiness: Welcoming positive psychology to the law. www.austlii.edu.au/au/journals/DeakinLRev/2005/1.html (Stand: 9.9.2008).

Baker, L.A. et al. (2005). Productive activities and subjective well-being among older adults: The influence of number of activities and time commitment. Social Indicators Research, 73, 431–458.

Balandin, S. et al. (2007). We could't function without volunteer's volunteering with disability. International Journal of Rehabilitation Research, 29, 131–136.

Barber, N. (2004). Kindness in a cruel world: The evolution of altruism, New York: Prometheus Books.

Barber, N. (2007). The influence of abnormal sex differences in life expectancy on national happiness. Journal of Happiness Studies, published online: www.springerlink.com/content/t7336m1665j74v41/ (Stand: 9.9.2008).

Bardasi, E. & Francesconi, M. (2004). The impact of atypical employment on individual well-being: Evidence from a panel of British workers. Social Science and Medicine, 58, 1671–1688.

Bardwell, W.A. et al. (1999). Psychological correlates of sleep apnea. Journal of Psychosomatic Research, 47, 583–596.

Barkow, J.H. (1997). Happiness in evolutionary perspective. In N.L. Segal et al. (Eds.), Uniting psychology and biology: Integrative perspectives on human development, Washington DC: American Psychological Association, 397–418.

Baron, R.A. (1990). Environmentally induced positive affect: Its impact on self-efficacy, task performance, negotiation, and conflict. Journal of Applied Social Psychology, 20, 368–384.

Barsade, S.G. et al. (2000). To your heart's content: A model of affectivity diversity in top management teams. Administrative Science Quarterly, 45, 802–830.

Bartels, A., Zeki, S. (2000). The neural basis of romantic love. NeuroReport, 11, 3829–3834.

Baucell, M. & Sarin, R.K. (2007). Does more money buy more happiness? http://ssrn.com/abstract=935470 (Stand: 9.9.2008).

Baumann, U. & Perrez, M. (1998). Lehrbuch Klinische Psychologie – Psychotherapie (2. Aufl.), Bern u. a.: Huber.

Baumeister, R.F. et al. (2003). Does high self-esteem cause better performance, interpersonal success, happiness, or healthier lifestyles. Psychological Science in the Public Interest, 4, 1–44.

Baur, E.G. & Schmid-Bode, W. (2004). Glück ist kein Zufall. Die besten Methoden für ein erfülltes Leben, München: Gräfe & Unzer.

Beauregard, M. & Paquette, V. (2006). Neural correlates of a mystical experience in Carmelite nuns. Neuroscience Letters, 405, 186–190.

Bech, P., Gudex, C. & Johansen; K.S. (1996). The WHO (Ten) well-being index: Validation in diabetes. Psychotherapy and Psychosomatics, 65, 183–190.

Beck, A.T. (2001). Kognitive Therapie der Depression (2. Aufl.), Weinheim: Beltz.

Becker, P. (1982). Psychologie der seelischen Gesundheit. Band 1: Theorien, Modelle, Diagnostik, Göttingen: Hogrefe.

Becker, P. (1988). Skalen für Verlaufsstudien der emotionalen Befindlichkeit. Zeitschrift für Experimentelle und Angewandte Psychologie, 35, 345–369.

Becker, P. (1991). Theoretische Grundlagen. In A. Abel & P. Becker (Hrsg.), Wohlbefinden. Theorie – Empirie – Diagnostik, Weinheim: Juventa, 13–49.

Beidel, D.C., Neal, A.M. & Lederer, A.S. (1991). The feasibility and validity of a daily diary for the assessment of anxiety in children: Behavior Therapy, 22, 505–517.

Bekhet, A.K., Zauszniewski, J.A. & Nakhla, W.E. (2008). Happiness: theoretical and empirical considerations. Nursing Forum, 43, 12–23.

Bellebaum, A. (1994). Vom guten Leben. Glücksvorstellungen in Hochkulturen, Berlin: Akademieverlag.

Bellebaum, A. (2002) (Hrsg.). Glücksforschung. Eine Bestandsaufnahme, Konstanz: UVK.

Bellebaum, A. & Muth, L. (1996) (Hrsg.). Leseglück. Eine vergessene Erfahrung? Opladen: Westdeutscher Verlag.

Belliotti, R. (2004). Happiness is overrated, Lanham: Rowman & Littlefield Publisher.

Benesch, C., Frey, B.S. & Stutzer, A. (2006). TV-Channels, self control and happiness. WWZ Discussion Papers 06/03 Wirtschaftswissenschaftliches Zentrum Universität Basel.

Benjamin, J. et al. (1996). Population and familial association between the D4 dopamine receptor gene and measures of novelty seeking. Nature Genetics, 12, 81–84.

Benson, H. (1997). Heilung durch Glauben, München: Heyne.

Bentham, J. (1996, erstmals 1789). An introduction to the principles of morals and legislation, Oxford: Clarendon Press.

Benyamini, Y. et al. (2000). Positive affect and function as influences of self-assessment of health: Expanding our view beyond illness and disability. Journal of Gerontology: Psychological Sciences 55B, P107–P116.

Bergin, A.E. & Garfield, S.L. (1994). Handbook of psychotherapy and behaviour change, New York: Wiley.

Berkman, L.F. & Smyne, S.L. (1979). Social networks, host resistance and mortality: A nine year follow-up study of Alameda country residents. American Journal of Epidemiology, 109, 186–204.

Berridge, K.C. (1999). Pleasure, pain, desire, and dread: Hidden core processes of emotion. In D. Kahneman, E. Diener & N. Schwarz (1999) (Eds.), Well-being. The foundation of hedonic psychology, New York: Russel Sage Foundation, 525–557.

Berridge, K.C. (2003). Pleasures of the brain. Brain and Cognition, 52, 106–128.

Berridge, K.C. & Robinson, T.E. (1998). What is the role of dopamine in reward: Hedonic impact, reward learning, or incentive salience? Brain Research Reviews, 28, 309–369.

Berry, D.S. & Hansen, J.S. (1996). Positive affect, negative affect, and social interaction. Journal of Personality and Social Psychology, 71, 796–809.

Berscheid, E. (2002). The human's greatest strength: Other humans. In L.G. Aspinwall & U.M.

Staudinger (Eds.), A psychology of humen strengths, Washington DC: American Psychological Association, 37–48.

Bertelsmann Stiftung (2008). „Glück, Freude, Wohlbefinden – welche Rolle spielt das Lernen?" Ergebnisse einer repräsentativen Befragung unter Erwachsenen in Deutschland, Gütersloh: Bertelsmann Stiftung.

Biddle, S.J. (2000). Emotions, mood and physical activity. In Ders et al. (Eds.), Physical activity and psychological well-being, London: Routledge.

Biddle, S.J., Fox, K.R. & Boutcher, S.H. (2000) (Eds.). Physical activity and psychological well-being, New York: Routledge.

Biswas-Diener, R. & Diener, E. (2001). Making the best of a bad situation: Satisfaction in the slums of Calcutta. Social Indicators Research, 55, 329–352.

Biswas-Diener, R., Vittersø, J. & Diener, E. (2005). Most people are pretty happy, but there is cultural variation: The Inughiti, the Amish, and the Masasai. Journal of Happiness Studies, 6, 205–226.

Bjørnskov, C. (2003). The happy few: Cross country evidence on social capital and life satisfaction. Kyklos, 56, 3–16.

Bjørnskov, C. (2008). Healthy and happy in Europe? On the association between happiness and live expectancy over time. Social Science and Medicine, 66, 1750–1759.

Blais, M.R. et al. (1990). Toward a motivational model of couple happiness. Journal of Personality and Social Psychology, 59, 1021–1031.

Blanchflower, D.G. & Oswald, A.J. (2004). Money, sex, and happiness: An empirical study. Scandinavan Journal of Economics, 106, 393–415.

Blanchflower, D.G. & Oswald, A.J. (2008). Hypertension and happiness across nations. Journal of Health Economics, 27, 218–233.

Blanchflower, D.G. & Oswald, A.J (2008a). Is well-being U-shaped over the life cycle? In Social Science and Medicine, 66, 1733–1749.

Blehar, M.C. & Keita, G.P. (2003). Women and depression: A millennial perspective. Journal of Affective Disorders, 74, 1–4.

Bless, H. et al. (1990). Mood and persusasion: A cognitive response analysis. Personality and Social Psychology Bulletin, 16, 331–345.

Bless, H. et al. (1996). Mood and the use of scripts: Does a happy mood really lead to mindlessness.

Journal of Personality and Social Psychology, 71, 665–679.

Block, J. & Kremen, A.M. (1996). IQ und ego-resiliency: Conceptual and empirical connections and separatedeness. Journal of Personality and Social Psychology, 70, 349–361.

Blood, A.J. & Zatorre, R.J. (2001). Intensely pleasurable respondes to music correlate with activity in brain regions implicated in reward and emotion. Proceedings in the National Academy of Sciences, 98, 11818–11823.

Blothner, D. (1993). Der glückliche Augenblick: Eine tiefenpsychologische Erklärung, Bonn: Bouvier.

Blumenthal, J.A. et al. (1999). Effects of exercise training on older patients with major depression. Archives of Internal Medicine, 159, 2349–2356.

Boderhausen, G.V., Kramer, G.P. & Susser, K. (1994). Happiness and stereotypic thinking in social judgment. Journal of Personality and Social Psychology, 66, 621–632.

Böckerman, P. & Ilmakunnas, P. (2006). Elusive effects of unemployment on happiness. Social Indicators Research, 709, 159–169.

Boehm, J.K. & Lyubomirsky, S. (2008). Does happiness promote career success? Journal of Career Assessment, 16, 3–5. www.faculty.ucr.edu/~sonja/papers/BLinpressb.pdf (Stand: 9.9.2008).

Bogart, G. (1991). Meditation and psychotherapy: A review of literature. The American Journal of Psychotherapy, 45, 383–413.

Bohart, A.C. & Tallmann, K. (2003). How clients make therapy work. The process of active self-healing, Washington DC: American Psychological Association.

Boiten, F. (1996). Autonomic response patterns during voluntary facial action. Psychophysiology, 33, 123–131.

Bono, G. & McCullough, M.E. (2006). Positive responses to benefit and harm: Bringing forgiveness and gratitude into Cognitive Psychotherapy. Journal of Cognitive Psychotherapy: An International Quarterly, 20, 147–158.

Borgonovi, F. (2008). Doing well by doing good. The relationship between formal volunteering and self-reported health and happiness. Social Science and Medicine, 66, 2321–34

Borman, W.C. et al. (2001). Personality predictors of citizenship performance. International Journal of Selection and Assessment, 9, 52–69.

Bower, G.H. (1981). Mood and memory. American Psychologist 36, 129–148.

Bower, G.H. (1991). Mood congruity of social judgments. In J.P. Forgas (Ed.), Emotion and social judgments, Oxford: Pergamon Press, 31–53.

Bower, G.H. (1995). Emotion and social judgments. www.genesis.users.gxn.net/Emotion%20and%20social%20judgments.doc (Stand: 9.9.2008).

Boyd-Wilson, B.M., Walkey, F.H. & McClure, J. (2002). Present and correct: We kid ourselves less when we live in the moment. Personality and Individual Differences, 33, 691–702.

Bradburn, N. (1969). The structure of psychological well-being, Chicago: Aldine.

Bradley, M.M. et al. (2001). Emotion and motivation II: Sex differences in picture processing. Emotion, 1, 300–319.

Brandstätter, J. & Renner, G. (1992). Coping with discrepancies between aspirations and achievements in adult development: A dual-process model, In L. Montada et al. (Eds.), Life-Crises and experiences of loss in adulthood, Hilsdale NJ, 301–319.

Brayfield, A.H. & Crockett, W.H. (1955). Employee attitudes and employee performance. Psychological Bulletin, 52, 396–424.

Brebner, J. (2004). Gender and emotions. Personality and Individual Differences, 34, 387–394.

Breterton, F., Clinch, P. & Ferreira, S. (2008). Happiness, geography and the environment. Ecological Economics, 65, 386–396.

Brickman, P. & Campbell, D.T. (1971). Hedonic relativism and planning the good society. In M.H. Appley (Ed.), Adaptation level theory: A Symposium, New York: Academic Press, 287–302.

Brickman, P., Coates, D. & Janoff-Bulman, R. (1978). Lottery winners and accident victims: Is happiness relative? Journal of Personality and Social Psychology, 36, 917–927.

Bridges, K. (1932). Emotional development in early infancy. Child Development, 3, 324–341.

Brief, A.P. et al. (1993). Integrating bottom-up and top-down theories of subjective well-being: The case of health. Journal of Personality and Social Psychology, 64, 646–653.

Brizendine, L. (2007). Das weibliche Gehirn. Warum Frauen anders sind als Männer (2. Aufl.), Hamburg: Hoffmann & Campe.

Brokenleg, M. (2001). Native American perspectives on generosity. www.altruists.org/f164 (Stand: 9.9.2008).

Brown, J.E. et al. (2000). Psychosocial predictors of outcome. Time to relapse and survival in patients with early stage melanoma. British Journal of Cancer, 83, 1448–1453.

Brown, A.M. et al. (2001). The effects of a multi-modal intervention trial of light, exercise, and vitamine on women's mood. Women & Health, 34, 93–112.

Brown, S.L. et al. (2003). Providing social support may be more beneficial than receiving it: Results from a prospective study of mortality. Psychological Science, 14, 320–327.

Bruggemann, A., Groskurth, P. & Ulich, E. (1975). Arbeitszufriedenheit, Bern: Huber.

Bruni, L. & Stanca, L. (2008). Watching alone: relational goods, television and happiness. Journal of Economic Behavior & Organization, 65, 506–528.

Brunstein, J.C. (1993). Personal goals and subjective well-being. A longitudinal study. Journal of Personality and Social Psychology, 65, 1061–1070.

Bryan, T. & Bryan, J. (1991). Positive mood and math performance. Journal of Learning and Disabilities, 24, 494–508.

Bryant, F.B. & Veroff, J. (2006) (Eds.). Savoring: A new model of positive experience, Hillsdale: Lawrence Erlbaum Associates.

Buchanan, T.W., Absim M. & Lovallo, W.R. (1999). Cortisol fluctuates with increases and decreases in negative affect. Psychoneuroendocrinology, 24, 227–241.

Bucher, A.A. (2001). Was Kinder glücklich macht. Historische, psychologische und empirische Annäherungen an Kindheitsglück, Weinheim: Juventa.

Bucher, A.A. (2005). Psychobiographien religiöser Entwicklung. Glaubensprofile zwischen Individualität und Universalität, Stuttgart: Kohlhammer.

Bucher, A.A. (2008). Was Kinder glücklich macht. Eine glückspsychologische Studie des ZDF (in press).

Bucher, A.A. (2008a). Was Kinder glücklich macht. Ein Ratgeber für Eltern, München: Ariston.

Bueb, B. (2006). Lob der Disziplin. Eine Streitschrift, Berlin: List.

Bühler, C. (1961). Glück und Unglück im Bewusstsein moderner Menschen. Psychologische Rundschau, 12, 159–167.

Buhlman, T. (2000). Modernity and happiness – the case of Germany. Journal of Happiness Studies, 1, 375–399.

Bundesministerium für Familie (1999). Die wirtschaftlichen Folgen von Trennung und Scheidung, Stuttgart: Kohlhammer.

Burgdorf, J. & Panksepp, J. (2006). The neurobiology of positive emotions. Neuroscience and Biobehavioral Reviews, 30, 173–187.

Burger, J.M. & Caldwell, D.F. (2000). Personality, social activities, job-search behavior and interview success: Distinguishing between PANAS trait positive affect and NEO extraversion. Motivation and Emotion, 24, 51–64.

Burgess, E.W. (1954). Social relations, activities and personal adjustment. American Journal of Sociology, 59, 352–360.

Buss, D. (2000).The evolution of happiness. American Psychologist, 55, 15–23.

Buss, D. (2004). Evolutionary Psychology. The new science of mind (2. Aufl.), Boston: Pearson Education.

Cameron, L.D. & Nicholls, G. (1998). Expression of stressful experiences through writing: Effects of a self-regulation manipulation for pessimists and optimists. Health Psychology, 17, 84–92.

Camfield, L., Choudhury, K. & Devine, J. (2006). Relationships, happiness and well-being: Insights from Bangladesh. WeD – Wellbeing in Developing Countries ESCR Research Group, WeD Working Paper 14.

Campbell, A. (1981). The sense of well-being in America, New York: McGraw-Hill.

Campbell, A. (2007). Attachement, aggression and affiliation: The role of oxytocin in female social behaviour. Biological Psychology, 77, 1–10.

Campbell, A. et al. (1976). The quality of American life. Perceptions, evaluations, and satisfactions. New York: Russell Sage.

Canli, T. et al. (1999). fMRI identifies a network of structures correlated with retention of positive and negative emotional memory. Psychobiology, 4, 411–452.

Cardeña, E., Lynn, S.J. & Krippner, S. (2004). Varieties of anomalous experience: Examining the scientific evidence (3. Aufl.), Washington DC: American Psychological Association.

Carruthers, C. (2004). The power of the positive: Leisure and well-being. Therapeutic Recreation Journal, 38, 225–245.

Carstensen, L.L. & Charles, S.T. (2004). Human aging: why is even good news taken as bad. In L.G. Aspinwall & U.M. Staudinger (Eds.), A psychology of human strengths (3. Aufl.), Washington DC, American Psychological Association, 75–86.

Carstensen, L.L., Isaacowitz, D.M. & Turk-Charles, S. (1999). Taking time seriously: A theory of socioemotional selectivity. American Psychologist, 54, 165–181.

Carstensen, L.L. et al. (2000). Emotional experience in everyday life across adult life span. Journal of Personality and Social Psychology, 79, 644–655.

Carver, C.S. & Scheier, F. (1998). On the self-regulation of behaviour, New York: Cambridge University Press.

Caspary, R. (2006) (Hrsg.). Lernen und Gehirn. Der Weg zu einer neuen Pädagogik, Freiburg i. Br.: Herder.

Castriota, S. (2006). Education and happiness: A further explanation to the Easterlin Paradox. http://dspace.uniroma2.it/dspace/bitstream/2108/536/1/246.pdf (Stand: 9.9.2008).

Chamorro-Premuzic, T., Bennett, E. & Furnham, A. (2007). The happy personality: Mediational role of trait emotional intelligence. Personality and Individual Differences, 42, 1633–1639.

Chaung, S.C. & Kung, C. (2005). The effects of emotions in risk-taking. Journal of American Academy of Business, 6, 113–118.

Cheng, H. & Furnham, A. (2003). Personality, self-esteem, and demographic predictions of happiness and depression. Personality and Individual Differences, 34, 921–942.

Chico, E. (2006). Personality dimensions and subjective well-being. The Spanish Journal of Psychology, 9, 38–44

Christie, I.C. & Friedman, H.B. (2004). Autonomic specificity of discrete emotions and dimensions of affective space: A multivariate approach. International Journal of Psychophysiology, 51, 143–153.

Christopher, J.C. (1999). Situating psychological well-being: Exploring the cultural roots of its theory and research. Journal of Counseling and Development, 77, 141–152.

Cialdini, R.B. & Kenrick, D.T. (1976). Altruism as hedonism. A social development perspective on the relationship of negative mood state and helping. Journal of Personality and Social Psychology, 34, 907–914.

Clark, A.E. (1997). Job satisfaction and gender: Why are women so happy at work? Labour Economics, 4, 341–372.

Clark, A.E. (1998). The positive externalities of higher unemployment: Evidence from household data. CRNS and LEO-CRESEP, France.

Clark, A.E. (2003). Unemployment as a social norm. Psychological evidence from panel data. Journal of Labor Economics, 21, 323–351.

Clark, A.E. & Oswald, A.J. (1996). Satisfaction and comparison income. Journal of Public Economics, 61, 359–381.

Clarke, P.J. et al. (2001). Measuring psychological well-being in the Canadian study of health and aging. International Psychogeriatrics, 13, 79–90.

Clarke, R.D. & Hatfield, E. (1989). Gender differences in receptive to sexual offers. Journal of Psychology and Human Sexuality, 2, 39–55.

Cloninger, C.R. (2006). The science of well-being: an integrated approach to mental health and its disorders. World Psychiatry, 5, 71–76.

Clore, G.L. & Huntsinger, J.R. (2007). How emotions inform judgment and regulate thought. Trends in Cognitive Sciences, 11, 393–399.

Clore, G.L. et al. (2001). Affective feelings as feedback: Some cognitive consequences. In L.L. Martin & G.L. Clore (Eds.), Theories of mood and cognition: A users guidebook, Mahwah: Erlbaum, 63–84.

Cohen, S. et al. (2003). Emotional style and susceptibility to the common cold. Psychosomatic Medicine, 65, 652–657.

Cooper, H., Okamura, L. & Gurka, V. (1992). Social activity and subjective well-being. Personality and Individual Differences, 13, 573–583.

Corsini, R.J. (1994) (Hrsg.). Handbuch der Psychotherapie, Weinheim: Beltz PVU.

Costa, P.T.Jr. & McCrae, R.R. (1980). Influence of extraversion and neuroticism on subjective well-being: Happy and unhappy people. Journal of Personality and Social Psychology, 38, 668–678.

Cowan, G. et al. (1998). Women's hostility toward women. Psychology of Women Quarterly, 22, 267–284.

Craske, M., Dirk, H. & Vansteenwegen, D. (2006). Fear and learning: From basis processes to clinical implications, Washington DC: American Psychological Association.

Cross-National Collaborative Group (1992). The changing rate of major depression. Journal of the American Medical Association, 268, 3098–3105.

Cruise, S.M., Lewis, C.A. & McGuckin, C. (2006). Internal reliability and temporal stability of the Oxford Happiness Questionnaire short-form: Test-retest data over two weeks. Social Behavior and Personality, 34, 123–126.

Csikszentmihalyi, M. (1995). Dem Sinn des Lebens eine Zukunft geben. Eine Psychologie für das 3. Jahrtausend, Stuttgart: Klett-Cotta.

Csikszentmihalyi, M. (1996). Das Flow-Erlebnis: Jenseits von Angst und Langeweile: Im Tun aufgehen (6. Aufl.), Stuttgart: Klett-Cotta.

Csikszentmihalyi, M. (1998). Flow: Das Geheimnis des Glücks (6. Aufl.), Stuttgart: Klett-Cotta.

Csikszentmihalyi, M. & Hunter, J. (2003). Happiness in everyday life: The uses of Experience Sampling. Journal of Happiness Studies, 4, 185–199.

Csikszentmihalyi, M. & Larson, R. (1984). Being adolescent: Conflict and growth in the teenage years, New York: Basic Books.

Csikszentmihalyi, M.& LeFevre, J. (1989). Optimal experience in work and leisure. Journal of Personality and Social Psychology, 56, 815–822.

Csikszentmihalyi, M., Larson, R. & Prescott, S. (1977). The ecology of adolescent activity and experience. Journal of Youth Adolescence, 6, 281–294.

Csikszentmihalyi, M. & Patton, J.D. (1997). Le bonheur, l'expérience optimal et les valeurs spirituelles: Une étude empirique auprès d'adolescents. Revue Québécoise de Psychologie, 18, 167–190.

Csikszentmihalyi, M. & Schneider, B. (2000). Becoming adult. How teenagers prepare for the world, Nerw York: Basic Books.

Csikszentmihalyi, M. & Wong, M. (1991). The situational and personal correlates of happiness: A cross national comparison. In F. Strack et al. (Hrsg.), Subjective well-being. An interdisciplinary approach, Oxford et al: Pergamon, 193–212.

Cummins, R.A. & Nistico, H. (2002). Maintaining life satisfaction: The role of cognitive bias. Journal of Happiness Studies, 3, 37–69.

Cunnigham, M.R. (1988). Does happiness mean friendliness? Induced mood and heterosexual disclosure. Personality and Social Psychology Bulletin, 14, 283–297.

Dalai Lama XVI. (2004). So einfach ist das Glück. Freiburg i.Br.: Herder.

Dalbert, C. (1992). Subjektives Wohlbefinden junger Erwachsener: Theoretische und empirische Analysen der Struktur und Stabilität. Zeitschrift für Differentielle und Diagnostische Psychologie, 13, 207–220.

Dalgas-Pelish, P. (1993). The impact of the first child on marital happiness. Journal of Advanced Nursing, 18, 437–441.

Damasio, A.R. (2002). Ich fühle, also bin ich. Die Entschlüsselung des Bewusstseins, München: List.

Damasio, A.R. et al. (2000). Subcortical and cortical brain activity during the feeling of self-generated emotions. Natural Neuroscience, 3, 1049–1056.

Danner, D.P., Snowdon, D.A. & Friesen, W.V. (2001). Positive emotions in early life and longevity: Findings from the Nun-study. Journal of Personality and Social Psychology, 80, 804–813.

Darwin, C. (2000). Der Ausdruck der Gemütsbewegungen bei den Menschen und den Tieren, Frankfurt/M.: Eichborn (1872).

Davidson, R.J. (2004). What does the prefrontal cortex ‚do' in affect: perspectives on frontal EEG asymmetry research. Biological Psychology, 67, 219–233.

Davidson, R.J. & Irwin, W. (1999). The functional neuroanatomy and affective style. Trends in Cognitive Science, 3, 11–21.

Davidson, R.J. et al. (1999). Regional brain function, emotion and disorders of emotion. Current Opinion in Neurobiology, 9, 228–234.

Davidson, R.J. et al. (2003). Alterations in brain and immune function produced by mindfulness meditation. Psychosomatic Medicine, 65, 564–570.

Deci, E.L. & Ryan, R.M. (1985). Intrinsic motivation and self-determination in human behaviour, New York: Plenum Press.

Deci, E.L. & Ryan, R. (2002) (Eds.). Handbook of self-determination research. Rochester: University of Rochester Press.

Deci, E.L. & Ryan, R.M. (2008). Hedonia, eudaimonia, and well-being: An introduction. Journal of Happiness Studies, 9, 1–11.

Deeg, D. & van Zonneveld, R. (1989). Does happiness lengthen life? In R. Veenhoven (Ed.), How harmful is happiness? Rotterdam: Rotterdam University Press, 29–43.

Dehner, K. (1998). Lust an Moral. Die natürliche Sehnsucht nach Werten, Darmstadt: Wissenschaftliche Buchgesellschaft.

Demir, M. & Weitekamp, L.A. (2007). I am so happy cause today i found my friend. Friendship and personality as predictors of happiness. Journal of Happiness Studies, 8, 181–211.

Demir, M., Özdemir, M. & Weitekamp, L.A. (2007). Looking to happy tomorrows with friends: Best and close friendships as they predict happiness. Journal of Happiness Studies, 8, 243–271.

Demoskopisches Institut Allensbach (2003). Glücksdefinitionen und -erfahrungen der Bevölkerung, Ergebnisse einer qualitativen und quantitativen Befragung, Allensbach.

Demoskopisches Institut Allensbach (2003a). Der Wert der Freiheit. Ergebnisse einer Grundlagenstudie zum Freiheitsverständnis der Deutschen. Allensbach.

DeNeve, K.M. & Cooper, H. (1998). The happy personality: A meta-analysis of 137 personality traits and subjective well-being. Psychological Bulletin, 124, 197–229.

Denmark, F.L. & Paludi, M.A. (1993) (Eds.). Psychology of women, Westwort: Greenwood Press.

Dennerstein, L., Dudley, E. & Guthrie, J. (2002). Empty nest or revolving door? A prospective study of women's quality of life in midlife during the phase of children leaving and re-entering the home. Psychological Medicine, 32, 545–550.

Depue, R.A. & Collins, P.F. (1999). Neurobiology of the structure of personality: Dopamine, facilitation of incentive motivation and extraversion. Behavioral and Brain Sciences, 22, 491–517.

Devins, G.M. et al. (1990). Psychosocial predictors of survival in end-stage reneal disease. The Journal of Nervous and Mental Disease, 178, 127–133.

Deyell, H.C. (2007). Enhancing leisure experience and developing resources: The leisure and well-being model. Therapeutic Recreation Journal, 41, 113–121.

Diaz-Serrano, L. & Cabral Vieira, J.A. (2005). Low pay, higher pay, and job satisfaction within the European Union: Empirical evidence from fourteen countries. IZA: Bonn, Discussion Paper 1558.

Dick, A. (2003). Psychotherapie und Glück. Quellen und Prozesse seelischer Gesundheit, Bern: Huber.

Dick, A. (2007). Durch Psychotherapie Freude, Vergnügen und Glück fördern. In R. Frank (Hrsg.), Therapieziel Wohlbefinden. Ressourcen aktivieren in der Psychotherapie, Heidelberg: Springer, 43–54.

Diener, E. (1984). Subjective Well-being. Psychological Bulletin, 95, 542–575.

Diener, E. (1994). Assessing subjective well-being: Progress and opportunities. Social Indicator Research, 31, 103–157

Diener, E. & Biswas-Diener, R. (2002). Will money increase subjective well-being? A Literature review and guide to needed research. Social Indicators Research, 57, 119–169.

Diener, E. & Diener, C. (1996). Most people are happy. Psychological Science, 7, 181–185.

Diener, E. & Diener, M. (1995). Cross cultural correlates of life satisfaction and self-esteem. Journal of Personality and Social Psychology, 68, 653–663.

Diener, E. & Emmons, R.A. (1984). The independence of positive and negative affect. Journal of Personality and Social Psychology, 47, 1105–1117.

Diener, E. & Fujita, F. (1995). Resources, personal strivings, and subjective well-being: A nomothetic and idiographic approach. Journal of Personality and Social Psychology, 68, 926–935.

Diener, E. & Lucas, R.E. (1999). Personality and subjective well-being. In D. Kahneman, E. Diener & N. Schwarz (1999) (Eds.), Well-being. The foundation of hedonic psychology, New York: Russel Sage Foundation, 213–229.

Diener, E. & Lucas, R.E. (2000). Explaining differencies in societal levels of happiness: Relative standards, need fulfillment, culture, and evaluation theory. Journal of Happiness Studies, 1, 41–78.

Diener, E. & Lucas, R.E. (2000 a). Subjective emotional well-being. In M. Lewis & J.M. Haviland (Eds.), Handbook of emotions, New York: Guilford, 325–337.

Diener, E. & Oishi, S. (2000). Money and happiness: Income and subjective well-being across nations. In E. Diener & E.M. Suh (Eds.), Culture and subjective well-being, Cambridge MA: MIT Press, 185–218.

Diener, E. & Oishi, S. (2004). Are Scandinavians happier than Asians? Issues in comparing nations on subjective well-being. In F. Columbus (Ed.), Asian Economic and Political Issues 10, New York: Nova Science, 1–25.

Diener, E. & Seligman, M.E.P. (2004). Beyond money: Toward an economy of well being. Psychological Science in the Public Interest, 5, 1–31.

Diener, E. & Suh, E.M. (1999). National differences in subjective well-being. In D. Kahneman, E. Diener & N. Schwarz (1999) (Eds.), Well-being. The foundation of hedonic psychology, New York: Russel Sage Foundation, 434–450.

Diener, E. & Suh, E.M. (2000) (Eds.). Culture and subjective well-being, Cambridge MA: MIT Press.

Diener, E., Horwitz, J. & Emmons, R.A. (1985). Happiness of the very wealth. Social Indicators Research, 16, 263–274.

Diener, E., Lucas, R.E. & Scollon, C.N. (2006). Beyond the hedonic treadmill. Revising the adaptation theory of well-being. American Psychologist, 61, 305–314.

Diener, E., Sandvik, E. & Larsen, R.J. (1985). Age and sex effects for emotional intensity. Developmental Psychology, 21, 542–546.

Diener, E., Sandvik, E. & Pavot, W. (1991). Happiness is the frequency, not the intensity, of positive versus negative affect. In F. Strack et al. (Eds.), Subjective well-being. An interdisciplinary perspective, Oxford et al: Pergamon Press, 119–140.

Diener, E., Suh, E.M. & Oishi, S. (1997). Recent findings on subjective well-being. Indian Journal of Clinical Psychology, 24, 25–41.

Diener, E., Wolsic, B. & Fujita, F. (1995). Physical attractiveness and subjective well-being. Journal of Personality and Social Psychology, 69, 120–129.

Diener, E. et al. (1985). 'The Satisfaction with Life Scale'. Journal of Personality Assessment, 49, 71–75.

Diener, E. et al. (1991). Response artifacts in the measurement of subjective well-being. Social Indicators Research, 24, 35–56

Diener, E. et al. (1993). The relationship between income and subjective well-being: relative or absolute. Social Indicators Research, 28, 195–223.

Diener, E. et al. (1995). National differences in reported subjective well-being: Why do they occur? Social Indicators Research, 34, 7–32.

Diener, E. et al. (1999). Subjective well-being: Three decades of progress. Psychological Bulletin, 125, 276–302.

Diener, E. et al. (2000). Similarity of of the relation between marital status and subjective well-being across cultures. Journal of Cross-Cultural Psychology, 31, 419–436.

Diener, E. et al. (2000 a). Positivity and the construction of life satisfaction judgments: Global happiness is not the sum of its parts. Journal of Happiness Studies, 1, 159–176.

Diener, E. et al. (2002). Dispositional affect and job outcomes. Social Indicators Research, 59, 229–259.

Dierendonck, D. van (2005). The construct validity of Ryff's Scales of Psychological Well-being and its extension with spiritual well-being. Personality and Individual Differences, 36, 629–643.

Dietrich, A. (2004). Neurocognitive mechanisms underlying the experience of flow. Consciousness and Cognition, 13, 746–761.

Dimbath, M. (2007). Zum Glück in der Schule. Glückskonzepte bei Grundschulkindern, Hamburg: Diplomica Verlag.

Djamasbi, S., Remus, W. & O'Connor, M. (2003). Does mood effect judgment accuracy. www.shidler.hawaii.edu/remus/obhdp5.doc (Stand: 9.9.2008).

Dockery, A.M. (2004). Happiness, life satisfaction and the role of work: Evidence from two Australian surveys. Full Employment Imperative, 34, 77–95.

Dockery, A.M. (2005). The happiness of young Australians: Empirical evidence on the role of labour market experience. The Economic Record, 81, 322–335.

Dolan, P., Peasgood, T. & White, M. (2008). Do we really know what makes us happy? A review of the economic literature on the factors associated with subjective well-being. Journal of Economic Psychology, 29, 94–122.

Dostojewskij, F.M. (2004). Der Idiot, München: dtv.

Douki, S. et al. (2007). Women's mental health in the Muslim world: Cultural, religious, and social issues. Journal of Affective Disorders, 102, 177–189.

Drolet, G. et al. (2001). Role of endogenous opioid system in the regulation of the stress response. Progress of Neuropsychopharmacology and Biological Psychiatry, 25, 729–741.

DSM IV (2001). Diagnostisches und Statistisches Manual Psychischer Störungen – Textrevision – DSM-IV-TR, Hrsg. Von H. Sass et al, Göttingen: Hogrefe.

Dube, L. (1998). On the cognitive basis of subjective well-being analysis: What do individuals have to say about it? Candian Journal of Behavioural Science, 30, 1–13.

Dumas, J.E., Johnson, M. & Lynch, A.M. (2002). Likableness, familiarity, and frequency of 844 person-descriptive words. Personality and Individual Differences, 32, 523–531.

Easterlin, R.A. (1974). Does economic growth improve the human lot? Some empirical evidence. In P.A. David & M.W. Reder (Eds.), Nations and households in economic growth, New York: Academic Press, 89–125.

Easterlin, R.A. (2001). Income and happiness: Towards a unified theory. The Economic Journal, 111, 465–484.

Easterlin, R.A. (2003). Explaining happiness. PNAS 100, 11176–11183. Auch www.pnas.org/content/100/19/11176.full (Stand: 4.9.2008)

Easterlin, R.A. (2003a). Hapiness of women and men in later life: Nature, determinants, and prospects. In M. Sirgy et al. (Eds.), Advances in quality-of-life theory and research. Dordrecht: Kluwer Academic Publishers, 13–16.

Easterlin, R.A. (2005). Happiness. Lessons from a new science, London: Penguin Books.

Easterlin, R.A. (2006). Life cycle happiness and its sources. Intersections of psychology, economics, and demography. Journal of Economic Psychology, 27, 463–482.

Eckhart, Meister (1963). Deutsche Predigten und Traktate, München: Hanser.

Egeland, J. & Hostetter, A. (1983). Amish study. Affective disorders among the Amish. American Journal of Psychiatry, 140, 56–61.

Egloff, B.A. et al. (1995). Relationship between time of day, day of the week, and positive mood. Exploring the role of the mood measure. Motivation and Emotion, 19, 99–110.

Eisenberger, N.I. & Lieberman, M.D. (2004). Why rejection hurts: A common neural alarm system for physical and social pain. Opinion. Trends in Cognitive Sciences, 8, 294–300.

Ekman, P. (1988). Gesichtsausdruck und Gefühl, Paderborn: Jungfermann.

Ekman, P. et al. (2005). Buddhist and psychological perspectives on emotions and well-being. Current Directions in Psychological Science, 14, 59–63.

Elkins, D. (1998). Beyond religion. A personal program for building a spiritual life outside the walls of traditional religion, Wheaton: Quest Books.

Ellermann, C.R. & Reed, P. (2001). Self-transcendence and depression in middle age adults. Western Journal of Nursing Research, 23, 698–713.

Ellis, A. & Becker, I. (1982). A guide to personal happiness, Hollywood: Melvon Powers Wilshire Books.

Emmons, R.A. & McCullough, M.E. (2003). Counting blessings versus burdens: An experimental investigation of gratitude and subjective well-being in daily life. Journal of Personality and Social Psychology, 84, 377–389.

Emmons, R.A. & McCullough, M.E. (2004) (Eds.). The psychology of gratitude, New York: Oxford University Press.

Emotion (2007). Pressekonferenz: „Was Deutschland glücklich macht" – Die Ergebnisse der großen emotion-Glücksstudie 2007. www.guj.de/downloads/aktuell/emotion_glueck/emotion_praesentation.pdf (Stand: 9.9.2008).

Epiktet (2004). Wege zum glücklichen Handeln, Frankfurt/M.: Insel.

Epikur (1949). Von der Überwindung der Furcht, Zürich: Artemis.

Erez, A. & Isen, A.M. (2002). The influence of positive affect on the components of expectancy motivation. Journal of Applied Psychology, 87, 1055–1067.

Erez, A. & Judge, T.A. (1994). Dispositional source of job satisfaction: The role of self-deception. CAHRS Working Paper Series, Cornell University. http://digitalcommons.ilr.cornell.edu/cgi/viewcontent.cgi?article=1238&context=cahrswp (Stand: 9.9.2008).

Erikson, E. (1973). Identität und Lebenszyklus, Frankfurt/M.: Suhrkamp.

Erk, S. et al. (2003). Emotional context modulates subsequent memory effect. NeuroImage, 18, 439–447.

Estrada, C.A., Isen, A.M. & Young, M.J. (1997). Positive affect facilitates integration of information and decreases anchoring in reasoning among physicians. Organizational Behavior and Human Decision Processes, 72, 117–135.

Eysenck, H.J. (1983). I do: Your guide to a happy marriage, London: Century.

Eysenck, S.B., Eysenck, H.J. & Barrett, P. (1985). A revised version of the psychoticism scale. Personality and Individual Differences, 6, 21–29.

Fahrenberg, J., Hampel, R. & Selg, H. (1984). Das Freiburger Persönlichkeitsinventar, Göttingen: Hogrefe.

Faulkner, J.L. & Harding, S.E. (2004). Spirituality: the key between life satisfaction and body satisfaction. http://psych.hanover.edu/research/Thesis04/Faulkner&Harding.ppt

Fava, G.A. (1999). Well-being therapy: conceptual and technical issues. Psychotherapy and Psychosomatics, 68, 171–179.

Fava, G.A. & Ruini, C. (2003). Development and characteristics of a well-being enhancing psychotherapeutic strategy: Well-being therapy. Journal of Behavior Therapy and Experimental, Psychiatry 34, 45–63.

Fava, G.A. et al. (1997). Overcoming resistance to exposure in panic disorder with agoraphobia. Acta Psychiatrica Scandinavia, 95, 306–312.

Fava, G.A. et al. (1998). Well being-therapy. A novel psychotherapeutic approach for residual symptoms of affective disorders. Psychological Medicine, 28, 475–480.

Feingold, A. (1995). Good looking people are not what we think. Psychological Bulletin, 111, 304–341.

Feldman-Barret, L. (1997). The relationship among momentary emotion experiences, personality descriptions, and retrospective ratings of emotion. Bulletin of Personality and Social Psychology, 23, 1100–1110.

Fernando, M. & Jackson, B. (2006). The influence of religion-based workplace spirituality on business leaders' decision-making: An inter-faith study. http://ro.uow.edu.au/cgi/viewcontent.cgi?article=1161&context=commpapers (Stand: 9.9.2008).

Ferrer-i-Carbonell, A. (2004). Income and well-being: An empirical analysis of the comparison income effect. Journal of Public Economics, 89, 997–1091.

Ferrer-i-Carbonell, A. & Gowdy, J.M. (2007). Environmental degradation and happiness. Ecological Economics, 60, 509–516.

Ferris, A.L. (2002). Religion and the quality of life. Journal of Happiness Studies, 3, 199–215.

Fetzer, D. (1985). Brevier des Glücks. Wünsche, Weisheit und Wahrheit aus zwei Jahrtausenden, München: Gondrom.

Fieder, P. (2007). Ressourcenorientierte Psychotherapie. In R. Frank (Hrsg.), Therapieziel Wohlbefinden. Ressourcen aktivieren in der Psychotherapie, Heidelberg: Springer, 19–31.

Fischer, L. (2006). Arbeitszufriedenheit. Konzepte und empirische Befunde (2. Aufl.), Göttingen: Hogrefe.

Fisher, H. (2004). Why we love: the nature and chemistry of romantic love, New York: Henry Holt.

Fisher, H., Aron, A. & Brown, L.L. (2006). Romantic love: A mammalian brain system for mate choice. Philoasophical Transactions of the Royal Society: Biological Science, 361, 2173–2186.

Flammer, A. (1990). Erfahrung der eigenen Wirksamkeit. Einführung in die Psychologie der Kontrollüberzeugung, Bern: Huber.

Flammer, A. & Alsaker, F. (2002). Entwicklungspsychologie der Adoleszenz. Die Erschließung innerer und äußerer Welten im Jugendalter, Bern: Huber.

Fliege, H. (1997). Glück und Zufriedenheit im Spiegel subjektiver Theorien über die Entwicklung im Erwachsenenalter, Frankfurt/M.: Peter Lang.

Florit, E.F. & Lladosa, L.E. (2007). Evaluation of the effects of education on job satisfaction: Independent single-equation vs. structural equation models. International Advances in Economic Research, 13, 157–170.

Flory, J.D. (2004). Serotonergic function in the central nervous system is associated with daily ratings of positive mood. Psychiatry Research, 129, 11–19.

Flückiger, C. & Holtforth, M.G. (2007). Ressourcenaktivierung und motivorientierte Beziehungsgestaltung: Bedürfnisbefriedigung in der Psychotherapie. In R. Frank (Hrsg.), Therapieziel Wohlbefinden: Ressourcen aktivieren in der Psychotherapie, Heidelberg: Springer, 33–42.

Flügel, J.C. (1925). A quantitative study of feeling and emotion in every day life. British Journal of Psychology, 15, 318–355.

Folkman, S. & Moskowitz, J.T. (2000). Positive affect and the other side of coping. American Psychologist, 55, 647–654.

Fordyce, M.W. (1977). Development of a program to increase happiness. Journal of Counseling Psychology, 24, 511–521.

Fordyce, M.W. (1983). A program to increase happiness: Further studies. Journal of Counseling Psychology, 30, 483–498.

Fordyce, M.W. (1988). A review of research on the happiness measures: A sixty second index of happiness and mental health. Social Indicators Research, 20, 355–381.

Fordyce, M.W. (2000). Human happiness – its nature and its attainment. http://www.gethappy.net/freebook.htm (Stand 22.5.2008)

Forgas, J.P. (1998). On being happy and mistaken: mood effects on the fundamental attribution error. Journal of Personality and Social Psychology, 75, 318–331.

Forgas, J.P. (2005). Affective intelligence: Towards understanding the role of affect in everyday social behaviour. In J.V. Ciarrochi et al. (Eds.), Emotional intelligence and everyday life, New York: Taylor & Francis, 77–99.

Forgas, J.P. & Bower, G.H. (1987). Mood effects on person-perception judgments. Journal of Personality and Social Psychology, 53, 53–60.

Forgas, J.P. & Moylan, S. (1987). After the movies: Transient mood and social judgments. Personality and Social Psychology Bulletin, 13, 467–477.

Forgas, J.P., Bower, H.G. & Moylan, S. (1990). Praise or blame? Affective influences on the attributions for achievement. Journal of Personality and Social Psychology, 59, 809–819.

Francis, L.J. (1999). Happiness is a thing called stable extraversion: A further examination of the relationship between the Oxford Happiness Inventory and Eysenck's dimensional model of personality and gender. Personality and Individual Differences, 26, 5–11.

Francis, L.J. (2003). Religiosity, personality, and happiness: A study among Israeli male undergraduates. Journal of Happiness Studies, 5, 315–333.

Francis, L.J., Ziebertz, H.G. & Lewis, C.A. (2003). The relationship between religion and happiness among German students. Pastoral Psychology, 51, 273–281.

Francis, L.J. et al. (1998). Happiness as stable extraversion: A cross-cultural examination of the reliability and validity of the Oxford Happiness Inventory. Personality and Individual Differences, 24, 167–171.

Frank, R. (2007) (Hrsg.). Therapieziel Wohlbefinden. Ressourcen aktivieren in der Psychotherapie; Heidelberg: Springer.

Frank, R. (2007a). Körperliches Wohlbefinden durch Selbstregulation verbessern. In Dies. (Hrsg.), Therapieziel Wohlbefinden. Ressourcen aktivieren in der Psychotherapie, Heidelberg: Springer, 131–144.

Frank, R. (2007b). Den störungsfreien Blick erweitern. Dies. (Hrsg.). Therapieziel Wohlbefinden. Ressourcen aktivieren in der Psychotherapie, Heidelberg: Springer, 3–16.

Franken, L. (1992). Vom Glück der Kindheit. Schöne Geschichten aus der unbeschwertesten Zeit des Lebens, Bern: Scherz.

Frankl, V.E. (1975). Der leidende Mensch. Anthropologische Grundlagen der Psychotherapie, Bern u. a.: Huber.

Frankl, V.E. (1976). Paradoxien des Glücks (am Beispiel der Sexualneurose) Was ist Glück? Ein Symposium, München: dtv, 108–126.

Frederick, S. & Loewenstein, G. (1999). Hedonic adaptation. In D. Kahneman, E. Diener & N. Schwarz (1999) (Eds.), Well-being. The foundation of hedonic psychology, New York: Russel Sage Foundation, 301–329.

Fredrickson, B.L. (2000). Extracting meaning from past affective experiences: The importance of peaks, ends, and specific emotions. Cognition and Emotion, 14, 577–606.

Fredrickson, B.L. (2000). Cultivating positive emotions to optimize health and well-being. Prevention and Treatment, 3, www.unc.edu/peplab/publications/cultivating.pdf (Stand: 4.9.2008)

Fredrickson, B.L. (2001). The role of positive emotions in Positive Psychology: The broaden-and-build theory of positive emotions. American Psychologist, 56, 218–226.

Fredrickson, B.L. (2004). The broaden-and-build theory of positive emotions. Philosophical Translations Royal Society London, B, 1367–1377.

Fredrickson, B.L. & Branigan, C. (2005). Positive emotions broaden the scope of attention and thought-action repertoires. Cognition and Emotion, 19, 313–332.

Fredrickson, B.L. & Joiner, T. (2002). Positive emotions trigger upward spirals toward emotional well-being. Psychological Science, 13, 172–175.

Fredrickson, B.L. & Levenson, R. (1998). Positive emotions speed recovery from the cardiovascular sequelae of negative emotions. Cognition and Emotion, 12, 191–220.

Fredrickson, B. & Losada, M.F. (2005). Positive affect and the complex dynamics of human flourishing. American Psychologist, 60, 678–686.

Fredrickson, B.L. et al. (2000). The undoing effect of positive emotions. Motivation and Emotion, 24, 237–258.

Fredrickson, B. et al. (2003). What good are positive emotions in crises? A prospective study of resilience and emotions following the terrorist attacks on the United States on September 11th, 2001. Journal of Personality and Social Psychology, 84, 365–376.

Freedman, J. (1978). Happy people: What happiness is, who has it, and why, New York: Harcourt Brace Jovanovich.

Freud, S. (1974). Kulturtheoretische Schriften, Frankfurt/M.: Fischer.

Frey, B.S. & Stutzer, A. (2002). Happiness and economics – How the economy and institutions affect well-being, Princeton: Princeton University Press.

Frey, B.S. & Stutzer, A. (2005). Happiness research: State and prospects. Review of Social Economy, 62, 207–228.

Frey, B.S., Benesch, C. & Stutzer, A. (2007). Does watching TV make us happy? Journal of Economic Psychology, 28, 283–313.

Friedman, E.T. et al. (1993). Does childhood personality predict longevity. Journal of Personality and Social Psychology, 65, 176–185.

Friedman, H.S. et al. (2004). Persönlichkeitspsychologie und Differentielle Psychologie (2. Aufl.), München: Pearson Studium.

Friedrikson, M. et al. (1996). Gender and age differences in prevalence of specific fears and phobias. Behavioural Research and Therapy, 34, 33–39.

Frielingsdorf, K. (1992). Dämonische Gottesbilder. Ihre Entstehung, Entlarvung und Überwindung, Mainz: Matthias Grünewald.

Frijters, P., Haisken-DeNew, J., & Shields, M.A. (2005). Socio-economic status, health shocks, life satisfaction and mortality, Bonn: IZA Discussion Paper 1488.

Frisch, M. (2006). Quality of life therapy: Applying a life satisfaction approach to positive psychology and cognitive therapy, New York: John Wiley and Sons.

Fritz, J. (2005). Zwischen Frust und Flow. Vielfältige Emotionen begleiten das Spielen am Computer. www.medienpaedagogik-online.de/cs/00797 (Stand: 9.9.2008).

Fröjd, S.A. et al. (2008). Depression and school performance in middle adolescent boys and girls. Journal of Adolescence, 31, 485–498.

Fromm, E. (1989). Gesamtausgabe. Herausgegeben von Rainer Funk, München: dtv.

Fryer, D. & Payne, R. (1984). Proactive behaviour in unemployment. Leisure Studies, 3, 273–295.

Fujita, F., Diener, E. & Sandvik, E. (1991). Gender differences in negative affect and well-being. The case for emotional intensity. Journal of Personality and Social Psychology, 61, 427–434.

Fuller, R. (2001). Spiritual, but not religious. Understandning unchurched America, New York: Oxford University Press.

Furnham, A. (1997). Eysenck's personality theory and organizational psychology. In H. Nyborg (Ed.), The scientific study of human nature, Oxford: Pergamenon/Elsevier, 462–490.

Furnham, A. (2003). Trait emotional intelligence and happiness. Social Behavior and Personality, 31, 815–824.

Furnham, A. & Argyle, M. (1998). The psychology of money, London: Routledge.

Furnham, A. & Cheng, H. (1997). Personality and happiness. Psychological Reports, 80, 761–762.

Furnham, A. & Cheng, H. (1999). Personality as predictor of mental health and happiness in the East and West. Personality and Individual Differendes, 27, 395–403.

Furnham, A. & Cheng, H. (2000). Lay theories of happiness. Journal of Happiness Studies, 1, 227–240.

Galati, D., Manzano, M. & Sotgiu, I. (2006). The subjective components of happiness and their attainment: A cross-cultural comparison between Italy and Cuba. Social Science Information, 45, 601–630.

Gardner, J. & Oswald, A.J. (2007). Money and mental well-being. A longitudinal study of medium-sized lottery wins. Journal of Health Economics, 26, 49–60.

Gassen, H.G. (2008). Das Gehirn, Darmstadt: Wissenschaftliche Buchgesellschaft.

Ge, X. & Conger, R.D. (2003). Pubertal transition, stressful live events, and the emergence of gender differences in adolescent depressive symptoms. Developmental Psychology, 37, 1–20.

George, J. & Brief, A.P. (1992). "Feeling good-doing good": A conceptual analysis of the mood at work-organizational spontaneity relationship. Psychological Bulletin, 112, 310–329.

George, M.S. et al. (1996). Gender differences in regional cerebral blood flowing during transient self-induced sadness or happiness. Biological Psychiatry, 40, 859–871.

Gerdtham, U.G. & Johannesson, M. (2001). The relationship between happiness, health, and socioeconomic factors: Results based on Swedish microdate. The Journal of Socio-Economics, 30, 553–557.

Germer, C.K., Siegel, R.D. & Fulton, P.R. (2005). Mindfulness and psychotherapy, Wilshire: Marshal House.

Gesser, G. et al. (1987). Death attitudes across the life span: Development and validation of the Death Attitude Profile. Omega, 18, 113–128.

Gidlöf-Gunnarsson, A. & Öhrström, E. (2007). Noise and well-being in urban residential environments: The potential role of perceived availability to nearby green ares. Landscape and Urban Planning, 83, 115–126.

Gil, K.M. et al. (2004). Daily mood and stress predict pain, health care use, and work activity in African American adults with sickle-cell disease. Health Psychology, 23, 267–274.

Gilbert, D. (2006). Ins Glück stolpern. Über die Unvorhersehbarkeit dessen, was wir uns am meisten wünschen, München: Riemann.

Glatzer, W. (2000). Happiness: Classic theory in the light of current research. Journal of Happiness Studies, 2, 501–511.

Glatzer, W. & Zapf, W. (Hrsg.). Lebensqualität in der Bundesrepublik. Objektive Lebensbedingungen und subjektives Wohlbefinden, Frankfurt/M.: Campus.

Global Sex Survey (2005). www.durex.com (Stand: 9.9.2008).

Goethe, J.W. (1977). Sämtliche Werke, Artemis-Ausgabe, Band 1: Sämtliche Gedichte, Zürich: Artemis.

Goldberg, D. (1972). The detection of psychiatric illness by questionnaire, London: Oxford University Press.

Goldberg, L.R. (1990). An alternative description of personality: The Big-Five factor structure. Journal of Personality and Social Psychology, 59, 1216–1229.

Goleman, D. (1976). Meditation and consciousness: An Asian approach to mental health. American Journal of Psychotherapy, 30, 41–54.

Goleman, D. (2002). Emotionale Intelligenz (15. Aufl.), München: dtv.

Gomez, R. & Fisher, J.W. (2003). Domains of spiritual well-being and development and validation of the Spiritual Well-being Questionnaire. Personality and Individual Differences, 35, 1975–1991.

Gottman, J.M. (1994). What predicts divorce? The relationship between marital processes and marital outcomes, Hillsdale: Erlbaum.

Graham, C. (2008). Happiness and health: Lessons – and questions – for public policy. Health Economics, 27, 72–87.

Grawe, K. (1998). Psychologische Therapie, Göttingen: Hogrefe.

Greeley, A.M. (1975). Sociology of the paranormal: A reconaissence, London: Sage.

Green, J. et al. (2003). Happy mood decreases self-focused attention. British Journal of Social Psychology, 28, 147–157.

Greenberg, L.S. (2008). Emotion and cognition in psychotherapy: The transforming power of affect. Canadian Psychology, 66, 187–192.

Griffin, P.W., Mroczek, D.K. & Spiro, A. (2006). Variability in affective change among aging men: Longitudinal findings from the VA Normative Aging Study. Journal of Research in Personality, 40, 942–965.

Griffiths, R.R. et al. (2006). Psilocybin can occasion mystical-type experiences having substantial and sustained personal meaning and spiritual significance. Psychopharmacology, 142, 41–50.

Grille, R. (2005). Emotional intelligence questionnaire. www.our-emotional-health.com/eiQuestionnaire.pdf (Stand: 9.9.2008).

Grimm, J. (2006). Ergebnisse der Glücksforschung und was Regionen daraus lernen können. SERI Background Paper 10 Wien.

Grinde, B. (1996). Darwinian happiness: Biological advice on the quality of life. Journal of Social and Evolutionary Systems, 19, 249–260.

Grinde, B. (2002). Happiness in the perspective of evolutionary psychology. Journal of Happiness Studies, 3, 331–354.

Grob, A. et al. (2001). Berner Fragebogen zum Wohlbefinden Jugendlicher (BFW). Diagnostica, 37, 66–75.

Grof, S. (2002). Die Psychologie der Zukunft. Erfahrungen der modernen Bewusstseinsforschung, Zürich: Astrodata-Verlag.

Grom, B. (2007). Religionspsychologie (3. Aufl.), München: Kösel.

Groot, W. & Van den Brink, H.M. (2002). Age and education differences in marriages and their effects on life satisfaction. Journal of Happiness Studies, 3, 153–165.

Groskurth, P. (1988). Macht Therapie glücklich? Brennpunkt, 37, 5–11.

Guoqing, Z. & Veenhoven, R. (2007). Ancient Chinese philosophical advice. Can it help us find happiness today? Journal of Happiness Studies, 9, 425–443.

Gurari, I., Hetts, J.J. & Dtrube, M.J. (2006). Beauty in the 'I' of the beholder: Effects of idealized media portrayals on implicit self-image. Basic and Applied Social Psychology, 28, 273–282.

Gurin, G. Veroff, J. & Feld, S. (19609. Americans view their mental health. A nationwide interview survey, New York: Basic Books.

Haavio-Mannila, E. & Kontula, O. (1997). What increases sexual satisfaction? Archives of Sexual Behavior, 26, 399–416.

Haidt, J. (2001). The emotional dog and its rational tail: A social intuitionist approach to moral judgment. Psychological Review, 108, 814–834.

Haidt, J. (2007). Die Glücks-Hypothese. Was uns wirklich glücklich macht. Die Quintessenz aus altem Wissen und moderner Glücksforschung, Kirchzarten bei Freiburg: VAK Verlag.

Haidt, J. (2007a). Positive emotions motivate terrorism. www.thefederationonline.org/events/Briefings/2006_SPSP_DHS/Haidt_Emotions_Sum.pdf (Stand: 4.9.2008)

Halberstadt, A.G., Hayes, C.W. & Pike, K.M. (1988). Gender and gender role differences in smiling and communication consistency. Sex Roles, 19, 589–604.

Hall, J.A. & Matsumoto; D. (2004). Gender differences in judgments of multiple emotions from facial expression. Emotion, 4, 201–206.

Haller, M. & Hadler, M. (2006). How social relations and structures can produce happiness and unhappiness: An international comparative analysis. Social Indicators Research, 75, 169–216.

Hamann, S. & Mao, H. (2002). Positive and negative emotional verbal stimuli elicit activity in the left amygdala. Neuroreport, 13, 15–19.

Hamer, D. (1996). The heritability of happiness. Nature Genetics, 14, 125–126.

Hamm, A. (2004). Progressive Muskelentspannung. In D. Vaitl & F. Petermann (Hrsg.), Entspannungsverfahren. Das Praxishandbuch (3. Aufl.), Weinheim: BeltzPVU, 189–210.

Hampson, E., van Anders, S. & Mullin, L. (2006). A female advantage in the recognition of emotional facial expressions: test of an evolutionary hypothesis. Evolution and Human Behavior, 27, 401–416.

Hansson, A., Hillerås, P. & Forsell, Y. (2005). Well-being in adults Swedish population. Social Indicators Research, 74, 313–325.

Haring, M.J., Stock, W.A. & Okun, M.A. (1984). A research synthesis of gender and social class as correlates of subjective well-being. Human Relations, 37, 645–657.

Harris, A.H. & Thoresen, C.E. (2005). Forgiveness, unforgiveness, health and disease. In E.L. Worthington (Ed.), Handbook of forgiveness, New York: Brunner-Routledge, 321–334.

Harris, A.H. & Thoresen, C.E. (2006). Extending the influence of positive psychology interventions into health care settings: lessons from self-efficacy and forgiveness. Journal of Positive Psychology, 1, 27–37.

Harrison, L.K. et al. (2000). Cardiovascular and secretory immunoglobulin. A reactions to humorous, exciting, and didactic film presentations. Biological Psychology, 52, 113–126.

Harte, J.L., Eifert, G.H. & Smith, R. (1995). The effects of running and meditation on beta endorphin, corticotrophin-releasing hormone, cortisol in plasma, and on mood. Biological Psychology, 40, 251–256.

Hartog, J. & Oosterbeek, H. (1998). Health, wealth, and happiness: Why pursue a higher education? Economics of Education Review, 17, 245–256.

Hascher, T. (2004). Wohlbefinden in der Schule, Münster: Waxmann.

Hassed, C. (2007). Meditation as a tool for happiness. www.themeditationroom.com.au/Documents/Meditation_as_a_tool_for_happiness.pdf (Stand: 9.9.2008).

Hautzinger, M. & Bailer, M. (1994). Allgemeine Depressionsskala (ADS), Weinheim: Beltz.

Havighurst, R.J. (1948). Developmental tasks and education, New York: McKay.

Havighurst, R.J. (1963). Successful aging. In C. Tibbits & W. Donauhue (Eds.), Processes of aging, New York: Williams, 299–320.

Haw, C.E. (1995). The family life cycle: A forgotten variable in the study of women's employment and well-being. Psychological Medicine, 25, 727–738.

Hawkins, D.N. & Booth, A. (2005). Unhappily ever after: Effects of long-term, low quality marriages on well-being. Social Forces, 4, 452–471.

Haybron, D.M. (2003). Happiness, the self, and human flourishing. www.tc.umn.edu/~tiberius/workshop_papers/Haybron.pdf (Stand: 9.9.2008).

Haybron, D.M. (2008). Happiness, the self and human flourishing. Utilitas, 20, 21–49.

Hayes, N. & Joseph, S. (2003). Big 5 correlates of three measures of subjective well-being. Personality and Individual Differences, 34, 723–727.

Hayo, B. (2007). Happiness in transition: An empirical study on Eastern Europa. Economic Systems, 31, 204–221.

Headey, B. (2006). Happiness: Revising set point theory and dynamic equilibrium theory to account for long term change. DIW Berlin: Discussion Papers, 607.

Headey, B. (2006 a). Life Goals matter to happiness: A revision of set-point theory. DIW Berlin, Discussion Papers, 639.

Headey, B. & Veenhoven, R. (1989). Does happiness induce a rosy outlook? In R. Veenhoven (Ed.), How harmful is happiness? Rotterdam: Universitaire Press, 106–127.

Headey, B. & Wearing, A.J. (1988). The sense of relative superiority: Central to well-being. Social Indicators Research, 20, 497–516.

Heath, R.G. (1972). Pleasure and brain activity in main. Deep and surface electroencephalograms during orgasm. Journal of Nervous and Mental Disease, 154, 3–18.

Heidenreich, T. Junghanns-Royack, K. & Michalak, J. (2007). Mindfulness-based therapy: Achtsamkeit vermitteln. In R. Frank (Hrsg.), Therapieziel Wohlbefinden. Ressourcen aktivieren in der Psychotherapie, Heidelberg: Springer, 69–82.

Heim, T.A. & Rye, M.S. (2002). Forgiveness and mental health: An exploration of Jewish and Christian approaches. Journal of Religion & Abuse, 4, 29–50.

Heinz, A. (2000). Das dopaminerge Verstärkungssystem, Darmstadt: Steinkopff.

Hektner, J.M., Schmidt, J.A. & Csikszentmihalyi, M. (2006). Experience sampling method. Measuring the quality of life, Thousand Oaks: Sage.

Heller, D., Judge, T.A. & Watson, D. (2002). The confounding role of personality and trait affectivity in the relationshipe between job and life satisfaction. Journal of Organizational Behavior, 23, 815–835.

Helliwell, J.F. (2003). How's life? Combinig individual and national variables to explain subjective well-being. Economic Modelling, 20, 331–360.

Hellmann, K. (1930). Psychologie des Glücks, Wien: Lanyi Verlagsbuchhandlung.

Helson, H. (1964). Adaption level theory, New York: Harper & Row.

Helson, R. & Holen, E. (1998). Affective coloring of personality from young adulthood to midlife. Personality and Social Psychology Bulletin, 24, 241–252.

Henderson, K.A. (2003). Enjoyment as the link between leisure and physical activity. Journal of Physical Education, Recreation, and Dance, 74, 6–15.

Herzog, R.A., Rodgers, W.A. & Woodworth, J. (1982). Subjective well-being among different age groups, research report. Institute for Social research, University of Michigan.

Hesse, H. (1970). Glück. Ders.: Gesammelte Werke, Band 8, Frankfurt/M.: Suhrkamp, 480–491.

Hesse, H. (2007). Die Gedichte, Frankfurt/M.: Suhrkamp.

Hills, P. & Argyle, M. (1998). Positive moods derives from leisure and their relationship to happiness and personality. Personality and Individual Differences, 25, 523–535.

Hills, P. & Argyle, M. (2001). Happiness, introversion-extraversion and happy introverts. Personality and Individual Differences, 31, 1357–1364.

Hills, P. & Argyle, M. (2001a). Emotional stability as a major dimension of happiness. Personality and Individual Differences, 31, 1357–1364.

Hills, P. & Argyle, M. (2002). The Oxford Happiness Questionnaire: A compact scale for the measurement of psychological well-being. Personality and Individual Differences, 33, 1073–1082.

Hills, P., Argyle, M. & Reeves, R. (2000). Individual differences in leisure satisfactions: An investigation of four theories of leisure motivation. Personality and Individual Differences, 28, 763–779.

Hinterhuber, H. (2001). Die Seele. Natur- und Kulturgeschichte von Psyche, Geist und Bewusstsein, Berlin u. a.: Springer.

Höhler, G. (1981). Das Glück – Analyse einer Sehnsucht, Düsseldorf & Wien: Econ.

Hoffmann, R. (1981). Erleben von Glück. Eine empirische Untersuchung. Psychologische Beiträge, 26, 516–532.

Holder, M.D. & Colemen, B. (2008). The contribution of temperament, popularity, and physical appearance to children's happiness. Journal of Happiness Studies, 9, 279–302.

Holleder, A. (2006). Arbeitslosigkeit, Gesundheit und Krankheit, Bern: Huber.

Holmes, T.H. & Tahe, R. (1967). The social readjustment rating scale. Journal of Psychosomatic Research, 11, 213–218.

Holstege, G. et al. (2003). Brain activation during human male ejaculation. The Journal of Neuroscience, 23, 9185–9193.

Hood, R. (1992). Sin and guilt in faith traditions: Isssues for self esteem. In J.F. Schumaker (Ed.), Religion and mental health, New York & Oxford: Oxford University Press, 110–121.

Hopko, D.R. et al. (2003). Contemporary behavioural activation treatments for depression: Procedures, principles, and progress. Clinical Psychology Review, 23, 699–717.

Hornung, B. (2000). Die Geheimnisse des glücklichen Lebens. Das Neueste aus der Glücksforschung zur Steigerung unseres Glücks und Wohlbefindens, München: Institut für Glücksforschung.

Hornung, B. (2005a). Glücksforschung und Glückswissenschaft Band 1: Wie man wirklich glücklicher wird (3. Aufl.), München: Institut für Glücksforschung.

Hornung, B. (2005b). Glücksforschung und Glückswissenschaft Band 2: Hirnforschung, Neurobiologie, DNS und unsere happy Gene (3. Aufl.), München: Institut für Glücksforschung.

Hosoda, M., Stone-Romero, E.F. & Coats, G. (2003). The effects of physical attractiveness on job-related outcomes: A metaanalysis of experimental studies. Personal Psychology, 56, 431–462.

House, J.S., Landis, K.R. & Umberson, D. (1988). Social relationship and health. Science, 241, 540–545.

Houston, J.G. (1981). The pursuit of happiness, Glenview: Scott.

Hsee, C.K. & Hastie, R. (2006). Decision and experience. Why don't we choose, what makes us happy. Trends in Cognitive Sciences, 10, 31–37.

Hucklebridge, F. et al. (2000). Modulation of secretory immunoglobin A in saliva. Response to manipulation of mood. Biological Psychology, 53, 25–53.

Hudson, J. (2006). Institutional trust and subjective well-being across the EU. Kyklos, 59, 43–62.

Huebner, E.S. (1991). Initial development of the student's life satisfaction scale. School Psychology International, 12, 231–240.

Hüther, G. (20049: Die Macht der inneren Bilder. Wie Visionen das Gehirn, den Menschen und die Welt verändern, Göttingen: Vandenhoek & Ruprecht 2004.

Huppert, F.A. (2005). Positive emotions and cognition: Developmental, neuroscience and health perspectives. In J.P. Forgas (Ed.), Hearts and minds: Affective influences on social cognition and behavior, New York: Psychology Press.

Hurlburt, R.T. & Heavy, C.L. (2006). Exploring inner experiences: The descriptive empirical sampling methode, Amsterdam: John Benjamins.

Hutterer, H. (2006). Was ist Glück? www.work-life-society-happiness.net/ (Stand: 9.9.2008).

Iaffaldano, M.T. & Muchinsky, P.M. (1985). Job satisfaction and job performance: A metaanalysis. Psychological Bulletin, 97, 251–273.

Ingersoll-Dayton, B. & Krause, N. (2005). Self-forgiveness: A component of mental health in later life. Research on Aging, 27, 267–289.

Inglehart, R. (1990). Culture shift in advances industrial society, Princeton: Princeton University Press.

Inglehart, R. & Klingemann, H.D. (2000). Genes, culture, democracy, and happiness. In E. Diener & E.M. Suh (Eds.), Culture and subjective well-being, Cambridge MA: MIT Press, 165–183.

Insel, T.R. (2003). Is social attachment an addictive disorder? Physiology and Behavior, 79, 351–357.

Isen, A.M. (2003). Positive affect as a source of human strength. In L.G. Aspinwall & U.M. Staudinger (Eds.), A Psychology of human strengths. Fundamental questions and future directions for a Positive Psychology, Washington DC: American Psychological Association, 179–195.

Isen, A.M. (2005). A role for neuropsychology in understanding the facilitating influence of positive affect on social behaviour and cognitive processes. In C.R. Snyder, & S.J. Lopez (2005) (Eds.), Handbook of positive psychology, Oxford: Oxford University Press, 528–540.

Isen, A.M. & Daubman, K.A. (1984). The influence of affect on categorization. Journal of Personality and Social Psychology, 47, 1206–1217.

Isen, A.M. & Means, B. (1983). The influence of positive affect on decision-making strategy. Social Cognition, 2, 18–31.

Isen, A.M. & Patrick, R. (1983). The effect of positive feeling on risk-taking: When the chips are down. Organizational Behaviour and Human Performance, 31, 194–2002.

Isen, A.M, Daubman, K.A. & Nowicki, G.P. (1987). Positive affect facilitates creative problem solving. Journal of Personality and Social Psychology, 52, 1122–1131.

Isen, A., Rosenzweig, A.S. & Young, M.J. (1991). The influence of positive affect on clinical problem solving. Medical Decision Making, 11, 221–227.

Isen, A.M. et al. (1978). Affect, accessibility of material in memory, and behaviour: A cognitive loop? Journal of Personality and Social Psychology, 36, 1–12.

Isen, A.M. et al. (1985). The influence of positive affect on the unusualness of word associations. Journal of Personality and Social Psychology, 48, 1413–1426.

Iverson, R.D., Olekalns, M. & Etrwin, P.J. (1998). Affectivity, organizational stressors, and absenteeism: Au causal model of burnout and its consequences. Journal of Vocational Behavior, 52, 1–23.

Iyengar, S.S. & Lepper, M.R. (2000). When choice is demotivating. Journal of Personality and Social Psychology, 79, 995–1006.

Izard, C. (1994). Die Emotionen des Menschen. Eine Einführung in die Grundlagen der Emotionspsychologie (3. Aufl.), Weinheim: Beltz PVU.

Jacob, R.G. et al. (1999). Ambulatory blood pressure respondes and the circumplex of mood: A 4-day study. Psychosomatic Medicine, 61, 319–333.

James, W. (1979). Die Vielfalt religiöser Erfahrung, Olten: Walter Verlag.

Jayasvasti, K. & Kanchanatawa, B. (2005). Happiness and related factors in pregnant women. Journal of the Medical Association of Thailand, 88, Supplement 4, 220–225.

JOB AG (2008). Klima am Arbeitsplatz und Aufgaben sind die stärksten Einflussfaktoren der Arbeitszufriedenheit. www.personaler-online.de/typo3/nicht-im-menue/personalnews/ (Stand: 9.9.2008).

Johnson, D. & Wu, J. (2002). An empirical test of crisis, social selection, and role explanations of the relationship between marital disruption and psychological distress: A pooled time-series analysis of four wave panel data. Journal of Marriage and Family, 64, 211–224.

Joormann, J. & Siemer, M. (2004). Memory, accessibility, mood regulation, and dysphoria: Difficulties in repairing sad mood with happy memories? Journal of Abnormal Psychology, 113, 179–188.

Joseph, S. & Lewis, A. (1998). The depression-happiness scale: Reliability and validity of a bipolar self-report scale. Journal of Clinical Psychology, 54, 537–544.

Judge, T.A. et al. (2001). The job satisfaction – job performance relationship: A qualitative and quantitative review. Psychological Bulletin, 127, 376–407.

Judge, T.A. & Watanabe, S. (1993). Another look at the job satisfaction – life satisfaction relationship. Journal of Applied Psychology, 78, 939–948.

Jung, C.G. (1971). Gesammelte Werke, Band 6: Psychologische Typen, Olten & Freiburg i.Br.: Rascher.

Jung, C.G. (1976). Aion. Beiträge zur Symbolik des Selbst, Olten & Freiburg i.Br.: Rascher.

Juslin, P.N. & Sloboda, J.A. (2001). Music and emotion: Theory and research, Oxford: Oxford University Press.

Kabat-Zinn, J. (1995). Gesund durch Meditation: Das große Buch der Selbstheilung, München: Barth.

Kahneman, D. (1999). Objective happiness. In D. Kahneman, E. Diener & N. Schwarz (1999) (Eds.), Well-being. The foundation of hedonic psychology, New York: Russel Sage Foundation, 3–25.

Kahneman, D. & Krueger, A.B. (2006). Developments in the measurement of subjective well-being. Journal of Economic Perspectives, 20, 3–24.

Kahneman, D., Diener, E. & Schwarz, N, (1999) (Eds.). Well-being. The foundation of hedonic psychology, New York: Russel Sage Foundation.

Kahneman, D. et al. (1993). When more pain is preferred to less: Adding a better end. Psychological Science, 4, 401–405.

Kahneman, D. et al. (2004). A survey method for characterizing daily life experience: The day reconstruction method. Science, 306, 1776–1780.

Kahneman, D. et al. (2004 a). The day reconstruction method (DRM). Instrument documentation. http://sitemaker.umich.edu/norbert.schwarz/files/drm_documentation_july_2004.pdf (Stand: 9.9.2008).

Kahneman, D. et al. (2006). Would we be happier if you were richer? A focusing illusion. Science, 312, 1908–1910.

Kaiser, S. & Ringlstetter, M. (2007). Individuell-subjektives Glücksempfinden als unternehmerischer Erfolgsfaktor. In M. Ringlstetter (Hrsg.), Positives Management. Zentrale Konzepte und Ideen des Positive Organizational Scholarship, Berlin: Springer, 151–164.

Kammann, R. & Flett, R. (1983). Affectometer 2. A scale to measure current level of happiness. Australien Journal of Psychology, 35, 259–265.

Kamp Dush, C.M., Taylor, M. & Kroeger, A. (2008). Marital happiness and psychological well-being across the life course. Family Relations, 57, 211–226.

Kang, S.N. (2001). The relationship between job and marital satisfaction: Overall and facet satisfaction among professionally. Dissertation Abstracts Internation B: Sciences and Engineering, 62(6), 2958, (UMI No. AAI 3017289).

Kant, I. (1960). Werke in 12 Bänden, hrsg. von W. Weischedel, Frankfurt/M.: Insel.

Kaplan, S. (1995). The restorative benefits of nature. Toward an integrative framework. Journal of Environmental Psychology, 15, 169–182.

Karama, S. et al. (2002). Areas of brain activation in males and females during viewing of erotic film excerpts. Human Brain Mapping, 16, 1–13.

Karlaftis, M.G. et al. (2003). An empirical investigation of European drivers' self-assessment. Journal of the Safety Research, 34, 207–213. Auch: www.ltrc.lsu.edu/TRB_82/TRB2003-000038.pdf (Stand: 4.9.2008).

Karras, J. & Walden, T.A. (2005). Effects of nurturing and non-nurturing caregiving on child social initiatives: An experimental investigation of emotion as a mediator of social behavior. Social Development, 14, 685–700.

Kashdan, T.B. (2004). The assessment of subjective well-being (issues raised by the Oxford Happiness Questionnaire). In Personality and Individual Differences, 36, 1225–1232.

Kashdan, T.B. & Roberts, J.E. (2004). Trait and state curiosity in the genesis of intimacy: Differentiation from related constructs. Journal of Social and Clinical Psychology, 23, 792–816.

Kasser, T. & Ryan, R.M. (1993). A dark side of the Americam dream. Correlates of financial success as a central life aspiration. Journal of Personality and Social Psychology, 65, 410–422.

Keele, S.M. & Bell, R.C. (2008). The factorial validity of emotional intelligence: An unresolved issue. Personality and Indvidual Differences, 44, 487–500.

Kegan, R. (1986). Stufen des Selbst. Fortschritte und Krisen im menschlichen Leben, München: Peter Kindt.

Kellert, S. & Wilson, E.O. (1993). The Biophilia hypothesis, Washington DC: Island Press.

Kennedy, I.E. & Kanthmani, H. (1995). An exploratory study of the effects of paranormal and spiritual experiences on peoples' lives and well-being. The Journal of the American Society for Psychical Research, 89, 249–265.

Kenrick, D.T., Gutierres, S. & Goldberg, L.L. (1989). Influence of popular erotica on judgments of strangers and mates. Journal of Experimental Social Psychology, 25, 159–167.

Kesebir, P. & Diener, E. (2008). In pursuit of happiness. Empirical answers to philosophical questions. Perspectives on Psychological Science, 3, 117–125.

Kessler, R.C. et al. (2003). The epidemiology of major depressive disorder. Results from the National Comorbity Survey Replication. Journal of the American Medical Association, 289, 3095–3105.

Keyes, C.L. & Ryff, C.D. (1999). Psychological well-being in midlife. In S.L. Willis & J.D. Reids (Eds.), Middle aging: Development in the third quarter of life, Orlando: Academic Press, 161–180.

Keyes, C.L., Shmotkin, D. & Ryff, C.D. (2002). Optimizing well-being: The empirical encounter of two traditions. Journal of Personality and Social Psychology, 82, 1007–1022.

Khramtsova, I. et al. (2007). Happiness, life satisfaction, and depression in College students: Relations with student behaviours and attitudes. American Journal of Psychological Research, 3, 15–23.

Kim, Y. et al. (2004). Spirituality and affect: A function of changes in religious affiliation. Personality and Individual Differences, 37, 861–870.

Kimata, H. (2002). The effect of the emotion of happiness on allergic skin wheal responses and plasma levels of neuropeptides and nerve growth factor in patients with allergic rhinitis. Oto-Rhino-Laryngologia Nova, 12, 266–269.

King, L.A. (2001). The health benefits of writing about life goals. Personality and Social Psychology Bulletin, 27, 798–807.

King, L.A. & Napa, C.K. (1998). What makes a life good? Journal of Personality and Social Psychology, 75, 156–165.

Kioutsoukis, S. (2003). Happiness häppchenweise. Medienpädagogischer Beitrag zum Glücksversprechen in der Werbung, Lizentiatsarbeit Universität Fribourg. www.studisurf ch/1044/763568/_catid_1044_1536/_method_download/_page_1044_5/ (Stand: 9.9.2008).

Kirby, S.E., Colewman, P.G. & Daley, D. (2004). Spirituality and well-being in frail and non frail older adults. Journal of Gerontology. Series B: Psychological Sciences and Scial Sciences 59B, P123–P129.

Kirkcaldy, B. & Furnham, A. (2000). Positive affectivity, psychological well-being, accident- und traffic-deaths and suicide: An international comparison. Studio Psychologica, 42, 97–104.

Kirkcaldy, B., Furnham, A. & Siefen, G. (2004). The relationship between health efficacy, educational attainment, and well-being among 30 nations. European Psychologist, 2, 107–119.

Kirkcaldy, B., Siefen, G. & Furnham, A. (2003). Gender, anxiety-depressivity and self-image among adolescents. European Psychiatry, 18, 50–58.

Kirsch, P. & Gruppe, H. (2007). Neuromodulatorische Einflüsse auf das Wohlbefinden: Dopamin und Oxytocin. In R. Frank (Hrsg.), Therapieziel Wohlbefinden. Ressourcen aktivieren in der Psychotherapie, Berlin: Springer, 273–284.

Kitayama, S., Markus, H.R. (2000). The pursuit of happiness and the realization of sympathy: Cultural patterns of self, social relations, and well-being. In E. Diener & E.M. Suh (Eds.), Culture and subjective well-being, Cambridge Mass.: MIT Press, 113–161.

Kitayama, S., Markus, H.R. & Kurokawa, M. (2000). Culture, emotion, and well-being. Good feelings in Japan and the United States. Cognition & Emotion, 14, 93–124.

Kjaer, T.W. et al. (2002). Increased dopamine tone during meditation-induced change of consciousness. Cognitive Brain Research, 13, 255–259.

Klandermans, B. (1989). Does happiness soothe political protest? In R. Veenhoven (Ed.), How harmful is happiness? Rotterdam: Universitaire Press, 61–78.

Klar, Y. & Giladi, E. (1999). Are most people happier than their peers, or are they just happy? Personality and Social Psychology Bulletin, 25, 586–595.

Klausberger, A. et al. (2001). Was beeinflusst die Zufriedenheit von Frauen mit ihrer Sexualität und Partnerschaft. Der Gynäkologe, 4, 259–269.

Kleiber, D.A. (1999). Leisure experience and human development: A dialectical interpretation, New York: Basic Books.

Klein, S. (2004). Die Glücksformel – oder wie die guten Gefühle entstehen (6. Aufl.), Reinbek: Rowohlt.

Kliger, D. & Levy, O. (2003). Mood-induced variation in risk preferences. Journal of Economic Behavior and Organization, 52, 573–584.

Koenig, H.G., McCullough, M.E. & Larson, D.B. (2001). Handbook of religion and health, Oxford: Oxford University Press.

Köthke, W., Rückert, H. & Sinram, J. (1999). Psychotherapie? Psychoszene auf dem Prüfstand, Göttingen: Hogrefe.

Kohlberg, L. (1995). Die Psychologie der Moralentwicklung, Frankfurt/M.: Suhrkamp.

Konow, J. & Earley, J. (2007). The hedonistic paradox: Is the homo oeconomicus happier? Munich Personal RePEc Archive. Auch: http://mpra.ub.uni-muenchen.de/2728/ (Stand: 9.9.2008).

Kozma, A., Stone, S. & Stones, M.J. (2000). Stability in components and predictors of subjective well-being (SWB). Implications for SWB structure. In E. Diener & D.R. Rahtz (Eds.), Advances in quality of life theory and research 1, London: Kluwer Academic Publishers, 13–30.

Kramer, P.D. (1995). Glück auf Rezept. Der unheimliche Erfolg der Glückspille Fluctin, München: Kösel.

Kretschmer, E. (1977). Körperbau und Charakter. Untersuchungen zum Konstitutionsproblem und zur Lehre von den Temperamenten (26. Aufl.), Berlin: Springer.

Kroh, M. (2006). An experimental evaluation of popular well-being measures. DIW Discussion Papers 546, Berlin: Deutsches Institut für Wirtschaftsforschung.

Krueger, R.F. Hicks, B.M. & McGue; M. (2001). Altruism and antisocial behavior: Independent tendencies, unique personality correlates, distinct etiologies. Psychological Science, 12, 397–402.

Kubey, R. & Csikszentmihalyi, M. (1990). Television and the quality of life, Hillsdale: Erlbaum.

Kubovy, M. (1999). On the pleasures of mind. In D. Kahneman, E. Diener & N. Schwarz (1999) (Eds.), Well-being. The foundation of hedonic psychology, New York: Russel Sage Foundation, 134–154.

Kubzansky L.D. & Kawachi I. (2000). Going to the heart of the matter: Negative emotions and coronary heart disease. Psychosomatic Research, 48, 323–337.

Kuntz, H. (2001). Ekstasy – auf der Suche nach dem verlorenen Glück. Vorbeugung und Wege aus Sucht und Abhängigkeit, Weinheim: Beltz.

LaBar, K.S. & Cabeza, R. (2006). Cognitive neuroscience of emotional memory. Nature Review Neuroscience, 7, 54–64.

Labouvie-Vief, G. & Medler, M. (2002). Affect optimization and affect complexity: Modes and styles of regulation in adulthood: Psychology and Aging, 17, 571–587.

Lacasse, J.R. & Leo, J, (2005). Serotonin and depression: A disconnect between the advertisements and the scientific literature. PLoS Med 2(12). http://medicine.plosjournals.org/perlserv/?request=get-document&doi=10.1371/journal.pmed.0020392&ct=1 (Stand: 4.9.2008).

Lacey, H.P., Smith, D.M. & Ubel, P.A. (2006). Hope I die before I get old: Mispredicting happiness across the adult lifespan. Journal of Happiness Studies, 7, 167–182.

Lalive d'Epinay, C. (2000). Vieillesses au fil du temps, 1979–1994. Une révolution tranquille, Lausanne: Réalités Sociales.

Lambert, M.J. (1992). Implications of outcome research for psychotherapy integration. In J.C. Norcross & M.R. Goldfried (Eds.), Handbook of psychotherapy integration, New York: Basic Books, 64–129.

Lambert, Y. (2004). A turning point in religious evolution in Europe. Journal of Contemporary Religion, 19, 29–45.

Lambert, C. (2007). The science of happiness. Psychology explores humans at their best. Harvard Magazine, January – February, 26. http://harvardmagazine.com/2007/01/the-science-of-happiness.html (Stand: 9.9.2008).

Lang, F. & Lüdtke, O. (2005). Der Big Five-Ansatz der Persönlichkeitsforschung: Instrumente und Vorgehen. In S. Schumann (Hrsg.), Persönlichkeit. Eine vergessene Größe der empirischen Sozialforschung, Wiesbaden: Verlag für Sozialwissenschaften, 29–39.

Langner, T. (1962). A twenty-two item screening score of psychometric symptoms indicating impairment. Journal of Health and Human Behaviour, 3, 269–276.

Lansford, J.E., Sherman, A.M. & Antonucci, T.C. (1998). Satisfaction with social networks: An examination of the socioemotional selectivity theory across cohorts. Psychology and Aging, 13, 544–552.

LaPlante, E. (1993). Seized: Temporal lobe epilepsy as a medical, historical, and artistic phenomenon, New York: Harper Collins.

Larsen, R.J. & Friedrickson, B.L. (1999). Measurement issues in emotion research. In D. Kahneman, E. Diener & N. Schwarz (Eds.), Well-being.

The foundations of hedonic psychology, New York: Russel Sage Foundation, 40–60.

Larson, R.W. (1990). The solitary side of life: an examination of the time people spend alone from childhood to old age. Developmental Review, 10, 155–183.

Lawler-Row, K.A. & Piferi, R.L. (2006). The forgiving personality: Describing a life well lived? Personality and Individual Differences, 41, 1009–1020.

Layard, R. (2005). Happiness: Lessons from a new science, New York: Penguin.

Lazarus, R. (1991). Emotion and adaptation, New York: Oxford University Press.

Leary, M.R. (1990). Responses to social exclusion: Social anxiety, jealousy, loneliness, depression, and low self-esteem. Journal of Social and Clinical Psychology, 9, 221–229.

Lebo, D. (1953). Some factors said to make for happiness in old age. Journal of Clinical Psychology, 9, 385–387.

LeBon, T. (1994). Therapeutic happiness. www.timlebon.com/TherapeuticHappiness.html (Stand: 4.9.2008).

Lee, J.Y. & Im, G. (2007). Self-enhancing bias in personality, subjective happiness, and perceptions of life events: A replication in a Korean aged sample. Aging and Mental Health, 11, 57–60.

Lelkes, O. (2002). Tasting freedom: Happiness, religion and economic transition. CASEpaper 59, London.

Lelkes, O. (2008). Happiness across the life cycle: exploring age-specific preferences. Policy Brief March (2).

Lelord, F. (2004). Hectors Reise oder die Suche nach dem Glück, München: Piper.

Lelord, F. & André, C. (2005). Die Macht der Emotionen und wie sie unseren Alltag bestimmen, München: Piper.

Lester, D. & Kaplan, S. (1994). The Depression-Happiness Scale: Happiness is not hypomania. Psychological Reports, 74, 858.

Lettner, K., Sölva, M. & Baumann, U. (1996). Die Bedeutung positiver und negativer Aspekte sozialer Beziehungen für das Wohlbefinden. Zeitschrift für Differentielle und Diagnostische Psychologie, 17, 170–186.

Levenson, R.W. (1994). Human emotions: A functional view. In P. Ekman & R. Davidson (Eds.),

The nature of emotion: Fundamental questions, New York: Oxford University Press, 123–126.

Levenson, R.W., Ekman, P. & Friesen, W.V. (1990). Voluntary facial action generates emotion-specific autonomic nervous system activity. Psychophysiology, 27, 363–384.

Levine, L.J. (1997). Reconstructing memory for emotions. Journal of Experimental Psychology, 126, 165–177.

Levine, L.J. & Bluck, S. (2004). Painting with broad strokes: Happiness and the malleability of event memory. Cognition and Emotion, 4, 559–574.

Levine, L.J. & Saver, M.A. (2002). Sources of bias in memory for emotions. Current Directions in Psychological Science, 11, 169–173.

Levy, B.R. (2002). Longevity increased by positive self-perception of aging. Journal of Personality and Social Psychology, 83, 261–270.

Lewinsohn, P.M. & Gotlib, I.H. (1995). Behavioral theory and treatment of depression. In E.E. Beckham & W.R. Leber (Eds.), Handbook of depression, New York: Guilford, 352–275.

Lewinsohn, P.M. & Graf, M. (1973). Pleasant activities and depression. Journal of Consulting and Clinical Psychology, 41, 261–268

Lewis, C.A. (2002). Church attendance and happiness among Northern IRIS Undergraduate students: No association. Pastoral Psychology, 50, 191–195.

Lewis, C.A. & Cruise, S.M. (2006). Religion and happiness: Consensus, contradictions, comments and concerns. Mental Health, Religion and Culture, 9, 213–225.

Lewis, C.A. & Joseph, S. (1995). Convergent validity of the Depression-Happiness-scale with measures of happiness and satisfaction with life. Psychological Reports, 76, 876–878.

Lewis, C.A., McCollam, P., & Joseph, S. (2001). Convergent validity of the Depression-Happiness Scale with the Memorial University of Newfoundland Scale of Happiness. Psychological Reports, 88, 471–472.

Lichter, S., Haye, K. & Kammann, R. (1980). Increasing happiness through cognitive retraining. New Zealand Psychologist, 9, 57–64.

Light, K.C. et al. (2005). More frequent partner hugs and higher oxytocin levels are linked to lower blood pressure and heart rate in premonopausal women. Biological Psychology, 69, 5–21.

Locke, E.A. (1976). The nature and causes of job satisfaction. In M.D. Dunnette (Ed.), Handbook of industrial and organizational psychology, Chicago: Rand McNally, 1297–1349.

Locke, J. (1981). Versuch über den menschlichen Verstand, Hamburg: Meiner (erstmals 1690).

Loehlin, J.C. et al. (1998). Heritabilities of common and measure-specific components of the Big Five personality factors. Journal of Resarch in Personality, 32, 431–453.

Lu, L. (2001). Understanding happiness: A look into the Chinese folk psychology. Journal of Happiness Studies, 2, 407–432.

Lu, L. & Argyle, M. (1991). Happiness and cooperation. Personality and Individual Differences, 12, 1019–1030.

Lu, L. & Argyle, M. (1993). TV watching, soap opera and happiness. Kaohsiung Journal of Medical Sciences, 9, 501–507.

Lu, L. & Gilmour, R. (2004). Culture and conceptions of happiness: Individual oriented and social oriented swb. Journal of Happiness Studies, 5, 269–291.

Lu, L. & Hu, C. (2005). Personality, leisure experiences, and happiness. Journal of Happiness Studies, 6, 325–342.

Lu, L. & Shih, J.B. (1997). Personality and happiness: Is mental health a mediator. Personality and Individual Differences, 22, 249–256.

Lu, L. et al. (2001). Two ways to achieve happiness: when the East meets the West. Personality and Individual Differences, 30, 1161–1174.

Lucas, R.E. (2005). Time does not heal all wounds. A longitudinal study of reaction and adaptation to divorce. Psychological Science, 16, 945–950.

Lucas, R.E. & Clark, A.E. (2006). Do people really adapt to marriage. Journal of Happiness Studies, 7, 405–426.

Lucas, R.E. & Donnellan, M.B. (2007). How stable is happiness? Using the STARTS model to estimate the stability of life satisfaction. Journal of Research in Personality, 41, 1091–1098.

Lucas, R.E. & Gohm, C.L. (2000). Age and sex differences in subjective well-being across cultures. In E. Diener & E.M Suh (Eds.), Culture and subjective well-being, Cambridge: The MIT Press, 291–317.

Lucas, R.E., Diener, E. & Suh, E.M. (1996). Discriminant validity of well-being measures. Journal of Personality and Social Psychology, 71, 616–628.

Lucas, R.E. et al. (2003). Reexamining adaptation and the set point model of happiness: reactions to changes in marital status. Journal of Personality and Social Psychology, 84, 527–539.

Lucas, R.E. et al. (2004). Unemployment alters the set point for life satisfaction. Psychological Science, 15, 8–13.

Lykken, D. (1999). Happiness. What studies on twins show us about nature, nurture, and the happiness set point, New York: Golden Books.

Lykken, D. & Tellegen, A. (1996). Happiness is a stochastic phenomenon. Psychological Science, 7, 186–189.

Lynn, M. & Steel, P. (2006). National differences in subjective well-being: The interactive effects of extraversion and neuroticism. Journal of Happiness Studies, 7, 155–165.

Lyubomirsky, S. (2007). Glücklich sein. Warum Sie es in der Hand haben, zufriedener zu leben, Frankfurt/M.: Campus.

Lyubomirsky, S. & Lepper, H.S. (1999). A measure of subjective happiness: Preliminary reliability and construct validation. Social Indicators Research, 46, 137–155.

Lyubomirski, S. & Nolen-Hoeksema, S. (1993). Self-perpetuating properties of dysphoric rumination. Journal of Personality and Social Psychology, 65, 339–349.

Lyubomirsky, S. & Ross, L. (1997). Hedonic consequences of social comparison: A contrast of happy and unhappy people. Journal of Personality and Social Psychology, 73, 1141–1157.

Lyubomirsky, S. & Ross, L. (1999). Changes in attractiveness of elected, rejected, and precluded alternatives: A comparison of happy and unhappy individuals. Journal of Personality and Social Psychology, 76, 988–1007.

Lyubomirsky, S. & Tucker, K.L. (1998). Implications of individual differences in subjective happiness for perceiving, interpreting, and thinking about life events. Motivation and Emotion, 22, 155–186.

Lyubomirsky, S., Caldwell, N.C. & Nolen-Hoeksema, S. (1998). Effects of ruminative and distracting responde to depressed mood on retrieval of autobiographical memories. Journal of Personality and Social Psychology, 75, 166–177.

Lyubomirsky, S., Kasri, F. & Zehm, K. (2003). Dysphoric rumination impairs concentration on academic tasks. Cognitive Therapy and Research, 27, 309–330.

Lyubomirsky, S., King, L.A. & Diener, E. (2005). The benefits of frequent positive affect: Does happiness lead to success? Psychological Bulletin, 131, 803–855.

Lyubomirsky, S., Sheldon, K.M. & Schkade, D. (2005). Pursuing happiness: The architecture of sustainable change. Review of General Psychology, 9, 111–131.

Lyubomirsky, S., Sousa, L. & Dickerhoof, R. (2006). The costs and benefits of writing, talking, and thinking about life's triumphs and defeats. Journal of Personality and Social Psychology, 90, 692–708.

Lyubomirsky, S., Tkach, C. & Dimatteo, M.R. (2005). What are the differences between happiness and self-esteem? Social Indicators Research, 78, 363–404.

Lyubomirsky, S. et al. (1999). Why ruminators are poor problem solvers: Clues from the phenomenology of dysphoric rumination. Journal of Personality and Social Psychology, 77, 1041–1060.

MacDonald, R., Byrne, C. & Carlton, L. (2006). Creativity and flow in musical composition: an empirical investigation. Psychology of Music, 34, 292–306.

MacDonald, S. & MacIntyre, P. (1997). The Generic Job Satisfaction Scale: Development and its correlates. Employee Assistance Quarterly, 13 (2), 1–16.

Macelli, E.A. & Easterlin, R.A. (2005). Beyond gender differences in U.S. life cycle happiness. Econ Papers: No 2, Working Papers from University of Massachusetts Boston, Economics Department.

Maddux, J.E. (2005). Stopping the "madness". Positive psychology and the deconstruction of the illness ideology and the DSM. In C.R. Snyder & S.J. Lopez (Eds.), Handbook of positive psychology, Oxford: Oxford University Press, 13–25.

Madon, S., Jussim, L. & Eccles, J (1997). In search of the powerful self-fulfilling prophecy. Journal of Personality and Social Psychology, 72, 791–809.

Magen, Z. (1996). Commitment beyond self and adolescence. The issue of happiness. Social Indicators Research, 37, 235–267.

Magen, Z. (1998). Exploring adolescent happiness. Commitment, purpose, and fulfilment, Thousand Oaks: Sage.

Magen, Z. & Aharoni, R. (1991). Adolescent's contributing toward others: Relationship to positive experiences and transpersonal commitment. Journal of Humanistic Psychology, 31, 126–143.

Mahoney, A et al. (1999). Marriage and the spiritual realm: The role of proximal and distal religious constructs in marital functioning. Journal of Family Psychology, 13, 321–338.

Majumar, M. (2000). Meditation und Gesundheit. Eine Beobachtungsstudie, Essen: KVC Verlag.

Mak, W. (2006). Good feelings produce bad judgment: The effects of mood and target on the fundamental attribution error. www.studentgroups.ucla.edu/upj/fall2003/wingyunmak.pdf (Stand: 9.9.2008).

Malcolm, W.M. & Greenberg, L.S. (2000). Forgiveness as a process of change in individual psychotherapy. In M.E. McCullough, K.I. Pargament & C.E. Thoresen (Eds.), Forgiveness. Theory, research, and practice, New York & London: Guilford Press, 179–202.

Mallard, A.G., Lance, C.–E. & Michalos, A.C. (1997). Culture as moderator of overall life satisfaction – life facet relationship. Social Indicators Research, 40, 259–283.

Mano, H. (1992). Judgments under distress: Assessing the role of unpleasantness and arousal in judgment formation. Organization Behavior and Human Decision Processes, 52, 216–246.

Manzoli, L. et al. (2007). Marital status and mortality in the elderly: A systematic review and meta-analysis. Social Science and Medicine, 64, 77–94.

Marcuse, L. (1996). Philosophie des Glücks. Von Hiob bis Freud (10. Aufl.), Zürich: Diogenes.

Marks, N. (2004). Power of well-being indicators: Measuring the well-being of young people in Nottingham: London: New Economic Foundation.

Marks, G.N. & Fleming, N. (1999). Influences and consequences of well-being among Australien young people: 1980–1995. Social Indicators Research, 46, 301–323.

Marr, A.K. (2005). In the zone: A bio-behavioristic analysis of Csikszentmihalyi's flow experience. http://flowstate.homestead.com/files/csikszentmihalyi_three.html (Stand: 9.9.2008).

Marsland, A.L., Pressman, S. & Cohen, S. (2007). Positive affect and immune function. Psychoneuroimmunolgy, 2, 761–779.

Martin, M.W. (2008). Paradoxes of happiness. Journal of Happiness Studies, 9, 171–184.

Maruta, T. (2000). Optimistic vs pessimists: Survival rate among medical patients over a 30-year period. Mayo Clinic Proceedings, 75, 140–143.

Maslow, A. (1990). Psychologie des Seins. Ein Entwurf (3. Aufl.), Frankfurt/M.: Fischer.

Maslow, A. (2002). Motivation und Persönlichkeit, Reinbek: Rowohlt.

Massimi, F. & Carli, M. (1988). The systematic assessment of flow in daily experiencee. In M. Csikszentmihalyi & I. Csikszentmihalyi (Eds.), Optimal experience, Cambridge: Cambridge University Press, 266–287.

Mastekaasa, A. (1992). Marriage and psychological well-being: Some evidence on selection into marriage. Journal of Marriage and the Family, 54, 901–911.

Mastekaasa, A. (1994). Marital status, distress, and well-being. Journal of Comparative Family Studies, 25, 183–206.

Masters, J., Barden, R. & Ford, M. (1979). Affective states, expressive behaviour, and learning in children. Journal of Personality and Social Psychology, 37, 380–390.

Matlin, M.W., Stang, D.J. (1978). The Pollyanna principle: Selectivity in language, memory, and thought. Cambridge: Schenkman.

Mattis, J.S. & Jagers, R.J (2001). A relational framework for the study of religiosity and spirituality in the lives of African Americans. Journal of Community Psychology, 29, 519–539.

Mayer, J.D., Salovey, P. & Caruso, D.R. (1999). The Mayer – Salovey – Caruso emotional intelligence test (MSCEIT), Toronto: Multi Health Systems.

Mayerl, J. (2001). Ist Glück ein affektiver Sozialindikator subjektiven Wohlbefindens? Dimensionen des subjektiven Wohlbefindens und die Differenz zwischen Glück und Zufriedenheit. Schriftenreihe des Instituts für Sozialwissenschaften der Universität Stuttgart, No. 4, www.uni-stuttgart.de/soz/institut/forschung/2001.SISS.4.pdf (Stand: 9.9.2008).

Mayring, P. (1991). Psychologie des Glücks, Stuttgart: Kohlhammer.

Mayring, P. (1994). Die Erfassung subjektiven Wohlbefindens. In A. Abele & P. Becker (Hrsg.),

Wohlbefinden. Theorie – Empirie – Diagnostik, Weinheim (2. Aufl.): Juventa, 51–70.

Mazure, C.M. (2006) (Ed.). Understanding depression in women: Applying empirical research to practice and policy, Washington DC: American Psychological Association.

McCraty, R. et al. (1996). Music enhances the effect of positive emotional states on salivary IgA. Stress Medicine, 12, 167–175.

McCullough, M.E., Emmons, R.A. & Tsang, J.A. (2002). The grateful disposition: A conceptual and empirical topography. Journal of Personality and Social Psychology, 82, 112–127.

McCullough, M.E., Pargament, K.I. & Thoresen, C.E. (2000) (Eds.). Forgiveness. Theory, research, and practice, New York & London: Guilford Press.

McCullough, M.E., Tsang, J.A. & Emmons, R.A. (2004). Gratitude in intermediate affective terrain. Links of grateful moods to individual differences and daily emotional experiences. Journal of Personality and Social Psychology, 86, 295–309.

McCullough, M.E. et al. (2001). Vengefulness: Relationships with forgiveness, rumination, well-being and the Big Five. Personality and Social Psychology Bulletin, 27, 601–610.

McGreal, R. & Joseph, S. (1993). The Depression-Happiness Scale. Psychological Reports, 73, 1279–1282.

McKinlay, J.B. et al. (1987). The relative contributions of endocrine changes and social circumstances to depression in mid-aged women. Journal of Health and Social Behaviour, 28, 345–363.

McLanahan, S. & Adams, J. (1987). Parenthood and psychological well-being. Annual Review of Sociology, 5, 237–257.

McLaughlin, J.K., Wise, T.N. & Lipworth, L. (2004). Increased risk of suicide among patients with breast implants: Do the epidemiological data support psychiatric consultation. Psychosomatics, 45, 277–280.

McVeigh, C. (1997). Motherhood experiences from the perspective of firsttime mothers. Clinical Nursing Research, 6, 335–348.

Meadows, C.M. (1975). The phenomenology of joy: An empirical investigation. Psychological Reports, 37, 39–54.

Meck, S. (2003). Vom guten Leben. Eine Geschichte des Glücks, Darmstadt: Wissenschaftliche Buchgesellschaft.

Medvec, V.H., Madey, S.F. & Gilovich, T. (1995). When less is more: Counterfactual thinking and satisfaction among Olympic medalists. Journal of Personality and Social Psychology, 69, 603–610.

Meehl, P. (1975). Hedonic capacity: Some conjectures. Bulletin of the Menninger Clinic, 39, 295–307.

Mehnert, T. et al. (1990). Correlates of life satisfaction in those with disabling conditions. Rehabilitation Psychology, 35, 3–17.

Meindl, J. (2008). Die spirituelle Persönlichkeit. Eine differentialpsychologische Untersuchung. Unveröffentlichte Diplomarbeit am Fachbereich Psychologie der Universität Salzburg.

Melin, R., Fugl-Meyer, K.S. & Fugl-Meyer, A.R. (2003). Life-satisfaction in 18- to 64-year-old Swedes: In relation to education, employment situation, health and physical activity. Journal of Rehabilitation Medicine, 35, 84–90.

Melton, R.J. (1995). The role of positive affect in syllogism performance. Personality and Social Psychology Bulletin, 21, 788–794.

Menec, V.H. (2003). The relation between everyday activities and successful aging: A 6-year longitudinal study. Journals of Gerontology: Series B: Psychological Sciences & Social Sciences, 58 B, 74–82.

Menon, V. & Levitin, D.J. (2005). The rewards of music listening: Response and physiological connectivity of the mesolimbic system. Neuroimage, 28, 175–184.

Meyer, B. et al. (2007). Happiness and despair on the catwalk: Need satisfaction, well-being, and personality adjustment among fashion models. The Journal of Positive Psychology, 2, 2–17.

Michalos, A.C. (2005). Satisfaction and happiness. In Ders. (Ed.), citation classics from social indicators research, New York: Springer, 221–258.

Michalos, A.C. (2008). Education, happiness and well-being. Social Indicators Research, 87, 347–366.

Michalson, L. & Lewis, M. (1985). What do children know about emotions and when do they know it? In M. Lewis & C. Saarni (Eds.), The socialization of emotions, New York: Plenum, 117–139.

Michinov, N. (2001). When downward comparison produces negative affect: The sense of control as moderator. Social Behavior and Personality, 29, 427–444.

Mirowsky, J. & Ross, C.E. (2002). Depression, parenthood, and age at first birth. Social Science & Medicine, 54, 1281–1298.

Mitchell, T.R. et al. (1997). Temporal adjustment in the evaluation of events: The 'rosy view'. Journal of Experimental Social Psychology, 33, 421–448.

Mochon, D., Norton, M.I. & Ariely, D. (2007). Getting off the hedonic treadmill one step at a time: The impact of regulars religious practice and exercise on well-being. Journal of Economic Psychology 28 Auch: http://web.mit.edu/~dmochon/www/HedonicTreadmill.pdf (Stand: 9.9.2008).

Moghaddam, M. (2008). Happiness, faith, friends, and fortune – Empirical evidence from the 1998 US Survey Data. Journal of Happiness Studies www.springerlink.com/content/q1l770463251725q/ (Stand: 9.9.2008).

Moneta, G.B. (2004). Flow experience across cultures. Journal of Happiness Studies, 5, 115–121.

Moore, B.S., Underwood, B. & Rosenhan, D.L. (1973). Affect and altruism. Developmental Psychology, 8, 99–104

Mor, N. & Winquist, J. (2002). Self-focused attention and negative affect: A meta-analysis. Psychological Bulletin, 128, 638–662.

Morill, F. (2005). Examen + Kind = Zufrieden? Lebenszufriedenheit von Akademikerinnen und Akademikern, Diss phil: Universität Erlangen-Nürnberg.

Morkowitz, J.T. (2003). Positive affect predicts lower risk of AIDS mortality. Psychosomatice Medicine, 65, 620–626.

Morrow-Howell, N. et al. (2003). Effects of volunteering on the well-being of older adults. The Journal of Gerontology Series B: Psychological Sciences and Social Sciences, 58, 127–145.

Moser, G.E. et al. (2006). „Klug und stark, schön und erotisch". Idyllen und Ideologien des Glücks in Literatur und in anderen Medien, Weinheim: Studien Verlag.

Moum, T. (1998). Mode of administration and interviewer effects in self-reported symptoms of anxiety and depression. Social Indicators Research, 45, 279–318.

Mrocek, D. & Kolarz, M. (1998). The effect of age on positive and negative affect: A developmental perspective on happiness. Journal of Personality and Social Psychology, 75, 1333–1349.

Mulé, C. (2004). Why women are more susceptible to depression: An explanation for gender differences. www.personalityresearch.org/papers/mule.html (Stand: 4.9.2008).

Mummendey, H.D. & Bolten, H.G. (1985). Die Impression-Management-Theorie. In D. Frey & M. Irle (Hrsg.), Theorien der Sozialpsychologie. Band III: Motivations- und Informationsverarbeitungstheorien, Bern: Huber, 57–77.

Murphy, G.C. & Athanasou, J.A. (1999). The effect of unemployment on mental health. Journal of Occupational and Organizational Psychology, 72, 83–99.

Murphy, M. & Donovan, S. (1997). The physical and psychological effects of meditation. A review of contemporary research with a comprehensive bibliography 1932–1996, Sausalito: Institute of Noetic Science.

Murray, S., Holmes, J.G. & Griffin, D.W. (1996). The benefits of positive illusions: Idealization and the construction of satisfaction in close relationships. Journal of Personality and Social Psychology, 70, 79–98.

Myers, D.G (1993). Pursuit of happiness. Discovering the pathway to fulfillment, well-being, and enduring personal joy, New York: Quill.

Myers, D.G. (1999). Close relationships and quality of life. In D. Kahneman, E. Diener & N. Schwarz (Eds.), Well-being. The foundations of hedonic psychology, New York: Russel Sage Foundation, 374–391.

Myers, D.G. (2000). The funds, friends, and faith of happy people. American Psychologist, 55, 56–67.

Myers, D.G. (2001). The American paradox: Spiritual hunger in an age of plenty, New Haven CN: Yale University Press.

Myers, D.G. (2004). Psychology (7. Aufl.), New York: Worth Publishers.

Myers, D.G. & Diener, E. (1995). Who is happy? Psychological Science, 6, 10–19.

Myers, D.G. & Diener, E. (1996). The pursuit of happiness. Scientific American, 6, 10–19.

Nakamura, J. & Csikszentmihalyi, M. (2005). The concept of flow. In C.R. Snyder & S.J. Lopez (Eds.), Positive psychology, Oxford: Oxford University Press, 89–105.

Nave, C.S., Sherman, R.A. & Funder, D.C. (2008). Beyond self reports in the study of hedonic and eudaimonic well-being: Correlations with acquaintance reports, clinical judgments and directly observed behaviour. Journal of Research in Personality, 42, 643–659.

Neff, K.D. (2003). The development and validation of a scale to measure self-compassion. Self and Identity, 2, 223–250.

Neff, K.D., Rude, S.S. & Kirkpatrick, K.L. (2007). An examination of self-compassion in relation to positive psychological functioning and personality traits. Journal of Research in Personality, 41, 908–916.

Neill, C.M. (1999). The role of spirituality and religious social activity on the life satisfaction of older widowed women. Sex Roles, 40, 319–329.

Nesse, R.M. (1998). Emotional disorders in evolutionary perspective. British Journal of Medical Psychology, 71, 397–415.

Nesse, R.M. (2004). Natural selection and the elusiveness of happiness. Philosophical Transactions of the Royal Society of London, 359, 1333–1347.

Neuberger, O. (1985). Arbeitszufriedenheit: Kraft durch Freude oder Euphorie im Unglück. Die Betriebwirtschaft, 45, 184–206.

Neugarten, B.L., Havighurst, R.J. & Tobin, S.S. (1961). The measurement of life satisfaction. Journal of Gerontology, 16, 135–143.

Newberg, A. d'Aquili, E. & Rause, V. (2003). Der gedachte Gott. Wie Glaube im Gehirn entsteht, München: Piper.

Newberg, A et al. (2003). Cerebral blood flow during meditative prayer: Preliminary findings and methodological issues. Perceptual Motor Skills, 97, 625–630.

Nickerson, C. et al. (2003). Zeroing in on the dark side of the American dream: A closer look at the negative consequences of the goal for financial success. Psychological Science, 14, 531–536.

Nietzsche, F. (1955). Werke in drei Bänden, hrsg. von Karl Schlechta, München: Hanser.

Noelle-Neumann, E. (1997). Wie man ohne Fragen feststellen kann, ob ein Mensch glücklich oder unglücklich ist. In Dies. & R. Köcher (Hrsg.), Allensbacher Jahrbuch für Demoskopie 1993–1997, Allensbach: Verlag für Demoskopie.

Nolen-Hoeksema, S. (1998). The other end of the continuum: The costs of rumination. Psychological Inquiry, 9, 216–219.

Nolen-Hoeksema, S. (2000). The role of rumination in depressive disorders and mixed anxiety/depressive symptoms. Journal of Abnormal Psychology, 109, 504–511.

Nolen-Hoeksema, S. (2003). Warum Frauen zuviel denken. Wege aus der Grübelfalle, München: Heyne.

Nolen-Hoeksema, S. (2008). Wege aus der Frustfalle. Warum Frauen zu viel denken, zu viel essen und zu viel grübeln, Frankfurt/M.: Eichborn.

Nolen-Hoeksema, S. & Morrow, J. (1991). A prospective study of depression and posttraumatic stress symptoms after a natural disaster: The 1989 Loma Prieta earthquake. Journal of Personality and Social Psychology, 61, 115–121.

Nolen-Hoeksema, S. & Rusting, C. (1999). Gender Differences in well-being. In D. Kahneman, E. Diener & N. Schwarz (Eds.), Well-being. The foundations of hedonic psychology, New York: Russel Sage Foundation, 330–350.

Nolen-Hoeksema, S., Wisco, B.E. & Lyubomirsky, S. (2008). Rethinking rumination. Perspectives on Psychological Science, 3, 402–426.

Nolen-Hoeksema, S. et al. (2007). Reciprocal relations between rumination and bulimic, substance abuse and depressive symptoms in female adolescents. Journal of Abnormal Psychology, 116, 198–207.

Norrish, J.M. & Vella-Brodrick, D.A. (2007). Is the study of happiness a worthy scientific pursuit? Social Indicators Research, 87, 393–407.

Nylenna, M. et al. (2005). Unhappy doctors? A longitudinal study of life and job satisfaction among Norwegian doctors 1994–2002. BMC Health Service Research, 5, 44–47.

Nyström, K. & Öhrling, K. (2004). Parenthood experience during the child's first year: Literature review. Journal of Advanced Nursing, 46, 319–330.

O'Malley, M.N. & Andrews, L. (1983). The effect of mood and incentives on helping: Are there some things money can't buy. Motivation and Emotion, 7, 179–189.

Oerter, R. & Montada, L. (2008). Entwicklungspsychologie. Ein Lehrbuch (6. Aufl.), Weinheim: BeltzPVU.

Oertl, M. (2007). Psychologie. Die neue Wissenschaft vom Glück: pm 3, www.pm-magazin.de/de/heftartikel/ganzer_artikel.asp?artikelid=1781 (Stand: 9.9.2008).

Oishi, S. (2002). The experiencing and remembering of well-being: A cross-cultural analysis. Personality and Social Psychology Bulletin, 28, 1398–1406.

Ojanlatva, A. (2003). Importance of and satisfaction with sex life in a large Finnish population. Sex Roles, 48, 543–553.

Okun, M.A. et al. (1984). Health and subjective well-being: A meta-analysis. International Journal of Aging and Human Development, 19, 111–132.

Olds, J. (1956). Pleasure centers in the brain. Scientific American, 195, 105–116.

Olejenik, A.B. & Asenath, A.L. (1980). Affect and moral reasoning. Social Behavior and Personality, 8, 75–79.

Opp, G. (2007). Wohlbefinden im Jugendalter: Widerstandskräfte entwickeln. In R. Frank (Hrsg.), Therapieziel Wohlbefinden. Ressourcen aktivieren in der Psychotherapie, Heidelberg: Springer, 239–247.

Orden, S.R. & Bradburn, N. (1968). Dimensions of marriage happiness. The American Journal of Sociology, 73, 715–731.

Oser, F. & Spychiger, M. (2005). Lernen ist schmerzhaft. Zur Theorie des Negativen Wissens und zur Praxis der Fehlerkultur, Weinheim: Beltz.

Ostir, G.V. et al. (2000). Emotional well-being predicts subsequent functional independence and survival. Journal of the American Geriatrics Society, 48, 473–478.

Oswald, A.J. (1997). Happiness and economic performance. Economic Journal, 107, 1815–1831.

Oswald, A.J. & Powdthavee, N. (2006). Does happiness adapt? A longitudinal study of disability with implications for economists and judges. Discussion Paper 2208, Forschungsinstitut zur Zukunft der Arbeit, Bonn.

Oswald, A.J. & Powdthavee, N. (2007). Obesity, unhappiness, and the challenge of affluence: Theory and evidence. Economic Journal, 117, 441–454.

Otake, K. et al. (2006). Happy people become happier through kindness. A counting kindness intervention. Journal of Happiness Studies, 7, 361–375.

Ott, U. (2005). Meditative Versenkung: Veranlagung, Training, physiologische Mechanismen. In W. Belschner, H. Piron & H. Walach (Hrsg.), Bewusstseinstransformation als individuelles und gesellschaftliches Ziel, Münster: Lit, 53–72.

Owuchi, G. & Yoshino, H. (1975). A study on the happiness of pupils in school. Tohoku Psychologica Folia, 34, 27–32.

Pahnke, W.N. (1966). Drugs and mysticism. International Journal of Parapsychology, 8, 295–313.

Panksepp, J. (1998). Affective neuroscience. The foundations of human and animal emotions, New York & Oxford: Oxford University Press.

Pargament, K.I. (1997). The psychology of religion and coping. Theory, research, practice, New York: Guilford Press.

Park, N., Peterson, C. & Seligman, M.E.P. (2004). Strengths of character and well-being. Journal of Social and Clinical Psychology, 23, 603–619.

Parloff, M.B., Kelman, H.C. & Comfort, J.D. (1954). Comfort, effectiveness, and self-awareness as criteria of improvement in psychotherapy. American Journal of Psychiatry, 11, 343–351.

Pavot, W., Diener, E. & Fujita, F. (1990). Extraversion and happiness. Personality and Individual Differences, 11, 1299–1306.

Peale, N.V. (2003). Power of positive thinking, New York: Simon and Schuster.

Pederson, .A. (2004). Biological aspects of social bonding and the roots of human violence. Annals of the New York Academy of Science, 1036, 106–127.

Pennebaker, J. (1990). Opening up: The healing power of confiding in others. New York: William Morrow.

Persinger, M. (2002). Experimental simulation of God experience: Implications for religious beliefs and the future of human species. In R. Joseph (Ed.), Neurotheology, San Jose: University Press, 279–292.

Peseschkian, N. (1985). Positive Psychotherapie. Theorie und Praxis einer neuen Methode, Frankfurt/M.: Fischer.

Peseschkian, N. (2005). Psychosomatik und Positive Psychotherapie (6. Aufl.), Frankfurt/M.: Fischer.

Petermann, F. & Kusch, M. (2004). Imagination. In D. Vaitl & F. Petermann (Hrsg.), Entspannungsverfahren. Das Praxishandbuch (3. Aufl.), Weinheim: BeltzPVU, 159–176.

Peterson, C. & Seligman, M.E.P. (2004). Character strengths and virtues, New York: Oxford University Press.

Peterson, C., Park, N. & Seligman, M.E.P. (2005). Orientations to happiness and life satisfaction:

The full life versus the empty life. Journal of Happiness Studies, 6, 25–41.

Phares, E.J. & Erskine, N. (1984). The measurement of selfism. Educational and Psychological Measurement, 44, 597–608.

Pieper, M.H. & Pieper, W.J. (2003). Wege aus der Glücksfalle. Warum wir auf der Suche nach dem Glück so oft scheitern und wie wir dies ändern können, Freiamt: Arbor Verlag.

Pillavin, J. (2003). Doing well by doing good: Benefits for the benefactor. In C. Keyes & J. Haidt (Eds.), Floursihing. Positive Psychology and the life well lived, Washington DC: American Psychological Association, 227–248.

Pinquart, M. & Sorenson, S. (2000). Influences of socioeconomic status, social network, and competence on subjective well-being in later life: A metaanalysis. Psychology and Aging, 15, 187–224.

Pollard, I. (2004). Meditation and brain function: A review. Eubios Journal of Asian and International Bioethics, 14, 28–34.

Poloma, M.M. & Gallup, G.H. (1991). Varieties of prayer, Philadelphia: Trinity Press International.

Poloma, M.M. & Pendleton, B.F. (1991). The effects of prayer and prayer experiences on measures of general well-being. Journal of Psychology and Theology, 19, 71–83.

Post, G.S: (2005). Altruism, happiness, and health: It's good to be good. International Journal of Behavioral Medicine, 12, 66–77.

Post, G.S. (2007). Altruism and health: Perspectives from empirical research, New York: Oxford University Press.

Pressman, S.D. & Cohen, S. (2005). Does positive affect influence health? Psychological Bulletin, 131, 925–971.

Pruchno, R.A. & Hayden, J. (2000). Interview modality: Effects on costs and data quality in a sample of older women. Journal of Health Aging, 12, 3–24.

Przuntek, H. & Müller, T. (2005). Das serotoninerge System aus neurologischer und psychiatrischer Sicht, Heidelberg: Steinkopff.

Ptacek, J.T. et al. (1994). Limited correspondence between daily coping reports and retrospective coping recall. Psychological Assessment, 6, 41–49.

Rätzel, S. (2007). Ökonomie und Glück – zurück zu den Wurzeln? Wirtschaftsdienst, 5, 335–345.

Rajkowska, G. (2000). Postmortem studies in mood disorders indicate altered numbers of neurons and glial cells. Biological Psychiatry, 48, 766–777.

Rammstedt, B.: (2007). Who worries and who is happy? Explaining individual differences in worries and satisfaction by personality. Personality and Individual Differences, 43, 1626–1636.

Rashid, T. & Seligman, M.E.P. (2007). Positive psychotherapy: A treatment manual, New York: Oxford University Press.

Ray, R.D. et al. (2005). Individual differences in trait rumination and the neural systems supporting cognitive reappraisal. Cognitive, Affective, and Behavioral Neuroscience, 5, 156–168.

Read, D. & van Leeuwen, B. (1998). Predicting hunger: The effects of appetite and delay on choice. Organizational Behavior and Human Decision Processes, 76, 189–205.

Reader, M. (2006). The science of happiness. What research tells us about being happy. www.eastleigh.gov.uk/meetings/mgConvert2PDF.asp?ID=8934 (Stand: 9.9.2008).

Redoute, J. et al. (2000). Brain processing of visual sexual stimuli in human males. Human Brain Imaging, 11, 162–177.

Regan, T. (2004). Happiness. Time Magazine, Dez. 15.

Rehdanz, K. & Maddison, D. (2005). Climate and happiness. Ecological Economics, 52, 111–125.

Reich, E. (2005). Denken und Lernen. Hirnforschung und pädagogische Praxis, Darmstadt: Wissenschaftliche Buchgesellschaft.

Reichle, B. & Werneck, H. (1999). Übergang zur Elternschaft. Aktuelle Studien zur Bewältigung eines unterschätzten Lebensereignisses, Stuttgart: Enke.

Requena, F. (2005). Friendship and subjective well-being in Spain. Cross-national comparison with the United States. Social Indicators, 35, 271–288.

Reyes-García, V. et al. (2006). The pay-offs to sociability: Solitary and social leisure and happiness. http://people.brandeis.edu/~rgodoy/working%20papers /TAPS-WP-25.pdf (Stand: 9.9.2008).

Rheinberg, F. (2004). Intrinsische Motivation und Flow-Erleben, Universität Potsdam.

Rheinberg, F., Vollmeyer, R. & Engeser, S. (2003). Die Erfassung des Flow-Erlebens. In J. Stiensmeier-Pelster & F. Rheinberg (Hrsg.), Diagnostik von Motivation und Selbstkonzept, Göttingen: Hogrefe, 261–279.

Riis J. et al. (2005). Ignorance of hedonic adaptation to hemodialysis: A study using ecological momentary assessment. Journal of Experimental Psychology: General, 134, 3–9.

Roberts, B.W., Caspi, A. & Moffitt, T.E. (2003). Work experiences and personality development in young adulthood. Journal of Personality and Social Psychology, 84, 582–593.

Robinson, M.D., Johnson, J.T. & Shields, S.A. (1998). The gender heuristic and the database: Factors affecting the perception of gender-related differences in the experience and display of emotions. Basic and Applied Social Psychology, 20, 206–219.

Rodríguez, A. & Látková, P. & Sun, Y.A (2008). The relationship between leisure and life satisfaction. Application of activity and need theory. Social Indicators Research, 86, 163–175.

Rogers, C. (2006). Entwicklung der Persönlichkeit. Psychotherapie aus der Sicht eines Therapeuten (16. Aufl.), Stuttgart: Klett-Cotta.

Rogers, S.J. & May, D.C. (2003). Spillover between marital quality and job satisfaction: Long term patterns and gender differences. Journal of Marriage and Family, 65, 482–495.

Rogler, L.H., Malgady, R.G., & Tyron, W.W. (1992). Evaluation of mental health: Issues of memory in the diagnostic interview schedule. Journal of Nervous and Mental Disease, 180, 215–222.

Rojas, M. (2006). Life satisication and satisfaction in domains of life: Is it a simple relationship? Journal of Happiness Studies, 7, 467–497.

Rose, G.D. & Staats, A.W. (1988). Depression and the frequence and strength of pleasant events: Exploration of the Staats-Heiby theory. Behavioral Research and Theory, 26, 489–494.

Rose, B.M. & Sullivan, M. (2002). Afterlife beliefs and death anxiety: An exploration of the relationship between afterlife expectations and fear of death in an undergraduate population. Journal of Death and Dying, 45, 229–243.

Rosenberg, M. (1989). Society and the adolescent self-image, Middletown: Wesleyan University Press.

Ross, L. (1977). The intuitive psychologist and his shortcomings: Distortions in the attribution process. In L. Berkowitz (Ed.), Advances in Experimental Social Psychology, 10, San Diego: Academic Press, 173–220.

Ross, C.E. & Huber, J. (1985). Hardship and depression. Journal of Health and Social Behavior, 26, 312–327.

Rossbacher, K. & Tanzer, U. (2002). Glück. Und was die Dichter davon wissen, Salzburg: Jung und Jung.

Roth, G. (2003). Fühlen, Denken, Handeln. Wie das Gehirn unser Verhalten steuert, Frankfurt/M.: Suhrkamp.

Rousseau, J.J. (1981). Emile oder über die Erziehung, Paderborn: Schöningh.

Rowe, J.W. & Kahn, R.L. (1997). Successful aging. The Gerontologist, 37, 433–440.

Rowland, L. (2006). Measuring happiness: a fool's errand. Why psychologists on the hunt for a 'happiness index' have returned empty-handed. www.Spiked-online.com/index.php?site/printable/338 (Stand: 9.9.2008).

Røysamb, E. et al. (2002). Subjective well-being, sex specific effects of genetic and environmental factors. Personality and Individual Differences, 32, 211–223.

Røysamb, E. et al. (2003). Happiness and health: Environmental and genetic contributions to the relationship between subjective well-being, perceived health, and somatic illness. Journal of Personality and Social Psychology, 85, 1136–1146.

Ruckriegel, K. (2007). Happiness Research (Glücksforschung) – eine Abkehr vom Materialismus. Schriftenreihe der Georg-Simon-Ohm Fachhochschule Nürnberg, Nr. 38, Nürnberg.

Ruini, C. et al. (2006). Well-being therapy in school settings: A pilot study. Psychotherapy and Psychosomatics, 75, 331–336.

Ruvolo, A.P. (1998). Marital well-being and general happiness of newlywed couples: Relationships across time. Journal of Social and Personal Relationships, 15, 470–489.

Ryan, R.M. & Deci, E.L. (2001). On happiness and human potentials: A review of research on hedonic and eudaimonic well-being. Annual Review of Psychology, 52, 141–166.

Ryff, C.D. (1989). Happiness is everything, or is it? Explorations on the meaning of psychological well-being. Journal of Personality and Social Psychology, 57, 1069–1081.

Ryff, C.D. & Keyes, C.L. (1995). The structure of psychological well-being revisited. Journal of Personality and Social Psychology, 69, 719–727.

Ryff, C.D. & Singer, B.H. (1996). Psychological well-being: Meaning, measurement, and implications for psychotherapy research. Psychotherapy and Psychosomatics, 65, 14–23.

Ryff, C.D. & Singer, B.H. (2006). Best news yet on the six-factor model of well-being. Social Indicators Research, 35, 1103–1119.

Ryff, C.D., Singer, B.H. & Love, G.D. (2004). Positive health: Connecting well-being with biology. Philosophical Translations Royal Society London, 359, 1383–1394.

Salovey, P. & Mayer, J.D. (1990). Emotional intelligence. Imagination, Cognition and Personality, 9, 185–211.

Salovey, P. Mayer, J.D. & Caruso, D. (2005). The Positive Psychology of emotional intelligence. In C.R. Snyder & S.J. Lopez (Eds.), Handbook of Positive Psychology, New York: Oxford University Press, 159–171.

Salovey, P., Mayer, J.D. & Rosenhan, D.K. (1991) Mood and helping: Mood as a motivator of helping and helping as a regulator of mood. In M.S. Clark (Ed.), Review of Personality and Social Psychology, Vol. 12: Prosocial Behavior, Newbury Park: Sage, 215–237.

Sandvik, E., Diener, E. & Seidlitz, L.Z. (1993). Subjective well-being: A comparison of self-report and non self-report measures. Journal of Personality, 61, 317–342.

Saroglou, V., Buxtant, C. & Tilquin, J. (2008). Positive emotions as leading to religion and spirituality. The Journal of Positive Psychology, 3, 165–173.

Saver, M.A., Levine, L. & Drapalski, A.L. (2002). Distortion in memory for emotions. Personality and Social Psychology Bulletin, 28, 1495–1507.

Scarmeas, N. & Stern, Y, (2003). Cognitive reserve and lifestyle. Journal of Experimental Neuropsychiatry, 25, 625–633.

Schaetzing, E. (1955). Die ekklesiogenen Neurosen. Wege zum Menschen, 7, 97–108.

Schallberger, U. & Pfister, R. (2001). Flow-Erleben in Arbeit und Freizeit. Eine Untersuchung zum „Paradox der Arbeit" mit der Experience Sampling Method (ESM). Zeitschrift für Arbeits- und Organisationspsychologie, 45, 176–187.

Schatzberg, A.E., Cole, J.O. & Debattista, C. (2003). Manual of Clinical Psychopharmacolgy, Washington DC: American Psychological Association.

Schaufeli, W.B. et al. (2002). The measurement of engagement and burnout: A two sample confirmatory factor analytic approach. Journal of Happiness Studies, 3, 71–92.

Scheier, M.F. & Carver, C.S. (1992). Effects of optimism on psychological and physical well-being: Theoretical overview and empirical update. Cognitive Therapy and Research, 16, 201–228.

Scheier, M.F., Weintraub, J.K. & Carver, C.S. (1986). Coping with stress: Divergent strategies of optimists and pessimists. Journal of Personality and Social Psychology, 51, 1257–1264.

Scherpenzeel, A. & Saris, W. (1996). Causal direction in a model of life satisfaction: The top-down/bottom-up controversy. Social Indicators Research, 38, 161–180.

Schienle, A. (2007). Geschlechterdifferenzen in der Emotionalität aus der Sicht des Neuroimaging. In Lauterbach, S. et al. (Hrsg.), Gehirn und Geschlecht, Berlin: Springer, 144–159.

Schimnack, U.: Affect measurement in experience sampling research. Journal of Happiness Studies, 4, 79–106.

Schimnack, U. et al. (2004). Personality and life satisfaction: A facet-level analysis. Personality and Social Psychology Bulletin, 30, 1062–1075.

Schkade, D.A. & Kahneman, D. (1998). Does living in California make people happy? A focusing illusion in judgments of life satisfaction. Psychological Science, 9, 340–346.

Schmidt-Atzert, L. (1996). Lehrbuch der Emotionspsychologie, Stuttgart: Kohlhammer.

Schmidt, L.A. & Trainor, L.J. (2001). Frontal brain electrical activity (EEG) distinguishes valence and intensity of musical emotions. Cognition and Emotion, 15, 487–500.

Schneider, W. (1978). Glück – was ist das? Versuch, etwas zu beschreiben, was jeder haben will, Reinbek: Rowohlt.

Schneider, W. (2007). Glück! Eine etwas andere Gebrauchsanleitung, Reinbek: Rowohlt.

Schooler, J.W., Ariely, D. & Loewenstein, G. (2003). The pursuit and assessment of happiness can be self-defeating. In I. Brocas & J.D. Carrillo (Eds.), The psychology of economic decisions I: Rationality and well-being, New York: Oxford University Press, 41–70.

Schopenhauer, A. (1919). Sämtliche Werke, hrsg. von J. Frauenstädt, Band 2: Die Welt als Wille und Vorstellung, Erster Teil, Leipzig: Brockhaus.

Schor, J.B. (1998). The overspent America, New York: Basic Books.

Schumacher, J. (2003) SWLS. Satisfaction with Life Scale. http://joerg-schumacher.net/swls_info.pdf (Stand: 9.9.2008).

Schumacher, J., Gunzelmann, T. & Brähler, E. (1996). Lebenszufriedenheit im Alter – Differentielle Aspekte und Einflussfaktoren. Zeitschrift für Gerontopsychologie und -psychiatrie, 9, 1–17.

Schumacher, J. Klaiberg, A. & Brähler, E. (2003). Diagnostische Verfahren zu Lebensqualität und Wohlbefinden, Göttingen: Hogrefe.

Schumacher, J. Laubach, W. & Brähler, E. (1995). Wie zufrieden sind wir mit unserem Leben? Soziodemographische und psychologische Prädiktoren der allgemeinen und bereichsspezifischen Lebenszufriedenheit. Zeitschrift für Medizinische Psychologie, 4, 17–26.

Schulz, R. & Decker, S. (1985). Long-term adjustment to physical disability: The role of social support, perceived control, and self-blame. Journal of Personality and Social Psychology, 48, 1162–1172.

Schummer, J. (1998) (Hrsg.). Glück und Ethik, Würzburg: Königshausen & Neumann.

Schwab, F. (2004). Evolution und Emotion. Evolutionäre Perspektiven in der Emotionsforschung und in der angewandten Psychologie, Stuttgart: Kohlhammer.

Schwartz, B. (2006). Anleitung zur Unzufriedenheit. Warum weniger glücklich macht, Frankfurt/M.: Ullstein.

Schwartz, D. (2007). Vernunft und Emotion. Die Ellis-Methode, Dortmund: Borgmann.

Schwartz, C.E. & Sendor, M. (1999). Helping others helps oneself: Response shift effects in peer support. Social Science and Medicine, 48, 1563–1576.

Schwartz, B. et al. (2002). Maximizing versus satisficing: Happiness is a matter of choice. Journal of Personality and Social Psychology, 83, 1178–1197.

Schwarz, N. (2002). Situated cognition and the wisdom of feelings: Cognitive tuning. In L. Feldmann Barret & P. Salovey (Eds.), The wisdom in feeling, New York: Guildford Press, 144–166.

Schwarz, F. & Clore, G.L. (1983). Mood, misattribution, and judgments of well-being. Informative and directive function of affective states. Journal of Personality and Social Psychology, 45, 513–523.

Schwarz, N. & Strack, F. (1999). Reports of Subjective Well-being: Judgmental processes and their methodological implications. In D. Kahneman, E. Diener, & N. Schwarz, N. (Eds.), Well-being. The foundation of hedonic psychology, New York: Russel Sage Foundation, 61–84.

Schwarz, N. & Sudman, S. (1994) (Eds.). Autobiographical memory and the validity of retrospective reports, New York: Springer.

Schwarz, N., Kahneman, D. & Xu, J. (2007). Global and episodic reports of hedonic experience. In R. Bell, D. Stafford & D. Alwin (Eds.), Using calendar and diary methods in life events research, Newbury Park: Sage, 221–235.

Schwarz, N. et al. (1987). Soccer, rooms, and the quality of life: Mood effects on judgments of satisfaction with life in general and with specific domains. European Journal of Social Psychology, 17, 69–79.

Schwennen, C. (2004). Verzeihen. In E. Auhagen (Hrsg.), Positive Psychologie. Anleitung zum „besseren" Leben, Weinheim: BeltzPVU, 139–153.

Scollon, C.N., Kim-Prieto, C. & Diener, E. (2003). Experience sampling: Promises and pitfalls, strengths and weaknesses. Journal of Happiness Studies, 4, 5–34.

Seal, A., Wright, J.D. & Sheley, J. (1993). Well-being and motherhood: Effects of preschool age children on the satisfactions and life experiences of working women and housewives. Sociological Spectrum, 13, 325–342.

Segal, N.L. (1999). Entwined lives: Twins and what they tell us about human behaviour, New York: Dutton.

Segerstrom, S.C. (2001). Optimism, goal conflict, and stressor related immune change. Journal of Behavioral Medicine, 24, 441–467.

Segerstrom, S.C. & Miller, G.E. (2004). Psychological stress and the human immun system: A meta-analytic study of 30 years of inquiry. Psychological Bulletin, 130, 601–630.

Segrin, C. & Taylor, M. (2007). Positive interpersonal relationships mediate the association between social skills and psychological well-being. Personality and Individual Differences, 43, 637–646.

Seidlitz, L.Z. & Diener, E. (1993). Memory for positive versus negative life events: Theories for the differences between happy and unhappy persons. Journal of Personality and Social Psychology, 64, 654–664.

Seidlitz, L.Z. & Diener, E. (1998). Sex differences in the recall of affective experiences. Journal of Personality and Social Psychology, 74, 262–271.

Seidlitz, L.Z., Wyer, R.S. & Diener, E. (1997). Cognitive correlates of subjective well-being: The processing of valenced life events by happy and unhappy persons. Journal of Research in Personality, 31, 240–256.

Seiffge-Krenke, I. & Gelhaar, T. (2008). Does successful attainment of developmental tasks lead to happiness and success in later developmental tasks? A test of Havighurst's (1948) theses. Journal of Adolescence, 31, 33–52.

Seligman, M.E.P. (2005). Der Glücks-Faktor. Warum Optimisten länger leben, Bergisch Gladbach: Lübbe.

Seligman, M.E.P. & Csikszentmihalyi, M. (2000). Positive psychology: An introduction. American Psychologist, 55, 5–14.

Seligman, M.E.P. & Peterson, C. (2003). Positive clinical psychology. In L.G. Aspinwall & U.M. Staudinger (Eds.), A psychology of human strengths: Fundamental questions and future directions for a positive psychology, Washington DC: American Psychological Association, 305–318.

Seligman, M.E.P., Rashid, T. & Parks, A.C. (2006). Positive psychotherapy. American Psychologist, 61, 774–788.

Seligman, M.E.P. et al. (2005). Positive Psychology Progress. Empirical validation of interventions. American Psychologist, 60, 410–421.

Sell, L.A. et al. (1999). Activation of reward circuitry in human opiate addicts. European Journal of Neuroscience, 11, 1042–1048.

Seneca (1909). Vom glückseligen Leben, Leipzig: Kröner.

Seo, M. & Barrett, L.F. (2007). Being emotional during decision making – good or bad? An empirical investigation. Academic Management Journal, 50, 923–940.

Shapiro, S.L., Schwartz, G.E. & Santerre, C. (2005). Meditation and Positive Psychology. In C.R. Snyder & S.J. Lopez (2005) (Eds.), Handbook of positive psychology, Oxford: Oxford University Press, 632–645.

Sharot, T. et al. (2007). Neural mechanism mediating optimism bias. Nature, 450, 102–105.

Shaver, P. et al. (1987). Emotion knowledge: Further exploration of a prototype approach. Journal of Personal and Social Psychology, 52, 1061–1086.

Shek, D.L. (1998). A longitudinal study of the relations between parent-adolescent conflict and adolescent psychological well-being. Journal of Genetic Psychology, 159, 53–67.

Sheldon, K.M. & Lyubomirsky, S. (2006). How to increase and sustain positive emotion: The effects of expressing gratitude and visualizing the best possible selves. The Journal of Positive Psychology, 73–82.

Sheldon, K.M. & Lyubomirsky, S. (2006 a). Achieving sustainable gains in happiness: Change your actions not your circumstances. Journal of Happiness Studies, 7, 55–86.

Sheldon, K.M. & Houser-Marko, L. (2001). Self-concordance, goal-attainment, and the pursuit of happiness: Can there be an upward spiral? Journal of Personality and Social Psychology, 80, 152–165.

Shelly, M.W. (1978). The strategies and tactics for happiness, Vol 1 und II, Dubuque/Jowa: Kendall/Hunt.

Shields, M. & Wooden, M. (2004). Marriage, children and subjective well-being. www.melbourneinstitute.com/hilda/Biblio/cp/conf-p01.pdf (Stand: 9.9.2008).

Shlien, J. (1994). Macht klientenzentrierte Therapie glücklich? In M. Behr & U. Esser (Hrsg.), „Macht Therapie glücklich?" Neue Wege des Erlebens in Klientenzentrierter Psychotherapie, Köln: GwG-Verlag, 25–43.

Shmotkin, D. (2005). Happiness in the face of adversity: Reformulating the dynamic and modular bases of subjective well-being. Review of General Psychology, 9, 291–325.

Shulgin, A, & Shulgin, A. (1998). Pikhal. A chemical love story, Berkeley: Transform Press.

Sieverding, M. (2000). Die Gesundheit von Müttern. Ein Forschungsüberblick. Verhaltenstherapie und Psychosoziale Praxis, 32, 577–591.

Simsa, R. (2004). Arbeitszufriedenheit und Motivation in mobilen sozialen Diensten sowie in Alten- und Pflegeheimen – Forschungsergebnisse. Institut für Sozial- und Wirtschaftswissenschaften 2/2004, Linz.

Small, D.M. et al. (2001). Changes in brain activity related to eating chocolate. From pleasure to aversion. Brain, 124, 1720–1733.

Smith, J.C. (1990). Cognitive-behavioral relaxation training: A new system of strategies for treatment and assessment, New York: Springer.

Smith, H. (1998). Unglückliche Kinder. Fakten Ursachen Hilfen, Düsseldorf: Patmos.

Smith, R. (2001). Why are doctors so unhappy? British Medical Journal, 322, 1073–1074.

Smith, S. & Razzell, P. (1975). The pools winners, London: Caliban.

Smith, W.P., Compton, W.C. & West, W.B. (1995). Meditation as an adjunct to an happiness enhancement program. Journal of Clinical Psychology, 51, 269–273.

Smith, J. et al. (1999). Sources of well-being in very old age. In P. Baltes & K.U. Mayer (Eds.), The Berlin Aging Study: Aging from 70 to 100, Cambridge: Cambridge University Press, 450–471.

Smith, R.H. et al. (1999). Dispositional envy. Personality and Social Psychology Bulletin, 25, 1007–1020.

Snoep, L. (2008). Religiousness and happiness in three nations: a research note. Journal of Happiness Studies, 9, 207–211.

Snyder, C.R. & S.J. Lopez. (2005) (Eds.). Handbook of positive psychology, Oxford: Oxford University Press.

Sölva, M., Baumann, U. & Lettner, K. (1995). Wohlbefinden: Definitionen, Operationalisierungen, empirische Befunde. Zeitschrift für Gesundheitspsychologie, 3, 292–309.

Solberg, E.G., Diener, E. & Robinson, M.A. (2003). Why are materialist less satisfied? In T. Kasser & A.D. Kanner (Eds.), Psychology and consumer culture. The struggle for good life in a materialistic world, Washington DC: American Psychological Association, 29–48.

Solnick, S.J. & Memenway, D. (1998). Is more always better? A survey on positional concerns. Journal of Economic Behavior and Organization, 37, 373–383.

Solstad, K. & Mucic, D. (1999). Extramarital sexual relationship of middle-aged Danish men: attitudes and behaviour. Maturitas. The European Menopause Journal, 32, 51–59.

Sonnenmoser, M. (2007). Positive Psychotherapie: Positive Emotionen, Engagement und Lebenssinn. Deutsches Ärzteblatt PP 6, Ausgabe Juli 2007, 312.

Spector, P.F. (1997). Job satisfaction: Application, assessment, causes and consequences, Thousand Oaks: Sage.

Spilka, B. et al. (2003). The psychology of religion. An empirical approach, New York: Guilford Press.

Spitzer, M. (2002). Lernen. Gehirnforschung und die Schule des Lebens, Heidelberg: Spektrum Akademischer Verlag.

Spitzer, M. (2007). Kann, darf, soll oder muss man Glück wissenschaftlich untersuchen. In Ders. & W. Bertram (Hrsg.), Braintertainment – Expeditionen in die Welt von Geist und Gehirn, Stuttgart u. a.: Schattauer, 81–108.

Sprichwörter: Sprichwörter über das Glück. www.gluecksarchiv.de/inhalt/sprichwoerter.htm (Stand: 9.9.2008).

Springer, K. & Hauser, R.M. (2006). An assessment of the construct validity of Ryff's scales of Psychological Well-being: Methode, model and measurement effects. Social Science Research, 35, 1080–1102.

Sprott, J.C. (2005). Dynamic models of happiness. Nonlinear Dynamics, Psychology, and Life Science, 9, 23–36.

Srivastava, A., Locke, E.A. & Bartol, K.M. (2001). Money and subjective well-being. It's not the money, it's the motives. Journal of Personality and Social Psychology, 80, 959–971.

Stack, S. & Eshleman, R. (1998). Marital status and happiness: A 17-nation study. Journal of Marriage and the Family, 60, 527–536.

Stark, R. & Kagerer, S. (2007). Neuronale Grundlagen positiver Emotionen. In R. Frank (Hrsg.), Therapieziel Wohlbefinden. Ressourcen aktivieren in der Psychotherapie, Berlin: Springer, 263–272.

Staudinger, U.M. (2000). Viele Gründe sprechen dagegen, und trotzdem geht es vielen Menschen gut: Das Paradox des subjektiven Wohlbefindens. Psychologische Rundschau, 51, 185–197.

Staw, B.M. & Barsade, S.G. (1993). Affect and managerial performance: A test of the sadder-but-wiser vs. happier-and-smarter hypothesis. Administrative Science Quarterly, 38, 304–331.

Staw, B.M., Sutton, R.I. & Pelled, L.H. (1995). Employe positive emotion and favourable outcomes at the workplace. Organization Science, 5, 51–71.

Steinfath, H. (1998). Was ist ein gutes Leben? Philosophische Reflexionen, Frankfurt/M.: Suhrkamp.

Steptoe, A., Wardle, J. & Marmot, M. (2005). Positive affect and health-related neuroendocrine, cardiovascular, and inflammatory processes. Proceedings of the National Academy of Sciences, 102, 6508–6512.

Stevenson, B. & Wolfers, J. (2007). The paradox of declining female happiness. Mimeo, University of Pennsylvania.

Stone, A.A. et al. (1994). Daily events are associated with a secretory immune response to an oral antigen in men. Health Psychology, 13, 440–446.

Storbeck, J. & Clore, G.L. (2005). With sadness comes accuracy, with happiness, false memory: Mood and the false memory effect. Psychological Science, 16, 785–791.

Strack, F., Martin, L.L. & Schwarz, N. (1988). Priming and communication. Social determinants of information use in judgments of life satisfaction. European Journal of Social Psychology, 18, 429–442.

Strack, F., Schwarz, N. & Gschneidinger, E. (1985). Happiness and reminiscing: The role of time perspective, affect and mode of thinking. Journal of Personality and Social Psychology, 49, 1460–1469.

Strategy Unit (2003). Life satisfaction: The state of knowledge and implications for goverment, London. Auch: www.cabinetoffice.gov.uk/strategy/~/media/assets/www.cabinetoffice.gov.uk/strategy/paper%20pdf.ashx (Stand: 4.9.2008).

Stumbe, N.J. & Peterson, C.A. (2004). Therapeutic recreation program design. Principles and procedures (4. Aufl.), San Francisco: Pearson.

Stutz, J. & Mintzer, E. (2006). The affluence paradox: More money is not making us happier. A review of statistical evidence, Boston: Tellus Institute. Auch: www.tellus.org/documents/PDF/Affluence_Paradox.pdf (Stand: 4.9.2008).

Stutzer, A. (2007). Limited self-control, obesity, and the loss of happiness: IZA Discussion Paper 2925.

Stutzer, A. & Frey, B.S. (2005). Does marriage make people happy, or do happy people get married? Discussion Paper no. 1811, Bonn: Institute for the Study of Labor.

Suhail, K. & Chaudhry, H.R. (2004). Predictors of subjective well-being in an Eastern Culture. Journal of Social and Clinical Psychology, 23, 359–376.

Suh, E.M. (2000). Self, the hyphen between culture and subjective well-being. In E. Diener & E.M. Suh (2000) (Eds.), Culture and subjective well-being, Cambridge MA: MIT Press, 63–86.

Suh, E.M., Diener, E. & Fujita, F. (1996). Events and subjective well-being: Only recent events matter. Journal of Personality and Social Psychology, 70, 1091–1102.

Suh, E.M. et al. (1998). The shifting basis of life-satisfaction judgments across the cultures: Emotions versus norms. Journal of Personality and Social Psychology, 74, 482–493.

Suldo, S., Riley, K. & Shaffer, E. (2006). Academic correlates of children and adolescents life satisfaction. School Psychology International, 27, 567–582.

Suls, T. & Wills, T.A. (1991) (Eds.). Social comparison: Conteporary theory and research, Hillsdale: Erlbaum.

Sumner, L.W. (1996). Welfare, happiness, and ethics, New York: Oxford University Press.

Sund, L.G. & Smyrnios, K.X. (2005). Striving for happiness and its impact on family stability: An exploration of the Aristotelian Conception of happiness. Family Business Review, 18, 155–170.

Swann, W.B. (1992). Seeking thruth, finding despair: Some unhappy consequences of a negative self-concept. Current Directions in Psychological Science, 1, 15–18.

Sweeting, H. & West, P. (2003). Sex differences in health at ages 11, 13 and 15. Social Science and Medicine, 56, 31–39.

Swinyard, W.R., Kau, A.K. & Phua, H.Y (2001). Happiness, materialism, and religious experience in the USA and Singapore. Journal of Happiness Studies, 2, 13–32.

Sylvester, C., Voelkl, J.E. & Ellis, D.G. (2001). Therapeutic recreation programming: Theory and practice, State College: Venture.

Tait, M., Badget, M. & Baldwin, T.T. (1989). Job and life satisfaction: a reevaluation of the strength of the relationship and gender effects as a function of the date of the study. Journal of Applied Psychology, 74, 502–507.

Taylor, S.E. (1989). Positive illusions: Creative self-deception and the healthy mind, New York: Basic Books.

Taylor, S.E. et al. (2003). Are self-enhancing cognitions associated with healthy or unhealthy biological profiles. Journal of Personality and Social Psychology, 85, 605–615.

Taylor, S.E. et al. (2003 a). Portrait of the self-enhancer. Well adjusted and well liked or maladjusted and friendless. Journal of Personality and Social Psychology, 84, 165–178.

Teasdale, J.D. et al. (2002). Prevention of relapse/recurrence in major depression by mindfulness-based cognitive therapy. Journal of Consulting and Clinical Psychology, 69, 615–623.

Tellegen, A. & Wallner, N. (1994). Exploring personality through test construction: Development of the Multidimensional Personality Questionnaire. In S.R. Briggs & J.M. Cheek (Eds.), Personality measures: Development and evaluation,
Greenwich: JAI Press, 133–161.

Tellegen, A. et al. (1988). Personality similarity in twins reared apart and together. Journal of Personality and Social Psychology, 54, 1031–1039.

Tesser, A., Millar, M. & Moore, J.C. (1988). Some affective consequences of social comparison and reflection processes: The pain and pleasure of being close. Journal of Personality and Social Psychology, 54, 49–61.

Thalbourne, M.A. (2004). A note on the Greeley measure of mystical experience. The International Psychology of Religion, 13, 215–222.

Thoits, P. & Hannan, M. (1979). The impact of an income-maintenance experiment. Journal of Health and Social Behaviour, 20, 120–138.

Thoits, P. & Hewitt, L. (2001). Volunteer work and well-being. Journal of Health and Social Behavior, 42, 115–131.

Thomä, D. (1996). Lebenskunst und Lebenslust. Ein Lesebuch vom guten Leben, München: Beck.

Thomson, W.F., Schellenberg, E.G. & Husain, G. (2001). Arousal, mood, and the Mozart effect. Psychological Science, 12, 248–251.

Thoresen, C.E., Harris, A.H. & Luskin, F. (2000). Forgiveness and health. An unanswered question. In M.E. Cullough et al. (Eds.), Forgiveness. Theory, research, and practice, New York & London: Guilford Press, 254–280.

Toivanen, J., Väyrynen, E. & Seppänen, T. (2005). Gender differences in the ability to discriminate emotional content from speech. Proceedings FONETIK 119–122; www.ling.gu.se/konferenser/fonetik2005/papers/Toivanen.pdf (Stand: 4.9.2008).

Triandis, H.C. (2000). Cultural syndromes and subjective well-being. In E. Diener & E.M. Suh (2000) (Eds.), Culture and subjective well-being, Cambridge MA: MIT Press, 13–36.

Trotter, J. (1989). Babies sind klüger. Psychologie Heute (Hrsg.), Klein sein, groß werden, Weinheim: Beltz, 7–32.

Tschechne, R. (2003). Die Angst vor dem Glück: Warum wir uns selbst im Wege stehen, München: Langen/Müller.

Tsou, M.W. & Liu, J.T. (2001). Happiness and domain satisfaction in Taiwan. Journal of Happiness Studies, 2, 269–288.

Tucker, K.L. et al. (2006). Testing for measurement invariance in the satisfaction with life scale: A comparison of Russians and North Americans. Social Indicators Research, 78, 341–360.

Ulrich, R. (1984). View through a window may influence recovery from surgery. Science, 420, 27. April.

Vaitl, D. & Petermann, F. (2004) (Hrsg.). Entspannungsverfahren. Das Praxishandbuch (3. Aufl.), Weinheim: BeltzPVU.

Vallereux, S.R. (2006). The relationship between extraversion and happiness: A day reconstruction study. https://scholarsbank.uoregon.edu/dspace/bitstream/1794/3032/1/Relationship+between+Extraversion+and+Happiness.pdf (Stand: 9.9.2008).

Van Boven, L. (2005). Experientalism, materialism, and the pursuit of happiness. Review of General Psychology, 9, 132–142.

VanDam, F. (1989). Does happiness heal? In R. Veenhoven (Ed.), How harmful is happiness? Consequences of enjoying life or not. Rotterdam: University Pers Rotterdam, 17–23.

Van de Vliet, P. et al. (2004). The effects of fitness training on clinically depressed approach: An intra-individual approach. Psychology of Sport and Exercice, 5, 153–167.

Van Deurzen-Smith, E. (1988). Existential counselling in practice, Thousand Oaks: Sage.

Van Goozen, S. et al. (1997). Psychoendocrinological assessment of the menstrual cycle: The relationships between hormones, sexuality, and mood. Archiv for Sexual Behavior, 26, 359–382.

Van Servellen, G. et al. (1998). Emotional distress in women with symptomatic HIV disease. Issues in Mental Health Nursing, 19, 173–189.

Veenhoven, R. (1987). The utility of happiness. Social Indicators Research, 20, 333–354.

Veenhoven, R. (1989). Does happiness bind? Marriage chances of the unhappy. In R. Veenhoven (Ed.), How harmful is happiness? Consequenes of enjoying life or not, The Hague: University Pers Rotterdam, 44–60.

Veenhoven, R. (1991). Questions on happiness: Classical topics, modern answers, blind spots. In F. Strack et al. (Hrsg.), Subjective Well-being. An interdisciplinary perspective, Oxford et al: Pergamon Press, 7–26.

Veenhoven, R. (1993). Bibliography of happiness. 2742 contemporary studies on subjective appreciation of life: Rotterdam: Erasmus University.

Veenhoven, R. (1997). Advances in understanding happiness. French Revue Québécoise de Psychologie, 18, 29–74.

Veenhoven, R. (2000). Freedom and happiness: A comparative study in forty-four nations in the early 1990s. In E. Diener & E.M. Suh (Eds.), Culture and subjective well-being, Cambridge: MIT Press, 257–288.

Veenhoven, R. (2001). Are the Russians as unhappy as they say they are. Comparability of self-reports across nations. Journal of Happiness Studies, 2, 111–136.

Veenhoven, R. (2003). Happiness in hardship. In L. Bruni & G. Becattini (Eds.), Felicita ed economia. Quando il benessere e ben vivere, Milano: Angelo Guerini, 257–277.

Veenhoven, R. (2003 a). Hedonism and happiness. Journal of Happiness Studies, 4, 437–457.

Veenhoven, R. (2003b). Findings on happiness and therapy. http://publishing.eur.nl/ir/repub/asset/674/Therapy.pdf (Stand: 9.9.2008).

Veenhoven, R. (2004). Happiness as an aim in public policy. In A. Linley & S. Joseph (Eds.), Positive Psychology in practice, New York: John Wiley & Sons, 658–678.

Veenhoven, R. (2005). World Database of happiness. Bibliography. http://worlddatabaseofhappiness.eur.nl (Stand: 9.9.2008).

Veenhoven, R. (2007). Größeres Glück für eine größere Zahl von Menschen. Ist das in Deutschland möglich? In B. Hentschel & G. Staupe (Hrsg.), Glück – welches Glück? München: Carl Hanser, 107–115.

Veenhoven, R. (2008). Effects of happiness on physical health and the consequences for preventive health care. Journal of Happiness Studies, 9, 449–469.

Veenhoven, R. (2008a). Well-being in nations and well-being of nations. Is there a conflict between individual and society. http://www2.eur.nl/fsw/research/veenhoven/Pub2000s/2008b full.pdf (Stand: 9.9.2008).

Velten, E. (1968). A laboratory task for induction of mood states. Behavior Research and Therapy, 6, 473–482.

Veroff, J., Douvan, E. & Kulka, R. (1993). The inner American: A self portrait, New York: Basic Books.

Viken, R.J. et al. (2007). Illusory correlation for body type and happiness: Covariation bias and its relationship to eating disorder symptoms. International Journal of Eating Disorders, 38, 65–72.

Vittersø, J. (2001). Personality traits and subjective well-being: Emotional stability, not extraversion, is probably the important predictor. Personality and Individual Differences, 31, 903–914.

Vopel, K.W. (2003). Praxis der positiven Psychologie. Übungen, Experimente, Rituale, Salzhausen: iskopress.

Wade, J. (2004). Transcendent sex. When love making opens the veil. New York: Paraview Pocket Books.

Wadlinger, H.A. (2007). The science of happiness. Psych 122a, www.brandeis.edu/departments/psych/Syllabi/syllabiF07/PSYC%20122a_F'07.pdf (Stand: 9.9.2008).

Waite, L.J. (1995). Does marriage matter? Demography, 32, 483–507.

Walden, R. (2003). Glück und Unglück. Glück- und Unglückserlebnisse aus interaktionistischer Sicht, Heidelberg: Asanger.

Walderhaug, E. et al. (2007). Interactive effects of sex and 5-HTTLPR on mood and impulsivity during tryptophan depletion in healthy people. Biological Psychiatry, 62, 593–599.

Walker, M. (2006). In praise of bio-happiness. IEET Monograph Series, University of Toronto. Auch: http://ieet.org/archive/IEET-02-BioHappiness.pdf (Stand: 4.9.2008).

Wallace, B.A. & Shapiro, S.L. (2006). Mental balance and well-being. Building bridges between Buddhism and Western Psychology. American Psychologist, 61, 690–701.

Wallis, C. (2007). The new science of happiness. Time, January, 17, 2005, A3–A9. Auch: www. authentichappiness.sas.upenn.edu/images/ TimeMagazine/Time-Happiness.pdf (Stand: 4.9.2008).

Warr, P. (2007). Work, happiness and unhappiness, London: Psychology Press.

Wasson, R.C. (1986). Persephone's quest: Entheogens and the origins of religion, New Haven: Yale University Press.

Waterman, A.S. (1993). Two conceptions of happiness: Contrast of personal expressiveness (Eudaimonia) and hedonic enjoyment. Journal of Personality and Social Psychology, 64, 678–691.

Waterman, A.S., Schwartz, S.J. & Conti, R. (2008). The implications of two conceptions of happiness (hedonic enjoyment and eudaimonia) for the understanding of intrinsic motivation. Journal of Happiness Studies, 9, 41–79.

Watkins, P.C. (2004). Gratitude and subjective well-being. In R.E. Emmons & M.E. Cullough (Eds.), The psychology of gratitude, New York: Oxford University Press, 167–192.

Watkins, P. et al. (2003). Gratitude and happiness: Development of a measure of gratitude, and relationship with subjective well-being. Social Behavior and Personality, 31, 431–452.

Watson, G. (1930). Happiness among adult students of education. Journal of Educational Psychology, 21, 79–109.

Watson, D. (1988). The vicissitudes of mood measurement: Effects of varying descriptors, time frames, and response formats on measures of positive and negative affect. Journal of Personality and Social Psychology, 55, 128–141.

Watson, D. (2005). Positive affectivity: The disposition to experience pleasurable emotional states. In C.R. Snyder & S.J. Lopez (Eds.), Handbook of positive psychology, Oxford et al: Oxford University Press, 106–119.

Watson, D., Clark, L. & Tellegen, A. (1988). Development and validation of brief measures of positive and negative affect: The PANAS scales. Journal of Personality and Social Psychology, 54, 1063–1070.

Watten, R.G. et al. (1997). Personality factors and somatic symptoms. European Journal of Personality, 11, 57–68.

Weick, S. (2004) Familie. In Statistisches Bundesamt (Hrsg.), Datenreport 2004. Zahlen und Fakten über die Bundesrepublik Deutschland, Bonn: Bundeszentrale für politische Bildung, 534–544.

Weinert, F. (1998). Organisationspsychologie, Weinheim: BeltzPVU.

Weinstein, N.D. (1980). Unrealistic optimism about future lief events. In Journal of Personal and Social Psychology, 39, 806–820.

Wells, N.M. & Evans, G.W. (2003). Nearby nature. A buffer of life stress among rural children. Environment and Behavior, 35, 311–330.

Welsch, H. (2002). Preferences over prosperity and pollution. Environmental valuation based on happiness surveys. Kyklos, 55, 473–494.

Westermann, R. et al. (1996). Relative effectiveness and validity of mood-induces procedures: A meta-analysis. European Journal of Social Psychology, 26, 557–580.

Wetz, F.J. (2002). Glück, Stuttgart: Klett-Cotta.

White, A.G. (2007). A global projection of subjective well-being: A challenge to Positive Psychology. www.le.ac.uk/users/aw57/world/sample.html (Stand: 4.9.2008).

Whiteley, P. (2004). The art of happiness: Is volunteering the blue-print for bliss. London: Economic and Social Research Council.

Wilber, K. (2001). Integrale Psychologie. Geist, Bewusstsein, Psychologie, Therapie, Freiamt: Arbor Verlag.

Wilhelm, K. & Roy, K. (2003). Gender differences in depression risk and coping factors in a clinical sample. Acta Psychiatrica Scandinavica, 106, 45–53.

Wilkinson, W. (2007). In pursuit of happiness research. Is it reliable? What does it imply for policy. Policy Analysis No. 590.

Wilson, W. (1967). Correlates of avowed happiness. Psychological Bulletin, 67, 294–306.

Wilson, T.D. et al. (2000). Focalism: A source of durability bias in affective forecasting. Journal of Personality and Social Psychology, 78, 821–836.

Wimmer-Puchinger, B. (2006). Prävention von postportalen Depressionen – Ein Pilotprojekt des Wiener Programms für Frauengesundheit. In Dies. & A. Riecher-Rössler (Hrsg.), Postpartale Depression. Von der Forschung zur Praxis, Wien: Springer, 21–49.

Windle, M. (2000). A latent growth curve model of delinquent activity among adolescents. Applied Developmental Science, 4, 193–207.

Winefield, A.H. et al. (1992). Spare time use and psychological well-being in employed and unemployed young people. Journal of Occupational and Organizational Psychology, 65, 307–313.

Winkelmann, L. & Winkelmann, R. (1998). Why are the unemployed so unhappy? Evidence from Panel Data. Economica, 65, 1–15.

Winterswyl, R. (1995). Das Glück. Eine Spurensuche, München: Beck.

Wirtz, D. et al. (2004). What to do on spring break? The role of predicted, on-line, and remembered experience in future choice. Psychological Science, 14, 520–524.

Witvliet, C.V., Ludwig, T. & Vander Laan, K. (2001). Granting forgiveness of harbouring grudges: Implications for emotion, physiology, and health. Psychological Science, 12, 117–123.

Wlodarek-Küppers, E. (1987). Glücklichsein. Eine empirische Studie auf der Basis von persönlichen Gesprächen, Diss phil., Universität Hamburg.

Wood, A., Joseph, S. & Linley, A. (2007). Gratitude – parent of all virtues. The Psychologist 20/1, 18–21.

Wood, W., Rhodes, N. & Whelan, M. (1989). Sex differences in positive well-being. A consideration of emotional style and marital status. Psychological Bulletin, 106, 249–264.

Wood, J.V., Taylor, S.E. & Lichtman, R.R. (1985). Social comparisons in adjustement to breast cancer. Journal of Personality and Social Psychology, 49, 1169–1183.

Wright, T.A. (2002). When a happy worker is a productive worker: A preliminary examination of three models. Canadian Journal of Behavioural Science, 34, 146–150.

Wright, T.A. (2003). Affect, psychological well-being and creativity: Results of a field study. Journal of Business and Management, 9, 21–32.

Wright, W,F. & Bower, G.H. (1992). Mood effects on subjective probability assessment. Organizational Behavior and Human Decision Processes, 52, 276–291.

Wright, T.A. & Cropanzano, R. (2004). The role of psychological well-being in job performance. A fresh look at an age-old quest. Organizational Dynamics, 33, 338–351.

Wright, N. & Larsen, U. (1993). Materialism and life satisfaction: A metaanalysis. Journal of Consumer Satisfaction, Dissatisfaction, and Complaining Behavior, 6, 158–165.

Wu, S. (2001). Adapting to heart conditions: A test of the hedonic treadmill. http://academics.hamilton.edu/economics/swu/hedonic.pdf (Stand: 9.9.2008).

Wulf, E. (2005). Biographische Gespräche zu Glückserfahrungen. Lebensgestaltung mit Chancen zum Erleben von Glück/Glücksmomenten, Hamburg: Verlag Dr. Kovač.

Wygotski, L. (1987). Ausgewählte Schriften. Band 2: Arbeiten zur psychischen Entwicklung der Persönlichkeit. Köln: Pahl-Rugenstein.

Yang, Y. (2007). Long and happy living: Trends and patterns of happy life expectancy in the U.S., 1970. www.sociology.uchicago.edu/people/faculty/yang/Yang_SSR2007.pdf (Stand: 9.9.2008).

Yuen, K. & Lee, T. (2003). Could mood affect risk-taking decisions. Journal of Affective Disorders, 75, 11–18.

Young, V.L., Nemecek, J.R. & Nemecek, D.A. (1994). The efficacy of breast augmentation: Breast size increase, patient satisfaction and psychological effects. Plastic and Reconstruction Surgery, 94, 958–969.

Younger, J.W. et al. (2004). Dimensions of forgiveness: The views of laypersons. Journal of Social and Personal Relationships, 21, 837–855.

Zahradnik, H.P., Wetzka, B.& Schuth, W. (2000). Zyklusabhängige Befindlichkeitsstörungen der Frau. Der Gynäkologe, 3, 225–238.

Zarinpoush, F., Cooper, M. & Moylan, S. (2000). The effects of happiness and sadness on moral reasoning. Journal of Moral Education, 29, 397–412.

Zelenski, M. & Larsen, R.J. (2000). The distribution of basic emotions in every day life: A state and trait perspective from experience sampling data. Journal of Research in Personality, 34, 178–197.

Zimmermann, A.C. & Easterlin, R.A. (2006). Happily ever after? Cohabitation, marriage, divorce, and happiness in Germany. Population and Development Review, 32, 511–528.

Zulley, J. & Wirz-Justice, A. (1999). Lichttherapie, Regensburg: Roderer.

Zwingmann, E. (2007). Über das gemeinsame (Be)Finden: von Ressourcen, Lösungen und Wohlbefinden. In R. Frank (Hrsg.), Therapieziel Wohlbefinden. Ressourcen aktivieren in der Psychotherapie, Heidelberg: Springer, 103–118.

Personenregister

Gurka, V. 163
Guthrie, J. 100
Gutierres, S. 91, 106

Haavio-Mannila, E. 96
Hadler, M. 60, 73
Haidt, J. 79, 91, 136, 153, 177, 191, 195
Haisken-DeNew, J. 74
Halberstadt, A.G. 65
Haller, M. 60, 73
Hall, J.A. 66
Hamann, S. 145
Hamer, D. 50
Hamm, A. 201
Hampel, R. 35
Hampson, E. 66
Hannan, M. 85
Hansen, J.S. XIX, 157, 163
Hansson, A. 73
Harding, S.E. 125
Haring, M.J. 62
Harris, A.H. 52, 183
Harrison, L.K. 140
Harte, J.L. 185
Hartog, J. 62, 77
Hascher, T. 71
Hassed, C. 131
Hastie, R. 189
Hatfield, E. 57
Hauser, R.M. 18, 20, 30, 32
Hautzinger, M. 35
Havighurst, R.J. 63, 72, 75, 104
Haw, C.E. 111
Hawkins, D.N. 61, 98
Haybron, D.M. 16
Hayden, J. 20
Haye, K. 194
Hayes, C.W. 52, 65
Hayo, B. 77, 82, 122
Headey, B. 21, 73, 164
Heath, R.G. 56
Heavy, C.L. XVII
Heidenreich, T. 179, 201
Heim, T.A. 128
Heinz, A. 58
Hektner, J.M. 39
Heller, D. 110
Helliwell, J.F. 73, 120, 152
Hellmann, K. XVII
Helson, H. 73, 78, 170

Henderson, K.A. 104
Herzog, R.A. 74
Hesse, H. 4, 5, 122
Hetts, J.J. 91
Hewitt, L. 107
Hicks, B.M. 152
Hillerås, P. 73
Hills, P. 26, 53, 54, 103, 132, 140
Hinterhuber, H. 55
Hoffmann, R. 6
Höhler, G. 204, 206
Holder, M.D. 70
Holen, E. 73
Holleder, A. 119
Holmes, T.H. 97, 98
Holstege, G. 58
Holtforth, M.G. 200
Hood, R. 123
Hopko, D.R. 197, 198
Hornung, B. XIV, 18, 58, 73, 82, 94, 95, 113, 188
Horwitz, J. 84
Hosoda, M. 89
Hostetter, A. XIV
House, J.S. 60
Houser Marko, L. 182
Houston, J.G. 194, 195
Hsee, C.K. 189
Hu, C. 103, 106
Hucklebridge, F. 140
Hudson, J. 83
Huebner, E.S. 70
Hunter, J. 41
Huntsinger, J.R. 149
Huppert, F.A. 150
Hurlburt, R.T. XVII
Husain, G. 147
Hüther, G. 186, 187
Hutterer, H. XIV

Iaffaldano, M.T. 110
Ilmakunnas, P. 119
Im, G. 27
Ingersoll-Dayton, B. 183
Inglehart, R. 62, 80, 82, 83, 94
Insel, T.R. 93
Irwin, W. 57, 150, 195
Isaacowitz, D.M. 75
Isen, A.M. 146–148, 151, 152, 162
Iverson, R.D. 155

Iyengar, S.S. 191
Izard, C. 19, 22, 68, 157, 158

Jackson, B. 128
Jacob, R.G. 139
Jagers, R.J. 127
James, W. XI, 5, 68, 132
Janoff-Bulman, R. 50, 85, 170, 185
Jayasvasti, K. 64
Johannesson, M. 77
Johanson, K.S. 73
Johnson, J.T. 66
Johnson, M. 129
Johnston, L.D. 87
Joiner, T. 186
Joormann, J. 160
Joseph, S. 26, 28, 52, 129, 130
Judge, T.A. 108, 110, 111, 155
Jung, C.G. 15, 53
Junghanns-Royack, K. 179, 201
Juslin, P.N. 180
Jussim, L. 164

Kabat-Zinn, J. 131, 185, 201
Kagerer, S. 55
Kahneman, D. XIV, XVII, 18, 29, 34, 36, 38, 39, 42, 43, 78, 105, 190
Kahn, R.L. 75
Kaiser, S. 156
Kammann, R. 22, 194
Kamp Dush, C.M. 179
Kanchanatawa, B. 64
Kanthamani, H. 126
Kant, I. 32, 151
Kaplan, S. 28, 201
Karama, S. 93
Karlaftis, M.G. 164
Karras, J. 152
Kashdan, T.B. 160
Kasri, F. 160
Kasser, T. 88
Kau, A.K. 121
Kawachi, I. 139
Keele, S.M. 54
Kegan, R. 69
Keita, G.P. 64
Kellert, S. 79
Kelman, H.C. 192
Kennedy, I.E. 126

Kenrick, D.T. 91, 106, 127
Kesebir, P. 120
Kessler, R.C. 64
Keyes, C.L. 15, 31, 32, 77, 122
Khramtsova, I. XIX
Kimata, H. 140
Kim-Prieto, C. XVII, 39, 42
Kim, Y. 126
King, L.A. XV, XVIII, 134, 136, 152, 153, 187, 188
Kioutsoukis, S. 67
Kirkcaldy, B. XV, 70, 71, 74
Kirkpatrick, K.L. 55
Kirsch, P. 59
Kitayama, S. 11, 38, 83
Kjaer, T.W. 59
Klaiberg, A. 25, 33
Klandermans, B. 157, 158
Klar, Y. 44
Klausberger, A. 67
Kleiber, D.A. 103
Klein, S. 132, 148, 197, 198, 206
Kleist, H. 5
Kliger, D. 151
Klingemann, H.D. 80, 82, 83
Koenig, H.G. 120, 122
Kohlberg, L. 153, 154
Kolarz, M. 73
Konow, J. 128
Kontula, O. 96
Kramer, G.P. 149
Kramer, P.D. 176
Krause, N. 183
Kremen, A.J. 142
Kretschmer, E. 51
Krippner, S. 126
Kroeger, A. 179
Kroh, M. 21, 22
Krueger, A.B. 39, 42, 43
Krueger, R.F. 152
Kubey, R. 105
Kubovy, M. 187
Kubzansky, L. 139
Kulka, R. 94
Kung, C. 151
Kuntz, H. 176
Kurokawa, M. 38
Kusch, M. 201
Kyrene, A. 15

LaBar, K.S. 57
Labouvie-Vief, G. 75
Lacasse, J.R. 59
Lacey, H.P. 67
Lalive d'Epinay, C. 76
Lambert, C. 125
Lambert, M.J. 199
Lance, C.E. 11
Landis, K.R. 60
Lang, F. 51
Langner, T. 53
Lansford, J.E. 75
LaPlante, E. 133
Larsen, R.J. 18, 24, 40
Larsen, U. 88
Larson, D.B. 120, 122
Larson, R. 39, 42
Larson, R.W. 101
Latkova, P. 140
Látková, P. 104–106
Laubach, W. 96
Lawler-Row, K.A. 52, 183
Layard, R. XIII, XIV
Lazarus, R. 143
Leary, M.R. 59
Lebo, D. 157
LeBon 193
Lederer, A.S. 39
Lee, J.Y. 27
Lee, T. 150
LeFevre, J. 113
Lelkes, O. 73, 74, 122
Lelord, F. XVII, 193
Leo, J. 59
Lepper, H.S. XVII, 20, 22, 26, 27, 55, 171, 183
Lepper, M.R. 161–163, 191
Lester, D. 28
Lettner, K. 25, 29
Levenson, R.W. 139, 141, 201
Levine, L.J. 18, 36, 37, 151
Levitin, D.J. 59
Levy, B.R. 138
Levy, O. 151
Lewinsohn, P.M. 197, 198
Lewis, C.A. 25, 26, 28, 69, 122
Lichter, S. 194
Lichtman, R.R. 45, 91
Lieberman, M.D. 94
Light, K.C. 93

Linley, A. 129, 130
Lipworth, L. 90
Liu, J.T. 77
Lladosa, L.E. 111
Locke, E.A. 88, 108
Locke, J. 19
Loehlin, J.C. 51
Loewenstein, G. XIX, 52, 78, 170, 188, 189
Lopez, S.J. XIV, 180
Losada, M.F. 141
Lovallo, W.R. 140
Love, G.D. 140, 196
Lucas, R.E. 19, 29, 43, 51, 62, 65, 73, 89, 96, 98, 99, 118, 170, 171
Lüdtke, O. 51
Ludwig, T. 128, 183
Lu, L. XV, 11, 12, 25, 26, 103, 105, 106, 160
Luskin, F. 52
Lykken, D. XVIII, 44, 48–50, 73, 91, 170
Lynch, A.M. 129
Lynn, M. 84
Lynn, S.J. 126
Lyubomirsky, S. XIII, XV–XIX, 2, 10, 20, 22, 26, 27, 50, 55, 82, 89, 90, 101, 108, 123, 134, 136, 152, 153, 155, 156, 158–163, 171, 182, 183, 187, 191,

MacCullock, R. 100
MacDonald, R. 115
MacDonald, S. 109
MacIntyre, P.D. 109
Maddison, D. 10, 80
Maddux, J.E. XI, XII
Madey, S.F. XII
Madon. S. 164
Magen, Z. 14, 15, 107, 152
Mahoney, A. 97
Majumar, M. 202
Mak, W. 148
Malcolm, W.M. 129
Malgady, R.G. 35
MallardA.G. 11
Mano, H. 151
Manzano, M. 12
Manzoli, L. 95
Mao, H. 145

Marcelli, E.A. 63
Marcuse, L. XI, 204
Marks, N. 41, 62, 71
Markus, H.R. 11, 38, 83
Marmot, M. 41, 139
Marr, A.K. 117
Marsland, A.L. 140
Martin, L.L. 25, 37
Maruta, T. 138
Maslow, A. 14, 15, 87, 105, 132
Massimi, F. 116
Mastekaasa, A. 95
Masters, J. 145
Matlin, M.W. 45, 60
Matsumoto, D. 66
Mattis, J.S. 127
Mayer, J.D. 54, 90, 136, 153
Mayerl, J. 10, 29
Mayring, P. XVI, 2, 18, 180, 193
Mazure, C.M. 65
McClure, J. 179
McConvill, XIV
McCrae, R.R. 52, 178
McCraty, R. 140
McCullough, M.E. XIX, 20, 120, 122, 128–130, 181, 183
McGreal, R. 28
McGuckin, C. 26
McGue, M. 152
McKinlay, J.B. 64
McLanahan, S. 100
McLaughlin, J.K. 90
McVeigh, C. 99
Meadows, C.M. XVII
Means, B. 147
Meck, S. XIV, 13
Medler, M. 75
Medvec, V.H. XII
Meehl, P. XIII, 195
Mehnert, T. 60
Meindl, J. XIX, 126
Meister Eckhart 5, 132
Melin, R. 104
Melton, R.J. 150
Memenway, D. 89
Menec, V.H. 75
Menon, V. 59
Meyer, B. 90
Michalak, J. 179, 201
Michalos, A.C. 10, 11, 77

Michalson, L. 69
Michinov, N. 107, 159
Millar, M. 89
Miller, G.E. 139
Mill, J.S. 170
Mintzer, E. XIV
Mirowsky, J. 100
Mitchell, T.R. 36
Mochon, D. 185
Moffitt, T.E. 156
Moghaddam, M. 128
Moneta, G.B. 115
Monroe, M. XI
Montada, L. 22
Moore, B.S. 152
Moore, J.C. 89
Morill, F. 10, 29, 100
Morkowitz, J.T. 138
Mor, N. 153
Morrow-Howell, N. 107
Morrow, J. 159
Moser, G.E. 3
Moskowitz, J.T. 143
Moum, T. 20
Moylan, S. 153, 154, 162, 163
Mrocek, D. 73
Mroczek, D.K. 75
Muchinsky, P.M. 110
Mucic, D. 97
Mulé, C. 64, 65
Müller, T. 59, 158
Mullin, L. 66
Mummendey, H.D. 20
Murphy, M. 130
Murray, S. 97
Muth, L. 8
Myers, D.G. XI, XV, 19, 45, 50, 64, 73, 86, 94, 95, 101, 170

Nakamura, J. 115
Nakhla, W.E. 18
Nave, C.S. 20, 32
Neal, A.M. 39
Neff, K.D. 55
Neil, C.M. 127
Nemecek, D.A. 90
Nemecek, J.R. 90
Nesse, R.M. 165, 166
Neuberger, O. 110
Neugarten, B.L. 63
Newberg, A. 133

Nicholls, G. 188
Nickerson, C. 88
Nietzsche, F. 3, 4
Nistico, H. 163, 165
Noelle-Neumann, E. 19
Nolen-Hoeksema, S. 62, 129, 159, 160, 203
Norrish, J. M. XIII
Norton, M.I. 185
Nowicki, G.P. 146
Nylenna, M. 109
Nyström, K. 99

O'Connor, M. 147
Oerter, R. 22
Oertl, M. XIV
Öhrling, K. 99
Öhrström, E. 79
Oishi, S. XI, 10, 38, 44, 82, 89
Ojanlatva, A. 96
Okamura, L. 163
Okun, M.A. 60, 62
Olds, J. 55
Olekalns, M. 155
Oljenik, A.B. 153
O'Malley, M.N. 136, 152
O'Malley, P.M. XIX, 87
Oosterbeek, H. 62, 77
Opp, G. 71
Orden, S.R. 179
Oser, F. 144
Ostir, G.V. 138
Oswald, A.J. 21, 61, 73, 74, 77, 86, 96, 97, 118, 139, 170, 201
Otake, K. XIV, 27, 183, 184
Ott, U. 185
Owuchi, G. 70
Özdemir, M. 101

Pahnke, W.N. 132
Paludi, M.A. 65
Panksepp, J. 56, 58, 165
Paquette, V. 133
Pargament, K.I. 122, 123, 128
Park, N. XVII, 15, 32, 129
Parks, A.C. 202, 203
Parloff, M.B. 192
Patrick, R. 151
Patton, J.D. XV
Pavot, W. XVII, 10, 29, 41, 53
Payne, R. 119, 137

Peale, N.V. 189
Peasgood, T. XIII
Pederson, A. 59
Pelled, L.H. XV
Pendleton, B.F. 121
Pennebaker, J. 102, 187
Perrez, M. XII, 208
Persinger, M. 133
Peseschkian, N. XIX, 192, 204
Petermann, F. 131, 201
Peterson, C. XVII, 15, 32, 104, 129, 181, 192, 203
Pfister, R. 113
Phares, E.J. 130
Phua, H.Y. 121
Pieper, M.H. XVI
Pieper, W.J. XVI
Piferi, R.L. 52, 183
Pike, K.M. 65
Pillavin, J. 107
Pinquart, M. 63, 155
Pollard, I. 131
Poloma, M.M. 121, 128
Post, G.S. 127
Powdthavee, N. 61, 170
Prescott, S. 39
Pressman, S.D. 137–140
Pruchno, R.A. 20
Przuntek, H. 59
Ptacek, J.T. 39

Rahe, R. 98
Rajkowska, G. 57
Rammstedt, B. 160
Rashid, T. 192, 202, 203
Rätzel, S. XIII, 22
Ray, R.D 160
Razzel, P. 85
Read, D. 190
Reader, M. XIII
Redoute, J. 57
Reed, P.G. 107
Reeves, R. 103
Regan, T. 172
Rehdanz, K. 10, 80
Reich, E. 144
Reichle, B. 99
Remus, W. 147
Renner, G. 178
Requena, F. 102
Reyes-Garcia, V. 104

Rheinberg, F. 18, 113, 116
Rhodes, N. 65
Riis, J. 42
Riley, K. 70
Ringlstetter, M. 156
Roberts, B.W. 156
Roberts, J.E. 160
Robinson, T.E. 18, 58, 66, 88
Robsinson, M.D. 88
Rodgers, W.A. 74
Rodríguez, A. 104–106, 140
Rogers, C. 15
Rogler, L. 35
Rojas, M. 163
Rose, B.M. 121
Rose, G.D. 198
Rosenberg, M. 26, 31
Rosenhan, D.L. 136, 152, 153
Rosenzweig, A.S. 146
Rose, V. 133
Rossbacher, K. 3
Ross, C.E. 89, 100, 158, 161
Ross, L. 89, 148
Roth, G. 58, 59, 69, 144, 166
Rousseau, J.J. 114
Rowe, J.W. 75
Rowland, L. 18
Roy, K. 65
Røysamb, E. XV, 62, 139
Ruckriegel, K. 29
Rude, S.S. 55
Ruini, C. XIX, 195–197
Russell, B. 136
Rusting, C. 62
Ruvolo, A.P. 94
Ryan, R.M. 16, 88, 90, 105
Rye, M.S. 128
Ryff, C.D. XVII, 15, 16, 20, 30–33, 43, 77, 122, 140, 174, 182, 193–196

Saklofske, D.H. 54
Salovey, P. 54, 136, 153
Sandvik, E. XVII, 10, 20, 24, 41, 65
Santerre, C. 130, 185
Sarin, R.K. XIV, 84
Saris, W. 163
Saroglou, V. 143
Saver, M.A. 36
Scarmeas, N. 104

Schaetzing, E. 123
Schallberger, U. 113
Schatzberg, A.E. 177
Schaufeli, W.B. 111
Scheier, M.F. 112, 159, 165
Schellenberg, E.G. 147
Scherpenzeel, A. 163
Schienle, A. 66
Schiller, F. 108
Schimnack, U. XV, 25, 40, 41, 157
Schkade, D. 50, 78, 184
Schmid-Bode, W. 94, 107
Schmidt-Atzert, L. 69, 153
Schmidt, J.A. 39
Schmidt, L.A. 153, 174
Schneider, W. XVI, 36, 38, 116, 156
Schooler, J.W. 188, 189
Schopenhauer, A. 44, 60, 62, 76
Schor, J.B. 87
Schulz, R. 85
Schumacher, J. 25, 30, 33, 76, 96
Schummer, J. 32
Schuth, W. 64
Schwab, F. 165
Schwartz, B. 190, 191,
Schwartz, C.E. 184
Schwartz, D. 194
Schwartz, G.E. 16, 130, 147, 185
Schwarz, F. XIII, 143, 149, 151
Schwarz, N. XIII, XVII, 29, 34, 36, 37, 149, 150, 162
Schwennen, C. 129
Scollon, C.N. XVII, 39, 42, 171
Seal, A. 100
Segal, N.L. XII
Segerstrom, S.C. 139, 187
Segrin, C. 54, 102
Seidlitz, L.Z. 20, 62, 65, 145, 162
Seiffge-Krenke, I. 72
Selg, S. 35
Seligman, M.E.P. XIV, XVII, XIX, 11, 15, 32, 107, 110, 129, 138, 146, 160, 163, 164, 180, 181, 186, 192, 202, 203
Sell, L.A. 58
Sendor, M. 184
Seneca XVIII
Seo, M. 143

Vella-Brodrick, D.A. XIII
Velten, E. 180
Veroff, J. 20, 94, 203
Viken, R.J. 90
Vittersø, J. 54, 84
Voelkl, J.E. 199
Vollmeyer, R. 116
Vopel, K.W. 180, 183

Wade, J. 97
Wadlinger, H.A. XIII
Waite, L.J. 94
Walden, R. XIII
Walden, T.A. 152
Walderhaug, E. 59, 65
Walker, M. 172, 176, 177
Walkey, F.H. 179
Wallace, B.A. 131
Wallis, C. XIII, XV
Wallner, N. 49
Wardle, J. 41, 139
Warr, P. 108, 112
Wassmann 23
Wasson, R.C. 132
Watanabe, S. 108
Waterman, A.S. 11, 15, 16
Watkins, P. 129, 130
Watson, D. XVII, 41, 52, 110,
    126, 155, 156, 182, 186
Watson, G. 178
Watten, R.G. 60
Wearing, A.J. 164
Weick, S. 94
Weiner, E.L. 173
Weinert, F. 109
Weinstein, N.D. 164

Weintraub, J.K. 165
Weitekamp, L.A. 101
Wells, N.M. 79
Welsch, H. 79
Werneck, H. 99
Westermann, R. 37, 180
West, P. 71
West, W.B. 202
Wetz, F.J. 3
Wetzka, B. 64
Whelan, M. 65
Whiteley, P. 106
White, M. XIII
Wilber, K. 5
Wilhelm, K. 65
Wilkinson, W. 18
Wills, T.A. 158
Wilson, E.O. 79, 190
Wilson, W. XIII
Wimmer-Puchinger, B. 64
Windle, M. 153
Winefield, A.H. 119
Winkelmann, L. 118
Winkelmann, R. 118
Winquist, J. 153
Winterswyl, R. XVIII, 15, 32, 53
Wirtz, D. 36
Wirz-Justice, A. 198
Wisco, B.E. 159, 160
Wise, T.N. 90
Withey, S.B. XIII, XVIII, 10,
    21, 91
Witvliet, C.V. 128, 183
Wlodarek-Küppers, E. 6–8
Wolfers, J. 63

Wolsic, B. 91
Wong, M. 101
Wood, A. 129, 130
Wood, J.V. 45
Wood, W. 65, 91
Woodworth, J. 74
Wright, N. 88, 100, 156
Wright, T.A. 110, 155, 156
Wright, W.F. 162
Wulf, E. XVII, 8, 9
Wu, S. 170
Wyer, R.S. 145
Wygotski, L. 117

Xu, J. 36

Yang, Y. 138
Yoshino, H. 70
Younger, J.W. 129
Young, M.J. 146
Young, V.L. 90
Yuen, K. 150

Zahradnik, H.P. 64
Zapf, W. 10
Zarinpoush, F. 153
Zatorre, R.J. 57
Zauszniewski, J.A. 18
Zehm, K. 160
Zelenski, M. 40
Ziebertz, H.G. 25, 122
Zimmermann, A.C. XVI, 96,
    158
Zonneveld, R. 138
Zulley, J. 198
Zwingmann, E. 200

Sachwortregister

A

Ablenken 160
Abwärtsspirale 130, 186
Abwärtsvergleiche 45, 107, 159
– beglücken 89
Achtsamkeit 201
Achtsamkeitsprogramm 131
Adaption 45, 74, 118, 143, 170, 171
– hedonistisch 170
Adaptionstheorie 50, 78
– des Glücks 52, 85, 98, 118, 171, 191
Adoleszenz 71
aengstlich-vermeidende Persönlichkeit. *Siehe* selbstunsichere Persönlichkeit
Aetiologie. *Siehe* einzelne Störungen
Affekt als Information Theorie 149
Affekt-Balance-Skala 25, 27, 31, 63
Ahmische 84
AIDS 138
Aktivität 178, 181, 197
– beglückt 185
– bei Senioren 75
– dopaminerge 58
– freiwillig 107
– sportlich 103
Aktivitätstheorie 76, 104
Aktivitätstheorie des Glücks 75
Aktuelle Stimmungsskala 35
akzentuierte Persönlichkeit. *Siehe* Persönlichkeitsstil
Alkohol 65, 175, 176
Allergie 140
Alltag-Therapie 171
Alter 74
– beeinflusst Relation Männer- und Frauenglück 63
– Häufigkeit positiver und negativer Emotionen 75

– höheres 74
– mehr Glück 73
Altruismus 15
– als Hedonismus 127
– durch Spiritualität begünstigt 128
– fördert Glück 127
– reziprok 130, 153, 166
Amerikanischer „way of life" 38
Amphetamine 148
Amygdala 58, 66, 145, 160, 166
Anerkennung 6, 109, 184
Angst 36, 68, 114, 116
Annäherungssystem 57
Annäherungsziele 200
Ansprüche 87
Ansprüche reduzieren 194
Antidepressivum 176, 177
Anti-Glück-Überzeugungen 194
Apathie 115, 116
Arbeit 4, 7, 9, 74, 173, 178
– als Mühsal 113
– beglückt 108
– Flow 113
– monoton 111
Arbeitsklima 109
Arbeitslosigkeit
– begünstigt Depression 119
– belastet Angehörige 118
– Effekte 118
– geringeres Selbstwertgefühl 119
– sozial stigmatisiert 119
– verheerende Effekte 117
Arbeitsumgebung
– beeinflusst Wohlbefinden 79
Arbeitszufriedenheit 108, 155
– bei Frauen höher 111
– bei Männern niedriger 111
– Definition 108
– die Regel 109
– Effektivität 110
– färbt auf ganzes Leben ab 110
– Phasen 108

– Selbsttäuschung 111
– Skalen 109
Ärger 10, 149, 182
Armut 86, 119
Aspirationen 74, 76, 77, 178
Assoziationen 145
Attraktivität 89, 91, 106, 126
– beglückt nicht 91
Attribution 164
– permanent 164
– temporär/situativ 164
Attributionsfehler 148
– durch Glück begünstigt 148
– fundamentaler 148
Aufbau- und Erweiterungstheorie positiver Emotionen 142, 146, 184, 201, 203, 207
Aufklärung 19
Aufmerksamkeit 114
Aufwärtsspirale 130, 186
Aufwärtsvergleiche 89, 106, 159
Autobiografisches Gedächtnis 36
Autonomie 16, 30, 196

B

Bangladesch 89
Basisemotionen 22, 66, 68
Bedauern 190
Bedürfnispyramide 87
Bedürfnisse 6
Bedürfnistheorie 105
Befindlichkeit 38, 39, 41
Behaviorismus 145
Belohnung 145
Belohnungssystem 56, 93, 145, 166
Berner Fragebogen zum Wohlbefinden 33
Berufszufriedenheit 77
Bewegung 104
Bewusstsein 165
Beziehungen 90, 179
Big Five 51, 54, 101, 182

– Gesundheitseffekte 104
– positive Effekte 185
Stärken 180
– menschlich 181
– persönliche 202
Stereotype 149
Stimmungen 35, 37
– glückliche 139
– negative XIII
– positive 186
Stimmungsaufrechterhaltung 151
Stimmungsinduktion 37
– wirkt nur kurz 180
Stimmungskongruenz 37, 145, 157, 187, 202
Störungen der Impulskontrolle. *Siehe* Impulskontrollstörungen
Streicheln 93
Stress XIX, 142, 155, 203
– akustisch 79
– durch Arbeitslosigkeit 118
– durch Einkommensanstieg 85
– durch Kinder 99
– durch Scheidung 98
Stressbewältigung 34
Stressreduktionsprogramm 201
Subjective well-being XVII
Subjektives Wohlbefinden 10, 25, 29, 34
Supervision 112
Synapsenverstärkung 144

T
Tagesrekonstruktionsmethode 18, 38, 42, 105
– Kritik 43
Talente 199
Tanzen 103, 174
Taoismus 124
Taschengeld 70
Tätigkeit 158
– autotelisch 114
– ehrenamtlich 106, 107, 128
– handwerklich 77
Tegmentum 56
Testosteron 93
Theorie der hedonistischen Adaption 170

Therapeut 203
– Quelle von Wohlbefinden 199
Therapeutische Rekreation 199
Therapie 35
– Blockierungen lösen 200
– Erfolg 199
– Glück anzielen 193
– schafft nicht Glück 193
– Verzeihen 129
– Ziele 200
Therapieziel Wohlbefinden 192, 197
Tiere 69
Tit for Tat 166
Tod 98
Toleranz 83
Top-down-Theorie des Glücks 149, 163
Trägheit 198
Transaktionsanalyse 205
Transzendenz 6, 97, 121, 125
Trauer 25, 35, 145
Tugenden 5, 180, 181
– beglücken 181
Tyrosin 58

U
Übergewicht 61, 139
– weniger Glück 61
Überraschung 157
Umwelt 162
Unglück 7, 25, 28, 85, 94, 192
Unglückliche Menschen
– auch erfolgreich 156
– werten ab 161
Unio mystica 130
Unrealistischer Optimismus 164
Unzufriedenheit 158
– durch Zuviel 191
Utilitarismus 32, 193

V
Veltenmethode 180
Verantwortung 112
Verbundenheit 83, 132, 143, 152
– horizontale 125
– vertikale 125
Verdienstmotive 88
Vergebung 127, 128, 181, 204
– beglückt 129, 182

Verhaltensaktivierung 198
Verhaltensentscheidungstheorie 189
Verhaltenstherapie 203, 205
– kognitive 196
Verheiratete
– gesünder 95
– glücklicher 94
Verliebtsein 8, 92
– mehr als Sex 93
– wie Kokain 93
Versenkung
– mystische 133
Verträglichkeit 51
– begünstigt Glück 52
Vertrauen 83, 101
Verweilen 203
Verwitwete 94, 99
Verzeihen 128
– Definition 128
– erleichtert 182
– gesundheitsförderlich 128
– macht frei 183
– religiöse Herkunft 128
– sich selber 183
Vitalität 34
Vorfreude 58
Vulnerabilität 197

W
Wachstum
– persönliches 16, 196
Wachstumsschub 71
Wahlfreiheit 191
Weisheit 181
Weltwertestudie 44
WHO 192
Wohlbefinden XVII
– aktuell 10, 35
– durch gute Taten 184
– durch Meditation 131
– eudaimonistisch 16, 140
– habituell 10
– hedonistisch 31
– in Schule 70
– körperlich 33, 172
– psychisch 192
– psychologisch 30, 174, 193, 195
– spirituell 125